KB216922

성경의 인물 83인

성경의 인물 83인

지은이·방영철
꾸민이·성상건
편집디자인·자연DPS
표지디자인·정민영

펴낸날·2024년 10월 17일
펴낸곳·도서출판 나눔사
주소·(우) 10270 경기도 고양시 덕양구 푸른마을로 15
301동 1505호
전화·02)359-3429 팩스 02)355-3429
등록번호·2-489호(1988년 2월 16일)
이메일·nanumsa@hanmail.net

ISBN 978-89-7027-868-1 03230

값 17,000원

성경의 인물 83인

방영철 지음

나눔사

저에게는 아세아연합신학대학교에서 저자인 방영철 목사님의 구약 논문을 수년간 지도했던 때가 있었습니다. 본서는 성경 속의 인물을 단순 요약하고 소개하는 것이 아니라 제가 알고 있는 저자의 깊은 학문성과 영성, 삶의 경륜과 헌신적 목회의 심층적 경험이 녹아져 있는 지혜서입니다. 성경의 역사관은 사건이 아니라 계보와 인물을 중심으로 기술된 고유한 특징을 가지고 있습니다. 본서는 이러한 문맥을 그 누구보다 면밀히 읽어 그 속의 인물들을 전인적으로 분석하고 이를 통해 삶의 실제적인 지혜를 전수하고 있습니다.

이러한 귀한 책을 모든 일반 독자들과 특별히 한국교회 목회자들에게 강력히 추천합니다.

이한영 교수(아신대 부총장, 구약학)

사람을 통해서 배우는 것보다 효과적인 배움은 없다. 사람을 안다는 것은 그 사람의 인생을 아는 것과 같다. 이 책에는 구약 54인, 신약 29인 총 83인의 인물이 소개되어 있다. 저자는 단순히 인물만을 소개하지 않는다. 본문 연구와 묵상을 통해 해당 인물에 대한 신앙적 도전과 교훈을 전해준다. 저자가 들여주는 이야기를 통해 83인의 성경 인물들을 새롭게 만나며 성경 본문과 인물에 대한 시각이 넓게 열리기를 기대한다.

하경택 교수(장신대, 구약학)

40년간 성경을 연구하고 가르쳐온 나는 <성경의 인물 83인>에 깊은 감동을 받고 하나님께 감사를 드렸습니다. 이 책이 바로 성도들이 기다려온 그 책이라는 생각이 들었기 때문입니다. <성경의 인물 83인> 이 책은 한마디로 '말씀 종합선물세트'입니다. 성경의 중심 인물 83인에 대한 요점정리와 심도 있는 본문연구, 그리고 설교의 핵심 메시지 등 마치 종합 선물 세트와 같이 말씀에 대한 다양한 접근과 이해와 연구와 메시지들을 두루두루 구비하고 있습니다.

평생 목회 중에 말씀을 연구하면서 설교와 성경교육에 전념해온 저자가 독자들에게 꼭 필요한 많은 것을 최대한 알차게 담으려고 고민한 것 같습니다. 성경의 인물들에 대한 성경공부를 한 번에 해결할 수 있도록 저자가 많이 애를 쓴 흔적이 보입니다. 이 책은 세 가지 매력 넘치는 특징을 가지고 있습니다.

첫째로, 이 책은 성경의 중심 인물 83인에 대한 요점정리를 간략하게 잘 설명하고 있습니다. 이 책을 읽고 나서 성경의 인물을 이해하면 마치 초점 조절을 한 안경을 끼는 것처럼 성경 말씀이 분명하고 뚜렷하게 보입니다. 둘째로, 이 책에는 신앙생활에 필요한 중심 본문들을 심도 있게 연구해 놓고 있습니다. 요리사가 식재료마다 들어있는 고유하고 깊은 맛을 찾아서 음식의 맛을 극대화하듯이 중심 본문에 대한 히브리어와 헬라어의 의미들을 찾아서 전체 문맥과 역사적 배경으로 말씀의 본래를 의미를 정확하게 해석하고 있습니다. 셋째로, 이 책에는 귀한 산삼에서 진액을 짜내듯이 한 편의 설교에서 생명의 '진액'을 짜낸 생명의 메시지가 들어있습니다. 이 책의 화룡점정은 후반부의 메시지로서 마치 설교 한 편을 농축해놓은 메시지들입니다.

이 책은 성경 인물들에 대해서 공부하는 흔한 책과는 다른 매우 알차고 독특하고 은혜와 감동이 넘치는 책입니다. 이 책을 읽으면 성경에 대한 상당한 수준의 지식은 물론이고 신앙생활에 많은 도움을 받게 될 것을 확신합니다.

유철운 목사(예수만나바이블센터 원장 / 예수만나교회 담임)

일반적으로 '추천의 글'을 쓰는 사람은 명망있고 존경받는 분이어야 한다고 알고 있고 나도 그것이 옳다고 생각한다. 그런 분의 글은 읽는 사람들에게 감명을 주고 좋은 영향력을 끼칠 수 있을 것이기 때문이다.

그런 점에서 내가 추천서를 쓴다는 것은 온당치 않다. 나는 알려진 사람도 훌륭한 인물도 아니니까. 다만 나는 광동교회 교인으로서 방영철목사님의 인격을 존경하고 목사님의 설교에서 하나님의 음성을 듣기에 정말 부족하고 자격 없지만 몇 자 적어본다.

우리 교회에서는 수요예배 설교 시간에 목사님께서 성경에 나오는 인물에 대해 구약의 아담에서 시작하여 신약의 유다까지 몇 년 동안 강해를 하셨다. 어렸을 때부터 교회에서 자란 나는 그 이름들이 낯설지는 않았지만 그것은 성경을 읽을 때 눈에 익은 이름에 불과한 것이었다. 어떤 인물은 한 주, 또 어떤 인물은 몇 주에 걸려 매주 공부를 했는데 참으로 깊이 있고 은혜로운 시간이었다. 내가 잘 모르거나 잘못 알고 있었던 많은 부분들이 아니 대부분이 수정되었고 새로운 깨달음을 얻게 되었다.

개인적으로 나는 구약의 선지자들에 대해 배울 때 가장 좋았다. 예전에 선지서들을 읽을 때는 너무 어렵고 무슨 뜻인지도 몰라 그냥 눈으로 문자만 읽었기에 지루하고 재미 없었는데 선지자들에 대해 배우게 되니 그 시대의 상황과 선지자의 괴로움과 하나님의 마음이 크게 다가왔다. 그래서 나는 주변 사람들에게 우리 교회 수요예배를 소개했고 그 중 인터넷 방송을 시청한 어떤 분은 성경인물에 대한 예리한 통찰과 심오한 해석에 큰 은혜와 감명을 받았다고 전해왔다. 정말 뿌듯하고 자랑스러웠다.

우리 교회가 희년을 맞아 목사님께서 성경 인물에 대한 책을 출판하시게 되어 한없이 기쁘다. 많은 사람들이 이 책을 통해 성경의 인물들을 새롭게 만나 정면교사 또는 반면교사로 삼아 배우고 깨우쳐서 우리 하나님의 마음을 알게 되고 주님께 더욱 가깝게 다가갈 수 있기를 기대한다.

이성례 사모 (광동교회 협동 김영길목사 사모)

| 서문 |

성경이 다른 고대의 문서들과 비교하여 특별한 점은 이름과 지명과 연대가 자주 언급된다는 점입니다. 역대상1-8장은 이름들만 나오는데 저로서는 그 이름들을 읽는 것으로 은혜가 됩니다. 낯익은 이름이 나오면 반갑기도 하고 낯설은 이름들에 대해서는 궁금하기도 하고 이분들은 어떤 삶을 살았을까 알면 좋을텐데 하는 아쉬움도 있습니다.

성경 인물에 대한 연구는 오래전부터 많은 분들이 해 왔기 때문에 이 글이 특별한 것은 없지만 그래도 이분들의 삶을 들여다보는 새로운 창이 되었으면 하는 욕심입니다. 신앙의 길에서 이들은 때로는 정면교사로 때로는 반면교사가 됩니다. 성경인물연구를 수요예배를 통하여 여러 번 반복해서 설교하였고, 모 북한선교단체가 단파방송으로 북한과 중국 일대를 대상으로 성경공부 방송을 보내는 사업에 참여하게 되어 성경 인물 연구를 녹음한 일도 있었고, 금년이 제가 섬기는 광동교회가 희년을 맞이하게 되어 감사하는 마음으로 이 책을 출판하게 되었습니다.

성경을 읽음에 있어 신앙적 읽기와 문학적 읽기와 역사적 읽기가 요구되는데 성경인물을 중심으로 성경을 읽는 것은 그러한 면을 충족하는 유용한 방법론이 되기도 합니다. 그들을 설교할 때에 때로는 그들의 삶의 자리로 들어간 듯한 경험도 있었습니다.

성경 인물들의 순서는 성경의 연대를 기반으로 하였습니다. 정확한 것은 아니지만 이렇게 하는 것이 성경 역사의 흐름을 이해하는데 도움이 되리라는 생각이었습니다. 야곱과 요셉과 모세와 베드로는 사건을 중심으로 여러 번 기술하였고, 요나는 저의 구약학 학위논문을 네 편의 설교로 요약해서 실었습니다. 이스라엘 땅에서 온 소녀와 수로보니게 여인은 이름은 없지만 그들의 이야기를 더 알아보고자 기록 하였습니다. 빠진 인물들이 있습니다. 채울까 하다가 끝이 없을 것 같아 빈자리로 남겨 놓기로 했습니다. 성경 본문을 가능하면 직접 인용하였고, 인용표시는 대부분 생략하였으며, 인물마다 표현의 정도가 고르지 못한 미흡함이 있으며, 설교체와 서술체가 혼재되어 있습니다.

서점과 도서관에 가보면 관련된 수 많은 책들이 이미 있고 근래에는 종이책이 그리 환영받지 않는 상황이기는 하나 강가에 비슷한 돌 하나 더 놓는 마음으로 책을 냅니다. 더해지는 돌 하나가 뛰어난 것은 아니지만 강가 풍경의 풍성함에 도움이 되기를 바램이고 혹 어느 분이 이 책을 통해 새롭게 성경의 인물들을 만나게 된다면 감사할 뿐입니다.

2024년 희년을 맞이하여

차례

|제2부| 신약의 인물 29명

제1부

구약의 인물 ______ 54인

1. 아담, 그의코에 생기를

아담은 천지창조의 제6일에 하와와 함께 하나님께로부터 지음을 받아 에덴 동산에서 하나님의 대리인으로 살다가 하나님의 명령을 어기고 선악과를 먹음으로 인해 죄인이 되었고 에덴동산에서 쫓겨나 살면서 가인과 아벨을 낳았고 130세에 셋을 낳았으며 그 이후로 800년을 지내며 자녀를 낳고 살다가 930세에 죽은 인류의 조상입니다.

하나님께서 아담을 지으시는 모습을 성경은 이와 같이 말씀하고 있습니다.

창1:27에 하나님이 자기(自己) 형상(形像) 곧 하나님의 형상(形像)대로 사람을 창조(創造)하시되 하셨고, 창2:7에는 여호와 하나님이 흙으로 사람을 지으시고 생기(生氣)를 그 코에 불어 넣으시니 사람이 생령(生靈)이 된지라 하셨습니다.

이로 보건대 인간은 하나님의 형상과 모양을 따라 지음을 받았습니다. 물론 하나님의 형상과 모양이라는 것이 하나님도 우리와 같이 머리가 있으시고 눈이 둘이시고 코가 하나이시고 하는 것은 아닙니다. 하나님은 영이시기 때문에 우리가 가지고 있는 이런 형체를 가지신 분은 아니십니다. 우리는 감히 하나님의 형상을 논할 수가 없습니다. 하나님께서도 땅에 있는 것이든지 바다에 있는 것이든지 하늘에 있는 것이든지 그 무엇으로도 하나님의 형상을 만들지 말라 하셨습니다. 만들 수도 없을뿐더러 만일 만든다면 그것이 곧 우상이 되기 때문입니다. 여기서 하나님의 형상과 모양이란 인간의 육체구조에 대한 언급이라기보다는 인간의 영적 도덕적 본성에 대한 표현으로 보입니다. 물론 인간의 육체도 인간의 영적 도덕적 본성을 표현하도록 창조되었습니다. 그러므로 형상과 모양을 따라 창조되었다는 것은 인간이 하나님을 인식하고 교제할 수 있는 능력을 부여받았다는 의미일 것입니다. 이는 우리 안에 있는 지, 정, 의를 가리키는 말씀이기도 합니다. 하나님께서 온 세상을 창조하시고 섭리하시는 데 있어 나타나는 속성인 지적인 부분과 정적인 부분과 의지적인 부분을 인간에게도 주셔서 그와 같은 사명을 감당하게 하신 것을 표현하신 말씀으로 보입니다. 또한 인간은 흙으로 지어졌고 그 안에 하나님의 생기가 들어 있는 존재라 하는 것을 알 수 있습니다. 인간이 흙으로 지어졌다는 것은 인간은 하나님의 특별한 은총을 입기 전에는 보잘것 없는 먼지에 불과하다는 말씀입니다. 하나님의 은혜가 아니고는 인간이 이 땅에서 살아갈 수 없을뿐더러 이 땅에 존재할 수도 없다는 사실을 나타내심입니다. 그러므로 성도들은 육체적인 외모를 자랑하거나 또는 외모 때문에 고민하고 불평하는 것은 창조주 하나님께 원망하는 불신앙입니다. 흙으로만 구성된 인간의 코에 당신의 생기를 불어 넣으심으로 인간은 지금과 같은 완전한 모습을 갖추게 되었습니다. 그로 말미암아 인간은 생령이 되었는데 생령 즉 네페쉬 하야는 살아 있는 영으로서 육체와 영혼이 결합되어 있는 상태이며 하나님의 인격을 부여받은 영혼을 가진 생명체임을 말씀하고 있습니다. 즉 인간은 하나님으로부터 생명을 받았으며 또한 호흡하며 사는 날 동안 하나님의 성품을 따라 살다가 하나님께로 돌아갈 존재인 것입니다. 그리고 마지막에 인간의 몸은 결국 흙으로 돌아가고 하나님께로부터 온 생기는 하나님께로 돌아갈 것을 말씀하고 있습니다. 우리의 몸이 아프고 늙어 간다는 것은 고통스러운 일이지만 절망하지 말 것은 이제 우리에게는 새로운 부활의 몸이 주어질 것이고 영원한 하나님의 나라로 돌아갈 것이기 때문입니다.

아담을 지으신 하나님께서는 그에게 사명을 주셨습니다.

창1:28에 하나님이 그들에게 복(福)을 주시며 그들에게 이르시되 생육(生育)하고 번성(蕃盛)하여 땅에 충만(充滿)하라, 땅을 정복(征服)하라, 바다의 고기와 공중(空中)의 새와 땅에 움직이는 모든 생물(生物)을 다스리라 하셨습니다.

생육하고 번성하는 것과 땅을 정복하는 것은 인간이 하나님으로부터 받은 축복이며 또한 사명이었습니다. 이 말씀의 뜻은 인간은 하나님을 대신하여 하나님께서 창조하신 모든 피조물들을 보살피라는 말씀이었습니다.

즉 인간의 목적은 하나님께 예배를 드리는 것과 하나님이 지으신 세상을 하나님의 뜻대로 보살피는 데 있습니다. 그 일들을 통하여 인간은 참으로 행복할 수 있고 우리의 행복은 하나님을 기쁘시게 하는 것입니다. 그런데 인간은 이 말씀을 단순한 정복과 단순한 다스림으로만 받아들여 모든 다른 피조물들을 인간의 목적을 위한 수단으로 삼았습니다. 그래서 오늘날 세상에서는 환경의 위기가 도래하게 되었고 로마서 8장에 보면 피조물들은 탄식하고 있다고 하였습니다. 산과 강과 바다와 공기와 땅이 온통 오염이 되었습니다. 그 안에서 살던 많은 생물들이 살기가 아주 힘들게 되었고 심지어 많은 종류들은 멸종되기도 하였습니다. 물론 인간들의 삶도 점점 더 어려워지고 있습니다. 천지만물을 지으신 하나님께서는 보시기에 좋았다 하셨는데 하나님이 보시기에 좋았던 천지만물을 인간들은 자신들이 보기에 좋은 모양으로 만들어 간 것입니다. 이제 우리는 본래 하나님이 보시기에 좋았던 그 모습을 회복하기 위하여 일해야 할 것입니다.

하나님께서는 아담과 한가지 계약을 맺으셨습니다.

창2:16-17에 여호와 하나님이 그 사람에게 명(命)하여 가라사대 동산 각종(各種) 나무의 실과(實果)는 네가 임의(任意)로 먹되 선악(善惡)을 알게 하는 나무의 실과(實果)는 먹지 말라 네가 먹는 날에는 정녕(丁寧) 죽으리라 하셨습니다.

여기서 선악과는 하나님의 하나님 되심을 인간이 존중하고 있는가는 나타내는 표시였습니다.

하나님을 경외하면 인간은 풍성한 삶을 살게 되겠지만 만일 그것을 어기게 되면 인간은 죽을 것이라 하신 것입니다. 이것은 인간의 자유가 갖는 권리와 책임의 양면성을 나타내고 있습니다. 이것은 아담에게만 주어진 일은 아닙니다. 이것은 오늘날 우리에게 주어진 하나님의 말씀이기도 합니다. 우리가 하나님의 말씀을 잘 지키며 살면 풍성한 삶을 살게 되겠지만 하나님의 말씀을 범하게 되면 그 결과는 죽음이기 때문입니다. 지금도 우리 눈앞에 선악과가 있습니다.

그것에 손을 대느냐 그렇지 않느냐는 우리가 결정하게 됩니다. 하나님의 말씀을 기억하고 지키려는 자는 그 열매에 손을 대지 않을 것입니다. 즉 인간은 하나님의 하나님 됨을 존중하며 살아야 하는 존재라는 것입니다. 인간이 하나님의 영역을 넘어서는 것은 결국은 죽음을 초래하게 된다는 것입니다.

하나님께서 이렇게 말씀하셨음에도 불구하고 결국 아담은 선악과를 따먹는 죄를 범하고야 말았습니다.

창3:17에 아담에게 이르시되 네가 네 아내의 말을 듣고 내가 너더러 먹지 말라 한 나무 실과(實果)를 먹었은즉 땅은 너로 인(因)하여 저주(詛呪)를 받고 너는

종신(終身)토록 수고(受苦)하여야 그 소산(所産)을 먹으리라

창3:19에 네가 얼굴에 땀이 흘러야 식물(食物)을 먹고 필경(畢竟)은 흙으로 돌아가리니 그 속에서 네가 취(取)함을 입었음이라 너는 흙이니 흙으로 돌아갈 것이니라 하시니라 하셨는데 이것을 소위 원죄라고 부릅니다.

원죄란 인간 죄의 뿌리를 말하는 것으로 온 인류의 조상인 아담이 죄를 범함으로 말미암아 그 자손 된 모든 인간들도 죄인이 되었다는 것입니다. 선악과를 따먹은 아담의 죄가 모든 인간들 안에도 있게 되었다는 것입니다. 이 이야기를 통하여 우리에게 들려주시는 말씀은 인간은 죄인이라는 것입니다. 인간이 죄인이라는 것은 누가 말해주지 않아도 내가 내 자신을 들여다보고 있으면 알 수 있습니다. 우리 안에 들어 있는 이 죄의 뿌리를 성경은 아담을 통한 원죄를 인함이라고 말씀하시고 있는 것입니다.

죄를 범한 아담은 하나님의 낯을 피하여 숨었습니다.

이것이 죄의 결과입니다. 죄는 우리로 하여금 하나님의 낯을 피하여 숨게 합니다. 하나님의 낯을 피한다는 것은 하나님을 마음에 두기를 싫어하는 것입니다. 죄를 범한 인간은 자꾸만 하나님을 멀리하게 됩니다. 이때의 상황을 성경은 이와 같이 기록해 놓으셨습니다.

창3:8-9에 그들이 날이 서늘할 때에 동산에 거니시는 여호와 하나님의 음성(音聲)을 듣고 아담과 그 아내가 여호와 하나님의 낯을 피(避)하여 동산 나무 사이에 숨은지라 여호와 하나님이 아담을 부르시며 그에게 이르시되 네가 어디 있느냐 하셨습니다.

죄를 범한 인간은 하나님이 두려워 피하여 숨었지만 하나님이 원하셨던 것은 비록 그들이 죄를 범하였을 지라도 회개하고 돌아와 하나님께 용서를 받고 다시 원래의 자리에서 사는 것이었습니다. 그래서 하나님께서는 날이 서늘할 때까지 그들이 돌아오기를 기다리시다가 끝내 오지 않자 먼저 찾아가 주셨습니다. 그리고 그들의 이름을 부르셨습니다.

하나님께서는 어떻게 인간을 구원해 주실 것인지를 말씀하셨습니다.

창3:15에 내가 너로 여자(女子)와 원수(怨讐)가 되게 하고 너의 후손(後孫)도 여자(女子)의 후손(後孫)과 원수(怨讐)가 되게 하리니 여자(女子)의 후손(後孫)은 네 머리를 상(傷)하게 할것이요 너는 그의 발꿈치를 상(傷)하게 할 것이니라 하

셨는데 이는 장차 여자의 후손 즉 예수 그리스도를 통하여 죄의 권세를 파하시고 인간을 구원하실 것이라는 말씀입니다. 창3:21에는 여호와 하나님이 아담과 그 아내를 위(爲)하여 가죽옷을 지어 입히시니라 하셨는데 이는 하나님께서 죄로 말미암아 드러난 인간의 허물을 가리울 의의 옷을 입혀 주심으로 다시 하나님께로 나올 수 있도록 하시겠다는 것인데 에덴동산에서 아담을 위한 저 동물의 죽음을 통하여 가죽옷이 만들어진 것처럼 예수 그리스도께서 십자가에서 죽으심으로 그 의의 옷이 만들어 질 것을 말씀하신 것입니다.

첫 사람 아담은 불순종으로 실패한 자가 되었으나 둘째 아담으로 이 땅에 오신 예수님은 온전한 순종으로 하나님의 뜻을 이룬 자가 되셨습니다. 아담을 통하여 계시하신 말씀을 통하여 우리의 본질이 무엇이고 사명이 무엇이고 우리의 죄가 무엇이고 그리고 우리를 향하신 하나님의 사랑과 구원이 무엇인지를 깨닫게 되기를 바랍니다.

2. 아벨, 그의 제사와 죽음

가인과 아벨은 아담과 하와의 아들이었습니다. 가인이 형이었고 아벨이 동생이었습니다.

아벨의 뜻은 증기, 숨, 공허입니다. 신약에 의하면, 아벨은 의인(마23:35, 요일3:12), 믿음의 사람(히11:4), 최초의 순교자(눅11:50)로 기록하고 있습니다. 가인은 농사하는 자이었고 아벨은 양을 치던 자이었습니다. 하나님께 제사할 때가 되어 각각 제물을 준비해 가지고 하나님께 나가 제사를 드렸는데 하나님께서 가인의 제사를 받지 않으시고 아벨의 제사만 받으셨습니다. 이에 화가 난 가인은 아벨과 들에 있었을 때에 돌로 아벨을 쳐 죽였습니다. 가인은 인류 최초의 살인자가 된 사람입니다. 가인과 아벨 이야기를 통하여 하나님께서 하시는 말씀을 듣고자 합니다. 우선 아벨에 대하여 먼저 말씀드리도록 하겠습니다. 그는 양을 치는 자였는데 하나님께 제사를 드릴 때에 하나님이 기뻐하시는 예배를 드렸던 자였습니다. 예배는 일반적으로는 존경하는 대상에 대해 공경의 뜻을 표시하는 일, 종교에 있어서는 인간이 절대자에 대해 숭경심(崇敬心)을 표현하는 일체의 행위를 말하고 있습니다. 이것은 종교의 본질적인 요소로서, 다른 여러 가지 요소를 결여하고 있는 종교는 있어도, 예배를 드리지 않은 종교는 없습니다. 그러나 예배의 양식과 정신은 각 종교에 따라 아주 다르고, 같은 종교에서도 시대와 풍토와 민족에 따라 상당히 차이가 납니다. 성경 예배의 초기 형태는 희생제사였습니다. 이것은 가인과 아벨의 이야기(창4:3-5), 노아의 이야기(창8:20)에도 보여지고, 그 후의 히브리 종교의 주요한 예배양식으로 되었습니다. 유대교에서는 예루살렘성전에서 희생제사(제물)를 드리는 것이 중심이었는데, 후에는 그것을 정신적, 내면적으로 해석하는 일이 중요시되었습니다. 영적인 예배라는 개념은 선지자, 특히 예레미야에 의해 발전되고, 제의적인 희생제사의 예배와 대립되어 갔습니다. 그러나 제의적 예배는 기원후 70년의 성전 붕괴까지 계속되었습니다. 예수님은 선지자적인 예배개념을 이어받으시고, 내적인 요소에 우위를 두셨습니다(요4:24). 이것은 예배의 제의적인 형식이 무가치한 것이라는 의미는 아닙니다. 하지만 형식은 어디까지나 상대적인 의미밖에 없는 것입니다. 예배란 하나님께 쓰이는(섬기는)일이고, 서로 사랑의 교제를 하는 일이며, 따라서 그러한 의미에서 행해지는 모든 친절한 행위야말로 예배의 행위입니다(마 25:34-40). 이러한 예수님의 원칙이, 사도들의 사고(思考)를 규정하고 있습니다. 즉 외적인 관습은 내면 신앙의 표현이어야만 한다는 것입니다(롬14:5). 그리스도인에게 있어서 예배는 어디서 행해지고, 언제 행해지느냐가 문제가 아닙니다(요4:23-24). 그리스도는 언제나 참된 예배자와 함께 계십니다. 항상 재림하실 그리스도를 대망하면서, 예배는 행해져야 합니다. 히브리어의 경우 일반적으로 예배라는 말을 나타냄에 있어서 '아보다'라는 말을 쓰고 있습니다(출 12:25,26). 이것은 '아바드'(삼하15:8 섬기다)에서 온 말로서, '일한다'든가 '섬긴다'는 뜻입니다. 후에 종교행사로서의 하나님에의 봉사(섬김)의 의미로 사용되었습니다. 신약에는 이 '아보다'에 해당되는 말로서 '라트레이아'라는 말이 쓰이고 있습니다. 이것은 임금을 받는 고용, 혹은 매매되는 노예를 의미하고 있었는데, 후에 하나님에의 봉사 섬김의 뜻으로 사용되었습니다.

"예배에 성공하면 인생에 성공한다"는 말이 있습니다.

다시 말씀드리면 '예배에 실패하면 인생에 실패한다'는 말씀입니다. 예배는 신앙생활에 있어 가장 중요한 부분임에 틀림이 없습니다.

아벨은, 믿음으로 예배를 드렸습니다.

본문의 말씀에 대해 히브리서 기자는 "믿음으로 아벨은 가인보다 더 나은 제사를 하나님께 드림으로 의로운 자라 하시는 증거를 얻었으니"(히11:4)라고 해석을 하였습니다. 하나님이 이 예배를 받으신다는 믿음이 있어야 합니다. 예배를 드리는 예배자는 이 예배를 하나님께서 받으신다는 믿음을 가지고 예배를 드려야 합니다. 이러한 믿음이 없이 예배를 드리면 우리의 예배는 하나의 모임이나 형식으로 그칠 것입니다. 하나님이 지금 여기에 계신다는 믿음이 있어야 합니다. 우리의 예배 대상은 하나님이십니다. 예배는 하나님께 드리는 것입니다. 자연을 섬기거나 정령을 섬기는 이들처럼 불특정한 존재에게 예배를 드리는 것이 아니라 만유를 지으시고 나의 주인이신 하나님께 예배를 드리는 것이며 바로 그 하나님이 지금 여기에서 예배를 받으신다는 믿음으로 예배를 드려야 합니다. 하나님이 은혜 가운데 나를 예배자로 세워 주셨다는 믿음입니다. 예배를 드리는 것은 의무이자 축복입니다. 인간과 영장류는 비슷한 모양과 습성을 갖고 있습니다. 그래서 인간과 영장류들은 동일한 의미를 갖는 행동들을 하고 있습니다. 그런데 한 가지 다른 것은 인간을 제외한 다른 영장류들에게는 예배라는 개념이 없다는 사실입니다. 오직 인간만이 예배를 드리고 있습니다. 인간이라고 해도 모두가 하나님께 예배를 드릴 수 있는 것은 아닙니다. 오직 믿음을 가진 자들만이 예배를 드릴 수가 있습니다. 또한 예배의 자리에 나오기까지에는 여러 가지 조건이 갖추어져야 예배를 드릴 수가 있습니다. 몸이 아파서 움직이지 못한다면 예배의 자리에 나올 수 없을 것입니다. 삶의 여건이 허락이 되지 않는다 해도 예배자의 자리에 나올 수 없습니다. 모든 것이 갖추어져야 하나님께 예배를 드릴 수가 있는 것을 생각하면 우리가 예배를 드린다고 하는 것은 나를 예배자로 세워 주신 하나님의 은혜라는 것을 고백하지 않을 수 없습니다.

아벨은 정성껏 예물을 준비하였습니다.

아벨의 형이었던 가인이 드린 제물은 단순히 땅의 소산이라고 되어있는 반면에 아벨의 제물은 양의 첫 새끼와 그 기름이라고 되어 있습니다. 양은 모양이 아주 비슷한 동물입니다. 더군다나 새끼일 때는 더욱 그러합니다. 그러한 양의 새끼들 중에서 어떤 것이 첫 새끼인지를 구별하기 위해서는 미리 어느 것이 첫 새끼인지를 눈여겨보고 있다가 첫 새끼가 태어나면 발목에 끈을 묶든지 해서 표시를 해 두어야 첫 새끼를 제물로 준비할 수 있었을 것입니다. 두 주 전에 저희 교회에서도 교회에 나오기 시작한지 얼마 되지 않은 분이 계란을 하나 들고 왔습니다. 어쩐 일이냐 묻자 그분이 키운 닭이 처음 난 알이라 하였습니다. 그래서 가져온 것이라 하였습니다. 그분은 아직 성경을 잘 알지는 못하지만 마음으로 이것은 가장 귀한 것인데 교회에 가져가는 것이 좋겠다 하는 마음이 들었던 것입니다. 농사를 짓고 살던 시절에는 시골에서 처음 익은 호박이 있으면 그것을 따다가 목사님 댁에 가져다 드리곤 하였습니다. 하나님께 드리는 믿음으로 목사님께 첫 열매를 드리곤 하였던 것입니다. 이 모든 일들은 그만큼의 정성이 있어야 가능한 것입니다. 아벨은 가장 소중한 것을 구별하여 준비하였다가 드린 것입니다. 잠21:27에 악인(惡人)의 제물(祭物)은 본래(本來) 가증(可憎)하거든 하물며 악(惡)한 뜻으로 드리는 것이랴 하셨는데 아벨은 가장 선한 뜻으로 제물을 정성껏 준비하였다가 그것으로 하나님께 제사를 드린 것입니다.

아벨은 예배에 합당한 삶을 살았습니다.

성경에 보면 아벨의 제사에서 하나님께서 받으신 것은 아벨과 아벨의 제물입니다. 본문을 보아도 '헤벨 베엘 민하토'라고 하였습니다. 아벨의 제물보다 더 중요한 것이 바로 예배자 아벨 자신이었던 것입니다. 하나님께서 아벨을 받으셨다는 것이 의미하는 것은 무엇입니까? 아벨이라는 존재적 의미가 아니라 아벨의 삶을 가리키는 것입니다. 그러므로 예배 시간에 예배자의 태도도 문제가 되지만 그보다 더 중요한 것은 예배자가 어떤 삶을 살고 와서 예배를 드리느냐가 더 중요합니다. 선거철만 되면 정치인들, 선거에 입후보한 분들이 교회나 성당이나 절을 찾아가 예배를 드리는 모습이 텔레비전에 방영되기도 합니다. 그들의 예배의 목적이 다른데 있기 때문에 그 예배를 하나님께 합당한 예배라 할 수 없을 것입니다. 마찬가지로 예배에 합당한 삶을 살지 않고 나와서 하나님께 예배드리는 것도 하나님께 합당한 예배가 되지 않게 됩니다. 어떤 사람이 세상에서는 아주 못된 짓도 많이 하고 불성실하게 살고 다른 사람들에게 비난을 받고 살던 사람이 무슨 이유에서인지 주일에 예배에 나와 예배만 드린다면 그것은 예배의 주인이신 하나님을 욕되게 하는 일이 됩니다. 아마 이러한 사람이 예배에 나오는 이유는 막연한 어떤 두려움을 해소하기 위해서일 수도 있고 자신을 위장하기 위해서일 수도 있고 안 나오면 안 되는 입장에 있는 사람일 수도 있습니다. 잠15:8에 악인(惡人)의 제사(祭祀)는 여호와께서 미워하셔도 정직

(正直)한 자(者)의 기도(祈禱)는 그가 기뻐하시느니라 하셨습니다. 그렇다고 성공한 삶, 문제가 없는 삶, 완전한 삶만 하나님이 받으신다는 것은 아닙니다. 아마도 누구나 그렇게 살 수도 없을 것입니다. 이 세상에 살면서 문제없이 살 수 있는 사람이 누가 있겠습니까? 이 세상에 살면서 하나님의 말씀을 온전히 지키며 사는 사람이 누가 있겠습니까? 이 세상에 살면서 다른 사람의 비난을 전혀 받지 않고 살 수 있는 사람이 누가 있겠습니까? 성경에 보면 한 바리새인이 하나님께 기도하는데 그 내용이 자신들의 의를 자랑하는 것이었습니다. 반면에 세리도 하나님께 나와서 기도 하였는데 그는 자신의 삶이 하나님께 부끄러웠음을 고백하며 가슴을 치고 있었습니다. 예수님께서는 바리새인보다 세리가 더 하나님께 합당한 자였다고 말씀하셨습니다. 이 말씀의 뜻은 하나님께 예배하러 나오는 자는 예배에 합당한 삶을 살아야 할 것을 말씀하고 있습니다. 물론 인간이 완전할 수 없기 때문에 허물이 있게 마련인데 그때에는 그 죄와 허물을 회개하고 하나님께 나아와 예배를 드려야 할 것입니다. 아벨의 제사를 받으신 하나님은 아벨의 제물보다 먼저 아벨의 삶을 받으셨습니다. 이로 보건대 우리의 모든 삶이 사실은 예배와 긴밀히 연결되어 있음을 알 수 있습니다. 예배 때 얼마나 정성껏 예배를 드리는가도 중요한 문제이지만 그보다 먼저 어떤 삶을 살고 와서 예배를 드리는가를 하나님은 보고 계시다는 말씀입니다.

예배에 대한 이사야서의 말씀입니다. (이사야1:11-17)

여호와께서 말씀하시되 너희의 무수(無數)한 제물(祭物)이 내게 무엇이 유익(有益)하뇨 나는 수양(羊)의 번제(燔祭)와 살진 짐승의 기름에 배불렀고 나는 수송아지나 어린 양(羊)이나 수염소의 피를 기뻐하지 아니하노라 너희가 내 앞에 보이러 오니 그것을 누가 너희에게 요구(要求)하였느뇨 내 마당만 밟을 뿐이니라 헛된 제물(祭物)을 다시 가져오지 말라 분향(焚香)은 나의 가증(可憎)히 여기는 바요 월삭(月朔)과 안식일(安息日)과 대회(大會)로 모이는 것도 그러하니 성회(聖會)와 아울러 악(惡)을 행(行)하는 것을 내가 견디지 못하겠노라 내 마음이 너희의 월삭(月朔)과 정(定)한 절기(節期)를 싫어하나니 그것이 내게 무거운 짐이라 내가 지기에 곤비(困憊)하였느니라 너희가 손을 펼 때에 내가 눈을 가리우고 너희가 많이 기도(祈禱)할지라도 내가 듣지 아니하리니 이는 너희의 손에 피가 가득함이니라 너희는 스스로 씻으며 스스로 깨끗케 하여 내 목전(目前)에서 너희 악업(惡業)을 버리며 악행(惡行)을 그치고 선행(善行)을 배우며 공의(公義)를 구

(求)하며 학대(虐待) 받는 자(者)를 도와주며 고아(孤兒)를 위(爲)하여 신원(伸冤)하며 과부(寡婦)를 위(爲)하여 변호(辯護)하라 하셨느니라 하셨습니다.

아벨의 삶은 그의 이름대로 길지는 않았습니다.

그러나 아벨의 이름은 아름다운 이름으로 의인의 이름으로 기억되고 있습니다. 저 이삭이 아버지 아브라함의 말씀에 순종하여 번제단에 올라감으로 이삭이 이삭이 되었듯이 아벨은 하나님이 받으실 만한 예배를 드림으로 그의 이름이 아름답게 후대에 기록되는 인물이 되었습니다.

3. 가인, 가인의 후예

가인은 아담과 하와의 첫째 아들이었습니다.

가인은 하나님의 경고에도 불구하고 하나님께서 동생 아벨의 제사는 받으시고 자기의 제사는 거부할 때 아벨을 죽임으로써 그는 첫 살인자가 되고, 아벨은 첫 순교자가 되었습니다. 그 죄로 하나님께서는, 가인을 그가 살던 땅에서 추방하였으므로 방랑 생활을 하게 되었고, 땅에서 저주를 받으니 땅은 갈아도 효력을 내 주지 않았습니다. 가인은 유리하는 동안 죽임을 당할까 두려워했으나, 하나님은 은혜를 베푸셔서 그에게 표를 주어 그의 생명을 보호해주셨습니다. 가인은 여호와의 앞을 떠나 에덴의 동편 '놋'이라는 곳에 살면서 아들 에녹을 얻었습니다. 그리고 성을 쌓고 그 이름을 아들의 이름을 따서 '에녹'이라 하였습니다(창4장, 히11:4, 요일 3:12, 유11).

가인은 하나님이 그 예배를 받지 않은 사람이었습니다.

창4:5에 가인과 그 제물(祭物)은 열납(悅納)하지 아니하신지라 하셨습니다. 잠15:8에 악인(惡人)의 제사(祭祀)는 여호와께서 미워하셔도 정직(正直)한 자(者)의 기도(祈禱)는 그가 기뻐하시느니라 하셨고, 잠21:27에 악인(惡人)의 제물(祭物)은 본래(本來) 가증(可憎)하거든 하물며 악(惡)한 뜻으로 드리는 것이랴 하셨습니다.

창4:5에 가인이 심히 분하여 안색이 변하니 하였습니다.

가인은 하나님께서 제물을 열납하지 않으시자 심히 분하여 안색이 변하였습니다. 이것은 죄인들의 일반적인 태도입니다. 여기서 안색이 변하였다는 것은 불만과 분노의 직선적인 묘사입니다. 이처럼 가인은 아벨의 제사를 받아 주시고 자신의 제사는 받아 주시지 않는 하나님께 원망하는 마음이 일어났습니다. 그는 마땅히 회개했어야 하는데도 불구하고 오히려 하나님 앞에서 방자하게 분노를 터뜨렸습니다. 이것은 불신앙적인 행위입니다.

가인은 시기와 질투가 가득찬 사람이었습니다

요일3:12에 가인같이 하지 말라 저는 악(惡)한 자(者)에게 속(屬)하여 그 아우를 죽였으니 어찐 연고(緣故)로 죽였느뇨 자기(自己)의 행위(行爲)는 악(惡)하고 그 아우의 행위(行爲)는 의(義)로움이니라 하였습니다. 그는 동생 아벨에 대한 시기심이 극도에 달하였습니다. 가인이 아벨을 시기하기 시작한 바로 그때 가인은 이미 살인자나 다름이 없었습니다. 예수님께서 이와같이 말씀하셨습니다. 마5:21-24에 살인하지 말라. 살인하는 자는 누구든지 재판을 받아야 한다는 옛사람들에게 하신 말씀을 너희는 들었다. 그러나 나는 이렇게 말한다. 자기 형제에게 성을 내는 사람은 누구나 재판을 받아야 하며 자기 형제를 가리켜 바보라고 욕하는 사람은 중앙법정에 넘겨질 것이다. 또 자기 형제더러 미친놈이라고 하는 사람은 불붙는 지옥에 던져질 것이다. 그러므로 제단에 예물을 드리려 할 때에 너에게 원한을 품고 있는 형제가 생각나거든 그 예물을 제단 앞에 두고 먼저 그를 찾아가 화해하고 나서 돌아와 예물을 드려라. 이와 같이 가인은 자신을 바라볼 줄 모르는 교만한 자였습니다 가인이 겸손한 자였다면 그는 하나님 앞에서 긍휼을 입어 풍성한 은혜를 받았을 것입니다. 겸손하지 못한자는 언제나 말이 많으며 쉽게 분노하고 일을 그르치게 됩니다.

가인은 하나님을 불공평하다고 원망하며 하나님을 무시하는 자였습니다.

창4:6에 여호와께서 가인에게 이르시되 네가 분하여 함은 어찜이며, 안색이 변함은 어찜이뇨

창4:7 네가 선을 행하면 어찌 낯을 들지 못하겠느냐 선을 행치 아니하면 죄가 문에 엎드리느니라 죄의 소원은 네게 있으나 너는 죄를 다스릴지니라 하셨습니다. 죄를 의미하는 히브리어 '하타트'는 활이 시위에서 떠나 목표를 향했으나 그 목표에 명중하지 못하고 빗나갔다는 뜻을 지닌 '하타'라는 말에서 유래되었습니다. 즉 인간이 하나님께서 제정하신 법에 자신의 마음과 행동을 정확

하게 맞추지 못하고 대신 불순종과 불평으로 일관하는 것을 죄라고 할 수 있습니다. 이 죄는 인간을 하나님으로부터 격리시킬 뿐 아니라 많은 고통까지 가져오고 끝내는 죽음이라는 비극적인 결과를 낳고 있습니다. 하나님은 가인으로 하여금 그 죄와 어리석음을 깨닫게 하시고 분함과 불만이 부당하다는 것을 가르치시면서 앞으로 실수가 없도록 교훈하셨습니다. 하나님은 누구도 멸망하는 것을 원치 않으시며 모든 자들이 회개할 것을 바라십니다. 이것은 악한 자에게조차 자비를 보이시며 인내하시는 하나님의 은혜로우심의 반영입니다. 선을 행치 아니하면 이란 말은 하나님께 잘못을 뉘우치고 선을 추구하고자 하는 마음을 가지지 않고 오히려 더 강퍅하여져 계속해서 자신의 주장을 고집하면이란 의미입니다. 그리고 죄가 문에 엎드리느니라는 말은 죄가 항상 사람의 마음 문에 엎드려 그 마음을 주관할 기회를 엿보고 있음을 묘사한 말입니다. 여기서 문이란 양심의 문 또는 영혼의 문을 뜻하고 있습니다. 이 두 말을 연결하면 결국 사람이 마음을 하나님께 향하지 않고 또한 선한 뜻을 지니지 않는다면 사단이 틈을 타서 그 심령에 들어와 끝내 그로 하여금 악한 꾀에 사로잡히게 된다는 사실을 가르치고 있습니다. 하나님은 가인에게 죄의 소원은 네게 있으나 너는 죄를 다스릴지니라 권면하셨습니다. 이 말은 하나님께서 가인이 범죄할 가능성이 있음을 아시고 그에게 분노를 억제하고 악한 계획을 버린 후 하나님께서 제시하시는 올바른 길로 가라는 권면과 경고가 동시에 내포된 말씀입니다. 사실 죄인의 후손인 우리들에게는 본능적으로 악을 추구하고자 하는 생각이 늘 일어납니다. 그러나 이러한 악한 생각을 자제하는 법을 하나님의 말씀을 통하여 배우고 억제하며 참된 경건을 이루어 나가야 할 것입니다. 하나님의 말씀을 단순히 듣기만 하고 의지적인 결단이나 그 말씀에 따른 행동을 하지 않을 때 마음에 품은 악한 감정은 그로 하여금 더 깊고 두드러진 죄악을 행동하도록 유도하곤 합니다.

가인은 시간이 지날수록 죄를 키우고 있다가 결국 죄를 행동으로 옮겼습니다.

창4:8에 그 후 그들이 들에 있을 때에 가인이 그 아우 아벨을 쳐 죽이니라 하였습니다. 가인은 하나님의 권고를 무시하고 죄의 노예로서 방황하다가 마침내 동생 아벨을 살해하는 인류 최초의 살인자가 되고 말았습니다. 가인이 자기와 같은 핏줄인 아우 아벨을 들판에서 살해한 것입니다. 이처럼 인간이 악한 감정의 노예가 될 때 그는 판단력이 약해지고 이성을 잃게 되어 마침내 파괴적인 행동으로 자기의 감정을 폭발시키게 됩니다. 가인은 이런 감정의 노예가 되어 인류 최초의 살인자인 동시에 근친 살해범이 되는 처지에 이르렀습니다. 이와 같이 인간의 행동은 마음의 표현인데 이런 점에서 예수님께서는 마음의 품은 악까지 죄로 단정하시고 형제 미워하는 일을 삼가라고 엄히 경계하신 것입니다. 이 사건은 죄가 이 세상에 들어와 인류 전체에게 미치는 악영향이 얼마나 심각한 것인가를 보여주고 있습니다. 더욱이 죄인의 후손은 여전히 죄인일 수밖에 없다는 사실을 말해주고 있습니다. 또한 이 사건은 가인이 이제는 더 이상 여인의 후손이 아니라 뱀의 후손이 되어 사단에게 속한 자로 전락한 사실을 이야기 하고 있습니다. 그리고 이 사건은 여인의 후손과 뱀의 후손과의 적대심에서 나온 첫 열매라고 볼 수 있습니다. 이것은 육체를 따라 난 자가 성령을 따라 난 자를 핍박할 것을 예표한 사건이기도 합니다. 이처럼 죄는 하나님이 설정해 놓으신 조화롭고 행복한 환경을 파괴하고 그곳에 부조화와 죽음을 대신 심어놓습니다. 즉 죄는 파괴와 멸망을 초래합니다.

가인은 회개에로의 부르심을 거절한 인물이었습니다.

창4:9에 여호와께서 가인에게 이르시되 네 아우 아벨이 어디 있느냐 그가 가로되 내가 알지 내가 알지 못하나이다 내가 내 아우를 지키는 자니이까 하였습니다. 하나님께서는 범죄한 아담과 하와를 찾아오셔서 회개를 촉구하신 것과 같이 이번에도 가인을 찾아오셔서 자신의 죄를 돌아볼 기회를 주셨습니다. 하나님은 이처럼 범죄한 인간을 곧바로 버리시지 않고 재기의 기회를 주십니다 이는 하나님의 자비하심입니다. 그러나 가인은 하나님의 자비하신 방문과는 너무나 대조되는 뻔뻔스런 태도로 하나님의 물음에 내가 알지 못하나이다 내가 내 아우를 지키는 자니이까 라고 응답하였습니다. 이것은 분명 자신의 죄를 감추려는 변명입니다. 그러나 하나님 앞에서 자신의 죄를 숨길 수 있다고 생각하는 것은 전지전능하신 하나님의 속성을 너무나 모르는 무지인 것입니다. 하나님께서 지니신 무한하신 능력은 인간의 머리털까지 세실 수 있을 만큼 세밀하고 완벽하십니다. 그러므로 범죄한 인간은 마땅히 자기 죄를 인정하고 하나님께 용서를 구함으로 살 수 있는 것입니다. 이러한 가인의 대답에 대해 하나님께서는 아벨이 살해된 사실을 이미 알고 계시다는 뜻으로 가인에게 이렇게 말씀하셨습니다. 창4:10에 그러나 여호와께서는 "네가 어찌 이런 일을 저질렀느냐?" 고 하시면서 꾸짖으셨다. "네 아우의 피가 땅에서 나에게 울부짖고 있다" 하셨습니다. 하나님은 역사를 친히 주관하시며 또한 거기에 개입하십니다. 그러므로 하나님은 의인이 당하는 고난을 지나치지 않으십니다. 즉 억울한 죽음을 당한 의인의 피의 절규를 하나님께서 귀담아들으십니다. 하나님께서는 가인이 이러한 일을 당하게 될 것이라 하셨습니다. 창4:11-12에 땅이 입을 벌려 네 아우의 피를 네 손에서 받았다. 너는 저주를 받은 몸이니 이 땅에서 물러나야 한다. 네가 아무리 애써 땅을 갈아도 이 땅은 더 이상 소출을 내 주지 않을 것이다. 너는 세상을 떠돌아다니는 신세가 될 것이다." 하셨습니다. 이처럼 하나님과 바른 관계를 갖지 못한 자들은 하나님이 만드신 다른 피조 세계에서 환영을 받지 못합니다. 뿐만 아니라 가인은 죄의식으로 인하여 이 땅에 사는 동안 가책과 고통에 짓눌리게 될 것이라 하셨습니다. 즉 육체적으로나 영적으로 평안함이 없는 고달픈 생활을 하게 될 것이라 하셨습니다.

가인에게 임한 형벌을 정리해 보면,

생업이 파괴되었습니다.

창4:12에 땅이 다시는 그 효력을 네게 주지 아니할 것이요

이웃과의 관계가 파괴되었습니다.

창4:14에 무릇 나를 죽이는 자가 나를 죽이겠나이다

하나님과의 관계가 파괴되었습니다.

창4:14에 주의 낯을 뵈옵지 못하리니 하였습니다.

이러자 가인은 하나님께서 자기의 범죄의 대가로 내리신 형벌이 너무 무거워 견디지 못하겠노라 하였습니다. 창4:13-14에 가인이 여호와께 하소연하였다. "벌이 너무 무거워서, 저로서는 견디지 못하겠습니다. 오늘 이 땅에서 저를 아주 쫓아내시니, 저는 이제 하나님을 뵙지 못하고 세상을 떠돌아다니게 되었습니다. 저를 만나는 사람마다 저를 죽이려고 할 것입니다."

가인은 자신이 저지른 엄청난 죄에 대해서는 한마디의 말도 하지 않고 앞으로 당할 형벌의 공포에만 절망하고 있었습니다. 그러나 하나님 앞에서 자신이 죄를 회개하고자 하는 자는 자신에게 미칠 형벌에 대하여 염려하기보다는 자신이 범한 죄 때문에 더 깊이 번뇌하고 애통해 하여야 할 것입니다. 가인의 허물에도 불구하고 하나님께서는 가인에게 특별한 약속을 해 주셨습니다. 창4:15에 "그렇게 못하도록 하여 주마. 가인을 죽이는 사람에게는 내가 일곱 갑절

로 벌을 내리리라." 이렇게 말씀하시고 여호와께서는 누가 가인을 만나더라도 그를 죽이지 못하도록 그에게 표를 찍어주셨다 하셨습니다. 이와같은 말씀은 하나님께서는 죄를 지은 인간에게도 긍휼을 베푸신다는 사실을 보여주고 있습니다. 또한 가인을 죽이는 사람에게는 내가 일곱 갑절로 벌을 내리시겠다는 말씀은 가인을 죽이는 자는 살인죄를 범한 것일 뿐 아니라 가인을 살려 주신 하나님에 대해 범죄하는 것이 됨을 일깨우시고 있습니다. 인간은 하나님의 공의와 심판을 믿으며 모든 복수를 하나님께 맡겨야 합니다. 가인에게 주신 표는 하나님의 보호를 나타내는 표시로 보입니다. 이후로 가인은 창4:16-17에 보면 가인은 하나님 앞에서 물러 나와 에덴 동쪽 놋이라는 곳에 자리를 잡았다. 가인이 아내와 한 자리에 들었더니, 아내가 임신하여 에녹을 낳았다. 가인은 제가 세운 고을을 아들의 이름을 따서 에녹이라고 불렀다. 하였습니다. 오늘 우리는 가인의 이야기를 통하여 죄가 무엇이며 죄인된 인간에게 찾아오는 형벌이 무엇임을 알았습니다. 또한 죄인된 인간을 향한 하나님의 긍휼하심과 자비하심을 알았습니다.

4. 에녹, 하나님과 동행

에녹은 아담의 7대손으로서 야렛의 아들이며 최장수자인 므두셀라의 아버지입니다. 그는 하나님과 동행하는 삶을 살며 자녀를 낳고 살다가 365세에 하나님이 그를 데려가셨으므로 인류 최초로 죽음을 당하지 않고 승천한 사람입니다.

창5:18, 21에는 에녹의 족보가 나와 있습니다.

창5:18 야렛은 일백(一百) 육십이세(六十二歲)에 에녹을 낳았고, 창5:21 에녹은 육십오세(六十五歲)에 므두셀라를 낳았고, 즉 에녹의 부친은 야렛이고 에녹의 아들은 무드셀라입니다. 에녹은 65세에 무드셀라를 낳았습니다.

에녹은 하나님과 동행한 사람이었습니다.

창5:22에는 에녹이 므드셀라를 낳은 후(後) 삼백년(三百年)을 하나님과 동행

(同行)하며 자녀(子女)를 낳았다고 기록되어 있습니다. 이로 보건대 에녹은 아마도 부모가 되고 나서 하나님의 마음을 더 잘 알게 된 것 같습니다. 그래서 에녹이 하나님과 동행을 시작한 시기가 그가 므드셀라를 낳은 후라고 기록되어 있습니다. 우리가 상대방을 이해한다는 것은 그의 입장에 서는 것입니다. 나의 자리에 서서 상대방을 이해한다는 것은 극히 제한적입니다. 우리는 상대방의 입장에 서는 연습을 해야 합니다. 어떡하면 내가 조금이라도 더 상대방의 입장에서 생각하고 말하고 행동할 수 있을까를 찾아보아야 합니다. 그래서 주님께서도 하늘 보좌를 떠나셔서 이 땅에 오셨고 친히 인간이 되심으로 인간을 대속해 주신 것입니다. 에녹은 삼백년 동안 하나님과 동행하였다고 하였습니다. 동행이란 문자적으로는 같이 가는 것입니다. 같은 길을 가는 것이지요. 우리 인생에도 그렇고 신앙의 길에도 동행자가 있어야 합니다. 동행자가 없이는 이 길을 갈 수가 없습니다. 전4:9-12의 말씀에도 "혼자서 애를 쓰는 것보다 둘이서 함께 하는 것이 낫다. 그들의 수고가 좋은 보상을 받겠기 때문이다 넘어지면 일으켜줄 사람이 있어 좋다. 외톨이는 넘어져도 일으켜줄 사람이 없어 보기에도 딱하다. 그뿐이랴! 혼자서는 몸을 녹일 길이 없지만 둘이 같이 자면 서로 몸을 녹일 수 있다. 혼자서 막지 못할 원수도 둘이서는 막을 수 있다. 삼겹으로 줄을 꼬면 쉽게 끊어지지 않는 법이다." 하셨습니다.

모세가 미디안 광야에서 40년을 살았습니다. 그전에는 애굽 바로의 궁전에서 40년을 왕자로 산 사람입니다. 그러한 그가 어떻게 그 외롭고 거친 광야에서 40년을 살았겠습니까? 저는 하나님께서 모세를 위하여 예비하신 그의 아내요 동반자인 십보라가 있었기 때문에 가능했다고 여겨집니다. 동행을 위해서는 몇 가지 조건이 필요할 것입니다.

첫째는 같은 방향의 길을 가야 합니다.

삭개오는 예수님 당시의 세리장이었는데 예수님을 만나고자 했으나 키가 작아 군중 너머에 계신 예수님을 만날 수가 없었습니다. 그래서 그는 예수님을 만나기 위해서 예수님이 가시고자 하는 방향으로 먼저 가서 뽕나무 위에 올라가 예수님을 맞이하였습니다. 하나님과 동행하기 위해서는 하나님이 바라보시는 방향으로 우리의 삶이 움직여야 합니다. 하나님이 바라보시는 방향을 우리도 바라보아야 한다는 말씀입니다. 역사의 방향도 그러하고 우리 인생의 방향도 그러해야 합니다. 보고 있는 또는 보고자 하는 방향이 다르다면 우리는 동행 할 수 없을 것입니다. 하나님께서 보고 계시는 방향을 함께 바라봄으로 하나님과 동행하시는 삶이 되시길 바랍니다.

둘째는 주님과 동행하기 위해서는 같은 마음을 갖어야 합니다.

예수님과 제자들이 예수님 공생애의 마지막 유월절을 위하여 예루살렘으로 가고 있었을 때 예수님의 마음에는 이제 장차 자신이 지실 십자가 생각으로 가득 차 있었습니다. 예수님께서 이 땅에 오신 목적이 십자가를 지시기 위함이었지만 예수님의 저 겟세마네 기도를 보면 예수님께도 그 십자가가 너무도 무겁고 고통스러운 사명이었습니다. 그런데 제자들은 예수님께서 예루살렘에 가셔서 왕이 되시면 우리 가운데 누가 더 높은 자리에 앉을 것인가 하는 생각으로 채워져 있었습니다. 마20:20-24에 그 때에 제베대오의 두 아들이 어머니와 함께 예수께 왔는데 그 어머니는 무엇인가를 청할 양으로 엎드려 절을 하였다. 예수께서 그 부인에게 "원하는 것이 무엇이냐?" 하고 물으시자 그 부인은 "주님의 나라가 서면 저의 이 두 아들을 하나는 주님의 오른편에, 하나는 왼편에 앉게 해 주십시오" 하고 부탁하였다. 그래서 예수께서 그 형제들에게 "너희가 청하는 것이 무엇인지나 알고 있느냐? 내가 마시게 될 잔을 너희도 마실 수 있느냐?"하고 물으셨다. 그들이 "마실 수 있습니다" 하고 대답하자 예수께서는 다시 이렇게 말씀하셨다. "너희도 내 잔을 마시게 될 것이다. 그러나 내 오른편과 내 왼편 자리에 앉는 특권은 내가 주는 것이 아니다. 그 자리에 앉을 사람들은 내 아버지께서 미리 정해 놓으셨다." 24절의 말씀은 더욱 안타까운 모습이 기록되어 있습니다. 이 말을 듣고 있던 다른 열 제자가 그 형제를 보고 화를 냈다 하였습니다. 세베대의 어머니만 이런 생각을 하고 있던 것이 아니라 모든 제자들이 사실은 먼저 말을 하지 않았을 뿐이지 이런 마음을 가지고 있었다는 것입니다. 예수님과 제자들은 외형적으로는 공생애 삼 년 동안 동행을 하였지만 적어도 이 길에서는 동행이라 할 수 없을 것입니다. 우리가 겉모습으로는 주님과 동행하는 것 같지만 마음이 다르다면 그것은 동행이라 할 수 없을 것입니다. 같은 집에서 함께 살아가는 부부라 할지라도 서로 다른 마음을 갖고 산다면 그것은 함께 사는 것이 아닙니다. 주님과 동행하기 위해서는 주님과 같은 마음을 품고 그 길을 가야 할 것입니다.

셋째는 하나님과 동행하기 위해서는 같은 시간을 살아야 합니다.

우리 삶과 인생의 시간표가 주님의 때에 맞추어 살아야 우리는 주님과 동행하는 삶을 살 수 있을 것입니다. 내게 급한 일, 내가 좋아하는 일 내게 중요한

일 등을 우선하여 하다가는 주님과 함께 주님의 시간표에 맞추어서 살 수 없기 때문입니다. 하나님의 시간을 '카이로스'라고 합니다. 우리가 쓰는 시간은 '크로노스'입니다. 우리가 쓰는 '크로노스'를 하나님의 시간인 '카이로스'에 맞추는 것이 동행입니다. 아브라함은 75세에 부름을 받고 하늘의 별과 바다의 모래알 같은 자손의 약속을 받았지만 100세가 되어서야 겨우 이삭을 아들로 받았을 뿐입니다. 야곱은 형 에서의 낯을 피하여 '밧단아람'으로 갔다가 얼마 있으면 돌아올 것으로 알았지만 20년의 세월이 지난 다음에야 돌아오게 되었습니다. 예레미야의 예언대로 이스라엘 백성들은 70년이 차고서야 바벨론 포로에서 돌아올 수 있었습니다. 하나님의 시간표를 기다릴 줄 아는 믿음이 되어야 합니다. 또한 하나님의 때에는 그 때에 맞는 일을 할 줄 알아야 합니다. 마치 농부가 봄이면 논을 갈고 씨를 뿌리고 여름이면 그것을 잘 가꾸며 가을이면 추수를 하고 겨울이면 내년 농사를 미리 준비하며 그 때에 맞게 살아가듯이 우리는 하나님께서 우리 인생의 때에 맞게 부여해 놓으신 사명을 감당하며 살아야 합니다. 그것이 하나님과 동행하는 삶입니다.

에녹은 하나님을 기쁘시게 하는 자였습니다.

히브리서는 에녹을 다음과 같이 기록하고 있습니다. 히11:5에 믿음으로 에녹은 죽음을 보지 않고 옮기웠으니 하나님이 저를 옮기심으로 다시 보이지 아니하니라 저는 옮기우기 전(前)에 하나님을 기쁘시게 하는 자(者)라 하는 증거(證據)를 받았느니라 하였습니다. 히브리서 11장은 믿음의 사람들에 관한 기록인데 에녹의 믿음을 하나님을 기쁘시게 하는 믿음이라 하였습니다.

성경에는 하나님의 기쁨이 되는 인물들이 있습니다. 모리아 산에서의 아브라함의 순종은 하나님을 기쁘시게 하였을 것입니다. 이방 여인 룻이 시어머니 나오미를 따라가며 어머님의 하나님의 나의 하나님이 될 것이라 하였을 때 하나님은 기뻐하셨을 것입니다. 하나님께서는 다윗을 내 마음에 합한 사람이라 하셨습니다. 솔로몬이 자신의 부귀영화나 목숨보다 하나님의 백성을 돌볼 수 있는 지혜를 달라 하였을 때 하나님은 기뻐하셨습니다. 하나님께서는 미가 선지자를 통하여 하나님이 기뻐하시는 일이 무엇인지를 말씀하셨습니다. 미6:78에 수양 몇천 마리를 바치면 여호와께서 기뻐하시겠습니까? 기억하기만 하던 죄를 벗으려면, 맏아들이라도 바쳐야 합니까? 이 죽을죄를 벗으려면, 이 몸에서 난 자식이라도 바쳐야 합니까? 이 사람아, 여호와께서 무엇을 좋아하시는지,

무엇을 원하시는지 들어서 알지 않느냐? 정의를 실천하는 일, 기꺼이 은덕에 보답하는 일 조심스레 하나님과 함께 살아가는 일, 그 일밖에 무엇이 더 있겠느냐? 그의 이름을 어려워하는 자에게 앞길이 열린다. 에녹과 같이 하나님의 기쁨이 되시는 성도 여러분들이 되시길 바랍니다.

에녹은 예언자였습니다.

신약성경 유다서에는 에녹의 예언에 관한 말씀이 기록되어 있습니다. 유다가 거짓 선지자들을 심판하는 내용에서 주의 재림의 때에 주님께서 이와 같은 심판을 하시리라는 말씀입니다. 칼빈은 이와 같은 에녹의 예언이 기록될 수 있었던 것은 전승되어 오던 에녹의 예언을 유다가 성령의 감동을 통하여 기록하게 되었을 것으로 보고 있습니다. 유1:14-15에 이런 자들에게 아담의 칠 대 손 에녹은 이렇게 예언했습니다. "주님께서 거룩한 천사들을 무수히 거느리고 오셔서 모든 사람을 심판하실 때에 모든 불경건한 자들이 저지른 불경건한 행위와 불경건한 죄인들이 하느님을 거슬러 지껄인 무례한 말을 남김없이 다스려 그들을 단죄하실 것입니다."

예언자란 하나님의 말씀을 받아서 세상에 전하는 자였습니다.

구약에는 엘리야부터 시작해 나훔, 스바냐, 에스겔, 학개, 말라기 등 많은 예언자들이 하나님의 말씀을 선포하였습니다. 에녹이 예언자인 것은 너무나 당연합니다. 왜냐하면 그는 하나님과 삼백 년을 동행한 자로서, 하나님을 기쁘시게 한 자로서 많은 하나님의 말씀이 그의 심령에 있었을 것이기 때문입니다. 그런 관점에서 보면 우리 모두는 예언자이어야 합니다. 우리에게 주신 하나님의 말씀을 세상에 증거하며 선포하며 가르치며 살아야 하는 것이 우리의 사명이기 때문입니다.

에녹은 하나님과의 완전한 교제 때문에 죽음을 맛보지 않고 하늘로 옮기어졌습니다.

그래서 불멸에 관한 구약성경의 교리에 감화를 주었는데(시49:15, 73:24). 이렇게 하나님이 에녹을 데려가셨다는 것은 이 세상 외에 다른 좋은 세계, 곧 하나님과 함께 사는 즐거운 세계가 있다는 것, 에녹이 육체를 가지고 그곳에 갔으니 그곳은 관념의 나라가 아니고 구체적이고 영화롭게 된 몸이 생활하는 실제적인 나라가 있다는 것을 보여주고 있습니다.

에녹과 같이 하나님과 동행하며 하나님을 기쁘시게 하며 하나님 말씀의 전달자로 살아가시기바랍니다.

5. 노아, 그의 방주

노아는 아담의 9대손인 라멕의 아들이었습니다.

'노아'의 뜻은 휴식, 안위, 구원을 가져 오다 입니다. 노아 당시의 세상은 너무도 부패하였습니다. 성경은 이렇게 기록하고 있습니다. 창6:5-6에 여호와께서 세상이 사람의 죄악으로 가득 차고 사람마다 못된 생각만 하는 것을 보시고 왜 사람을 만들었던가 싶으시어 마음이 아프셨다 하였습니다. 즉 하나님이 보시기에 인간들의 어느 한 부분에서도 진실을 찾아볼 수 없을 정도로 완전히 부패하였다는 것인데 인간은 하나님께서 당신의 형상으로 지은 존재임에도 불구하고 그분의 뜻을 추종하지 않고 도리어 자신의 욕심과 이기적인 만족만을 추구하며 살았던 것입니다. 노아 당시에 창6:2에 하나님의 아들들이 사람의 딸들의 아름다움을 보고 자기(自己)들의 좋아하는 모든 자(者)로 아내를 삼는지라 하셨는데 이는 오늘날 믿는 자들이 하나님에 대한 신앙의 삶을 버리고 세상 문화를 택하는 모습과 같습니다. 여기서 하나님의 아들들이란 셋 계통의 자손들로 사람들의 딸들이란 가인 계통의 자손들을 생각할 수 있습니다. 즉 경건히 살아야 할 자들도 그 이름과 신분을 망각하고 세상과 같이 살았다는 것입니다. 그런데 안타깝께도 예수님께서 노아의 때와 예수님께서 다시 재림하실 때의 모습이 같을 것이라 하셨습니다. 마24:37-39에 노아의 때와 같이 인자(人子)의 임함도 그러하리라 홍수(洪水) 전(前)에 노아가 방주(方舟)에 들어가던 날까지 사람들이 먹고 마시고 장가들고 시집가고 있으면서 홍수(洪水)가 나서 저희를 다 멸(滅)하기까지 깨닫지 못하였으니 인자(人子)의 임함도 이와 같으리라 하였습니다. 노아의 때를 생각하며 우리가 더욱 깨어 경성하여 주님의 재림을 맞이하여야 할 것입니다.

이러한 가운데도 노아는 특별한 존재였습니다. 노아의 삶을 나타내는 세 단어는 의인과 완전한 자와 하나님과 동행하는 자입니다.

창6:9에 노아의 사적(事蹟)은 이러하니라 노아는 의인(義人)이요 당세에 완전(完全)한 자(者)라 그가 하나님과 동행(同行) 하였으며 하였는데, 의인이란 말은 흠 없고 무죄하다는 것이 아니라 정직하고 경건하게 살고자 노력하는 자라는 뜻입니다. 완전이란 말도 마찬가지입니다. 완전하다는 것이 아니라 완전하려고 하는 자였다는 것입니다. 바울 사도께서 히브리서에서 믿음의 주요 온전케 하시는 이인 예수를 바라보자 하셨는데 바로 그와 같이 하는 자였다는 말씀입니다. 하나님과 동행하였다는 것은 에녹의 경우에서 살펴본 대로 하나님의 뜻을 따라 살았다는 것입니다. 창6:8은 노아가 이와 같이 구별된 삶을 살 수 있었던 이유를 그러나 노아는 여호와께 은혜(恩惠)를 입었더라 하였습니다. 그러므로 우리들은 늘 하나님의 은혜를 간구하는 자가 되어야 하겠습니다.

베드로 사도는 벧후2:5에서 이러한 세상에 대해 하나님께서는 옛 세상(世上)을 용서(容恕)치 아니하시고 오직 의(義)를 전파(傳播)하는 노아와 그 일곱 식구(食口)를 보존(保存)하시고 경건(敬虔)치 아니한 자(者)들의 세상(世上)에 홍수(洪水)를 내리셨다 하였습니다.

하나님께서 노아에게 말씀하셨습니다. 창6:13-21에 세상은 이제 막판에 이르렀다. 땅 위는 그야말로 무법천지가 되었다. 그래서 나는 저것들을 땅에서 다 쓸어버리기로 하였다. 너는 전나무로 배 한 척을 만들어라. 배 안에 방을 여러 칸 만들고 안과 밖을 역청으로 칠하여라. 그 배는 이렇게 만들도록 하여라. 길이는 삼백 자, 나비는 오십 자, 높이는 삼십 자로 하고, 또 배에 지붕을 만들어 한 자 치켜 올려 덮고 옆에는 출입문을 내고, 상 중 하 삼층으로 만들어라. 내가 이제 땅 위에 폭우를 쏟으리라. 홍수를 내어 하늘 아래 숨 쉬는 동물은 다 쓸어버리리라. 땅 위에 사는 것은 하나도 살아남지 못 할 것이다. 그러나 나는 너와 계약을 세운다. 너는 네 아들들과 네 아내와 며느리들을 데리고 배에 들어가거라. 그리고 목숨이 있는 온갖 동물도 암컷과 수컷으로 한 쌍씩 배에 데리고 들어 가 너와 함께 살아남도록 하여라. 온갖 새와 온갖 집짐승과 땅 위를 기어 다니는 온갖 길짐승이 두 마리씩 너한테로 올 터이니 그것들을 살려 주어라. 그리고 너는 먹을 수 있는 온갖 양식을 가져다가 너와 함께 있는 사람과 동물들이 먹도록 저장해 두어라 하였습니다. 하나님께서는 이 세상이 죄악으로 말미암아 당신의 심판을 피할 수 없게 되었지만 구원의 길도 열어 놓으셨습니다. 그것이 방주입니다. 방주는 통상 볼 수 있는 항해용 배가 아니라 다만 물 위에 뜰 수 있는 상자나 큰 궤를 말합니다. 이 방주는 죽을 수 밖에 없는 인간들에게 긍휼을 잊지 않으신 하나님의 은혜를 상징하는 것으로서 예수 그리스도를 예표하고 있습니다. 예수 그리스도께서는 죄로 완전히 오염된 이 세상을 심판하러 오시는 날 당신이 친히 노아의 방주 역할을 하셔서 당신을 의지하는 자들을 안전하게 보호하시며 또한 당신의 나라로 그들을 인도하실 것입니다. 방주는 또한 교회의 모형이기도 한데 방주가 주는 영적 교훈과 교회가 갖는 영적 기능이 같은 점이 있기 때문입니다. 방주가 하나님의 지시에 따라 만들어진 것처럼 교회도 하나님께서 만드신 것이며 방주가 구원의 사역을 감당하는 것 같이 교회도 구원의 사역을 감당하고 있고 방주의 운행자가 하나님이신것 같이 교회의 갈 길을 지도 하시는 이도 하나님이시며 방주가 세상을 전멸시킨 물 위에 뜬 것 같이 교회는 죽음의 권세를 밟고 부활로 승리하신 예수 그리스도 위에 있는 것입니다.

노아는 하나님의 말씀을 믿음으로 온전하게 순종 하였습니다.

아무리 노아였지만 비가 오지 않는 그것도 산에다가 120년의 긴 기간 동안 배를 만든다는 것은 아주 어려운 순종이었을 것입니다. 노아는 참으로 순종의 사람이었습니다. 창6:22에 노아가 그와 같이 하되 하나님이 자기(自己)에게 명(命)하신대로 다 준행(遵行) 하였더라 하였습니다. 노아가 방주를 예비한 근거를 히브리서 기자는 히11:7에서 믿음으로 노아는 아직 보지 못하는 일에 경고(警告)하심을 받아 경외(敬畏)함으로 방주(方舟)를 예비(豫備)하여 그 집을 구원(救援)하였으니 이로 말미암아 세상(世上)을 정죄(定罪)하고 믿음을 좇는 의(義)의 후사(後嗣)가 되었느니라 하였습니다.

긴 기간이 지나고 때가 되자 하나님께서는 노아에게 말씀하셨습니다.

창7:1에 여호와께서 노아에게 이르시되 너와 네 온 집은 방주(方舟)로 들어가라 네가 이 세대(世代)에 내 앞에서 의(義)로움을 내가 보았음이니라 하였습니다. 받아 논 날은 반드시 온다고 하나님의 때는 반드시 이르게 되어있습니다. 하나님의 때가 더디 오는 것 같지만 그날은 반드시 오게 되어 있습니다. 그날을 준비하는 것이 우리의 믿음이고 우리의 소망입이다. 노아는 그 긴 기간을 믿음으로 순종하며 방주를 만들었습니다. 노아뿐 아니라 노아의 가족들까지 그 일에 다 합력하였습니다. 의인의 가족이라 할 만한 모습입니다. 요즘 온 가족이 신앙생활을 잘하는 가족도 있지만 그렇지 못한 가족도 많이 있습니다. 부모는 신앙의 권위를 잃어 버렸고 자식들은 부모를 공경하지 않는 연고입니다. 이와 같은 노아의 가족에 대하여 하나님께서는 너와 네 온 집은 방주로 들어가라 말씀하셨습니다.

홍수 때에 대하여 성경은 자세한 날짜를 말씀하고 있습니다. 이는 홍수 사건의 역사성을 증명하는 말씀이기도 합니다.

창7:11에 노아 육백(六百) 세(歲)되던 해 이월(二月) 곧 그 달 십칠일(十七日)이라 그날에 큰 깊음의 샘들이 터지며 하늘의 창(窓)들이 열려, 창7:12에 사십(四十) 주야(晝夜)를 비가 땅에 쏟아졌더라, 창7:24 물이 일백(一百) 오십일(五十日)을 땅에 창일(漲溢)하였더라 하였습니다. 150일 후 7월 17일에 방주가 아라랏 산에 머물렀습니다. 10월 1일에 산들의 봉우리가 보이기 시작하였습니다. 40일이 지나서 까마귀를 내어 보냈습니다. 7일 후에 비둘기를 내어 보냈습니다. 감람 새 잎사귀를 물고 왔습니다. 7일 후에 비둘기를 보냈지만 돌아오지 않았습니다. 601년 1월 1일에 방주의 뚜껑을 열었으며 지면에 물이 걷혔고 601년 2월 27일에 땅이 말랐고 방주에서 모두가 나왔습니다. 홍수가 시작한지 1년 10일 만입니다.

노아가 방주에서 나온 후 제일 먼저 한 일은 번제를 드리기 위하여 제단을 쌓은 일이었습니다. 이것은 노아의 신앙을 잘 보여주는 행위입니다. 그는 구원받은 것이 하나님의 은혜라는 사실을 깨닫고 감사드리며 계속 하나님께 자비를 베풀어 주실 것을 기원하였던 것입니다. 하나님의 은혜를 은혜 되게 하는 것은 감사하는 것입니다. 하나님께서는 노아가 드린 제물의 향기를 흠향하셨습니다. 이는 노아가 드린 제사를 만족스럽게 받으신 사실에 대한 의인적 표현입니다. 홍수 후에 하나님께서는 두 가지 약속을 하셨습니다. 하나는 식물에 관한 것이고 하나는 무지개 약속입니다. 식물에 관한 약속입니다. 창9:3-4에 무릇 산(山) 동물(動物)은 너희의 식물(食物)이 될지라 채소(菜蔬)같이 내가 이것을 다 너희에게 주노라 그러나 고기를 그 생명(生命) 되는 피채 먹지 말것이니라 하였습니다. 사람에게 기쁜 식물로 주신 것은 채소와 씨가진 열매들입니다. 반면에 마지못해 식물로 주신 것이 동물들입니다. 하나님께서 우리에게 주신 것 중에 기꺼이 주신 것과 마지 못해 주신 것을 구분할 줄 알아야 합니다.

무지개 약속입니다.

창9:11에 내가 너희와 언약(言約)을 세우리니 다시는 모든 생물(生物)을 홍수(洪水)로 멸(滅)하지 아니할 것이라 땅을 침몰(沈沒)할 홍수(洪水)가 다시 있지 아니하리라 비만 오면 홍수를 염려했을 사람들을 향한 하나님의 은혜의 약속입니다.

성경은 홍수 후의 노아의 실수를 기록하고 있습니다.

창9:20-21에 노아가 농업(農業)을 시작(始作)하여 포도(葡萄) 나무를 심었더니 포도주(葡萄酒)를 마시고 취(醉)하여 그 장막(帳幕) 안에서 벌거벗은지라 하였습니다. 노아의 실수는 세상에 의인이 없음을 증거하고 있습니다. 한편으론 그 어려운 홍수라고 하는 시험의 때를 잘 면하고 평안의 때가 왔는데 그 평안의 때에 오히려 포도주를 마시고 취함으로 실수를 하였고 그 실수는 자식을 저주하는 또 다른 죄로 이어졌습니다. 노아와 자식들이 그 어려운 기간 동안 방주를 만들 때는 아무런 문제가 없었는데 평화의 때가 되어서는 어떤 연고인지 아버지 노아와 아들 함 사이에 문제가 생겼습니다. 방주를 만들면서 발생했을 그 많은 일들로 인해서는 아무런 문제가 없었는데 술 취하여 벗고 있는 아버지의 허물을 함이 감싸고 덮어주지 못하는 관계가 된 것입니다.

홍수 후에도 노아는 350년을 더 살았고 950세에 죽었습니다. 노아는 죄악이 관영한 시대에 하나님 앞에 의인이었습니다. 그의 의인됨은 하나님의 은혜라 하셨습니다. 그는 하나님이 말씀하신 대로 순종하여 방주를 만들어서 하나님의 구원 사역에 쓰임 받은 인물이 되었습니다. 노아에게 함께 하셨던 하나님의 은혜와 노아의 순종의 삶이 성도 여러분들에게 함께 하시길 기원드립니다.

6. 아브라함, 믿음의 조상

아브라함의 뜻은 열국의 아비입니다.

그의 본래 이름은 고귀한 아버지란 뜻의 '아브람'이었는데 그의 나이 99세 되던 때에 '아브라함'으로 바뀌었습니다. 그는 셈의 후손인 데라의 아들로서 메소포타미아 문명의 중심지였던 갈대아 우르에서 태어났습니다. 그런데 그의 나이 75세 되던 해에 아브라함은 하나님의 부르심을 좇아 가나안 땅으로 이주하였습니다. 여러 가지 우여곡절을 겪은 끝에 헤브론에 정착한 아브라함에게 하나님께서는 자손 번성의 축복과 함께 그들이 가나안 땅을 차지하게 될 것이라는 축복을 약속하셨습니다. 이로써 아브라함의 후손은 하나님의 선민이 되었으며 그 증표로 할례의식이 제정되었습니다. 이후 아브라함과 그의 아내 사라 간에는 약속의 자손인 이삭이 태어났는데 그때 아브라함은 100세였습니다. 그 후에도 아브라함은 75세를 더 향수 하였고 그의 주검은 막벨라 굴에 장사 되었습니다. 성경을 찾아가며 아브라함의 일생을 통하여 계시하시는 하나님의 말씀을 보도록 하겠습니다.

아브라함의 이름이 처음 나타나는 곳은 창세기 11:26입니다.

그는 갈대아 우르를 떠나 현재는 하란에 머물러 있으며 목적지는 하나님께서 지시할 땅입니다. 그곳이 어딘지는 아브라함도 알지 못하고 있습니다.

창11:26 데라는 칠십세(七十歲)에 아브람과 나홀과 하란을 낳았더라

창11:31 데라가 그 아들 아브람과 하란의 아들 그 손자(孫子) 롯과 그 자부(子婦) 아브람의 아내 사래를 데리고 갈대아 우르에서 떠나 가나안 땅으로 가고자 하더니 하란에 이르러 거기 거(居)하였으며

창11:32 데라는 이백(二百) 오세(五歲)를 향수(享壽)하고 하란에서 죽었더라

창12:1 여호와께서 아브람에게 이르시되 너는 너의 본토(本土) 친척(親戚) 아비 집을 떠나 내가 네게 지시(指示)할 땅으로 가라

여호수아24:2-3의 문맥으로 보면 갈대아 우르에서의 아브라함의 믿음은 어떠했는지 그리고 어떻게 갈대아 우르에서 나오게 되었는지를 알 수 있습니다.

수24:2-3에 여호수아가 모든 백성(百姓)에게 이르되 이스라엘 하나님 여호와의 말씀에 옛적에 너희 조상(祖上)들 곧 아브라함의 아비, 나홀의 아비 데라가 강 저편(便)에 거(居)하여 다른 신(神)들을 섬겼으나 내가 너희 조상(祖上) 아브라함을 강 저편(便)에서 이끌어내어 가나안으로 인도(引導)하여 온 땅을 두루 행(行)하게 하고 그 씨를 번성(繁盛)케 하려고 그에게 이삭을 주었고 하였습니다. 즉 아브라함의 일족은 갈대아 우르에서 우상을 섬기던 자였는데 아브라함에게 하나님의 특별한 은혜가 임했고 그로 말미암아 갈대아 우르 땅을 떠날 수 있게 되었습니다.

하나님께서는 아브라함에게 큰 복을 약속하셨습니다.

창12:2 내가 너로 큰 민족(民族)을 이루고 네게 복(福)을 주어 네 이름을 창대(昌大)케 하리니 너는 복(福)의 근원(根源)이 될지라

창12:3 너를 축복(祝福)하는 자(者)에게는 내가 복(福)을 내리고 너를 저주(詛呪)하는 자(者)에게는 내가 저주(詛呪)하리니 땅의 모든 족속(族屬)이 너를 인(因)하여 복(福)을 얻을 것이니라 하신지라 하였습니다. 아브라함은 하나님 축복의 통로가 되었습니다.

갈대아 우르를 떠난 데라 일족은 하란에서 머물렀습니다.

아마도 아브라함의 아버지 데라와 그 일족들이 살기 좋은 땅 갈대아 우르를 떠난 데에는 떠나지 않으면 안 되었을 사건이 있었을 것입니다. 할 수 없이 갈대아 우르를 떠난 것입니다. 그들은 갈대아 우르를 떠나 하란까지 와서는 거기서 정착하려고 하였습니다. 하란은 비옥한 초생달 지역이라 일컬어지던 메소포타미아 문명의 끝자락이었습니다. 후에 이삭의 부인 리브가가 하란 출신이었고 야곱이 그 외삼촌 라반을 찾아간 곳이 하란이었습니다. 다른 사람들은 다 그곳에 머물렀지만 하나님의 말씀을 따랐던 아브라함은 말씀을 따라 하나님의 인도하심을 받아 길을 떠났습니다.

창12:4-5에 이에 아브람이 여호와의 말씀을 좇아 갔고 롯도 그와 함께 갔으며 아브람이 하란을 떠날 때에 그 나이 칠십오세 였더라 아브람이 그 아내 사래와 조카 롯과 하란에서 모은 모든 소유(所有)와 얻은 사람들을 이끌고 가나안 땅으로 가려고 떠나서 마침내 가나안 땅에 들어 갔더라 하였습니다. 우리들도 하나님의 말씀을 지키는데 있어 하란까지는 지키는데 그 이상을 넘어가지

못하는 경우가 있습니다. 하란까지가 아니라 하나님이 지시하시는 그곳까지 말씀을 지켜야 합니다.

창세기12:11-16에는 기근으로 인하여 아브라함이 가나안을 벗어나 애굽으로 내려간 사건이 기록되어 있습니다. 하나님께서 그토록 약속하신 땅에 도착을 하였건만 약속된 것은 없고 기근이 기다리고 있었습니다. 아브라함은 그 아내 사라에게 앞으로 무슨 문제가 생기면 당신이 나의 누이라 하여 생명의 해를 면하자 하였습니다. 우려대로 애굽에 내려갔다가 사라의 미모로 인하여 애굽왕이 그를 궁으로 데려갔는데 하나님께서 개입하셔서 사라가 다시 돌아오게 되었습니다. 아무리 기근이 들었다고 해도 약속의 땅을 벗어난 것이 문제였고 하나님의 말씀을 따라 가나안 땅까지 왔는데 약속하신 축복은 없자 하나님에 대한 믿음도 사라졌었기에 일어난 일이었던 것 같습니다. 그러나 하나님께서는 아브라함과 사라를 긍휼히 여기셨고 하나님의 약속을 이루어 가셨습니다.

이 사건 후에 아브라함은 보다 성숙한 믿음의 모습을 보이게 됩니다.

아브라함의 소유도 많았고 아브라함의 조카 롯의 소유도 많아져 더 이상 한 지역에서 살 수 없게 됨으로 서로 다른 지역으로 갈 수 밖에 없게 되었을 때 아브라함은 그 선택을 조카 롯에게 먼저 하게 하였습니다. 창13:8-9에 아브람이 롯에게 이르되 우리는 한 골육(骨肉)이라 나나 너나 내 목자(牧者)나 네 목자(牧者)나 서로 다투게 말자 네 앞에 온 땅이 있지 아니하냐 나를 떠나라 네가 좌(左)하면 나는 우(右)하고 네가 우(右)하면 나는 좌(左)하리라 하였습니다.

또 롯이 엘람왕 그돌라오멜의 연합군에 잡혀갔을 때에는 용감하게 최선을 다해서 롯과 그 일행들을 구해오는 모습을 보이기도 하였습니다.

창14:14-16에 아브람이 그 조카의 사로잡혔음을 듣고 집에서 길리고 연습(練習)한 자(者) 삼백(三百) 십팔인(十八人)을 거느리고 단까지 쫓아가서 그 가신(家臣)을 나누어 밤을 타서 그들을 쳐서 파(破)하고 다메섹 좌편(左便) 호바까지 쫓아가서 모든 빼앗겼던 재물(財物)과 자기(自己) 조카 롯과 그 재물(財物)과 또 부녀(婦女)와 인민(人民)을 다 찾아 왔더라 하였습니다. 아브라함은 믿음의 조상이요 축복의 통로가 될 만한 사람으로 하나님께서 그렇게 연단하시고 변화시켜 가셨습니다. 창세기15:6의 말씀은 이러한 일들이 믿음을 통해서 이루어졌음을 말씀하고 있습니다. 창15:6 아브람이 여호와를 믿으니 여호와께서 이를 그의 의로 여기시고 하였습니다. 그럼에도 불구하고 하나님께서 약속하신 자손의 축복은 이루어지지 않고 있었습니다. 약속을 기다리다 지친 아브라함은 다음 방법을 생각해 냅니다(창16:3) 그러나 하나님의 생각은 달랐습니다.(창17:1), 창16:3에 아브람의 아내 사래가 그 여(女)종 애굽 사람 하갈을 가져 그 남편(男便) 아브람에게 첩(妾)으로 준 때는 아브람이 가나안 땅에 거(居)한지 십년(十年) 후(後)이었더라 그러나 하나님의 생각은 다르셨습니다. 하나님께서는 아브람을 아브라함이라 하시며 말씀하시길, 창17:1에 아브람의 구십(九十) 구세(九歲) 때에 여호와께서 아브람에게 나타나서 그에게 이르시되 나는 전능(全能)한 하나님이라 너는 내 앞에서 행(行)하여 완전(完全)하라 하셨습니다. 결국 하나님께서는 사라에게서 이삭을 태어나게 하심을 통하여 100세 때에 아들을 얻게 되었습니다.

아브라함을 믿음의 조상으로 삼으시기 위한 마지막 시험이 창세기 22장에 기록되어 있습니다.

시험을 봐도 될 만한 때가 되매 하나님께서 아브라함에게 시험을 치르게 하신 것입니다. 아직 시험을 볼 때가 되지도 않았는데 시험을 보라고 하시지는 않습니다. 그리고 하나님께서 하시는 시험은 그 시험을 통하여 자격을 주려 하시든지 축복을 주려 하시든지 하는 것입니다. 그러므로 시험은 기회입니다. 시험을 두려워해서는 안 됩니다. 시험 문제는 이것이었습니다. “네 아들 네 사랑하는 독자 이삭을 데리고 모리아 땅으로 가서 내가 네게 지시하는 한 산 거기서 그를 번제로 드려라” 대단히 어려운 문제입니다. 이해가 되지 않는 부분이 너무나 많이 있습니다. 아브라함도 그 문제를 듣자 앞이 캄캄하였을 것입니다. 그동안 여러 번 시험을 치르긴 했지만 이번 시험은 너무도 어려운 문제였습니다. 그 문제를 푸는 아브라함의 방법은 즉각적인 절대 순종이었습니다. 아브라함이 일찌기 일어나 나귀에 안장을 지우고 두 사환과 그 아들 이삭을 데리고 번제에 쓸 나무를 쪼개어 가지고 떠나 하나님이 자기에게 지시하시는 곳으로 갔습니다. 제 삼일에 아브라함이 눈을 들어 그곳을 멀리 바라보았습니다. 삼일 동안도 아브라함의 마음은 흔들림이 없었습니다. 아브라함이 사환들에게 말하였습니다. 너희는 나귀와 함께 여기 있으라 내가 아이와 함께 저기 가서 경배하고 너희에게로 돌아오리라. 원어상으로는 ‘우리’가 들어 있습니다. “내가 아이와 함께 저기 가서 경배하고 너희에게도 '우리가' 돌아오리라"입니다. 이 부분을 히브리서는 해석하기를 아브라함은 믿음으로 이삭을 드렸고 이삭으로 말미암아 후손이 이루어질 것이라는 말씀을 믿었으며 그러기에 히11:19에 저가 하나님이 능히 죽은 자 가운데서 다시 살리실 줄로 생각한지라 하였습니다. 이삭이 번제로 쓸 어린양이 어디 있느냐 물으니 아브라함이 대답하기를 번제할 어린 양은 하나님이 자기를 위하여 친히 준비하시리라 하였는데 믿음대로 고백대로 되었습니다. 믿음의 말이 참 중요합니다.

칼을 들어 이삭을 번제로 드리려 하였을 때 하나님께서 네가 네 아들 네 독자라도 내게 아끼지 아니 하였으니 내가 이제야 네가 하나님을 경외하는 줄을 아노라 하셨습니다. 이전에도 아브라함이 알고 있었지만 시험을 통하여 분명히 알게 된 것입니다. 하나님께서는 아브라함을 이 시험을 통하여 분명히 알게 하신 것입니다. 즉 이 일로 하나님이 아신 것이 아니라 아브라함이 알게 된 것입니다. 이것이 또한 시험의 목적이기도 합니다. 하나님께서는 예비하신 한 수양으로 번제를 드리게 하셨습니다. 아브라함이 그 땅 이름을 '여호와이레'라 하였는데 '여호와이레'란 하나님께서 보고 또 보고 계신다는 뜻입니다. 하나님께서 보고 또 보고 계시니 무엇이 문제 될 것이 있겠습니까? 한 가지 생각 할 것은 아브라함에게서 이삭을 취하지 않으신 하나님께서 정작 십자가에서는 독생자 예수님의 외침을 끝내 외면하셨다는 것입니다. 이 시험 후에 하나님께서는 아브라함에게 자손의 축복과 그 자손으로 말미암아 천하 만민이 복을 얻을 것이라 하셨습니다. 여기서 '네 씨'는 예수 그리스도를 가리킵니다. 아브라함은 하나님의 은혜로 택하심을 받아 말씀을 따라 순종하여 친척 본토 아비 집을 떠났으며 하나님이 주신 약속을 따라 살아간 인물입니다. 중간에 여러 가지 어려운 일들이 있었지만 믿음으로 감당하였으며 끝내 하나님의 시험을 통하여 축복의 통로요 믿음의 조상이 되었습니다.

7. 이삭, 그의 순종

이삭은 이스라엘의 2대 족장이며 아브라함과 사라 사이에서 태어난 아들입니다. 그는 약속에 따라 브엘세바에서 부친 아브라함의 나이 100세였고 모친 사라는 90세 때에 태어났습니다. 그의 이름 '이삭'은 '웃음'이라는 뜻인데 나이 많은 아브라함과 사라에게 천사들이 자식이 있을 것이라 하자 허탄한 웃음을 지은 것인데 하나님께서는 그 웃음을 진정한 기쁨의 웃음으로 바꿔게 해 주셨습니다. 그는 40세에 리브가와 결혼하여 에서와 야곱을 낳았고 180세에 막벨라 굴에 장사 되었습니다. 이삭의 출생에 대한 하나님의 말씀이 있으셨습니다. 창17:19에 하나님이 가라사대 아니라 네 아내 사라가 정녕(丁寧) 네게 아들을 낳으리니 너는 그 이름을 이삭이라 하라 내가 그와 내 언약(言約)을 세우리니 그의 후손(後孫)에게 영원(永遠)한 언약(言約)이 되리라 하였습니다. 이삭이 약속의 자녀인 것 같이 우리 모두도 약속의 자녀인 것을 잊지 마시기 바랍니다.

창세기22:1-14의 모리아산 사건은 아브라함의 입장에서만 읽게 되는데 이삭의 관점에서 읽으면 새로운 모습을 발견하게 됩니다.

창22:7-9에 이삭이 그 아비 아브라함에게 말하여 가로되 내 아버지여 하니 그가 가로되 내 아들아 내가 여기 있노라 이삭이 가로되 불과 나무는 있거니와 번제(燔祭)할 어린 양(羊)은 어디 있나이까 아브라함이 가로되 아들아 번제(燔祭)할 어린 양(羊)은 하나님이 자기(自己)를 위(爲)하여 친(親)히 준비(準備)하시리라 하고 두 사람이 함께 나아가서 하나님이 그에게 지시(指示)하신 곳에 이른지라 이에 아브라함이 그곳에 단(壇)을 쌓고 나무를 벌여놓고 그 아들 이삭을 결박(結縛)하여 단 나무 위에 놓고 하였습니다. 당시 아브라함은 나이 많은 노인이었고 이삭은 정확한 나이는 알 수 없지만 번제에 쓸 나무를 지고 갈 수 있는 정도였습니다. 그렇기 때문에 이삭이 순종하여 스스로 결박을 당하고 번제단 나무 위에 올라가지 않았다면 다른 일이 있었을 것입니다. 이해할 수는 없었지만 아버지 아브라함을 믿고 순종함으로 믿음의 역사를 이루게 되었습니다. 이삭은 이 한 번의 순종으로 위대한 믿음의 조상이 되었습니다.

이삭이 결혼할 때가 되자 아브라함은 이삭의 신부감의 기준을 말하며 그대로 할 것을 종 '엘리에셀'에게 명하였습니다. 창24:3-4에 내가 너로 하늘의 하나님, 땅의 하나님이신 여호와를 가리켜 맹세(盟誓)하게 하노니 너는 나의 거(居)하는 이 지방(地方) 가나안 족속(族屬)의 딸 중(中)에서 내 아들을 위(爲)하여 아내를 택(擇)하지 말고 내 고향(故鄕) 내 족속(族屬)에게로 가서 내 아들 이삭을 위(爲)하여 아내를 택(擇)하라 하였습니다. 이 일은 상당히 어렵고 힘든 일이지만 그리하라 하였습니다. 아브라함이 이삭에게 해 준 것 중에 아주 잘한 일입니다. 부모는 자식을 결혼시킴에 있어 믿음을 중요하게 여겨야 합니다. 다른 조건을 다 우선시하고 믿음은 있으면 좋은 것으로 여기는 것은 어리석은 일입니다. 엘리에셀은 충성을 다하여 하란으로 가서 이삭을 위한 신부감을 구해 옵니다. 그가 바로 '리브가'입니다. 창24:63에는 이삭의 신앙을 엿볼 수 있는 모습이 기록되어 있습니다. 창24:63-64에 이삭이 저물 때에 들에 나가 묵상(默想)하다가 눈을 들어 보매 약대들이 오더라 리브가가 눈을 들어 이삭을 바라보고 약대에서 내려 하였습니다. 이 이삭의 묵상은 한번이 아니라 늘상적으로 해 오던 일인 것으로 보입니다. 이삭은 묵상의 사람이었습니다. 그는 묵상으로 하루의 삶을 정리하며 감사하였을 것입니다. 그는 묵상 가운데 자신의 신부 리브가를 보게 되었습니다. 우리가 어떤 상황 속에서 처음 상대를 만나느냐도 중요한 일입니다. 항상 기뻐하고, 쉬지 말고 기도하고, 범사에 감사하라 이는 그리스도 안에서 너희를 향하신 하나님의 뜻이니라 하신 바울 사도의 말씀도 생각나게 하는 이삭의 모습입니다.

창25:16을 보면 이스마엘은 12형제를 낳았습니다. 그런데도 이삭에게서는 20년이 지나도 자식이 없었습니다. 그 20년 동안 이삭은 기도하였을 것입니다. 그리고 마침내 하나님께서는 이삭과 리브가에게도 자식을 주셨습니다.

창25:19-22에 아브라함의 아들 이삭의 후예(後裔)는 이러하니라 아브라함이 이삭을 낳았고 이삭은 사십세(四十歲)에 리브가를 취(取)하여 아내를 삼았으니 리브가는 밧단 아람의 아람 족속(族屬) 중(中) 브두엘의 딸이요 아람 족속(族屬) 중 라반의 누이였더라 이삭이 그 아내가 잉태(孕胎)하지 못하므로 그를 위(爲)하여 여호와께 간구(懇求)하매 여호와께서 그 간구(懇求)를 들으셨으므로 그 아내 리브가가 잉태(孕胎)하였더니 아이들이 그의 태(胎) 속에서 서로 싸우는지라 그가 가로되 이같으면 내가 어찌할꼬 하고 가서 여호와께 묻자온대 하였습니다.

이삭은 기도의 사람이었습니다.

이삭이 아버지 아브라함의 실수를 되풀이하는 일이 창세기 26장에 나옵니다.

창26:7에 그곳 사람들이 그 아내를 물으매 그가 말하기를 그는 나의 누이라 하였으니 리브가는 보기에 아리따우므로 그곳 백성(百姓)이 리브가로 인(因)하여 자기(自己)를 죽일까 하여 그는 나의 아내라 하기를 두려워함이었더라 하였습니다. 이삭도 기근으로 말미암아 약속의 땅을 떠나 블레셋으로 내려갔다가 블레셋 왕 아비멜렉에게 리브가를 내어주는 일이 벌어졌습니다.

이번에도 하나님의 개입으로 리브가는 돌아올 수 있게 되었지만 이 사건은 인간속에 깃들어 있는 죄와 그 영향력을 다시 한번 생각하게 합니다. 죄의 유전은 여러 모양으로 이어집니다.

이삭은 그곳을 떠나지 않고 살다가 결국 블레셋 사람들과의 다툼에 처해지게 되었습니다.

창26:12 이삭이 그 땅에서 농사(農事)하여 그 해에 백배나 얻었고 여호와께서 복(福)을 주시므로, 창26:14 양(羊)과 소가 떼를 이루고 노복(奴僕)이 심(甚)히 많으므로 블레셋 사람이 그를 시기(猜忌)하여, 창26:15 그 아비 아브라함 때에 그 아비의 종들이 판 모든 우물을 막고 흙으로 메웠더라, 창26:18 그 아비 아브라함 때에 팠던 우물들을 다시 팠으니 이는 아브라함 죽은 후(後)에 블레셋 사람이 그 우물들을 메웠음이라 이삭이 그 우물들의 이름을 그 아비의 부르던 이름으로 불렀더라, 창26:19-23 이삭의 종들이 골짜기에 파서 샘 근원(根源)을 얻었더니 그랄 목자(牧者)들이 이삭의 목자(牧者)와 다투어 가로되 이 물은 우리의 것이라 하매 이삭이 그 다툼을 인(因)하여 그 우물 이름을 '에섹'이라 하였으며 또 다른 우물을 팠더니 그들이 또 다투는고(故)로 그 이름을 '싯나'라 하였으며 이삭이 거기서 옮겨 다른 우물을 팠더니 그들이 다투지 아니하였으므로 그 이름을 '르호봇'이라 하여 가로되 이제는 여호와께서 우리의 장소를 넓게 하셨으니 이 땅에서 우리가 번성(蕃盛)하리로다 하였더라 이삭이 거기서부터 브엘세바로 올라갔더니 하였습니다.

그 땅은 속히 떠나야 할 땅이었습니다. 이삭이 그곳에서 농사를 해서 백배나 얻자 그곳에 머물러 살고자 하였던 것입니다. 이내 시험이 찾아왔습니다. 결국 시험을 통하여 이삭이 준비된 모습을 보이자 하나님께서 이삭에게 축복을 주셨습니다. 이삭은 영향력 있는 인물이 되었습니다. 창26:24 그 밤에 여호와께서 그에게 나타나 가라사대 나는 네 아비 아브라함의 하나님이니 두려워 말라 내 종 아브라함을 위(爲)하여 내가 너와 함께 있어 네게 복(福)을 주어 네 자손(子孫)으로 번성(蕃盛)케 하리라 하신지라 창 26:25-29에 이삭이 그곳에 단(壇)을 쌓아 여호와의 이름을 부르고 거기 장막(帳幕)을 쳤더니 그 종들이 거기서도 우물을 팠더라 아비멜렉이 그 친구(親舊) 아훗삿과 군대(軍隊)장관 비골로 더불어 그랄에서부터 이삭에게로 온지라 이삭이 그들에게 이르되 너희가 나를 미워하여 나로 너희를 떠나가게 하였거늘 어찌하여 내게 왔느냐 그들이 가로되 여호와께서 너와 함께 계심을 우리가 분명(分明)히 보았으므로 우리의 사이 곧 우리와 너의 사이에 맹세(盟誓)를 세워 너와 계약(契約)을 맺으리라 말하였노라 너는 우리를 해(害)하지 말라 이는 우리가 너를 범(犯)하지 아니하고 선한 일만 네게 행(行)하며 너로 평안(平安)히 가게 하였음이니라 이제 너는 여호와께 복(福)을 받은 자(者)니라 하였습니다.

이삭의 노년은 행복하지 않았습니다.

창26:34-35에 에서가 사십세(四十歲)에 헷 족속(族屬) 브에리의 딸 유딧과 헷 족속(族屬) 엘론의 딸 바스맛을 아내로 취(取)하였더니 그들이 이삭과 리브가의 마음의 근심이 되었더라 하였습니다. 그는 자녀 교육에 문제가 있었습니다. 그는 자신의 아버지 아브라함이 자신에게 해 준 믿음의 법칙을 소홀히 하였던 것 같습니다.

그는 분별력이 약하여졌습니다.

창27:1 이삭이 나이 많아 눈이 어두워 잘 보지 못하더니 맏 아들 에서를 불러 가로되 내 아들아 하매 그가 가로되 내가 여기 있나이다 하니, 창27:2 이삭이 가로되 내가 이제 늙어 어느 날 죽을는지 알지 못하노니, 창27:22 야곱이 그 아비 이삭에게 가까이 가니 이삭이 만지며 가로되 음성(音聲)은 야곱의 음성(音聲)이나 손은 에서의 손이로다 하며, 창27:23 그 손이 형(兄) 에서의 손과 같이 털이 있으므로 능(能)히 분별(分別)치 못하고 축복(祝福)하였더라, 창27:41 그 아비가 야곱에게 축복(祝福)한 그 축복(祝福)을 인(因)하여 에서가 야곱을 미워하여 심중(心中)에 이르기를 아버지를 곡(哭)할 때가 가까왔은즉 내가 내 아우 야곱을 죽이리라 하였더니 하였습니다.

그러나 히브리서 기자는 다음과 같이 기록하였습니다. 히11:20에 믿음으로 이삭은 장차(將次) 오는 일에 대(對)하여 야곱과 에서에게 축복(祝福)하였으며 하였습니다. 이 말씀은 이삭을 통해 축복한 내용이 결국은 이루어졌음을 말씀하고 있습니다.

그는 180세에 헤브론에서 죽었습니다.

창35:27-29에 야곱이 기럇아르바의 마므레로 가서 그 아비 이삭에게 이르렀으니 기럇아르바는 곧 아브라함과 이삭의 우거(寓居)하던 헤브론이더라 이삭의 나이 일백(一百) 팔십세(八十歲)라 이삭이 나이 많고 늙어 기운(氣運)이 진(盡)하매 죽어 자기(自己) 열조(列祖)에게로 돌아가니 그 아들 에서와 야곱이 그를 장사(葬事)하였더라 하였습니다.

이삭은 하나님의 약속의 자녀였고, 순종의 사람이었으며, 묵상의 사람이요 기도의 사람이었습니다. 그러나 그에게도 아버지 아브라함의 실수가 되풀이되기도 하였습니다. 노년은 행복하지는 않은 모습이었습니다. 자식들은 불화하였고, 그로 말미암아 오랜 기간을 떨어져 살아야 했습니다. 그렇지만 하나님께서는 이 모든 일을 통하여 하나님께서 하시고자 하시는 일을 이루어내셨고 그 아들들의 화해 속에서 살다가 그 아들들이 그를 장사하였습니다. 이삭은 모리아산에서의 순종을 통하여 장차 그 근방에서 이루어진 예수 그리스도의 십자가 사건의 모형이 되신 분이었습니다.

8-1. 야곱, 발꿈치를 잡은 자

하나님께서 택하셨던 거룩한 백성 이스라엘에게는 4명의 위대한 족장들이 있었습니다. 아브라함과 이삭과 야곱과 요셉이 그들입니다. 창세기 12장부터 마지막 50장까지는 이 족장들의 이야기로 구성되어 있습니다. 아브라함을 통해 우리에게 보여주신 신앙의 모습은 솜방의 신앙입니다. 그는 갈곳을 알지 못했지만 하나님의 부르심에 따라 갈대아 우르를 떠나 하나님께서 지시하실 한 땅을 향해 길을 떠났습니다. 이삭의 신앙은 순종의 신앙입니다. 그는 아버지 아브라함을 신뢰하였고 그러므로 아버지의 모든 뜻에 그대로 순종하였습니다. 요셉의 신앙은 신전의식(神前意識)의 신앙이었습니다. 그는 늘 하나님 앞에 서 있는 자세로 하나님을 섬겼습니다.

야곱의 신앙은 서원의 신앙입니다. 그는 다른 세 명의 족장들에 비해 가장 결점이 많은 사람이었습니다. 그러나 그는 그러한 인격적 결함을 서원의 신앙을 통해 극복한 경우입니다. 벧엘에서의 그의 서원은 그의 인생을 바꾸어 놓은 위대한 계기가 되었습니다.

야곱은 이삭과 리브가의 쌍둥이 아들입니다.

창25:24-34에 그 해산(解産) 기한(期限)이 찬즉 태(胎)에 쌍동이가 있었는데 먼저 나온 자(者)는 붉고 전신(全身)이 갖옷 같아서 이름을 에서라 하였고 후(後)에 나온 아우는 손으로 에서의 발꿈치를 잡았으므로 그 이름을 야곱이라 하였으며 리브가가 그들을 낳을 때에 이삭이 육십세(六十歲)이었더라 아마도 그 모습이 야곱의 속성이었는가 봅니다. 그 아이들이 장성(長成)하매 에서는 익숙한 사냥군(軍)인고(故)로 들사람이 되고 야곱은 종용(從容)한 사람인고(故)로 장막(帳幕)에 거(居)하니 이삭은 에서의 사냥한 고기를 좋아하므로 그를 사랑하고 리브가는 야곱을 사랑하였더라 야곱이 죽을 쑤었더니 에서가 들에서부터 돌아와서 심(甚)히 곤비(困憊)하여 야곱에게 이르되 내가 곤비(困憊)하니 그 붉은 것을 나로 먹게 하라 한지라 그러므로 에서의 별명(別名)은 에돔이더라 야곱이 가로되 형(兄)의 장자(長子)의 명분(名分)을 오늘날 내게 팔라 에서가 가로되 내가 죽게 되었으니 이 장자(長子)의 명분(名分)이 내게 무엇이 유익(有益)하리요 야곱이 가로되 오늘 내게 맹세(盟誓)하라 에서가 맹세(盟誓)하고 장자(長子)의 명분(名分)을 야곱에게 판지라 야곱이 떡과 팥죽을 에서에게 주매 에서가 먹으며 마시고 일어나서 갔으니 에서가 장자(長子)의 명분(名分)을 경홀(輕忽)히 여김이었더라 하였습니다. 장자의 명분을 경홀히 여긴 에서도 잘못이지만 형의 약점을 이용하여 장자권을 빼앗은 야곱도 그의 이름만큼이나 의롭지는 못하였습니다. 그러나 한편으론 장자권이라는 하나님의 축복을 사모하는 야곱의 모습은 긍정적인 면이 있습니다. 이들이 장성하였고 이삭은 나이가 들어 이삭이 자식들에게 유언적 축복을 하기 위하여 에서에게 사냥을 하여 음식을 만들어 오면 에서에게 장자의 축복을 해 줄것이라 하였습니다. 그런데 그 소리를 리브가가 듣고는 에서가 사냥을 하러 간 사이에 야곱의 몸에다 양가죽을 입혀서 털사람이었던 에서와 같이 분장을 하여 눈이 잘 보이지 않던 아버지 이삭에게 보내 장자의 축복을 받게 하였습니다. 나중에 이 사실을 안 에서는 분하여 동생 야곱을 죽이려 하였습니다. 할 수 없이 어머니 리브가는 야곱을 자신의 고향인 하란으로 피난을 보내게 됩니다. 어머니 리브가의 편애가 이와 같은 비극을 만들어 낸 것인데 거대한 하나님의 섭리 가운데 이루어진 일로 보입니다. 야곱은 지금 형 에서를 피하여 한번도 가본 적이 없는 하란으로 가고 있는 중입니다. 어머니 리브가와 함께 집안 생활만을 하였던 야곱에게 혼자서 먼 여행을 한다는 것은 매우 고통스럽고 위험하며 두려운 일이었습니다. 더군다나 하란에서 자신의 처지가 어찌될지도 기약이 없는 상황이었습니다. 그가 루스라는 곳에 이르렀을 때에 해가 졌고 피곤한 몸을 이기질 못하였습니다. 인가도 없었고 빈 들이었던 모양입니다. 할 수 없이 돌 베개를 베고 하늘을 향해 누웠습니다. 그는 혼자라는 철저한 고독을 느끼며 이내 잠이 들었습니다. 그런데 그 꿈속에서 그는 하늘에 닿은 사닥다리와 그 사다리를 오르내리는 천사들과 그 위에 계신 하나님을 뵙게 되었습니다. 하나님께서 말씀하십니다. 나는 여호와니 너의 조부 아브라함의 하나님이요 이삭의 하나님이라 너 누운 땅을 내가 너와 네 자손에게 주리니 네 자손이 땅의 티끌같이 되어서 동서남북에 편만할지며 땅의 모든 족속이 너와 네 자손을 인하여 복을 얻으리라 내가 너와 함께 있어 네가 어디로 가든지 너를 지키며 너를 이끌어 이 땅으로 돌아오게 할지라 내가 네게 허락한 것을 다 이루기까지 너를 떠나지 아니하리라 하신지라 하였습니다. 이 축복의 말씀이 성도 여러분에게도 이루어지길 기원드립니다.

이 말씀은 야곱에게 낯선 것이 아니었습니다. 그것은 아버지 이삭으로부터 수없이 들어온 약속의 말씀이었습니다. 하나님께서 할아버지 아브라함에게 주신 축복의 말씀이요 또한 그 자손에게 주신 말씀이었던 것입니다. 야곱은 할아버지 아브라함의 하나님 아버지 이삭의 하나님이 지금 자신과 함께하심을 깨닫게 되었습니다. 야곱은 아침에 일어나 베개 하였던 돌을 가져 기둥으로 세우고 그 위에 기름을 붓고 그곳 이름을 벧엘 즉 하나님의 전이란 하였습니다.

그곳에서 그는 하나님 앞에 서원을 합니다.

야곱이 서원하여 가로되 하나님이 나와 함께 계시사 내가 가는 이 길에서 나를 지키시고 먹을 양식과 입을 옷을 주사 나로 평안히 아비 집으로 돌아가게 하시오면 여호와께서 나의 하나님이 되실 것이요 내가 기둥으로 세운 이 돌이 하나님의 전이 될 것이요 하나님께서 내게 주신 모든 것에서 십분의 일을 내가 반드시 하나님께 드리겠나이다.

서원은, 서원을 하게 하시는 분이 하나님이십니다.

사람이 서원을 하지만 그 서원을 하게 하시는 분은 하나님이시라는 것입니다. 사람이 자기 임으로 하는 서원은 욕심이 되기 쉽습니다. 예를 들면 저에게 100억원을 주시면 50억원을 하나님을 위해서 쓰겠습니다. 저에게 시간을 주시면 주님의 일을 하겠습니다 하는 등등의 내용입니다. 진실한 서원은 하나님께서 주시는 감동에 의해서 그것을 사람이 인격적으로 받아들이는 것입니다. 즉 하나님께서 이루시고자는 하는 뜻이 있고 그 일을 할 자를 찾으시는데 사람이 거기에 자원하는 것 그것이 서원이라는 것입니다. 그러므로 하나님의 감동이 올 때 그것을 놓치지 않는 것이 서원입니다. 그런데 하나님의 감동이 오면 조금 후에는 시험이 찾아옵니다. 마치 씨뿌리는 비유와 같습니다. 그래서 하나님의 감동을 서원으로 이어가지 못하게 합니다. 하나님께서 주시는 은혜의 기회를 상실하게 되는 것입니다. 하나님의 약속이 먼저 있었고 그 후에 거기에 대한 야곱의 서원이 있었습니다. 야곱이 서원을 한 것이 아니라 야곱에게 서원을 하게 하신 것입니다.

이에 대하여 바울도 말하기를 롬11:35-36에 누가 주께 먼저 드려서 갚으심을 받겠느뇨 이는 만물이 주에게서 나오고 주로 말미암고 주에게로 돌아감이라 영광이 그에게 세세에 있으리로다 아멘 이라고 하였습니다. 왜 우리가 서원하지 않고 삶을 살아가는가 하면 믿음이 약하기 때문이요 하나님의 은혜를 체험하지 못했거나 아니면 그 기억이 너무 희미해져 있기 때문입니다. 그러므로 하나님께서 여러분에게 은혜를 주셨을 때 믿음을 주셨을 때 서원함으로 그 은혜가 은혜되게 하시기 바랍니다.

서원은 우리 삶의 목적과 의미를 하나님 중심적으로 분명하게 해 줍니다.

하란에서의 20년의 세월을 지탱해준 힘이 바로 야곱의 서원이었습니다. 비록 외삼촌이었지만 그는 그곳에서 약속을 열 번이나 파기 당할 정도로 힘든 세월을 보냈던 것입니다. 그렇지만 하나님의 약속을 믿고 그리고 하나님께 한 서원을 기억하며 그 기간을 감당할 수 가 있었습니다. 하나님께 대한 서원이 없는 삶은 적당하게 살게 되며 자기 중심적으로 살게 됩니다. 혹은 모든 일을 우연이나 아니면 운명으로 여기며 살게 됩니다.

서원은 반드시 지켜야 합니다.

야곱이 하란에서 돌아와 그토록 두려움의 대상이었던 에서와의 일도 잘 마무리되자 그만 벧엘의 서원을 잊어버리고 세겜에 머물러 살려고 하였습니다. 그러자 그곳에서 딸 디나의 사건이 있었고 온 가족이 몰살당할 위기에 처하게 되었습니다. 그때 하나님께서 다시 야곱에게 나타나셔서 벧엘의 서원을 기억나게 해 주셨습니다. 야곱은 자식들에게 그 유명한 말 "일어나 벧엘로 올라가자"라고 외쳤습니다. 그곳에서 그는 하나님께 대한 서원을 이행하였습니다.

사사 입다는 하나님 앞에 서원을 하였습니다.

삿11:30-31에 그가 여호와께 서원하여 가로되 주께서 과연 암몬 자손을 내 손에 붙이시면 내가 암몬 자손에게서 평안히 돌아올 때에 누구든지 내 집 문에서 나와서 나를 영접하는 그는 여호와께 돌릴 것이니 내가 그를 번제로 드리겠나이다 하니라 하였습니다. 입다와 그의 딸의 이야기는 하나님과의 약속을 망각하고 혹은 파기하는 이스라엘 백성에게 얼마나 큰 경고가 되고 있습니까? 삼상1:11에 한나가 서원하여 가로되 만군의 여호와여 만일 주의 여종의 고통을 돌아보시고 나를 생각하시고 주의 여종을 잊지 아니하사 아들을 주시면 내가 그의 평생에 그를 여호와께 드리고 삭도를 그 머리에 대지 아니하겠나이다 하였습니다. 한나의 서원은 어머니로서 가장 이행하기 어려운 것이었습니다. 젖뗄 무렵의 사무엘이 얼마나 예쁘고 애처러웠겠습니까? 하지만 입다도 심지어 입다의 딸도 그리고 한나도 그들이 서원한 것을 하나님 앞에 이행하였습니다. 사실은 올바른 서원은 지켜야 하는 것이 아니라 반드시 지켜집니다. 왜냐하면 그것은 하나님께서 하시고자 하는 일이기 때문입니다. 삼손의 경우가 그것을 말씀하고 있습니다. 블레셋을 파하고자 하는 것은 삼손의 서원이었지만 사실은 하나님의 뜻이셨습니다. 삼손의 서원은 실패하였습니다. 그는 나실인을 규정을 스스로 파하고 만 것입니다. 삼손은 실패했지만 결국 하나님께서는 그 서원을 이루셨습니다. 삼손은 그 일이 이루어지는 과정속에서 부끄러운 역할을 감당하게 되었던 것입니다.

민수기30:2에 이르시기를 사람이 여호와께 서원하였거나 마음을 제어하기로 서약하였거든 파약하지 말고 그 입에서 나온 대로 다 행할 것이니라 하셨습니다. 저는 청년의 때에 하나님께 서원하기를 평생에 십일조와 새벽기도와 성경읽기를 하겠습니다 하였는데 그 일로 말미암아 이렇게 목회생활을 하게 된 것 같습니다. 시61:5에 하나님이여 내 서원을 들으시고 주의 이름을 경외하는 자의 얻을 기업을 내게 주셨나이다 하셨습니다.

하나님께서 하게 하시는 서원을 하시고 그로 말미암아 하나님의 축복을 받아 살아가시는 성도 여러분들이 되시길 바랍니다.

8-2. 야곱, 얍복강의 씨름

하란의 라반에게 간 야곱은 그의 집에서 일을 하고 지내다가 라반의 딸 라헬을 사랑하여 결혼하려 하였으나 라반의 간계로 레아와 결혼하게 되었고 결국 라헬을 얻기 위하여 14년을 일했고 양떼를 얻기 위하여 6년을 일했는데 그 기간 동안에 품값이 열 번이나 바뀌는 일도 있었습니다. 자신은 형과 아버지를 속였는데 그 댓가를 20년 동안 치렀습니다. 그 가운데도 하나님의 축복으로 재산이 많아지자 라반의 질시가 있었고 결국 틈을 타서 가족과 재산을 다 모아 고향으로 도주를 시도하였지만 이내 추격해 오는 라반의 군사들에게 붙잡히게 되었습니다.

그러나 하나님께서 꿈에 라반을 두렵게 하셨으므로 야곱은 라반과 '여갈사하두다' 혹은 '갈르엣'이라 부른 무더기를 만들고 헤어지게 됩니다. 야곱은 돌아오는 길에 하나님의 사자들을 만나 이르기를 이는 하나님의 군대라 하였고 그 땅 이름을 '마하나임'이라 하였습니다. 아마도 야곱을 보호하시는 하나님의 군대로 보여지고 야곱은 그 군대를 본 것입니다. 그러나 야곱은 그 하나님의 군대를 의지할 믿음이 없었습니다. 아직도 하나님보다는 자신의 힘과 지혜와 능력을 더 믿고 있는 모습입니다. 야곱이 세일 땅 에돔 들에 있는 형 에서에게로 사자들을 자기 앞서 보내며 그들에게 이르기를 자신이 라반의 밑에서 지금까지 있었고 자신에게 소와 나귀와 양떼와 노비가 있으며 또한 자신은 형 에서에게 은총을 받기를 원하고 있다는 말을 전하라고 하였습니다. 사자들이 에서에게 갔다가 와서 보고를 하는데 우리가 주인의 형 에서에게 이른즉 그가 사백인을 거느리고 주인을 만나려고 오더이다 하였습니다. 이들은 에서를 만나지도 않고 멀리고 보고 두려워서 돌아온 것으로 보입니다. 그들의 두려움은 이해할 수 있지만 그들은 책임을 다하지 않은 자들입니다.

야곱이 심히 두렵고 답답하였습니다.

죄에는 이와 같이 인간에게서 용기와 믿음을 빼앗아가는 부정적인 힘이 있습니다. 야곱의 모습이 오늘날 현대인들의 모습입니다. 심히 두렵고 답답함으로 눌려 있는 심령의 상태 속에서 살아가고 있습니다. 정확한 것을 본 것도 아니고 그 이야기를 전해 듣고 그와 같은 불안감에 살아가고 있는 것입니다. 죄가 인간을 그리 만들고 속이고 있습니다. 그래서 야곱은 자신의 소유를 두 떼로 나누어 위험을 피해 보려고 했습니다. 그러나 불안은 가시지 않았습니다. 현대인들도 위험을 분산함으로 그 문제를 해결해 보려하지만 그것은 근본적인 해결이 되지 못함은 당연한 사실입니다. 결국 야곱이 붙잡은 것은 하나님이었습니다. 그는 기도하기를 조부 아브라함의 하나님, 나의 아버지 이삭의 하나님 여호와여 하며 하나님께서 자신에게 돌아가라 말씀하셨음과 네 씨로 바다의 셀 수 없는 모래와 같이 많게 하리라 하셨음을 고하였습니다. 결국 우리가 의지할 것은 하나님의 약속의 말씀입니다. 잠29:25에 사람을 두려워하면 올무에 걸리게 되거니와 여호와를 의지(依支)하는 자(者)는 안전(安全)하리라 하였습니다. 우리는 하나님의 약속의 말씀을 굳게 의지해야 합니다. 문제는 어려움에 닥쳤을 때 그 말씀이 내 안에 있느냐 하는 것입니다. 야곱이 거기서 형 에서를 향한 선물을 준비합니다. 여러 가축들을 종들의 손에 붙여 보내며 그들에게 이르기를 에서가 그것들에 대하여 물으면 이는 야곱의 것이며 이는 야곱이 자기 주 에서에게 보내는 예물이라 하라 하였습니다. 그렇게 되면 형의 마음이 누그러지지 않을까 하는 생각에서였습니다. 우리는 늘 만날 준비를 해야 합니다. 준비 없는 만남이 되어서는 안 될 것입니다. 어린시절 방학 때 방학 숙제를 다하지 못하면 개학 때 만날 선생님이 고통스러운 법입니다. 주님을 만날 준비가 있어야 할 것입니다. 주님을 위한 많은 선물이 있다면 좋은 만남이 될 수 있을 것입니다. 그는 모든 소유물과 모든 가족들을 앞서 보내고 홀로 남아 얍복강에서 어떤 사람과 날이 새도록 씨름을 합니다. 얍복강은 사해의 북쪽45km 정도에서 요단강과 만나는 강으로 아모리족의 왕 시혼과 바산왕 옥의 나라의 경계가 되었던 강입니다. 전체 길이는 90km 정도 된다고 합니다. 그 사람이 야곱의 환도뼈를 치매 위골이 되었습니다. 환도란 옛 군복에 갖추어 차던 군도(軍刀)를 말합니다.

환도 허리춤에 차기 때문에 허리께에 있는 뼈를 환도뼈라 하게 되었습니다. 의학용어로는 대태골인데 이는 넓적다리의 뼈로 사람의 뼈 중에서 가장 크고 강한 뼈입니다. 야곱을 지탱하고 있던 그 동안의 힘의 근원이 무너진 순간입니다. 그러나 야곱은 그 사람을 놓지 않고 당신이 내게 축복하지 아니하면 가게 하지 아니하겠다 하였습니다.

결사적인 야곱의 기도입니다.

'벤자민 프랭클린'은 말하기를 "100년을 살 것처럼 일하고 내일 죽을 것처럼 기도하라" 하였는데 그와 같은 기도였습니다. 그 사람이 너의 이름이 무엇이냐고 묻자 야곱이라 답하자 이제는 네 이름을 이스라엘이라 할 것인데 이는 하나님과 사람으로 겨루어 이김이라는 뜻이라 하였습니다. 하나님과 사람이라 하신 것은 하나님을 이긴 사람은 사람을 이기게 된다는 말씀입니다. 우리는 우리의 과거 이름을 알아야 하고 변화된 이름을 알아야 합니다. 우리는 하나님의 자녀가 된 것입니다. 야곱이 그곳 이름을 '브니엘' 즉 하나님의 얼굴이라 하였는데 이는 야곱이 내가 하나님과 대면하여 보았으나 내 생명이 보전되었다 하였음이었습니다. 전능하신 하나님이 인간에게 져 주신 곳입니다. 얍복강의 기도를 통하여 승리하시는 성도 여러분들이 되시길 바랍니다.

8-3. 야곱, 브니엘

얍복강에서의 그와 같은 사건이 있은 후 야곱이 눈을 들어 보니 에서가 400인을 거느리고 오고 있었습니다. 야곱이 두 여종과 그 자식들을 앞세우고 레아와 그 자식들을 다음에 두고 라헬과 요셉은 뒤에 두고 자기는 그들 앞에 나아갔습니다. 위험의 맨 뒤에 있던 사람이 이제 위험의 맨 앞에 선 자가 된 것입니다. 우리도 주님의 일에 마지못해 따르는 자가 아니라 앞장서는 자가 되어야 할 것입니다.

기도는 사람을 용감하게 합니다.

세상이 두렵고 사람이 두려울 때 우리는 기도해야 합니다. 야곱은 몸을 일곱 번 땅에 굽혔습니다. 1636년 청의 장군 용골대가 이끄는 대규모 병력이 한

양으로 쳐들어오자 남한산성에 있던 인조는 성을 내려와 삼전도(三田渡)에서 그토록 경멸했던 오랑캐 청나라 왕에게 세 번 절하고 아홉 번 고개를 숙이는 삼배구고두(三拜九叩頭)의 예를 갖추고 항복하였는데 이를 '삼전도 굴욕'이라 합니다. 그러나 야곱은 굴욕으로 한 것이 아니라 겸손으로 몸을 굽힌 것입니다. 그는 진정으로 겸손한 사람이 되었습니다.

그가 일곱 번 땅에 굽힘으로 겸손한 사람으로 인정을 받은 것이 아니라 그의 겸손이 그를 일곱 번 땅에 굽히게 한 것입니다.

기도는 사람을 겸손하게 합니다.

겸손은 많은 유익이 있습니다. 노자의 도덕경 8장 역성편에도 이르기를 '上善若水(상선약수) 가장 좋은 것은 물과 같다. 水善利萬物而不爭(수 선이만물 이부쟁) 물은 잘 만물을 이롭게 하면서도 다투지 아니한다. 處衆人之所惡(처중인지소오) 뭇 사람이 싫어하는 낮은 곳에 자리하는 바 故幾於道(고기어도) 그런고로 도에 가깝다.' 하였습니다. 제자들이 마지막까지도 힘들어했던 것이 겸손에 관한 것이었습니다. 배와 그물을 버리고 부모형제를 뒤로 하고 주님을 따르는 일이 얼마나 어려운 일입니까? 그러한 그들이 주님께로부터 삼 년의 훈련을 받고도 실패했던 일이 자기를 낮추는 일이었습니다. 자기를 낮추시고 종의 형체를 가지셨으며 죽기까지 순종하신 주님을 믿으며 기도하는 가운데 어제보다 오늘이 더 겸손한 자가 되어야 할 것입니다. 그 형 에서에게 가까이 하였습니다.

기도는 만나고 싶은 사람을 변하게 합니다.

사람은 자기를 환영하는 사람에게 가고 싶은 법입니다. 자기를 싫어하는 사람이나 불편한 사람 손해가 되는 사람은 할 수 있으면 만나고 싶지 않고 만나려 하지 않는 것이 인지상정입니다. 야곱에게 있어 에서는 만나고 싶지 않는 사람이었습니다. 그러나 이제 야곱은 에서에게 나아가고 있습니다.

은혜를 받게 되면 만나고 싶은 사람들이 바뀌게 됩니다. 과거에는 나를 환영하는 사람 나에게 유익을 주는 사람들만 만나고 싶었다면 은혜를 받게 되면 나를 꺼려하는 사람 내가 도와주어야 하는 사람을 만나고 싶어집니다. 의란 하나님께 복을 받은 대로 이웃과 나누는 것이요 죄란 그리하지 않는 것입니다. '다미안'신부가 그랬고 '리빙스턴'이 그랬고 '마더 테레사'가 그랬고 우리 주님이 그러하셨습니다. 그러므로 우리들도 기도함으로 은혜 받아서 만나고 싶은 사람이 변해야 할 것입니다. 그러자 놀라운 일이 일어났습니다. 에서가 달려와서 그의 뺨을 칠 것으로 생각했는데 그를 맞아서 안고 목을 어긋맞기고 그와 입 맞추고 피차 울었다 하였습니다. 야곱이 형 에서를 위하여 준비한 많은 예물에 대하여 에서는 내 동생아 내게 있는 것이 족하니 네 소유는 네게 두라 하였습니다. 과거에는 이런 문제들 때문에 동생을 죽이겠다고까지 한 에서였습니다.

기도는 나를 변화시킬 뿐 아니라 상대방을 변화시킵니다.

야곱의 기도는 자신을 변화시켰을 뿐 아니라 형 에서도 변화시킨 것입니다. 야곱이 대답합니다.

그렇지 아니하니이다 형님께 은혜를 얻었사오면 청컨대 내 손에서 이 예물을 받으소서 내가 형님의 얼굴을 뵈온즉 하나님의 얼굴을 본 것 같사오며 합니다. 우리들도 기도함으로 은혜를 받아서 서로의 얼굴이 볼 때 하나님의 얼굴을 본 것 같은 기쁨이 있으시길 바랍니다. 그렇게 보일 때까지 기도하시면서 은혜를 사모하시기 바랍니다.

8-4. 야곱, 벧엘로 올라가다

우울한 사건이 기록되어 있습니다.

세겜 사람들과 야곱의 아들들이 모두 죄를 범했고 그 죄는 또 다른 죄를 낳고야 말았습니다. 밧단 아람에서 고향으로 돌아가던 야곱은 세겜에 머물렀는데 그곳에서 그 땅 추장 세겜에게 딸 디나가 강간을 당하는 일이 벌어 졌습니다. 이에 대해 야곱의 아들들은 궤계를 써서 그 땅 남자들을 할례를 받게 하고는 저들이 고통 당하고 있는 중에 습격하여 살해한 일이 일어난 것입니다. 이로 말미암아 야곱과 그 일행들은 큰 위험에 처하게 되었습니다. 우선 이 사건의 발단은 야곱이 마땅히 가야할 곳, 머물러야 할 곳에 머무르지 않고 세겜 땅에 머무르면서 일어나게 됩니다. 시편 1편에서 복 있는 사람은 악인의 꾀를 좇지 않고 죄인의 길에 서지 않고 오만한 자의 자리에 앉지 않는다 하였는데 야곱이 그 땅에 머문 이유가 잘 이해가 되지 않습니다. 야곱이 가야할 곳은 벧엘이었고 또 부모님이 있는 기럇아르바 즉 헤브론으로 가야 했을 터인데 야곱이 지금 세겜에 머무르고 있는 중입니다. 그 땅이 당장 목축을 하기에 넉넉한 땅이고 히위족속들이 불편하지 않게 해서 그랬을까요? 아마도 야곱이 이곳에 오래 살 생각은 아니었을 것입니다. 다만 밧단아람에서 여기까지 오는 도중에 일어났던 여러 가지 일들로 인하여 힘들었을 것이고 그리하여 이곳에서 좀 지체했다가 가려고 한 일인데 그만 그 사이에 이런 일이 일어난 것입니다. 그러고 보면 지체하는 때가 영적으로는 큰 위험의 때이기도 합니다. 회사에서 공금을 다루는 자가 그 돈은 바로 입금하지 않고 주머니에 넣고 다니다가 큰 실수를 범하는 일도 그런 예입니다. "나중에 하지! 우선 급한 일부터 하고 나서 하지! 우선 급한 돈부터 쓰고 나서 헌금하지! 좀 쉬었다 하지!" 하는 일들은 사실 우리의 삶에서 종종 있는 일입니다. 모든 일은 하나님의 때에 맞추어서 해야 하는데 그 때를 맞추지 않고 지체하다 이런 저런 어려움이 찾아오기도 합니다. 레아의 딸 디나가 그 땅 여자들에게 호기심이 생겨 보러 나갔는데 혼자 나갔습니다. 세상적으로도 참 위험한 일을 한 것이고 영적으로도 지혜롭지 못한 일을 했습니다.

잘못임을 알고 하는 호기심은 시험의 단초가 됩니다.

민25:1-2에 이스라엘이 싯딤에 머물러 있더니 그 백성(百姓)이 모압 여자(女子)들과 음행(淫行)하기를 시작(始作)하니라 그 여자(女子)들이 그 신(神)들에게 제사(祭祀)할 때에 백성(百姓)을 청(請)하매 백성(百姓)이 먹고 그들의 신(神)들에게 절하므로 하였습니다.

이 사건으로 하나님의 심판을 받아 죽은 이스라엘 백성의 숫자가 2만 4천명입니다.

그때 마침 히위족속 하몰의 아들 추장 세겜이 디나를 보고는 죄를 범하여 욕되게 하였습니다. 그리고는 디나를 연연하여 아버지 하몰에게 그 소녀를 아내로 얻게 하여 달라 요청하여 야곱을 찾아왔습니다. 내가 진실하다고 그것이 죄가 아닌 것은 아닙니다. 세겜의 자기 진실은 다른 이에게 해가 되는 것이었습니다. 야곱은 아들들이 오기까지 기다렸다가 그 이야기를 하자 야곱의 아들들은 어떻게 복수를 할까 하다가 한 꾀를 내었는데 히위족속 남자들이 모두 할례를 행하면 서로 통혼하고 살 수 있을 것이라 하였습니다. 그들은 목적을 이루기 위해서 거짓을 하였고, 할례라고 하는 거룩한 의식을 수단으로 사용하였고, 폭력을 통하여 하려 하였습니다. 이 일을 해결할 길이 꼭 이 길 뿐이었는지 살펴보아야 했었습니다. 야곱의 아들들의 분노를 이해하지 못하는 바는 아니지만 분노와 복수를 통하여 해결되는 일은 아무것도 없습니다. 오히려 분노와 복수는 더 큰 악을 불러들일 뿐입니다. 롬12:17-19에 아무에게도 악(惡)으로 악(惡)을 갚지 말고 모든 사람 앞에서 선(善)한 일을 도모(圖謀)하라 할 수 있거든 너희로서는 모든 사람으로 더불어 평화하라 내 사랑하는 자(者)들아 너희가 친(親)히 원수(怨讐)를 갚지 말고 진노(震怒)하심에 맡기라 기록(記錄)되었으되 원수(怨讐) 갚는 것이 내게 있으니 내가 갚으리라고 주(主)께서 말씀하시니라 하였습니다. 야곱의 아들들은 그렇게 되기만 하면 저들이 약해 있을 때에 죽이려고 한 것이고 이에 대해 하몰은 히위 사람들을 설득하여 다 할례를 받게 하였는데 그 목적은 야곱이 가지고 있는 재물들을 결국에는 차지하기 위함이었습니다. 모두가 악한 꿈을 꾸고 있습니다. 이 일은 하몰과 세겜이 와서 사죄와 배상을 해야 하고 야곱과 그 아들들은 사죄와 배상을 받고 용서해야 할 일이었습니다. 마땅히 행할 일을 지체한 죄가 호기심으로 그리고 강간으로 서로를 죽이고 빼앗으려는 죄악으로 커져가고 있습니다. 히위족속들이 할례를 받아 제 삼일 고통 할 때에 시므온과 레위가 각기 칼을 가지고 가서 부지중에 성을 엄습하여 그 모든 남자를 죽이고 디나를 세겜의 집에서 데려오고 야곱의 여러 아들이 그 시체 있는 성으로 가서 노략하고 양과 소와 나귀와 그 성에 있는 것과 들에 있는 것과 그 모든 재물을 빼앗으며 그 자녀와 아내들을 사로잡고 집속의 물건을 다 노략했다 하였습니다. 야곱의 아들들이 행한 죄를 검사가 기소하듯이 아주 낱낱이 세세하게 기록하고 있습니다. 야곱이 이 소식을 듣고는 시므온과 레위를 나무랐지만 오히려 그들은 아버지 야곱에게 이의를 제기하며 듣지를 않았습니다.

하지만 이러한 인간의 부족함과 악함에도 불구하고 하나님께서는 하나님의 구원사를 이끌어 가시는 말씀이 35장에 일어나 벧엘로 올라가라는 말씀으로 나타나고 있습니다. 디나 사건이 야곱을 벧엘로 올라가게 하는 유일한 길은 물론 아닙니다. 그러나 야곱이 벧엘로 올라가게 하는데 이 사건은 쓰여지고 있습니다. 인간은 실패하지만 결코 하나님은 실패하지 않으시며 결국 그의 뜻을 이루어 가십니다. 기쁨으로 하나님과 동행하는 길이 있고 억지로 끌려가는 길이 있는데 그 선택은 인간이 하는 것 같습니다.

8-5. 야곱, 바로 앞에서다

야곱이 애굽의 왕 바로를 알현하면서 남긴 말입니다.

몇 마디 속에 그의 인생이 들어 있고 이 자리를 있게 한 바로에게 감사와 당부를 전하는 뜻이 들어 있습니다.

창47:7-10에 요셉이 자기 아버지 야곱을 인도하여 바로 앞에 서게 하니 야곱이 바로에게 축복하매 바로가 야곱에게 묻되 네 나이가 얼마냐 야곱이 바로에게 아뢰되 내 나그네 길의 세월이 백삼십 년이니이다 내 나이가 얼마 못 되니 우리 조상의 나그네 길의 연조에 미치지 못하나 험악한 세월을 보내었나이다 하고 야곱이 바로에게 축복하고 그 앞에서 나오니라 하였습니다. 요셉이 자기 아버지 야곱을 인도하여 바로 앞에 서게 하니 야곱이 바로에게 축복을 합니다. 이 장면을 가만히 연상하면 좀 이상하다 하는 생각이 듭니다. 바로는 아마도 높은 왕좌에 앉아 있었을 것이고, 야곱은 그 아래에 있었을 것입니다. 야곱은 기근을 피해 애굽에 도움을 받기 위해 온 것이고 바로는 주는 자로 그 모든 것을 결정할 수 있는 권세자로 있습니다.

당연히 바로의 말이 먼저 나오고 그 묻는 말에 야곱이 짧게 대답해야 하는 상황으로 보이는데 야곱이 먼저 말을 하였고 그것도 바로를 축복하는 말을 한 것입니다. 무어라 하였을까요?

"여호와께서 당신과 당신의 나라를 복 주시기를 빕니다" 하였을까요? 무어라 했던 대단한 믿음의 말임에는 틀림이 없습니다. 굶주림을 피해 가족을 이끌고 온 사람이 굶주림을 면해 줄 사람을 축복한 것이기 때문입니다. 바로가 야곱에게 네 연세가 얼마뇨 물었습니다. 야곱의 나이가 궁금해서 한 것은 아니었을 것이고, 당돌하게 자신을 축복한 초라한 노인에게 네가 그 나이가 되도록 무엇을 했기에 내게 도움을 청하러 왔느냐 힐난하는 질문으로 보입니다.

사람이 미리 준비한 말은 그럴듯하게 할 수 있지만, 갑자기 주어진 상황에서 경우에 맞는 말을 하는 것은 어렵습니다. 그만한 삶의 내공이 있어야 가능합니다.

야곱은 세 가지로 대답했습니다. 내 나그네 길의 세월이 백삼십 년이었다 하였습니다. 긴 세월이긴 하지만 우리 조상들의 긴 연수에 비하면 얼마 되지 않은 시간이었다 합니다. 그 기간이 험악한 세월이었다 하였습니다. 얼핏 보면 한 노인이 왕 앞에서 신세한탄하며 내가 이렇게 나이 먹었고 고된 삶을 살아왔으니 불쌍히 보아 거두어 주십시오 하는 말 같지만 새겨들으면 야곱은 지금 애굽 왕 바로에게 설교를 하고 있습니다. 그것도 아주 고도의 표현을 써서 애굽 왕의 비위를 거스르지 않으면서도 바로에게 하나님의 섭리를 전하고 있습니다.

첫째로 야곱이 하는 말은 바로여, 당신이 그 보좌에 앉아서 살아가고 있지만 그러나 거기가 당신의 영원한 자리가 아니요 나나 당신이나 이 세상에 잠시 머무르는 나그네라는 사실을 말하고 있습니다. 그는 이 짧은 말에서 나그네라는 단어를 두 번 사용하였습니다. 이 세상에서의 삶은 지위가 높으나 낮으나 건강하냐 그렇지 못하냐 부유하냐 가난 하냐와 상관없이 나그네라는 것입니다. 여기가 우리의 본향이 아니라는 것입니다.

둘째로 당신은 그곳에서 영원히 살 것 같지만 인생은 길지 않고 끝이 있다는 것입니다. 내가 나의 선조들만큼은 아니지만 130세나 살았으나 지금 와서 생각해보니 그 모든 세월이 잠깐이라는 사실을 말하고 있는 것입니다. 당신의 보좌 위에서의 삶도 곧 지나갈 것이라는 뜻입니다. 내 험한 세월 130년도 이리 지났는데 보좌 위에서의 시간이 얼마나 빨리 지나가겠느냐는 질문입니다. 그 자리를 떠날 준비를 하며 사는 것이 지혜라는 말입니다.

셋째로 야곱은 자신이 험악한 삶을 살았다고 했는데 아마도 형을 속이고 아버지를 속이고 외삼촌 라반에게 속고 고향으로 돌아오는 길에 그토록 사랑하던 라헬이 죽고 노년에는 자식들의 불화로 요셉을 잃었던 기억들이 그런 고백을 하게 하였던 것 같습니다. 당신이 애굽 왕이지만 왕은 왕대로 고통이 있는 것을 내가 안다는 말입니다. 우리 말에도 천석군은 천 가지 근심이 있고 만석군은 만 가지 근심이 있다 하였습니다. 야곱이 하고자 하는 말은 당신의 삶에도 나와 같은 고통이 있을 것인데 그러므로 인생은 참 평화와 안식의 장소를 위해서 준비하여야 한다는 말을 하고 있는 것입니다.

바로는 의례적으로 야곱 일가를 만나고 아부의 말이나 들을 것으로 여겼었는데 야곱의 말을 듣고는 잠시 할 말을 잃었던 모양입니다. 그래서 마지막 말도 야곱이 바로를 축복한 것으로 되어 있습니다. 10절에 야곱이 바로에게 축복하고 그 앞에서 나오니라 하였는데, 우리 예배 용어로 하면 축도를 한 것 같습니다.

야곱의 말에는 성도의 영광과 권세가 있습니다. 우리가 비록 세상에서 보기에는 초라하게 보일지 몰라도 우리는 하나님 앞에서 왕 같은 제사장이라는 것입니다. 그래서 야곱은 당당하게 애굽 왕을 축복하고 있는 것입니다. 야곱은 온 우주의 창조주시요 다스리는 자이신 하나님을 배경으로 자신이 서 있다는 그러한 믿음에서 이와 같이 당당하게 행동할 수 있었을 것입니다.

우리들도 세상의 권세와 명예와 재력과 지식들을 존중은 하되 거기에 비굴해져서는 안 됩니다. 우리에게는 그 모든 것 위에 뛰어나신 하나님이 계시다는 사실을 잊어서는 안 될 것입니다. 더 나아가서 우리는 이웃의 복을 빌어 주는 사람이 되어야 하겠다는 것입니다. 남이 잘되는 것을 시기한다든지 이웃을 악담하는 사람이 되어서는 안 되겠습니다. 그 사람이 어떤 사람이든지 간에 우리는 그들을 위해서 복을 빌어 주어야 한다는 것입니다. 현재 보이는 모습은 복을 빌기가 어려워 보이지만 그가 변화될 모습을 미리 바라보며 축복하는 것입니다. 그것이 바로 우리가 해야 하는 이웃사랑일 것입니다.

야곱은 바로에게 바로 뿐 아니라 바로 주변에 뒤에 있는 바로의 왕궁에 있는 이들에게 말한 것입니다. 야곱의 평생에 다시 주어지지 않을 기회였습니다. 그 단 한 번의 기회에 기가막힌 설교를 한 것입니다.

첫째는 짧은 말이었습니다. 짧은 것만이 좋은 것은 아니지만 짧게 해도 될 말을 길게 하는 것은 무례함이요 낭비입니다. 야곱이 사용한 말은 히브리어로 21자입니다. 만일 야곱이 길게 말하였다면 중간에 차단되고 말았을 것입니다.

둘째는 지혜로운 말이었습니다. 바로를 직접적으로 가르치거나 판단하거나 책망하지 않았으면서도 해야 할 말을 다 전하였습니다.

셋째는 권위 있는 말이었습니다. 야곱은 바로의 권세에 위축되지 않아 바로가 듣기 좋은 말을 한 것이 아니라 축복으로 시작하여 하나님의 섭리를 가감없이 전하였고 축도로 마무리 하였습니다.

야곱이 바로 앞에 선 때가 130세였고 그 후로 17년을 더 살아 147세에 자녀들에게 유언을 남기며 생을 마쳤습니다.

9-1. 요셉, 꿈꾸는 자

요셉은 4대 족장으로 야곱의 11번째 아들입니다. 요셉도 많은 고난을 받는데 아버지 야곱의 고난이 자신의 허물을 인함이라면 요셉은 연단으로서의 고난을 받고 있습니다.

에서가 약속의 땅을 떠나 세일 산으로 간 것에 비해 야곱이 그 아비의 우거하던 땅에 거한 것을 믿음의 삶이었습니다. 요셉은 빌하와 실바의 아들들과 양을 치고 있었는데 요셉이 다른 형제들의 잘못을 아버지 야곱에게 고하곤 하였습니다. 요셉이 없는 말을 지어낸 것 같지는 않습니다. 그러나 이 일로 선한 결과가 이루어지지는 않았습니다. 남의 잘못에 대하여 비판하거나 판단하거나 징책 하는 것은 신중에 신중을 기해야 할 일입니다. 내가 그 일에 대하여 책임 있는 자리에 있을 때에는 물론 그 일을 외면하지 말고 감당해야 합니다. 교사나 부모나 어떤 조직의 직무 등이 이에 해당합니다. 한 가지를 더 가정한다면 당사자를 진심으로 사랑하기에 그 일에 애정을 가지고 관여하는 경우입니다. 우정, 친분, 애교심, 애국심 등에 의해 이루어지는 일들입니다. 그러나 일반적인 경우에는 그를 위하여 기도할 뿐 비판하거나 판단을 유보하고 하나님께 맡기는 것이 믿음과 지혜의 행동입니다. 왜냐하면 하나님께서 그 일을 아시고, 그 일에 대한 계획을 가지고 계신데 자신이 하나님보다 앞서서 행함으로 일을 더 어렵게 만들게 됩니다. 인간은 자신을 모를 뿐더러 타인은 더욱 알지 못하기 때문입니다. 야곱은 요셉을 편애하여 채색 옷을 지어 입혔는데 그것이 형제들에게 요셉이 미움을 받는 이유가 되었습니다. 어머니 리브가가 자신을 편애하여 형 에서와의 긴 갈등이 있었던 것을 생각했다면 야곱이 그리하지 않았더라면 좋았을 것을 이 일로 인해 또 다른 긴 아픔의 역사가 잉태되고 있었습니다. 그 후 요셉이 꿈을 꾸었는데 한 번은 열 두 곡식 단이 있었는데 다른 곡식 단들이 요셉의 곡식 단에게 절을 하더라는 것이었고, 이어서는 해와 달과 열 한 별이 자신에게 절을 하더라는 것이었습니다. 꿈을 꾸고, 안 꾸는 것은 인력으로 되는 것이 아니지만 꿈 이야기를 하고, 안 하는 것은 요셉이 할 수 있는 일이었습니다. 내가 해야 하는 말과 하지 말아야 하는 말을 분변할 수 있는 것이 지혜요 가장 어려운 일이요, 혀를 길들이는 일이 하나님의 은혜입니다. 약3:7-10에 여러 종류(種類)의 짐승과 새며 벌레와 해물(海物)은 다 길들므로 사람에게 길들었거니와 혀는 능(能)히 길들일 사람이 없나니 쉬지 아니하는 악(惡)이요 죽이는 독이 가득한 것이라 이것으로 우리가 주(主) 아버지를 찬송(讚頌)하고 또 이것으로 하나님의 형상(形像)대로 지음을 받은 사람을 저주(詛呪)하나니 한 입으로 찬송(讚頌)과 저주(詛呪)가 나는도다 내 형제(兄弟)들아 이것이 마땅치 아니하니라 하였습니다. 시141:3에 여호와여 내 입 앞에 파숫군(把守軍)을 세우시고 내 입술의 문(門)을 지키소서 하였습니다. 또한 입을 좋은 말 찬양으로 가득 차게 하면 다른 말들이 있을 곳이 없게 됩니다.

그 일로 요셉과 형제들은 더욱 멀어지고 요셉을 파는 사건에 형제들이 한마음이 될 수 있는 계기가 되었습니다. 형제들이 세겜에서 양을 칠 때에 야곱이 요셉을 그들에게 보내었는데 세겜에 도착해 보니 이미 도단으로 간 후였습니다. 요셉은 도단까지 가서 아버지의 말씀을 순종하려고 하였습니다. 헤브론에서 세겜까지가 100Km 세겜에서 도단까지가 30Km되는 거리입니다. 이는 하나님 아버지의 뜻을 받들어 이 땅에 오신 예수 그리스도의 순종의 모습입니다. 그렇게 먼 거리를 달려온 요셉을 보고 형제들이 일을 꾸미기를 "저를 죽이고 짐승이 저를 잡아먹었다고 아버지에게 말하자" 하였습니다. 인간이 얼마나 악한 존재인지를 보여주는 말씀입니다. 예수님께서 자신을 죽이려고 하는 유대인들을 비유를 들어 말씀하신 적이 있습니다. 마21:38에 농부(農夫)들이 그 아들을 보고 서로 말하되 이는 상속자(相續者)니 자(者) 죽이고 그의 유업(遺業)을 차지하자 하였습니다. 요셉이 자신들의 잘못을 아버지에게 고했기로 요셉이 자신들의 마음에 들지 않는 꿈 이야기를 했기로 그것이 어린 동생을 죽이고 아버지의 가슴에 못을 박는 이유가 될 수는 절대 없는 것인데 마치 가인이 자신의 제물은 하나님께 열납 되지 않고 아벨의 제물은 열납되었다고 하나밖에 없는 동생을 들에서 돌로 쳐 죽인 것이 인간입니다. 르우벤과 유다가 조금 선한 마음을 가지고 있었는데 나중에 보면 그들의 그 작은 선함이 그들을 구원하는 일이 되었습니다. 요셉은 반가운 마음으로 그 먼 거리까지 형들을 찾아 갔는데 형들은 그의 옷을 벗기고 혼자서는 올라 올 수 없는 깊은 구덩이에 던져 넣었습니다. 거기에서 굶어 죽으라는 말이었습니다. 이때 요셉의 마음이 어떠했겠습니까? 그래서 후에 형제들이 양식을 위해서 왔을 때 차마 원수를 갚지는 않았지만 형제들과 함께 살 마음도 없었기에 그들을 모른 척 했던 것입니다. 그러다가 형제들은 이스마엘 상고들이 지나가자 그들에게 은 이십 개를 받고 동생을 팔았습니다. 이는 인간을 구원하시기 위하여 예수님께서 이 땅에 오셨건만 예수님을 은 30에 팔고 십자가에 못 박은 인간들의 모습을 모형으로 보여준 사건입니다. 형제들은 요셉의 옷에 수양의 피를 적시어서 아버지 야곱에게 갖다 주었습니다. 야곱이 사랑의 표시로 준 옷이 고통의 표시가 되어 돌아왔습니다. 요셉은 애굽에서 바로의 신하 시위대장 보디발의 집에 팔리었습니다. 만일 요셉이 애굽의 변방 가정에 노예로 팔렸다면 애굽의 총리 대신이 될 수 없었을 것입니다. 하나님께서는 요셉이 어디에 있어야 할 것을 알고 계셨고 거기에 그를 있게 하신 것입니다.

고난 중에도 하나님은 우리가 있어야 할 곳에 있게 하십니다.

큰 파도 바다 속 깊은 곳에서도 하나님께서는 요나를 큰 물고기 뱃속에 있게 하셔서 니느웨로 가게 하셨습니다. 인간들의 실패를 통해서도 하나님께서는 하나님의 구원사를 이루어 가시며, 고난 중에도 하나님은 우리를 기억하시고 보호하시고 인도하고 계심을 믿으시기 바랍니다.

9-2. 요셉, 연단의 의미

요셉이 애굽으로 간 길이 참 눈물 나고 뼈가 아픈 길이었지만 되돌아보면 그 길이 아니면 요셉이 애굽으로 갈 수 없겠다 하는 생각도 듭니다. 주의 길을 우리가 다 이해 할 수 없습니다. 다만 어느 시점에 와서 돌아보았을 때 주님께서 이 길을 통해 나를 여기까지 부르셨구나 하는 고백이 있을 때가 있는데 그것이 바로 소명입니다. 요셉이 애굽에 팔려 갔을 때 요셉을 산 사람은 보디발로 바로의 시위대장 이었습니다. 요셉이 멀리 시골로 갔다면 바로와 만날 수 없었을 터인데 하나님께서는 요셉이 어디 있어야 할 것을 아셨던 것입니다. 우리 삶의 한 걸음 한 걸음이 주님의 섭리 안에 있음을 믿으시기 바랍니다. 또한 하나님께서는 요셉을 형통한 자가 되게 하셨습니다. 이것은 하나님께서 하신 일이지만 또한 전적으로 요셉이 한 일입니다. 만일 요셉이 형들에게 대한 배신감, 아버지에 대한 그리움, 주어진 현실에 대한 두려움 등으로 낙심하고 주저앉아 있었다면 이러한 일들은 일어나지 않았을 것입니다. 증조부 아브라함과 조부 이삭과 그리고 아버지 야곱에게 일어났던 그 많은 난관들 그리고 그때마다 함께 하셨던 하나님께 대한 이야기가 비록 17살에 지나지 않는 요셉이지만 애굽을 이기고 일어나게 한 것입니다.

하나님이 함께 하신다는 것은 어떤 초역사적이고 신비한 힘이 사람의 의지를 넘어 작용하였다는 것이 아니라 하나님의 뜻과 말씀에 대한 한 인간의 순종의 삶의 결과입니다. 상황을 따르지 않고 말씀을 따르는 자는 승리하는 것을 믿으시기 바랍니다.

그러한 모습이 보디발이 보기에도 남다르게 보였던 모양입니다. 그가 요셉으로 가정 총무를 삼고 자기 소유를 다 그 손에 위임하였습니다. 훗날 이 경험은 애굽의 총리대신이 되어 일하는데에도 많은 도움이 되었을 것입니다. 요셉에게 시험이 찾아왔습니다. 이때가 요셉의 나이 27살 정도로 추정됩니다. 보디발의 집에 온지 10년 정도 되는 때일 것입니다. 요셉의 용모가 준수하고 아담하였다고 하였는데 그로 인해 보디발의 처가 유혹해 온 것입니다. 한 번이 아니라 여러 번에 걸쳐 찾아온 시험이었지만 요셉은 승리하였습니다. 그 자리를 떠남으로 시험을 이겼습니다.

잠6:27-28에 사람이 불을 품에 품고야 어찌 그 옷이 타지 아니하겠으며 사람이 숯불을 밟고야 어찌 그 발이 데지 아니하겠느냐 하였습니다. 신전의식으로 그 시험을 이겼습니다.

보디발의 처의 유혹에 대해 요셉은 “내가 어찌 이 큰 악을 행하여 하나님께 득죄 하리이까” 하며 거절하였습니다.

그는 이 일이 물론 사람에게 죄를 짓는 일이지만 궁극적으로는 하나님께 죄를 짓는 일임을 말하고 있습니다. 이를 좀 더 확대해서 적용한다면 우리가 타인에게 하는 모든 일들은 하나님께 하는 일이 됩니다. 주님께서도 마25장에 보면 양과 염소의 비유를 통하여 그렇게 말씀하셨고, 바울을 통하여도 “모든 일을 주께 하듯 하라”고 하셨습니다. 시험이 나쁜 것만은 아닙니다. 만일 이 일이 없었다면 요셉은 그저 책임을 맡은 노예에 지나지 않았을 것인데 이 일로 말미암아 새로운 단계로 들어가게 되었기 때문입니다.

결국 보디발의 처의 모함에 의해 요셉은 감옥에 가게 됩니다. 생사람 잡는 모습입니다. 보디발도 아내의 말만 믿고는 요셉의 억울함을 살펴주지 못했습니다. 원래 인간은 믿음의 대상도 아니며 그럴만한 능력도 없습니다. 신앙생활 하다가 오해를 받거나 억울한 일을 당하게 되었을 때 그럴 수도 있다 요셉을 생각하며 견뎌내시기 바랍니다. 변명해도 통할 리도 없었을 것이지만 굳이 변명하지 않고 요셉은 감옥으로 갔습니다. 하나님께서 여기까지 인도하셨는데 그 어딘들 문제가 되랴 하는 당당함이 느껴지는 대목입니다. 하나님이 알고 계시니 문제 될 것이 없다는 것입니다. 만일 요셉이 그 시험을 이겨내지 못했다면 이렇게 당당할 수 없었을 것입니다. 죄는 우리를 몹시 약하게 만듭니다. 그러므로 죄는 즉시 회개해서 사단의 통로를 차단해야 합니다. 그가 갇힌 감옥은 일반 감옥이 아니라 왕의 죄수들을 가두는 곳이었습니다. 거기서 그는 애굽의 총리 대신이 되는 일에 결정적 사건이 된 바로의 꿈을 해석하는 일에 연결고리가 되는 사람들을 만나게 됩니다. 어떤 자리에 있더라도 마치 야곱이 벧엘에서 "하나님께서 과연 여기 계시거늘 내가 알지 못하였도다" 한 것처럼 하나님이 함께 계심을 믿고 기억하시기 바랍니다. 그 감옥에서도 요셉은 낙심치 않고 일을 하자 전옥이 모든 일을 요셉의 손에 맡기고 맡긴 일을 아예 돌아보지도 않았을 정도가 되었습니다. 여호와께서 요셉의 범사를 형통케 하셨다 하셨습니다.

9-3. 요셉, 꿈이 이루어지다

꿈은 '프로이드'에 의하면 숨겨진 욕망의 발로라고 하며 '칼 융'은 정서의 균형을 유지하기 위한 무의식의 작용이라고 합니다. 의학적으로 꿈은 세 단계의 잠에서 나타납니다. 잠들려 할 때 꾸는 꿈은 잘 기억이 나지 않습니다. 램 수면 상태의 꿈은 가상 수면 상태로 여러 가지가 복잡하고 가장 기억에 많이 남아 있습니다. 델타 수면 상태의 꿈은 가장 뚜렷하고 예시적이나 꿈의 내용이 기억이 나지 않는 경우가 많다고 합니다. 강도와 격투하는 꿈은 자신이 양심과 성적 갈등 사이에서 몹시 괴로워하고 있다는 상태이며, 꿈속에서 무언가를 자르는 꿈은 다른 사람들의 사이를 갈라놓고 싶다는 소망이며, 훔치는 꿈은 누군가로부터 사랑, 권력 등을 훔치고 싶다는 소망을 나타낸다 합니다. 어슬렁어슬렁 걷고 있는 꿈은 여러 가지 장애가 일어날 예고이며, 거울을 향해서 화장을 하는 꿈은 비밀을 가진 기쁨, 또는 죄의식을 뜻하며, 뛰려 해도 뛸 수 없고 악을 써도 소리가 나오지 않는 꿈은 어떤 일을 급히 추진시키려 하지만 잘 되지 않아 안타까워 할 일이 생긴다 합니다. 성경에서 꿈은 하나님의 계시의 통로로 사용되기도 하였습니다. 성경에는 꿈이 79번 나오는데 구약에 74번 신약에 5번 나옵니다. 민12:6에 이르시되 내 말을 들으라 너희 중(中)에 선지자(先知者)가 있으면 나 여호와가 이상(以上)으로 나를 그에게 알리기도 하고 꿈으로 그와 말하기도 하거니와, 신13:5에 그 선지자(先知者)나 꿈꾸는 자(者)는 죽이라, 전5:7에 꿈이 많으면 헛된 것이 많고 말이 많아도 그러하니 오직 너는 하나님을 경외(敬畏)할지니라, 마2:22에 그러나 아켈라오가 그 부친(父親) 헤롯을 이어 유대의 임금 됨을 듣고 거기로 가기를 무서워하더니 꿈에 지시(指示)하심을 받아 갈릴리 지방(地方)으로 떠나가 하였습니다.

요셉이 옥에 갇혀 있을 바로 그때에 애굽 왕의 술 맡은 자와 떡 굽는 자가 옥에 갇히게 되었습니다. 크로싱이라는 영화에서 예수는 왜 잘사는 남한에만 있고 저 북한에는 없습니까! 하고 통곡하는 장면이 있었는데, 하나님이 아니 계신 곳이 없으십니다. 하나님은 그곳에 지금 있어야 할 일을 있게 하시는 것입니다. 하나님은 세상의 모든 역사를 주관하고 계신다는 것입니다. 아침에 요셉이 들어가 보니 그들에게 근심 빛이 있기로 그 까닭을 물으니 그들이 꾼 꿈 이야기를 하였습니다. 만일에 요셉이 그들의 얼굴에서 그 근심 빛을 볼 수 없었다면 꿈 이야기는 없었을 것입니다. 긍휼히 여기는 자가 복이 있다 하셨는데 이는 그가 긍휼이 여김을 받을 것이기 때문이라 하셨습니다. 술 맡은 관원장의 꿈은 이러하였습니다. 포도나무가 있었고 세 가지가 있고 싹이 나서 꽃이 피고 포도송이가 익었고 내 손에 잔이 있기로 그 즙을 짜서 그 잔을 바로의 손에 드렸노라. 그에 대한 해석은 사흘 안에 당신의 전직이 회복될 것이라는 것이었습니다. 떡 맡은 관원장의 꿈은 이러하였습니다. 흰떡 세 광주리가 머리에 있었고 그 윗광주리에 바로를 위한 각종 구운 식물이 있었는데 새들이 내 머리의 광주리에서 그것을 먹더라. 그에 대한 해석은 사흘 안에 바로가 당신의 목을 끊을 것이라는 것이었습니다. 제 삼일은 바로의 탄일이었고 꿈대로 되었습니다. 그러나 술 맡은 관원장이 요셉을 기억지 않고 잊었더라 하였습니다.

그 기간이 만 이 년이 걸렸습니다. 17살에 노예로 팔려 와서 보디발의 집에서 10년 그리고 감옥에서 2년을 보낸 것입니다. 술 맡은 관원장은 잊었지만 하나님은 잊지 않고 계셨습니다. 그때에 애굽 왕 바로가 꿈을 꾸었는데 하숫가에 섰는데 아름답고 살진 암소 일곱이 갈밭에서 풀을 뜯어먹고 있었는데 그 뒤에 흉악하고 파리한 다른 일곱 암소가 하수에서 올라와 그 아름답고 살진 일곱 암소를 먹은지라 바로가 꿈을 깨었다가 다시 잠이 들어 꿈을 꾸는데 한 줄기에 무성하고 충실한 일곱 이삭이 나오고 그 후에 또 세약하고 동풍에 마른 일곱 이삭이 나오더니 그 세약한 일곱 이삭이 무성하고 충실한 일곱 이삭을 삼킨지라 바로가 깬즉 꿈이어서 애굽의 술객과 박사를 모두 불러 그들에게 그 꿈을 고하였으나 그것을 바로 해석하는 자가 없었습니다. 마침 그때에 술 맡은 관원장이 그 사실을 알고 바로에게 자신의 과거 일을 고하며 요셉의 얘기를 하였습니다.

모든 것이 다 때가 있는 것입니다.

요셉이 바로의 꿈을 듣고는 일곱 해 풍년과 흉년을 이야기하였습니다. 그리고 바로께서 이 꿈을 겹쳐 꾸신 것은 하나님이 이 일을 정하셨고 속히 행하려 하심이라 하였습니다. 요셉은 삼십 세에 애굽의 총리가 되었고 온 제사장 보디베라의 딸 아스낫과 결혼하여 므낫세를 낳고 하나님이 나로 나의 모든 고난과 나의 아비의 온 집 일을 잊어버리게 하셨다 하였고 다시 에브라임을 낳고 하나님이 나로 나의 수고한 땅에서 창성하게 하셨다 하였습니다. 그리고 하나님의 계시대로 일곱 해 풍년을 통하여 일곱 해 흉년을 준비해 갔습니다. 흉년이 시작되자 애굽 백성은 물론이고 각국 백성들도 애굽으로 곡식을 얻으려 왔습니다.

하나님께서는 저 감옥에서 요셉을 들어 애굽의 총리로 삼으셨으며, 그로 하여금 각국 백성의 생명을 구원하게 하셨습니다.

9-4. 요셉, 하나님의 섭리

요셉이 애굽의 총리가 되자 풍년이 시작되었습니다.

요셉은 꿈에 계시하신 대로 풍년의 소출들을 저장하여 흉년을 대비하였습니다. 흉년이 닥치고 나서 그때부터 잘하려고 하면 이미 늦었을 것입니다. 모든 것이 미리미리 준비해야 합니다.

풍년의 기간이 지나자 흉년이 찾아왔습니다. 하나님은 인생이 아니시니 식언치 않으시며 하신 말씀을 실행치 아니하지 않으신다 하셨습니다. 흉년이 시작되자 애굽의 백성들 뿐 아니라 근동의 백성들도 애굽으로 곡식을 사러 오기 시작하였습니다. 요셉은 애굽만 살린 것이 아니라 근동의 모든 사람을 살리는 자가 되었습니다. 모두가 신앙생활을 잘하면 더 말할 것도 없겠지만 한 사람이라도 잘하면 됩니다. 사도행전 16:31의 말씀에도 주 예수를 믿으라 그리하면 너와 네 집이 구원을 얻을 것이라 하셨습니다. 애굽으로 양식을 사로 오는 자들 중에 요셉의 형제들도 있었습니다. 하나님의 하시는 일을 인간이 도저히 예측할 수 없습니다. 전3:11에 하나님이 모든 것을 지으시되 때를 따라 아름답게 하셨고 또 사람에게 영원(永遠)을 사모(思慕)하는 마음을 주셨느니라 그러나 하나님의 하시는 일의 시종(始終)을 사람으로 측량(測量)할 수 없게 하셨도다 하였고, 전7:14 형통(亨通)한 날에는 기뻐하고 곤고(困苦)한 날에는 생각하라 하나님이 이 두 가지를 병행(竝行)하게 하사 사람으로 그 장래(將來) 일을 능(能)히 헤아려 알지 못하게 하셨느니라 하였습니다. 이 말씀은 알 수 없다는 것이기도 하며 알 수 없게 하시는 것이기도 하다는 말씀입니다. 인간이 하나님께도 교만할 수 있기 때문입니다. 사람 앞에 범하는 교만의 죄도 크거기와 하나님께 조차 교만하면 더 이상 해결의 길이 없기 때문입니다. 형제들이 자기에게 엎드려 있는 모습에서 아마도 요셉은 이전에 꾸었던 꿈이 생각났을 것입니다. 이 모든 일들이 하나님의 하시는 일이구나 하는 생각이 들었을 것입니다.

그러나 여전히 요셉의 마음에 형들에게 대한 상한 감정이 치료되지 않고 있었습니다.

요셉은 어찌할 줄 몰라서 일단 그들을 정탐이라 하며 삼 일을 옥에 가두게 하였습니다. 삼 일 후에 그들에게 이르기를 너희 중에 한 사람이 남아 보증이 되고 나머지는 양식을 가져가서 굶주림을 면하고 너희 말째 아우를 데려오라 하였습니다. 다른 형제들과 같이 살 생각은 없는 듯하고 자기 어머니의 동생 베냐민과는 함께 살고 싶었던 모양입니다. 보증으로 시므온을 요셉이 지적하였는데 우연히 그리된 것 같지는 않습니다. 요셉을 죽이려 했었을 때 아마도 시므온이 가장 앞장을 서지 않았는가 싶습니다. 다른 형제들이 돌아가 자초지종을 그 아버지 야곱에게 얘기했지만 야곱은 베냐민마저 잃을 수는 없다고 완강하게 아들들의 이야기를 들으려 하지 않았습니다. 그렇게 시므온이 인질로 잡혀 있는 채로 상당한 시간이 지났습니다. 무익한 시간인 것 같지만 다 의미가 있는 시간이었습니다. 누구보다도 시므온이 많은 회개를 하였을 것입니다. 다른 아들들도 까맣게 잊고 있었던 요셉의 일을 다시 생각하고 회개하는 계기가 되었을 것입니다. 야곱은 그동안 자신이 요셉과 베냐민을 편애한 것에 대한 회개의 시간이었을 것입니다. 하나님 앞에서 무익한 시간은 없습니다. 이 시간을 통하여 하나님이 원하시는 것이 무엇인지를 깨닫는 성도 여러분들이 되시길 바랍니다. 야곱이 말합니다. "전능하신 하나님께서 그 사람 앞에서 너희에게 은혜를 베푸사 그 사람으로 너희 다른 형제와 베냐민을 돌려보내게 하시기를 원하노라 내가 자식을 잃게 되면 잃으리로다"(창43:14). 베냐민과 형제들이 애굽으로 갔을 때 요셉은 그들을 위하여 잔치를 준비하라 하였습니다. 여전히 자신을 숨기고 있었습니다. 그러나 속으로는 형제들과 아버지 그리고 베냐민으로 인하여 울고 있었습니다. 요셉은 그들을 돌려보내며 이전과 같이 그들의 자루에 곡식과 돈을 도로 넣어 주었고 베냐민의 자루에는 자신이 점치는 데 쓰는 은잔을 넣게 하였습니다. 동이 틀 때에 형제들을 돌려보냈는데 얼마 지나지 않아 청지기를 보내어 저들의 자루를 검사하게 하고 자신의 은잔이 나오는 자루의 주인만 데려오라 하였습니다. 잔은 베냐민의 자루에서 나왔고 다른 형제들에게는 돌아가라 하였지만 그들은 모두 출발하였던 곳으로 돌아왔습니다. 요셉은 그곳에 그대로 있었습니다. 요셉의 마음이 정하여졌던 것 같지는 않습니다. 베냐민만 돌아오게 되면 그와 같이 살 것이고 형제들이 모두 돌아오면 어떻게 해야 할지는 그도 모르고 있었을 것입니다. 그런데 형제들이 모두 돌아왔습니다. 그리고 그들 중에서 유다가 나서서 사정을 이야기했습니다.

창세기 44장에 나오는 이 이야기는 구약에서 가장 아름답고 감동적인 장면입니다. 그동안의 이야기를 간략하게 하며 자신의 아비의 생명과 이 아이 베냐민의 생명이 결탁되어 있다 하였습니다. 만일 우리가 돌아갈 때에 이 아이가 없으면 우리의 아비가 죽으리니 청컨대 나로 아이를 대신하여 있어서 당신의 종이 되게 하시고 아이는 우리 형제와 같이 우리 아버지께 돌아가게 해 달라 하였습니다. 내가 어찌 아이와 함께하지 아니하고 내 아비에게로 올라갈 수 있으리이까 재해가 내 아비에게 미침을 보리이다 하였습니다. 이 이야기를 들은 요셉은 더 이상 마음을 억제하지 못하고 자신을 드러냈습니다. 요셉은 말합니다. "당신들이 나를 이곳에 팔았으므로 근심하지 마소서 한탄하지 마소서 하나님이 생명을 구원하시려고 나를 당신들 앞서 보내셨나이다. 그런즉 나를 이리로 보낸 자는 당신들이 아니요 하나님이시라 하나님이 나로 바로의 아비를 삼으시며 그 온 집의 주를 삼으시며 애굽 온 땅의 치리자를 삼으셨나이다." '바락 오바마'가 이런 생각을 했었을까요? 요셉의 이 고백은 아마도 그가 애굽의 총리가 되었을 때부터 알고 있었던 하나님의 계시였을 것입니다. 그런데 그것을 유다의 고백을 듣고서야 마음의 확신으로 나타내게 되었던 것입니다. 한 사람의 신앙인이 만들어지기 위해서는 반드시 다른 신앙인이 필요한 것입니다. 요셉은 유다의 회개와 헌신을 통하여 하나님의 뜻을 분명하게 분별하고 고백하게 되었습니다. 자신의 고난도 영광도 모두 하나님이 하신 일이라는 믿음입니다. 우리 모두도 이 믿음으로 살아가야 합니다. 그런데 이 믿음으로 살아가기 위해서는 적어도 우리가 우리의 삶에 최선을 다해야 합니다. 그리고 그 결과를 전적으로 하나님의 뜻으로 돌릴 수 있어야 할 것입니다.

10. 요게벳, 어머니

야곱 일가가 애굽 땅에 들어가서 400여 년의 시간이 지나자 이스라엘 민족의 숫자는 많아졌지만 그 사이에 그들은 애굽인들의 노예로 전락해 있었습니다. 애굽인들은 이스라엘인들을 노예로 사용하며 많은 일을 시키면서도 한편으로는 이스라엘인들을 두려워하였습니다. 왜냐하면 애굽의 군사들이 전쟁터에 나갔을 때에 혹 이 노예들이 폭동을 일으키지나 않을까 염려가 되었기 때문입니다. 그래서 나온 방법 중의 하나가 이스라엘의 사내아이는 태어나는 대로 죽이기로 하는 아주 악독한 방법을 쓰기 시작하였습니다. 이것은 바로가 한 것 같지만 사실은 사단이 한 것입니다. 치열한 영적 전쟁이 전개되고 있는 것입니다. 하나님은 이스라엘을 구원할 모세를 예비하셨고 사단은 그 모세를 죽이려고 이와 같은 일이 일어난 것입니다. 예수님이 탄생하셨을 때에도 사단은 헤롯을 사용하여 베들레헴과 그 지경 안에 있는 두 살 아래의 사내아이는 다 죽이라 한 일이 있습니다.

이 시대에도 할 수만 있으면 사단은 믿는 자들을 해하려 하고 하나님의 나라를 무너뜨리려 하는 엄청난 영적 전쟁이 진행되고 있습니다. 깨어 있어야 하고 경건의 능력이 있어 패하지 않고 승리해야 합니다. 오늘날 전 세계에 복음을 전할 수 있는 유일한 교회는 한국의 기독교입니다. 21세기 이 말세지말의 복음의 촛대는 대한민국에 와 있습니다. 예루살렘에서 시작된 복음은 핍박으로 인하여 각처로 퍼져나갔고 그중에 수리아 안디옥에 교회가 생겼습니다. 이 복음은 바울과 전도자들을 통하여 소아시아와 마게도냐 아가야 지방으로 퍼져갔고 로마로 갔습니다. 로마에 전해진 복음은 로마가 기독교를 국교로 받아들이면서 로마제국내로 퍼져갔습니다. 중세 천 년 동안 유럽에 있었던 복음은 종교개혁을 거치면서 영국으로 건너갔고 영국에 의해 전 세계로 전달되었습니다. 그 후 청교도들에 의해 이 복음은 신대륙으로 건너갔고 19세기 이후에는 미국이 주도하는 세계선교가 이루어졌습니다. 그러나 21세기에 와서는 미국에 의해 전달되는 복음을 거부하는 나라와 민족들이 많아졌고 결국 이 복음의 촛대는 대한민국으로 옮겨진 것입니다. 이 복음은 지금 중국과 중앙아시아를 지나 파키스탄까지 가 있습니다. 파키스탄을 넘으면 아프카스탄이고 그 뒤에는 이란 이라크이며 그 너머가 요르단 시리아이고 그곳을 복음이 통과하면 땅끝인 예루살렘에 복음이 도착하게 됩니다. 아시는 바와 같이 한국 교회는 2004년 이라크에서 한 분을 그 뒤에는 아프카니스탄에 두 분을 순교자를 내었습니다. 곧 복음은 주님께서 말씀하신 땅끝에 도착할 것입니다.

복음을 전파하는 교회가 되기 위해서는 세 가지 조건이 갖추어져야 합니다.

첫째는 역동적이며 성숙한 복음입니다.

전 세계적으로 볼 때 유럽의 교회들은 이제 역동성을 잃어버렸습니다. 교회는 텅텅 비었습니다.

둘째는 경제력입니다.

복음을 실어 나를 수 있는 경제력이 없으면 복음을 전파할 수가 없습니다. 아프리카나 아메리카의 교회는 복음도 성숙되지 못하였을 뿐만 아니라 복음을 실어 나를 수 있는 경제력이 없습니다.

셋째는 공의입니다.

역사적 정치적 문제 등으로 인하여 복음을 전하는 자들에 대한 장벽들이 생겨났는데 대표적인 나라가 미국입니다. 이러한 세 가지 조건 즉 뜨겁고 성숙한 복음과 경제력과 공의를 최소한으로라도 갖춘 교회가 전 세계 220여 국가 중에서 대한민국 밖에는 없습니다. 실제로 한국의 교회는 전 세계에 미국 다음으로 선교사를 많이 보내고 있습니다. 세 번째 나라가 영국입니다.

그러기 때문에 21세기에는 한국 교회가 유일하게 복음의 촛대를 지키고 있습니다. 만일 한국 교회만 무너뜨리면 더 이상 21세기에는 복음을 전할 수 있는 교회가 없기 때문입니다. 그래서 온 우주의 사단과 마귀는 지금 한국 교회에 집중해 있습니다. 마치 저 모세를 해하려고 하는 시도가 그와 같이 있었던 것처럼 한국 교회를 시험에 빠트리고 무너뜨리려고 하고 있습니다.

그래서 지금 한국 교회는 많이 힘들어하고 있고 내외적으로 어려운 지경에 있기도 합니다.

오늘 본문 말씀은 모세의 가정이 이 영적 전쟁에서 어떻게 승리하였는지를 보여주시고 있습니다. 이러한 상황에서 모세가 태어납니다. 태어난 모세를 보고 부모인 아므람과 요게벳은 많은 눈물을 흘렸을 것입니다. 성경은 그들이 이 아이를 석 달을 숨겼다고 하였습니다. 노예 생활을 했던 이들이 어떻게 이 아이를 석 달이나 숨겨서 키울 수 있었는지도 놀랍고 또 그사이 이들이 얼마나 가슴을 졸이고 고통스러워하였을지도 상상이 갑니다. 자신들의 안전을 위해서는 이 아이를 나일강에 버려야 하는데 그것도 모르고 생긋생긋 웃고 있는 아이를 보면 차마 그럴 수도 없었을 것입니다. 여러분들이라면 어떻게 하시겠습니까? 이런 상황에서도 키우겠다고 하는 부모가 있는가 하면 조금만 어려움이 와도 자식들을 포기하고 자신들만 살겠다고 하는 부모들 이야기도 종종 보도가 되고 있습니다. 어려운 사람들이 몰려 살던 난곡이야기가 요즘 인터넷에서 널리 퍼지고 있습니다. 난곡이 이제는 아파트촌으로 탈바꿈했는데 그 이전의 난곡은 서울에서 가장 어려운 사람들이 모여 살았던 그 동네의 이야기가 꼬리에 꼬리를 물고 이어지고 있습니다. 그 내용 중에 하나입니다. 지금은 장성해서 가정을 이루고 있는 한 청년의 이야기입니다. 자신의 어머니가 집을 나간 것이 자신이 대여섯 살쯤 되었을 때라고 합니다. 그 어머니는 아이가 자고 있는 줄 알고 있었지만 자신은 어머니가 걸어 나갔던 모습을 기억한다고 합니다. 그리고는 영영 돌아오지 않았다고 합니다. 그런데 무슨 생각에서였던지 아이는 어머니의 주민등록번호를 외우고 있었다고 합니다. 장성해서 그 주민등록번호를 가지고 찾고 찾아서 어머니의 집에 갔다고 합니다. 문을 두드리자 누구세요 하고 문 안쪽에서 대답이 들려왔는데 직감적으로 어머니구나 하고 느껴지더랍니다. 그래서 아들입니다 하고 대답을 했는데 문 안쪽에선 아무런 반응이 없더랍니다. 한참을 기다려도 반응이 없어서 문틈으로 자기의 명함을 꽂아 놓고 왔는데 그 이후로 아주 짧게 한 번 통화가 있었다고 합니다. 그 뒤로는 또다시 아무런 연락이 없는데 몇 년이 지났지만 자신은 핸드폰 번호를 바꾸지 못하고 있다고 합니다. 언제 그 번호로 어머니로부터 연락이 올지 몰라서라 하였습니다.

그러는 가운데 석 달이 갔을 것입니다. 많은 눈물을 흘렸을 것입니다. 그리고 그 눈물의 기도는 그들에게 아이를 살릴 수 있는 길을 찾을 수 있게 하였을 것입니다. 아버지 아므람은 갈대로 상자를 만들고 역청을 칠해서 상자가 물에 가라앉지 않게 만들고 그 안에 아기를 넣습니다. 얼마나 정성을 다하여 정말 물 한 방울 새지 않도록 살펴보고 또 살펴보며 만들었을 것입니다. 그리고는 강으로 가서 갈대 사이에 그 상자를 놓아둡니다. 십계라는 영화는 요게벳이 모세를 갈상자에 넣어서 나일강에 떠내려 보낸 것으로 표현하였는데 요게벳은 결코 모세를 그렇게 포기하지 않았습니다. 그는 오히려 갈상자가 떠내려가지 못하도록 갈대 사이에 둔 것입니다. 그리고 그의 딸 미리암으로 하여금 그 상자를 지켜보게 합니다. 온 가족이 모세를 살리기 위하여 합력하는 모습을 보여주고 있습니다. 이런 눈물겨운 사연이 있었건만 나중에 이 미리암이 그 아론과 함께 모세를 대적하는 자리에 서기도 한 것을 보면 인간의 한계를 절감하게 됩니다. 그 장소는 보통의 장소가 아니라 애굽의 여인들이 와서 목욕을 하는 장소였습니다. 나일강에서 목욕을 하는 것은 종교 예식이었습니다. 바로 이러한 때에 하나님의 은혜가 그 아이에게 임하였습니다. 가장 역설적으로 그 아이를 죽이려는 애굽 왕의 딸에게 그 아이가 구원을 받는 것입니다. 애굽의 공주가 아기 모세를 발견하는 것을 보고는 미리암이 자기 어머니 요게벳에게 들은대로 내가 가서 히브리 여인중에서 유모를 불러다가 당신을 위하여 이 아이를 젖 먹이게 하리이까 하였습니다. 바로의 딸이 그에게 이르되 가라 하자 그 미리암이 가서 모세의 어머니를 불러왔고 바로의 딸이 요게벳에게 이르기를 이 아이를 데려다가 나를 위하여 젖을 먹이라 내가 그 삯을 주리라 하였습니다. 하나님이 하시는 일은 참으로 놀라울 뿐입니다. 갈상자에서 아기를 발견한 바로의 딸이 그 아이가 우는 모습에 불쌍한 마음이 들어 그 아이를 살리게 한 것입니다. 이삭을 다시 그 어머니 사라의 품에 돌려보내셨던 하나님의 손길은 그 아이 모세가 도저히 살아날 길이 없는 그 상황에서 다시 그의 어머니의 품으로 돌려보내셨던 것입니다. 어머니의 품에서 자라났을 뿐더러 그 어려운 상황에서 오히려 모세가 자라는데 필요한 물질까지 받으며 자라나게 하셨습니다.

하나님의 은혜는 참으로 오묘하시고 풍성합니다.

그리하여 모세는 그 어머니 요게벳의 품에서 그리고 애굽 공주의 보호 아래서 자라나서 모세라는 이름을 얻게 됩니다. 어머니 요게벳이 그 아이를 자신의 품에 안고 있으려고만 했다면 그 상황에서는 아이도 죽고 그 어머니도 죽었을 것입니다. 그러나 그 아이가 하나님의 손길에 맡겨지니 아이도 살고 어머니도 살았고 후에 이스라엘 백성도 살게 되었습니다. 요게벳의 눈물의 기도와 지혜와 믿음과 사랑을 기억하시기 바랍니다.

첫째 위기의 때가 곧 기회의 때입니다.

그 위기가 고난이든 갈등이든 두려움이든 소망 없음이든 어떤 모양으로 오든 그것이 곧 다음 단계로 나아갈 기회라는 것을 기억하시기 바랍니다. 욥에게 닥친 고난도 그러하였고 다윗에게 임했던 일련의 사건들도 그러하였습니다. 모세의 가정에 임한 위기는 곧 기회였습니다.

둘째 사랑이 문제를 해결합니다.

사랑은 가장 큰 은사입니다. 고전12:31에 너희는 더욱 큰 은사를 사모하라 하시면서 말씀하신 것이 사랑입니다. 사랑하면 많은 문제를 해결할 수 있고 사랑은 허다한 허물을 덮는다 하셨습니다. 사랑은 많은 일들을 이루어 낼 수 있습니다. 아므람과 요게벳 그리고 아론과 미리암의 사랑이 이 문제를 해결하였습니다. 온 가족이 서로 사랑하며 온 교회가 서로 사랑하면 온 민족이 서로 사랑하면 문제를 해결할 수 있습니다. 모든 일을 사랑의 차원에서 사랑의 논리로 행하시기 바랍니다.

셋째 역사는 하나님이 주관하신다는 사실입니다.

바울은 로마서 11장33절에서 깊도다 하나님의 지혜와 지식의 부요함이여 그의 판단은 측량치 못할 것이며 그의 길은 찾지 못할 것이로다 하였습니다. 우리는 다 이해할 수 없지만 하나님께서는 항상 계산서를 갖고 계십니다. 애굽의 공주는 이 아이를 물에서 건져내었다고 그 이름을 모세라 지었지만, 하나님께서는 그를 통하여 그의 백성을 애굽에서 건져내시려 그 이름을 모세가 되게 하셨던 것입니다. 하나님께서 역사를 주관하신다는 믿음은 우리로 하여금 어떠한 역경 속에서도 하나님의 손길을 발견하게 하며 절망하지 않고 최선을 다할 수 있는 근거가 되어 줍니다. 인간들이 아무리 이렇게 저렇게 해도 결국 하나님은 하시고자 하는 일을 이루신다는 것입니다. 바울은 로마서8:35에서 누가 우리를 그리스도의 사랑에서 끊으리요 환난이나 곤고나 핍박이나 기근이나 적신이나 위험이나 칼이랴 롬8:38에 사망이나 생명이나 천사들이나 권세자들이나 현재 일이나 장래 일이나 능력이나 높음이나 깊음이나 다른 아무 피조물이라도 우리를 우리 주 그리스도 예수 안에 있는 하나님의 사랑에서 끊을 수 없다 하였는데 바로 그와 같이 하나님이 하시는 일은 그 어떤 일도 막을 수 없는 것입니다.

내가 보는 미래가 아니라 하나님께서 이루실 미래를 바라보시면서 승리하시길 바랍니다.

11-1. 모세, 애굽에서

모세가 애굽의 궁전에서 장성한 후에 어느 날 공사장에서 애굽 감독이 히브리 사람을 심히 치는 것을 보고는 좌우를 살펴 사람이 없음을 보고 그 애굽 사람을 쳐 죽여 모래에 감추었습니다. 이튿날 다시 나가니 두 히브리 사람이 서로 싸우고 있어 말렸더니 그 한 사람은 모세가 애굽인을 쳐 죽인 것을 본 자였습니다. 네가 애굽 사람을 죽임같이 나도 죽이려느냐 하였습니다. 모세는 너무도 놀랐습니다. 신변에 위협을 느낀 모세는 바로의 낯을 피하여 미디안 땅으로 도망하였습니다. 아마도 이 당시 모세는 바로가 되는 후계자 권력투쟁 속에 있었을 가능성도 있고 한편으론 히브리인인 자신이 이와 같이 계속 살아가는 것이 합당한 일인가를 고민하고 있었던듯 합니다. 이때를 비롯하여 이 이후의 과정을 히브리서 기자는 다음과 같이 기록하였습니다. 히11:24-26에 믿음으로 모세는 장성(長成)하여 바로의 공주(公主)의 아들이라 칭함을 거절(拒絶)하고 도리어 하나님의 백성(百姓)과 함께 고난(苦難) 받기를 잠시 죄악(罪惡)의 낙을 누리는 것보다 더 좋아하고 그리스도를 위(爲)하여 받는 능욕(凌辱)을 애굽의 모든 보화(寶貨)보다 더 큰 재물(財物)로 여겼으니 이는 상(賞) 주심을 바라봄이라 하였습니다.

이때가 모세의 나이 40세쯤이었습니다.

우연히 일어난 사건인 것 같고 그 속에 등장하는 인물들이 어떤 이는 잘하고 어떤 이는 참 못됐고 하지만 그 모든 것을 통하여 하나님은 하시고자 하는 일을 이루어 내신 것입니다. 하나님 안에서 우연은 없다는 것이 우리의 믿음입니다. 우리가 이해하지 못할 뿐입니다. 사55:8-9에 여호와의 말씀에 내 생각은 너희 생각과 다르며 내 길은 너희 길과 달라서 하늘이 땅보다 높음같이 내 길은 너희 길보다 높으며 내 생각은 너희 생각보다 높으니라 하였습니다. 노예 생활로 수 백 년을 살아온 이스라엘 백성들을 출애굽시키기 위해서는 왕과 같이 장군과 같이 훈련받은 지도자가 필요했습니다. 애굽의 왕궁에서의 모세의 40년은 그와 같은 의미의 기간이었습니다. 애굽에서의 기간이 다 찼기 때문에 하나님께서는 다음 단계로 모세를 훈련시키시기 위하여 미디안 광야로 보내신 것입니다.

미디안 땅에서 머물며 하루는 우물곁에 앉았다가 미디안 제사장 르우엘의 딸들이 양에게 물을 먹이는 것을 도와주는 것이 계기가 되어 그 딸 중에 '십보라'와 결혼하여 살게 됩니다. 하나님께서는 여호와이레이시며 하나님의 길에는 항상 필요한 동역자들을 보내주십니다. 모세는 그곳에서의 삶이 그렇게 길 것으로 생각지는 않았을 것입니다. 그러나 그는 그곳에서 게르솜과 엘리에셀을 낳았고 무려 40년이라는 긴 기간을 양을 치며 살았습니다. 애굽의 궁전에서 화려하게 살던 사람이 그 척박한 미디안 광야에서 몇 마리 안 되는 양을 치며 40년을 산다는 것은 참으로 어려운 일이었을 것입니다. 하지만 그 기간은 하나님의 때가 차기 위한 기간이었고 혈기 많던 인간 모세가 가다듬어지는 기간이었습니다. 이 사람 모세는 그 온유함이 지상의 모든 사람들보다 승하더라 하신 민수기12:3의 말씀이 이루어진 기간이기도 했을 것입니다. 때로는 하나님의 때를 따르는 긴 기다림이 우리의 신앙생활에서 필요합니다.

때가 되자 하나님께서는 모세를 부르셨습니다.

이 날도 여느 날과 같이 양무리를 광야 서편으로 인도하여 호렙산에 이르렀는데 이상한 광경이 그 앞에 펼쳐져 있었습니다. 떨기나무에 불이 붙었는데 사라지지 아니하고 있었습니다. 떨기나무는 히브리어 '세네'라고 하는데 덤불입니다. 영어 성경에서는 'bush'라 번역되어 있습니다. 이내 훅 타고 말 것인데 계속해서 불이 타고 있었던 것입니다. 모세는 저 말라버린 덤불이 꼭 자기 인생과 같다고 순간적으로 생각이 들었을지도 모르겠습니다. 이제 한 번의 불꽃이 지나가면 모든 것이 재로 변하겠구나 그렇게 여겼을 것입니다. 그런데 그 불꽃이 꺼지지 않고 있는 것이 신기하여 가까이 가고 있었는데 그때에 하나님께서 떨기나무 가운데서 그를 부르셨습니다. "모세야 모세야!" 그 이름을 부르셨습니다. 40년 동안 거의 불려지지 않았을 그 이름 그 이름으로 누군가가 자신을 부르고 있었습니다. "내가 여기 있나이다!" 모세의 대답이었습니다. 하나님이 가라사대 이리로 가까이하지 말라 너의 선 곳은 거룩한 땅이니 네 발에서 신을 벗으라 하셨습니다. 하나님 임재의 거룩함을 나타내심이요 또 신을 벗으라 하심으로 모세가 이제 하나님의 종이 되었음을 말씀하시고 있는 것입니다. 하나님께서는 자신을 "나는 네 조상의 하나님이니 아브라함의 하나님 이삭의 하나님 야곱의 하나님이라" 하시며 모세에게 이스라엘 백성을 애굽의 손에서 건져내어 가나안 땅으로 인도하라 하셨습니다. 하나님께서는 모세에게 내가 정녕 너와 함께 있으리라 약속하시며 네가 백성을 애굽에서 인도하여 낸 후에 너희가 이 산에서 하나님을 섬기리니 이것이 내가 너를 보낸 증거라 하셨습니다. 말씀대로 이스라엘 백성은 출애굽후 셋째 달 첫째 날에 시내광야 그 산 앞에 장막을 쳤고 모세가 그 호렙산 정상에 올라 하나님께로부터 십계명과 율법을 받게 됩니다.

11-2. 모세, 부르심

모세를 부르시는 하나님의 소명은 어쩌면 모세가 태어났을 때부터이며 예레미야적 표현으로 한다면 모세가 태어나기도 전입니다. 렘1:4-5에 여호와의 말씀이 내게 임(臨)하니라 이르시되

렘1:5 내가 너를 복중에 짓기 전(前)에 너를 알았고 네가 태에서 나오기 전(前)에 너를 구별(區別)하였고 너를 열방(列邦)의 선지자(先知者)로 세웠노라 하셨고, 바울의 표현으로 한다면 만세전입니다. 고전2:7에 오직 비밀(祕密)한 가운데 있는 하나님의 지혜(智慧)를 말하는 것이니 곧 감취었던 것인데 하나님이 우

리의 영광(榮光)을 위(爲)하사 만세전(萬歲前)에 미리 정(定)하신 것이라 하였습니다. 우리는 우리 인생의 뒤를 돌아보며 하나님께서 나를 지금 여기에 있게 하시기 위해 내 인생의 그 때부터 부르셨구나 하는 고백의 시점을 발견하게 됩니다. 모세는 그의 태어남과 애굽 궁전에서의 40년 그리고 광야에서의 40년이 다 하나님의 부르심의 기간이었습니다. 이제 때가 되자 하나님께서 꺼지지 않는 떨기나무의 불꽃 가운데서 그를 사명으로 부르신 것입니다. 모세에게 주신 사명은 이것입니다. 이제 내가 너를 바로에게 보내어 너로 내 백성 이스라엘 자손을 애굽에서 인도하여 내게 하리라 하신 것이었습니다. 모세는 지금 자신에게 사명을 내리시는 하나님을 이스라엘 백성에게 무엇이라 말해야 하겠느냐고 하나님께 말씀드렸습니다. 내가 이스라엘 자손에게 가서 이르기를 너희 조상의 하나님이 나를 너희에게 보내셨다 하면 그들이 내게 묻기를 그의 이름이 무엇이냐 하리니 내가 무엇이라고 그들에게 말하리이까 하였습니다. 이에 대한 하나님의 대답이 이러하였습니다. 출3:15에 하나님이 또 모세에게 이르시되 너는 이스라엘 자손(子孫)에게 이같이 이르기를 나를 너희에게 보내신 이는 너희 조상(祖上)의 하나님 곧 아브라함의 하나님, 이삭의 하나님, 야곱의 하나님 여호와라 하라 이는 나의 영원(永遠)한 이름이요 대대(代代)로 기억(記憶)할 나의 표호(表號)니라. 14절의 말씀은 여호와란 하나님의 이름에 대한 설명입니다. 그러자 하나님께서 모세에게 이르시기를 나는 스스로 있는 자니라 또 이르시되 너는 이스라엘 자손에게 가서 스스로 있는 자가 나를 너희에게 보내셨다 하라 하셨습니다. 여기서 '나는 스스로 있는 자니라'는 한글 성경을 만들 때 번역한 분들의 해석이고 하나님께서 말씀하신 히브리어 본문에는 '이흐에 아쉬레 이흐에'라고 되어 있습니다. '아쉬레'라는 말은 의미가 분명한 말입니다. 그 단어 자체에 뜻이 있는 것이 아니라 두 말을 연결시켜주는 말입니다. '이흐에'라는 말은 나는 있을 것이다 라는 말인데 그래서 이 의미를 가장 단순하게 '나는 나다'라고도 하고 '나는 스스로 있는 자다'라고도 하고, '나는 내가 할 일을 행하는 자다'의 뜻으로 이해하기도 하였습니다. '여호와'는 영어식 표현의 발음이고 아마도 히브리어식으로 한다면 '야훼'가 맞을 것입니다. 즉 하나님께서 하시는 말씀은 너희들 조상들의 하나님이셨던 그 '야훼'께서 나를 너희에게 보내셨다 하라 하신 것입니다.

그러나 모세는 여호와 하나님의 사명 앞에 주저하였습니다.

우선은 이스라엘 백성들이 여호와께서 나타나서 말씀하셨다는 것을 믿지 아니하면 어떻게 하느냐는 것이었습니다. 400년 애굽의 종살이 기간 동안 그토록 갈망하였으나 나타나지 않으셨던 여호와께서 이제 네게 나타나셨다 함을 어떻게 믿을 수 있겠느냐 하지 않겠느냐는 말이었습니다. 그러자 하나님께서는 세 가지 증거를 주셨습니다. 지팡이가 뱀이 되게 하는 것, 문둥병이 치유되는 것, 나일강 물이 피가 될 것이라 하셨습니다. 그러나 그럼에도 불구하고 모세는 자신이 이 사명을 감당할 수 있을 것 같지 않았습니다. 모세는 하나님을 잘 알지 못하였고, 반면에 바로와 애굽의 힘은 누구보다도 잘 알고 있었기 때문입니다. 모세는 자신이 말에 능하지 못하기 때문에 이 사명을 감당할 수 없다고 하였습니다. 예레미야도 그러했습니다. 렘 1:6에 내가 가로되 슬프도소이다 주(主) 여호와여 보소서 나는 아이라 말할 줄을 알지 못하나이다 하였습니다. 그가 히브리어에 능하지 못했을 거라는 것은 짐작할 수 있는 일입니다. 그는 80년 평생을 히브리어가 아닌 다른 말을 쓰면서 살았기 때문입니다. 혹 선천적으로 그는 말을 더듬었을 수도 있었을 것입니다. 여호와께서 그에게 이르셨습니다. 출4:11-12에 누가 사람의 입을 지었느뇨 누가 벙어리나 귀머거리나 눈 밝은 자(者)나 소경이 되게 하였느뇨 나 여호와가 아니뇨 이제 가라 내가 네 입과 함께 있어서 할 말을 가르치리라, 예레미야에게도 약속하신 바입니다. 렘1:7-9에 여호와께서 내게 이르시되 너는 아이라 하지 말고 내가 너를 누구에게 보내든지 너는 가며 내가 네게 무엇을 명(命)하든지 너는 말할지니라 너는 그들을 인(因)하여 두려워 말라 내가 너와 함께 하여 너를 구원(救援)하리라 나 여호와의 말이니라 하시고 여호와께서 그 손을 내밀어 내 입에 대시며 내게 이르시되 보라 내가 내 말을 네 입에 두었노라 하셨으며, 예수님께서 제자들을 파송하시면서 마10:19-20에 너희를 넘겨줄 때에 어떻게 또는 무엇을 말할까 염려(念慮)치 말라 그 때에 무슨 말할 것을 주시리니 말하는 이는 너희가 아니라 너희 속에서 말씀하시는 자(者) 곧 너희 아버지의 성령(聖靈)이시니라 하였습니다.

그래도 모세가 주저합니다.

출4:13-17에 모세가 가로되 주(主)여 보낼만한 자(者)를 보내소서 그러자 하나님께서 져주시면서 대안을 제시하십니다. 여호와께서 모세를 향(向)하여 노(怒)를 발(發)하시고 가라사대 레위 사람 네 형(兄) 아론이 있지 아니하뇨 그의 말 잘함을 내가 아노라 그가 너를 만나러 나오나니 그가 너를 볼 때에 마음에 기뻐할 것이라 너는 그에게 말하고 그 입에 말을 주라 내가 네 입과 그의 입에 함께 있어서 너의 행(行)할 일을 가르치리라 그가 너를 대신(代身)하여 백성(百姓)에게 말할 것이니 그는 네 입을 대신(代身)할 것이요 너는 그에게 하나님 같이 되리라 그리고 하나님께서는 그가 평생에 하나님의 일을 할 수 있는 증거와 능력으로 하나님의 지팡이를 저에게 주셨습니다. 너는 이 지팡이를 손에 잡고 이것으로 이적(異蹟)을 행(行)할지니라 하였습니다.

하나님의 소명을 뒤돌아보시고 또 하나님께서 내게 주신 사명을 다시 한번 살펴보시기 바랍니다. 하나님은 또한 우리가 순종하기만 하면 그 사명을 감당할 수 있게 하시는 분이심을 믿으시기 바랍니다.

11-3. 모세, 다시 애굽으로

하나님의 부름과 사명을 받은 모세는 장인 이드로에게 가서 애굽에 있는 내 형제들에게 돌아가서 그들이 생존하였는가 보려 하오니 나로 가게 하소서 하고 허락을 청합니다. 당연한 일 같지만 모세의 이러한 태도는 참 아름다운 모습입니다. 애굽으로 가는 중에 이상한 한 사건이 생겼습니다. 여호와께서 길의 숙소에서 모세를 만나사 그를 죽이려 하셨다는 것입니다. 그러자 십보라가 차돌을 취하여 그 아들의 양피를 베어 모세의 발 앞에 던지며 가로되 당신은 참으로 내게 피 남편이로다 하니 여호와께서 모세를 놓으셨는데, 그 때에 십보라가 피 남편이라 함은 할례를 인함이었더라 하였습니다. 이 사건의 의미가 무엇인지 다 알 수는 없지만 하나님 앞에 지도자로 나서려는 자는 자기 가정의 문제부터 해결해야 한다는 뜻은 있습니다. 아마도 할례 문제를 가지고 십보라와 다툼이 있었던 것 같습니다. 모세는 아들이 태어나자 할례를 해야 한다고 하였고 십보라는 그에 반대 하였던것 같습니다. 길에서 모세가 갑자기 거의 죽게 되자 십보라는 순간적으로 이 문제가 그 할례 때문이라는 것을 깨닫고 자신이 차돌로 할례를 행하였던 것입니다. 그러자 죽을 것 같았던 모세가 다시 살아난 것입니다. 이 사건을 통한 또 하나의 교훈은 하나님께서 때로 우리를 깨닫게 하시려고 치실 때가 있습니다. 그때 깨닫고 회개하고 순종하면 사는 것이고 미련하게 깨닫지 못하거나 알면서도 고집을 부리고 있으면 어리석은 자가 되는 것입니다.

애굽에 가서 이스라엘 모든 장로들을 모으고 하나님께서 자기에게 하신 말씀과 이적을 보이니 백성이 믿으며 여호와께서 이스라엘 자손을 돌아보시고 그 고난을 감찰하셨다 함을 듣고 머리 숙여 경배하였습니다. 그들은 자신들의 구원을 위하여 앞으로 펼쳐질 일에 대하여 좋은 것만 생각하고 있었습니다. 열매가 맺어지는 것은 하나님의 은혜지만 그렇다고 나무가 아무것도 하지 않는 것은 아닙니다. 나무에게는 나무가 감당해야 하는 역할이 있는 것입니다. 그 후에 모세와 아론이 가서 바로에게 이르기를 이스라엘 하나님 여호와의 말씀에 내 백성을 보내라 그들이 광야에서 내 앞에 절기를 지킬 것이라 하였습니다. 그러자 바로가 이르기를 여호와가 누구관대 내가 그 말을 듣고 이스라엘을 보내겠느냐 나는 여호와를 알지 못하니 이스라엘도 보내지 아니하리라 하였습니다. 이것이 세상 사람들의 모습입니다. 하나님을 알지 못하며 하나님을 알지 못하기 때문에 하나님의 말씀을 따라 순종하지 않겠다는 것입니다. 이것은 당연한 것입니다. 그러나 우리에게 아직도 이런 모습이 있다면 그것은 문제입니다. 하나님은 앞으로 이루어질 사건들을 통하여 하나님이 누구신가를 바로에게 계시하심으로 결국 그가 하나님 앞에 복종하게 하셨습니다. 모세의 말을 들은 바로는 이스라엘 백성을 더욱 두렵게 하기 위하여 애굽의 관원들에게 이제부터는 이스라엘 노예들이 벽돌을 만들 때 짚을 주지 말고 스스로 나가서 쓸 것을 가져와서 벽돌을 만들게 하라고 하였습니다. 그러나 하루에 정해진 양은 반드시 채워야 한다고 하였습니다. 짚은 진흙으로 만들어진 벽돌이 갈라지지 않게 튼튼하게 하기 위하여 넣었습니다. 이스라엘 백성들이 짚은 얻기 위하여 다니다가 와서 벽돌을 만드니 정해진 양을 채울 수 없게 되었습니다. 그렇게 되자 애굽의 관원들은 이스라엘 백성들을 학대하였고 이스라엘 백성들은 그 원망을 모세에게 쏟아부었습니다. 모세가 여호와께 돌아와서 고하되 주여 어찌하여 이 백성으로 학대를 당케 하셨나이까 어찌하여 나를 보내셨나이까 내가 바로에게 와서 주의 이름으로 말함으로부터 그가 이 백성을 더 학대하며 주께서도 주의 백성을 구원치 아니하시나이다며 탄식을 하였습니다.

사단은 자기 세력의 영역에 있는 영혼들이 구원받는 것을 무엇보다도 싫어합니다. 그래서 때로는 이런저런 고난을 통하여 방해를 하고 생각을 돌리게 하려 하여 왔습니다. 제가 아는 어떤 분은 교회를 나가려 하면 안 좋은 일이 생기곤 하자 두려움이 생겨 교회를 멀리하는 분도 있습니다. 반면에 어떤 분은 교회에 나가기 시작하자 마음에 평안도 오고 좋은 일도 생기고 하여 더 기쁘게 교회를 다니는 분도 있습니다. 사람마다 구원의 여정이 다르기는 합니다만,

그러나 그 무엇도 하나님을 이길 힘은 없습니다. 칼빈은 성도의 견인이라는 교리를 만들어 냈는데 그것은 성부 하나님의 유효한 부르심으로 인해 그리스도와 연합한 성도들은 반드시 끝까지 견디어서 결국에는 구원에 이른다는 말입니다. 이스라엘 백성들도 모세까지도 다가온 고난 앞에 원망하며 탄식하였지만 끝내 하나님께서는 이스라엘 백성들을 구원하신 것을 기억하시기 바랍니다.

11-4. 모세, 바로와의 만남

첫 번째 바로를 만난 결과는 참담함이었습니다. 바로가 그 요청을 받아들이지 않았을 뿐만 아니라 이스라엘 백성들에게는 더 큰 고역이 주어졌고 그로 말미암아 백성들조차도 모세를 원망하게 되었습니다. 이러한 상황인데도 하나님께서는 모세에게 다시 바로에게 가라고 하셨습니다. 출6:10-12에 여호와께서 모세에게 일러 가라사대 들어가서 애굽왕(王) 바로에게 말하여 이스라엘 자손(子孫)을 그 땅에서 내어 보내게 하라 모세가 여호와 앞에 고(告)하여 가로되 이스라엘 자손(子孫)도 나를 듣지 아니하였거든 바로가 어찌 들으리이까 나는 입이 둔(鈍)한 자(者)니이다 모세로서는 하나님의 말씀을 순종하는 것이 어려웠을 것입니다.

모세의 계보가 나오는데 모세는 레위지파 고핫 족속이며 아버지는 아므람 어머니는 요게벳이라 하였고 모세와 아론이 바로 앞에 갈 때에 나이가 80세, 83세였다고 출7:7에 기록되어 있습니다. 모세와 아론이 하나님의 말씀을 전할 때에 바로가 듣지 않을 것을 아시고 이적을 행하라 하신 것이 지팡이로 뱀을

만드는 일이었습니다. 그러나 그것은 바로의 술사들도 행하였습니다. 그리하여 시작된 것이 애굽에 임한 열 가지 재앙이었습니다.

첫 번째는 나일강과 겉으로 드러난 모든 물이 피로 바뀐 것입니다.

그로 말미암아 나일강에서는 악취가 나고 물고기가 죽었습니다.

두 번째는 나일강에서 무수한 개구리들이 올라와 온 백성의 집과 왕궁에까지 이른 것입니다. 이는 애굽의 신 '헤카' 즉 다산과 풍요의 신의 몰락이며 토템 신앙의 몰락을 나타냅니다.

세 번째는 모세의 지팡이로 땅의 티끌을 치니 그것이 애굽 온 땅의 '이'가 된 것입니다.

이는 사람과 생축에게 임하였습니다. '이'라고 표현된 이것은 '각다귀'로 여겨지는 작은 모기일 수도 있는데 눈과 코속으로도 파고들며 쏘이면 엄청난 고통을 유발시킨다고 합니다.

네 번째는 파리떼가 애굽 온 땅에 해를 입혔는데 이스라엘 백성이 거하는 고센 땅에는 파리가 가지 않았습니다. 애굽과 이스라엘 백성의 땅이 구분된 재앙이었습니다. 그제야 바로는 너무 멀리는 가지 말고 이 땅에서 희생을 드리라고 타협을 하였습니다.

다섯 번째는 가축의 재앙이었는데 이 역시 이스라엘에게 속한 것은 문제가 없었고 애굽에 속한 것만 심한 악질이 임하였습니다. 아픈 정도에서 그치지 않고 생명을 끊기까지 하였습니다.

여섯 번째는 모세가 풀무의 재 두 움큼을 하늘을 향하여 날리니 그것이 애굽 온 땅의 사람과 짐승에게 독종이 되었습니다. 피부가 붉게 부풀어 오르면서 극심한 가려움증과 물집이 생기고 화농해서 고름이 흐르게 되는데 이는 애굽 사람들이 믿는 의술의 신 '임호텝'의 패배를 의미하였습니다.

일곱 번째는 우박의 재앙이었는데 중한 우박으로 말미암아 애굽의 생축과 곡식과 나무들이 해를 받았습니다. 이는 하늘의 여신 '누트'의 패배를 의미하였습니다.

여덟 번째는 애굽 온 땅을 메뚜기가 덮어서 사람이 땅을 볼 수 없을 정도가 되었습니다.

애굽에 푸른 것은 남은 것이 없었습니다. 이리되자 바로는 남자들만 가서 여호와를 섬기고 오라 하였습니다.

아홉 번째는 흑암 재앙이었는데 삼일 동안 계속되었습니다. 바로는 가축은 남겨두고 가서 희생 제사를 드리라 하였습니다. 바로는 모세에게 너는 나를 떠나가고 스스로 삼가 다시 내 얼굴을 보지 말라 내 얼굴을 보는 날에는 죽으리라 하였는데 이는 결국 애굽의 죽음이 되고 말았습니다. 애굽 최고의 태양신 '라'가 쓰러진 것입니다.

열 번째 재앙은 바로의 장자부터 맷돌 뒤에 있는 여종의 장자까지 그리고 생축의 처음 난 것까지 초태생이 죽을 것이라 하셨다. 이는 생명을 주관하는 신 '이시스'가 패했음을 의미합니다.

열 가지 재앙을 통하여 몇 가지 교훈을 발견하게 됩니다.

첫째 사람은 이적을 보아야 믿는다는 것입니다.

이 재앙을 통하여 여호와 하나님이 참 신이심을 보여주신 것입니다. 우리들도 하나님을 증거하기 위하여 우리가 보여주어야 할 이적들이 있습니다. 마 5:16에 이같이 너희 빛을 사람 앞에 비취게 하여 저희로 너희 착한 행실(行實)을 보고 하늘에 계신 너희 아버지께 영광(榮光)을 돌리게 하라 하신 착한 행실의 이적, 하나님께로부터 받는 축복의 이적, 믿음으로 감당하는 고난을 견디어 내는 이적 등이 그것일 것입니다.

둘째 바로를 통해서 나타나는 인간의 강퍅함과 어리석음을 볼 수 있습니다.

셋째 열 번이나 이적을 보이시며 끝내 이스라엘 백성을 구원해 내시는 하나님의 신실하심을 볼 수 있습니다.

11-5. 모세, 출애굽

열 가지 재앙의 마지막은 애굽 초태생의 죽음이었습니다.

초태생이란 바로의 장자부터 신하들과 백성들의 장자까지 그리고 모든 가축들의 초태생까지의 죽음이었습니다. 저녁이 되자 죽음의 사자가 애굽 전역에서 활동하기 시작하였습니다. 그러나 이 날에 앞서 하나님께서는 모세를 통하여 이스라엘 백성들에게 유월절 제사를 준비케 하셨는데 그것은 아빕월 10일에 양이나 염소를 준비케 하셨고 14일에 그것을 잡아 집안에서 구워서 무교병과 쓴 나물과 함께 먹으라 하셨습니다. 그리고 그 집의 문 인방과 설주에는 양의 피를 바르라 하셨습니다. 죽음의 사자가 애굽 전역에서 초태생들을 죽이는데 양의 피가 문 인방과 설주에 있는 집은 유월하였습니다. 유월이라는 말은 건너갔다는 뜻입니다. 문자적으로 보면 애굽인이기 때문에 죽은 것도 이스라엘 백성이기 때문에 산 것이 아니었습니다. 그 집 문에 양의 피가 발라 있느냐 없느냐의 문제였습니다. 애굽인이라도 그 말을 듣고 문에다 양의 피를 발랐으면 살았을 것이요 이스라엘 백성이라 해도 그 문에 양의 피를 바르지 않았으면 죽었을 것이라는 말씀입니다. 출12:38에 보면 출애굽한 백성은 이스라엘 백성뿐만 아니라 중다한 잡족이 있었다고 되어 있는 것이 그 증거입니다. 이와 같은 사건은 광야에서도 있었는데 민21:4 –9에 백성(百姓)이 호르산(山)에서 진행(進行)하여 홍해(紅海) 길로 좇아 에돔 땅을 둘러 행(行)하려 하였다가 길로 인(因)하여 백성(百姓)의 마음이 상하니라 백성(百姓)이 하나님과 모세를 향(向)하여 원망(怨望)하되 어찌하여 우리를 애굽에서 인도(引導)하여 올려서 이 광야(曠野)에서 죽게 하는고 이 곳에는 식물(食物)도 없고 물도 없도다 우리 마음이 이 박(薄)한 식물(食物)을 싫어하노라 하매 여호와께서 불뱀들을 백성(百姓) 중(中)에 보내어 백성(百姓)을 물게 하시므로 이스라엘 백성(百姓) 중(中)에 죽은 자(者)가 많은지라 백성(百姓)이 모세에게 이르러 가로되 우리가 여호와와 당신(當身)을 향(向)하여 원망(怨望)하므로 범죄(犯罪)하였사오니 여호와께 기도(祈禱)하여 이 뱀들을 우리에게서 떠나게 하소서 모세가 백성(百姓)을 위(爲)하여 기도(祈禱)하매 여호와께서 모세에게 이르시되 불뱀을 만들어 장대 위에 달라 물린 자(者)마다 그것을 보면 살리라 모세가 놋뱀을 만들어 장대 위에 다니 뱀에게 물린 자(者)마다 놋뱀을 쳐다본즉 살더라 하였습니다. 아마 불뱀에 물린 자들 중에 놋뱀을 쳐다보면 살았고 끝내 쳐다보지 않은 자는 죽게 되었다는 것입니다. 구원과 믿음과 순종이 무엇인지를 상징적으로 가장 잘 나타내신 계시적 사건입니다.

유월절 사건을 통하여 계시하신 말씀들은 이것입니다.

첫째, 피로 이룬 구원 사건이란 점입니다. 이는 예수 그리스도의 보혈을 의미하고 있습니다.

둘째, 어린 양의 고기는 우리를 위해 희생하신 그리스도의 몸을 상징하고 있습니다.

성찬 예식을 거행하시면서 주님께서는 제자들에게 떡을 나누어 주시면서 받아먹으라 이것은 너희를 위하는 주는 내 몸이라 하셨습니다.

셋째, 무교병은 누룩이라는 부패한 요소의 제거를 통한 새로운 삶을 말씀하고 있습니다.

넷째, 쓴 나물은 애굽 땅에서의 고초를 상징하는데 죄와 사슬에 매여 있던 때의 고통을 잊지 말라는 말씀입니다.

다섯 째, 항상 신을 신고 지팡이를 잡고 서서 먹으라 하셨는데 이는 그리스도의 부름이 있을 때 바로 출발할 수 있는 준비가 되어 있어야 함을 말씀하고 있습니다.

이스라엘 백성은 제발 좀 나가달라는 바로와 애굽 백성들의 말을 들으며 출애굽 하였고, 출애굽 할 때 애굽인들로부터 은금 패물과 의복을 받아서 출발하였으며 유월절 양을 먹고 출애굽을 하였습니다.

11-6. 모세, 금송아지

출애굽한 이스라엘 백성들은 홍해 앞에서 멈추어 서게 됩니다. 앞에는 홍해 바다요 뒤에는 애굽 군대가 추격해 왔기 때문입니다. 어디를 보아도 구원의 길이 없을 때 구원은 위로부터 내려 왔습니다. 출14:13에 모세가 백성(百姓)에게 이르되 너희는 두려워 말고 가만히 서서 여호와께서 오늘날 너희를 위(爲)하여 행(行)하시는 구원(救援)을 보라 너희가 오늘 본 애굽 사람을 또 다시는 영원(永遠)히 보지 못하리라 하였습니다. 구원은 위로부터 임하시는 것을 믿으시기 바랍니다. 출15:22-25에 모세가 홍해(紅海)에서 이스라엘을 인도(引導)하매 그들이 나와서 수르 광야(曠野) 로 들어가서 거기서 사흘 길을 행(行)하였으나 물을 얻지 못하고 마라에 이르렀더니 그곳 물이 써서 마시지 못하겠으므로 그 이름을 마라라 하였더라 백성이 모세를 대(對)하여 원망(怨望)하여 가로되 우리가 무엇을 마실까 하매 모세가 여호와께 부르짖었더니 여호와께서 그에게 한 나무를 지시(指示)하시니 그가 물에 던지매 물이 달아졌더라 거기서 여호와께서 그들을 위(爲)하여 법도(法度)와 율례(律例)를 정(定)하시고 그들을 시험(試驗)하셨다 하였습니다.

홍해의 감격이 있은 지 사흘 만에 그들은 수르 광야에서 물이 없다고 원망하기 시작하였습니다. 그 엄청한 홍해를 건넌지 단지 사흘 만이었습니다. 이것이 인간인지는 모르겠지만 하나님 앞에 합당한 믿는 자의 모습은 아닙니다. 원망의 죄는 이스라엘 백성들이 가장 많이 지은 죄였음을 기억해야 합니다. 마라의 쓴 물이 단물이 된 것은 여호와께서 지시하신 한 나무를 물에 던짐으로 이루어졌습니다. 이 나무는 십자가로 볼 수 있습니다. 세상의 쓴 곳에 십자가가 던져졌을 때 그곳이 단 곳으로 바뀜입니다. 그러기 위해서는 누군가가 십자가를 지고 그곳으로 들어가야 합니다. 광야의 여정속에서 하나님께서는 배가 고프다고 하자 만나를 내리셨고 고기가 먹고 싶다 하자 메추라기를 내리셨으며 물이 없다 하자 반석에서 물이 나게 하셨습니다.

르비딤에서는 아말렉과의 전쟁이 있었는데 이 전쟁은 특별한 역사가 있었던 전쟁이었습니다.

여호수아와 백성들이 아말렉과 싸움을 하고 있는데 산 위에 올라간 모세가 손을 들면 이스라엘이 이기고 모세의 손이 내려가면 아말렉이 이기는 양상으로 진행되었습니다. 그리되자 같이 산에 올라갔던 아론과 훌이 돌을 가져다가 모세를 앉게 하고 자신들이 모세의 팔이 내려가지 않도록 부축하여 들고 있음으로 하여 승리한 전쟁이었습니다. 출애굽한 이스라엘 백성들은 출애굽 셋째 달 첫 째 날에 시내산에 도착하였습니다(출19:1). 양을 치던 모세를 불붙는 떨기 나무 가운데서 하나님께서 부르시고 사명을 주시면서 이르시기를 네가 백성들과 출애굽하여 이 산에 오게 될 것이라 하셨기 때문입니다. 출3:12에 하나님이 가라사대 내가 정녕(丁寧) 너와 함께 있으리라 네가 백성(百姓)을 애굽에서 인도(引導)하여 낸 후(後)에 너희가 이 산(山)에서 하나님을 섬기리니 이것이 내가 너를 보낸 증거(證據)니라 하였습니다.

백성들이 시내산에 도착하자 하나님께서는 모세를 산으로 부르셔서 거룩한 언약을 체결하셨습니다. 출19:5-6에 세계(世界)가 다 내게 속하였나니 너희가 내 말을 잘 듣고 내 언약(言約)을 지키면 너희는 열국(列國) 중(中)에서 내 소유(所有)가 되겠고 너희가 내게 대(對)하여 제사장(祭司長) 나라가 되며 거룩한 백성(百姓)이 되리라 너는 이 말을 이스라엘 자손(子孫)에게 고할지니라 하였습니다. 후에 산꼭대기로 모세를 부르셔서 십계명과 율법의 말씀을 주셨습니다.

그 기간이 40일이었습니다. 그런데 그 기간을 참지 못하고 산 아래에 있었던 이스라엘 백성들이 금송아지를 만들어 놓고 이것이 우리를 여기까지 인도하여온 여호와라 하며 일찍이 일어나 번제를 드리며 화목제를 드리고 앉아서 먹고 마시며 일어나서 뛰놀았습니다. 이스라엘 백성들이 왜 이렇게 되었는지 참 궁금하기 이를 데가 없는 사건입니다. 출애굽시의 10가지 재앙을 직접 경험하였고 홍해 바다를 건넜고 만나와 메추라기를 머고, 반석에서 물을 마시면서 여기까지 왔으며, 얼마 전에는 하나님과 거룩한 언약을 체결한 이들이 어쩌자고 이와 같은 일을 하게 되었는가 하는 것입니다. 그것도 오랜 기간도 아니고 바로 두 달 동안에 이루어진 엄청난 이적을 저들이 체험했음에도 이와 같은 하나님의 진노를 산 일을 행한 것입니다. 430년 애굽의 쓴 뿌리의 연고요, 모세가 그들에게 없었음이요, 우상을 만들고야 마는 인간의 속성 때문인 것 같습니다. 십계명 2계명에서 "너를 위하여 우상을 만들지 말라" 하셨습니다. 여기서 우상이란 다른 신들의 형상이 아니라 하나님이 형상을 만들지 말라는 말씀입니다. 그래서 우상이란 자신을 위해 만드는 것입니다. 넓은 의미에서 보면 하나님을 믿는데 있어 자신을 위해 믿는 것이 곧 우상숭배 행위입니다.

이 일에 대한 하나님의 진노는 대단하였습니다.

출32:10에 그런즉 나대로 하게 하라 내가 그들에게 진노(震怒)하여 그들을 진멸(殄滅)하고 너로 큰 나라가 되게 하리라 하였습니다. 이에 대하여 모세가 중보자로 하나님과 이스라엘 백성 사이에 서게 됩니다. 그의 중보의 내용은 이것입니다.

첫째, 출32:11-12에 여호와의 영광을 위하여 이스라엘을 향하신 맹열한 노를 그치시고 뜻을 돌이키사 주의 백성에게 이 화를 내리지 마옵소서 하였습니다.

둘째, 출32:13에 내가 너희 자손을 하늘의 별처럼 많게 하고 나의 허락한 이온 땅을 너희와 너희 자손에게 주어 영영한 기업이 되게 하리라 하신 말씀이 이루어져야 하니 이스라엘 백성을 용서해 주실 것을 간구하였습니다.

셋째, 출32:32에 그러나 합의 하시면 이제 그들의 죄를 사하시옵소서 그렇지 않사오면 원컨대 주의 기록하신 책에서 내 이름을 지워 버려 주옵소서 하며 자신을 희생물로 삼아 간구의 기도를 아뢰었습니다.

중보자는 하나님의 영광을 위하여 하나님의 말씀이 이루어지게 하기 위하여 그리고 자신의 희생을 통하여 그 역할을 감당해야 합니다. 이것이 중보자 모세의 모습이며 이는 온 인류의 중보자 되시는 예수 그리스도 모습이셨습니다. 하늘과 땅의 모든 것이 예수 그리스도로 통일되는 하나님의 나라가 이루어지기 위해서는 많은 중보자들이 있어야 합니다. 마귀 사단은 중보자의 반대 역할을 하는 존재들입니다. 예수 그리스도의 모형인 모세의 중보 사역을 통해서 이 시대의 중보자의 역할을 감당하시는 성도 여러분들이 되시길 바랍니다.

11-7. 모세, 가데스바네아

금송아지 사건 이후에 모세는 새로이 십계명의 두 돌판을 깍아서 시내산으로 올라갔고 40일 동안 산에 있으면서 말씀을 받아 내려왔습니다. 우리는 말씀을 들을 때 마치 처음 듣는 것처럼 그러한 자세로 들어야 할 것입니다. 모세가 산에서 내려올 때 여호와와 말씀하였음을 인하여 얼굴 꺼풀에 광채가 나나 깨닫지 못하였다 하였고(출34:29) 후에 모세는 스스로 얼굴에 수건을 가리워 말씀은 무시하고 광채만 보려하는 시험을 예방하였습니다. 말씀을 많이 대하여 얼굴에 광채가 있기를 원합니다.

모세를 통하여 이루어진 위대한 일은 성막의 건축이었습니다. 제이년 정월 곧 그 달 초일일에 세워진 성막은 하나님께서 모세에게 보여주신 모형대로 만들었으며, 여호와의 신에 감동된 자들이 만들었으며, 이스라엘 백성들이 필요한 물자를 헌물해서 만들었습니다. 이후 이스라엘의 삶은 성막을 중심으로 한 삶이었습니다. 보이는 교회와 보이지 않는 교회를 건축하는 일은 성도들의 중요한 사명입니다. 그들과 그 후손들이 교회를 중심으로 살아가야 하기 때문입니다. 모세는 하나님께로부터 들은 거룩한 백성의 삶을 레위기를 통하여 전달하였습니다. 민수기는 광야에서 이스라엘 백성들의 삶에 관한 말씀입니다.

이스라엘 백성은 출애굽 제이년 이 월 일 일에 시내광야에서 인구조사를 하였고 정결의식을 거쳐 성막을 중심으로 진을 배열한 후에 제이년 이 월 이십 일에 시내광야를 출발하였습니다(민수기10:11). 광야에서 백성은 수시로 원망하였고 수시로 징계를 당하였습니다. 어느 때는 가장 가까운 아론과 미리암까지 모세를 원망하기도 하였습니다. 백성들의 원망에 대한 모세의 방법은 그 원망에 대응하는 것이 아니라 하나님께 기도하고 하나님의 말씀을 받아 백성에게 전하는 것이었습니다. 이 모습을 성경은 기록하기를 모세가 듣고 엎드렸다(민16:4) 고 하였습니다. 이러한 모세의 모습에 대해 성경은 이르시기를 이 사람 모세는 온유함이 지면의 모든 사람보다 승하더라(민12:3) 하였습니다.

바란 광야 가데스바네아에서 모세는 각 지파를 대표하는 12정탐꾼을 가나안에 보냈습니다. 시내산에서 출발하여 이곳까지 도착하는데 걸리는 시간은 열하루길 이었습니다(신1:2). 사십 일을 정탐하고 돌아온 그들은 갈렙과 여호수아 외에 회의적인 보고를 하였고 그로 말미암아 백성들은 크게 원망하며 애굽으로 돌아가자 하였습니다. 여호와께서 원망하는 백성들에게 전염병을 내려 멸하고 모세를 통하여 크고 강한 나라를 이루게 할 것이라 하셨지만 다시 모세는 중보자의 역할을 감당하였고 이번에도 하나님은 모세의 기도를 들어 주셨습니다. 그러나 말씀하시기를 너희 말이 내 귀에 들린 대로 내가 너희에게 행하리라(민14:28) 하시며 원망한 그 백성들은 광야 40년 동안에 다 죽을 것이고 오직 여호수아와 갈렙만이 약속의 땅에 들어갈 것이라 하시며 백성을 이끌고 홍해 길로 하여 광야로 들어가라 하셨습니다.

본격적인 광야 40년의 삶이 시작된 것입니다.

거기서 말씀대로 옛사람은 죽었고 새사람들이 태어나 약속의 땅에 들어가게 되었습니다. 우리도 옛사람이 죽고 새사람이 되어야 하나님의 나라에 갈 수 있습니다. 예수님께서도 이르시기를 또 무리에게 이르시되 아무든지 나를 따라오려거든 자기를 부인하고 날마다 제 십자가를 지고 나를 좇을 것이니라(눅9:23) 하셨습니다. 출17장의 르비딤에서는 물이 없음으로 인한 백성의 원망이 나오는데 민20:5의 가데스에서도 너희가 어찌하여 우리를 애굽에서 나오게 하여 이 악(惡)한 곳으로 인도(引導)하였느냐 이 곳에는 파종(播種)할 곳이 없고 무화과(無花果)도 없고 포도(葡萄)도 없고 석류(石榴)도 없고 마실 물도 없도다 하였습니다. 있는 것도 많은데 하나님이 거기 계시는데 그들은 없는 것만 이야기하고 있습니다. 하나님께서 모세에게 반석에게 명하여 물을 내게 하라 하셨습니다. 민20:10-12에 모세와 아론이 총회(總會)를 그 반석(磐石) 앞에 모으고 모세가 그들에게 이르되 패역(悖逆)한 너희여 들으라 우리가 너희를 위(爲)하여 이 반석(磐石)에서 물을 내랴 하고 그 손을 들어 그 지팡이로 반석(磐石)을 두 번 치매 물이 많이 솟아나오므로 회중(會衆)과 그들의 짐승이 마시니라 여호와께서 모세와 아론에게 이르시되 너희가 나를 믿지 아니하고 이스라엘 자손(子孫)의 목전(目前)에 나의 거룩함을 나타내지 아니한 고(故)로 너희는 이 총회(總會)를 내가 그들에게 준 땅으로 인도(引導)하여 들이지 못하리라 하시니라 하였습니다.

이것이 오늘 본문에 나오는 가데스의 므리바 물 사건입니다. 걸리는 말씀들이 '패역한 너희여' '우리가 두 번 치매' 등입니다. 광야 여정중 미리암이 가데스에서 죽었고 호르 산에서는 아론이 죽는 아픔을 겪기도 하였습니다. 아론이 죽을 때 나이가 123세로 애굽에서 나온지 사십년 오월 일 일(민33:38) 이었습니다. 마침내 모세와 이스라엘 백성들은 때가 차매 모압평지 즉 가나안을 요단강 너머로 바라보는 장소까지 도착하게 되었습니다. 말씀하신 대로 40년이 걸리는 시간이었습니다.

신명기는 이 모압 평지에서 출애굽 이 세대들에게 행한 세 편의 설교를 기록한 말씀입니다.

이 세 편의 설교는 모세가 저 시내산에서 출애굽 일세대들에게 하였던 말씀을 새롭게 다시 출애굽 이세대들에게 하신 말씀입니다. 신명기 31장에는 이제 모세가 그 모든 사명과 책임과 권한을 하나님의 말씀을 따라 여호수아에게 물려주는 내용이 기록되어 있습니다. 아주 어려운 일인데 이 일에 대하여 아무런 문제가 발생하지 않았던 것을 보게 됩니다. 이제 모세가 그 모든 사명을 다 감당한 후에 여리고 맞은편 비스가 산 꼭대기에 올라 가나안 온 땅을 바라보았습니다. 그의 사명을 다 감당하였기에 하나님께서 그를 데려가시고 있는 장면입니다. 모세가 죽을 때 나이 일백이십 세나 그 눈이 흐려지지 아니하였고 기력이 쇠하지 아니하였다 하였습니다. 딤후4:7에 바울은 내가 선(善)한 싸움을 싸우고 나의 달려갈 길을 마치고 믿음을 지켰으니 하였고 요19:30에 예수께서 신 포도주(葡萄酒)를 받으신 후(後) 가라사대 다 이루었다 하시고 머리를 숙이시고 영혼(靈魂)이 돌아가시니라 하셨습니다. 그와 같은 사명의 삶과 마지막을 맞이하시는 성도 여러분들이 되시길 바랍니다.

12. 여호수아, 두려워 마라

여호수아는 여호와는 구원이시다는 뜻입니다.

성경에 여호수아의 이름은 206번(솔로몬 277번 아론 336번 모세796번 다윗 952번 예수1384번 바울192번 베드로168번 요한146번) 나옵니다. 여호수아가 제일 처음 등장하는 곳은 아말렉과의 전쟁입니다. 그는 이 전쟁을 지휘하는 이로 등장합니다. 그러나 이 전쟁의 승패는 여호수아에 의해 이루어진 것이 아니라 모세의 기도에 의해 이루어졌습니다. 그 다음으로는 모세가 시내산에 올라갔을 때 시내산 중턱에서 모세를 기다리고 있는 장면으로 여호수아가 등장합니다. 백성들은 모세를 기다리지 못하고 금송아지를 만들었지만 여호수아는 홀로 그 혹독한 곳에서 모세를 끝까지 기다린 인물이었습니다. 엘닷과 메닷의 예언을 질투하는 모습으로 여호수아가 나타납니다(민11:27) 그는 모세에 대하여 충성된 자였습니다. 가데스바네아 사건은 여호수아의 모습을 각인시킨 사건이었습니다. 10명의 정탐군들과 여호수아와 갈렙이 본 것은 같은 것이었습니다. 좋은 땅이기는 하나 그곳에는 거대한 족속이 있다 하였습니다. 그러나 해석이 달랐습니다. 10명은 그러니 우리는 그들의 밥이요 그러므로 그곳에 들어가서는 안 된다는 것이었고 여호수아는 그들은 우리의 밥이요 하나님의 말씀대로 들어가서 그곳을 얻자는 것이었습니다. 상황은 언제나 같습니다. 문제는 늘 있다는 말씀입니다. 그 문제를 신앙적으로 해석할 수 있느냐가 중요합니다. 하나님께서는 모세에게 후계자로 세우라 명하셨습니다. 그가 후계자가 된 것은 용감해서가 아니라 하나님의 신에 감동된 자였기 때문이었습니다. 민27:18-20에 여호와께서 모세에게 이르시되 눈의 아들 여호수아는 신(神)에 감동(感動)된 자(者)니 너는 데려다가 그에게 안수(按手)하고 그를 제사장(祭司長) 엘르아살과 온 회중(會衆) 앞에 세우고 그들의 목전(目前)에서 그에게 위탁(委托)하여 네 존귀(尊貴)를 그에게 돌려 이스라엘 자손(子孫)의 온 회중(會衆)으로 그에게 복종(服從)하게 하라 하였습니다. 모세가 죽은 후에 하나님께서 친히 여호수아에게 말씀하신 것이 오늘 본문의 말씀입니다.

수1:1-2에 여호와의 종 모세가 죽은 후(後)에 여호와께서 모세의 시종(侍從) 눈의 아들 여호수아에게 일러 가라사대 내 종 모세가 죽었으니 이제 너는 이 모든 백성(百姓)으로 더불어 일어나 이 요단을 건너 내가 그들 곧 이스라엘 자손(子孫)에게 주는 땅으로 가라, 수1:9에 내가 네게 명(命)한 것이 아니냐 마음을 강(强)하게 하고 담대(膽大)히 하라 두려워 말며 놀라지 말라 네가 어디로 가든지 네 하나님 여호와가 너와 함께 하느니라 하시니라 하였습니다. 그에게 가나안 땅을 정복하라는 사명의 말씀과 내가 너와 함께 하리라는 약속의 말씀을 주셨습니다.

여호수아는 하나님의 말씀대로 그 사명을 감당하였습니다.

가나안 정복전쟁에서 가장 상징적인 사건은 여리고성을 함락시킨 일이었습니다. 여호수아는 그 성을 무너트릴 때 무력에 의해서가 아니라 철저히 하나님 말씀에 순종함으로 그 일을 감당하였습니다. 말씀대로 성을 하루에 한 번씩 돌았고 마지막 일곱 째 날에는 일곱 번을 돌았고 그리고 외치라는 말씀대로 외치자 성이 무너진 것입니다. 여호수아는 하나님의 말씀대로 가나안 땅을 정복하였고 말씀대로 가나안 땅을 각 족속에게 분배하였습니다. 그는 참으로 위대한 지도자였습니다. 그러나 여호수아의 위대함이 전쟁에 이긴 것에만 있지 않습니다.

오히려 그의 위대함은 그의 신앙에 있습니다.

수23:1-2에 여호와께서 이스라엘의 사방(四方) 대적(對敵)을 다 멸(滅)하시고 안식(安息)을 이스라엘에게 주신 지 오랜 후(後)에 여호수아가 나이 많아 늙은지라 여호수아가 온 이스라엘 곧 그 장로(長老)들과 두령(頭領)들과 재판장(裁判長)들과 유사(有司)들을 불러다가 그들에게 이르되 나는 나이 많아 늙었도다 하면서 시작되는 이스라엘 백성들을 향한 유언의 내용들은 그가 얼마나 위대한 신앙인인지를 보여주는 말씀들입니다.

그는 지나온 모든 역사를 하나님의 뜻으로 해석할 수 있는 인물이었습니다.

수24:24-31에 백성(百姓)이 여호수아에게 말하되 우리 하나님 여호와를 우리가 섬기고 그 목소리를 우리가 청종(聽從)하리이다 한지라 그 날에 여호수아가 세겜에서 백성(百姓)으로 더불어 언약(言約)을 세우고 그들을 위(爲)하여 율례(律例)와 법도(法度)를 베풀었더라 여호수아가 이 모든 말씀을 하나님의 율법책(律法冊)에 기록(記錄)하고 큰 돌을 취(取)하여 거기 여호와의 성소(聖所) 곁에 있는 상수리나무 아래 세우고 모든 백성(百姓)에게 이르되 보라 이 돌이 우리에게 증거(證據)가 되리니 이는 여호와께서 우리에게 하신 모든 말씀을 이 돌이 들었음이라 그런즉 너희로 너희 하나님을 배반(背叛)치 않게 하도록 이 돌이 증거(證據)가 되리라 하고 수 24:28 백성(百姓)을 보내어 각기(各其) 기업(基業)으로 돌아가게 하였더라 이 일 후(後)에 여호와의 종 눈의 아들 여호수아가 일백(一百) 십세(十歲)에 죽으매 무리가 그를 그의 기업(基業)의 경내(境內) 딤낫 세라에 장사(葬事)하였으니 딤낫 세라는 에브라임 산지(山地) 가아스산(山) 북(北)이었더라 이스라엘이 여호수아의 사는 날 동안과 여호수아 뒤에 생존(生存)한 장로(長老)들 곧 여호와께서 이스라엘을 위(爲)하여 행(行)하신 모든 일을 아는 자(者)의 사는 날 동안 여호와를 섬겼더라 하였습니다.

여호수아와 같은 순종의 사람 여호수아와 같은 영의 사람 여호수아와 같은 지도자 여호수아와 같은 신앙의 인물이 되시기 바랍니다.

13. 갈렙, 45년 전의 기억

갈렙은 민13:6에 보면 유다 지파(支派) 여분네의 아들이며 바란광야 가데스에서 가나안 땅을 정탐하러 보낸 12 정탐꾼 중의 한 명이었습니다.

가나안 땅을 40일 동안 정탐하고 온 자들은 포도와 석류와 무화과를 가지고 왔는데 포도 한 송이를 두 사람이 메고 왔습니다. 10명의 정탐꾼들은 민13:32-33에 이스라엘 자손(子孫) 앞에서 그 탐지(探知)한 땅을 악평(惡評)하여 가로되 우리가 두루 다니며 탐지(探知)한 땅은 그 거민(居民)을 삼키는 땅이요 거기서 본 모든 백성(百姓)은 신장(身長)이 장대(長大)한 자(者)들이며 거기서 또 네피림 후손(後孫) 아낙 자손(子孫) 대장부(大丈夫)들을 보았나니 우리는 스스로 보기에도 메뚜기 같으니 그들의 보기에도 그와 같았을 것이니라 하였습니다. 민14:7-9에 이스라엘 자손(子孫)의 온 회중(會衆)에 일러 가로되 우리가 두루 다니며 탐지(探知)한 땅은 심(甚)히 아름다운 땅이라 여호와께서 우리를 기뻐하시면 우리를 그 땅으로 인도(引導)하여 들이시고 그 땅을 우리에게 주시리라 이는 과연(果然) 젖과 꿀이 흐르는 땅이니라 오직 여호와를 거역(拒逆)하지 말라 또 그 땅 백성(百姓)을 두려워하지 말라 그들은 우리 밥이라 그들의 보호자(保護者)는 그들에게서 떠났고 여호와는 우리와 함께 하시느니라 하였습니다.

무엇이 이런 차이를 만들어 냈을까요?

믿음입니다. 믿음은 바라는 것들의 실상이요 보지 못하는 것들의 증거라 하셨습니다. 믿음은 하나님의 선물이지만 처음부터 크고 완전한 믿음을 주시는 것은 아닙니다. 작은 믿음부터 시작해서 더욱 큰 믿음으로 나아가게 됩니다. 다윗이 골리앗 앞에 선 믿음은 그가 목동으로 있을 때 맹수들을 이기게 하신 믿음에서 비롯되었습니다.

일이 이리되자 절망의 울음이 나왔습니다.

민14:1-4에 온 회중(會衆)이 소리를 높여 부르짖으며 밤새도록 백성(百姓)이 곡하였습니다.

절망이 변하여 원망이 되었으며 이스라엘 자손(子孫)이 다 모세와 아론을 원망(怨望)하며 온 회중(會衆)이 그들에게 이르되 우리가 애굽 땅에서 죽었거나 이 광야(曠野)에서 죽었더면 좋았을 것을 하나님을 원망하였고 어찌하여 여호와가 우리를 그 땅으로 인도(引導)하여 칼에 망(亡)하게 하려 하는고 우리 처자(妻子)가 사로잡히리니 애굽으로 돌아가는 것이 낫지 아니하랴

뒤로 돌아가려 하였습니다. 이에 서로 말하되 우리가 한 장관(長官)을 세우고 애굽으로 돌아가자 하매 하였습니다. 이에 대한 하나님의 말씀은 하나님을 불신했던 이스라엘 백성들은 광야에서 다 망할 것이요 오직 갈렙과 여호수아만이 예비해 놓으신 땅으로 들어가리라 하셨습니다. 민14:24에 오직 내 종 갈렙은 그 마음이 그들과 달라서 나를 온전(穩全)히 좇았은즉 그의 갔던 땅으로 내가 그를 인도(引導)하여 들이리니 그 자손(子孫)이 그 땅을 차지하리라 하였습니다. 이제 하나님께서 말씀하신 대로 광야 40년이 지나고 가나안 정복 전쟁중에 각 지파별로 땅을 분배받는 과정에서 있었던 일입니다.

이 말씀을 통하여 보면 갈렙은

첫째 겸손한 사람이었습니다.

그는 여호수아의 권위를 인정하며 여호수아와 합력하며 가나안 정복 전쟁을 수행하고 있습니다. 수14:6-8에 때에 유다 자손(子孫)이 길갈에 있는 여호수아에게 나아오고 그니스 사람 여분네의 아들 갈렙이 여호수아에게 말하되 여호와께서 가데스 바네아에서 나와 당신(當身)에게 대(對)하여 하나님의 사람 모세에게 이르신 일을 당신(當身)이 아시는 바라 내 나이 사십(四十)세에 여호와의 종 모세가 가데스 바네아에서 나를 보내어 이 땅을 정탐(偵探)케 하므로 내 마

음에 성실(誠實)한 대로 그에게 보고(告)하였고 나와 함께 올라갔던 내 형제(兄弟)들은 백성(百姓)의 간담(肝膽)을 녹게 하였으나 나는 나의 하나님 여호와를 온전(穩全)히 좇았으므로 하였습니다.

둘째 사명을 감당할 수 있는 능력의 사람이었습니다.

수14:10-12에 이제 보소서 여호와께서 이 말씀을 모세에게 이르신 때로부터 이스라엘이 광야(曠野)에 행(行)한 이 사십(四十) 오년(五年) 동안을 여호와께서 말씀하신대로 나를 생존(生存)케 하셨나이다 오늘날 내가 팔십(八十) 오세(五歲)로되 모세가 나를 보내던 날과 같이 오늘날 오히려 강건(强健)하니 나의 힘이 그때나 이제나 일반(一般)이라 싸움에나 출입(出入)에 감당(堪當)할 수 있사온즉 그 날에 여호와께서 말씀하신 이 산지(山地)를 내게 주소서 당신(當身)도 그 날에 들으셨거니와 그 곳에는 아낙 사람이 있고 그 성읍(城邑)들은 크고 견고(堅固)할지라도 여호와께서 혹시(或時) 나와 함께 하시면 내가 필경(畢竟) 여호와의 말씀하신대로 그들을 쫓아내리이다 하였습니다. 우리들도 하나님의 전신갑주로 철저히 무장하고 주님께서 어떤 일을 맡기시더라도 감당할 수 있는 능력의 사람들이 되어야 하겠습니다.

셋째 하나님의 약속을 기억하고 믿는 사람이었습니다.

수14:9-15에 그 날에 모세가 맹세(盟誓)하여 가로되 네가 나의 하나님 여호와를 온전(穩全)히 좇았은즉 네 발로 밟는 땅은 영영(永永)히 너와 네 자손(子孫)의 기업(基業)이 되리라 하였나이다 여호수아가 여분네의 아들 갈렙을 위(爲)하여 축복(祝福)하고 헤브론을 그에게 주어 기업(基業)을 삼게 하매 헤브론이 그니스 사람 여분네의 아들 갈렙의 기업(基業)이 되어 오늘날까지 이르렀으니 이는 그가 이스라엘의 하나님 여호와를 온전(穩全)히 좇았음이며 헤브론의 옛 이름은 기럇 아르바라 아르바는 아낙 사람 가운데 가장 큰 사람이었더라 그 땅에 전쟁(戰爭)이 그쳤더라 하였습니다. 갈렙은 40년 전에 바란광야 가데스에서 고백을 실천한 인물입니다.

그는 스스로 가나안 땅에서 가장 강한 족속이 사는 땅을 선택했고 그날의 믿음대로 그 땅을 차지하였습니다.

14. 드보라, 종려나무 아래서

여호수아가 죽은 후 이스라엘은 사울이 왕으로 세워지기까지 약 350년을 지내게 되는데 이 시대를 사사시대라 부르고 있습니다. 이 시대의 분위기를 잘 나타내주는 말씀이 사사기2:6-11에 나옵니다. 전에 여호수아가 백성을 보내매 이스라엘 자손이 각기 그 기업으로 가서 땅을 차지하였고 백성이 여호수아의 사는 날 동안과 여호수아 뒤에 생존한 장로들 곧 여호와께서 이스라엘을 위하여 행하신 모든 큰 일을 본 자의 사는 날 동안에 여호와를 섬겼더라 여호와의 종 눈의 아들 여호수아가 일백십 세에 죽으매 무리가 그의 기업의 경내 에브라임 산지 가아스 산 북 딤낫 헤레스에 장사하였고 그 세대 사람도 다 그 열조에게로 돌아갔고 그 후에 일어난 다른 세대는 여호와를 알지 못하며 여호와께서 이스라엘을 위하여 행하신 일도 알지 못하였더라 이스라엘 자손이 여호와의 목전에 악을 행하여 바알들을 섬기며 하였습니다.

또한 이 시대의 이스라엘 족속은 모세 여호수아 때와는 달리 각 지파중심으로 살았으며, 때로는 심각하게 서로 반목하며 살기도 하였습니다. 외부의 적이 사라지자 내부적으로 싸웠던 것입니다. 하나님의 은혜와 말씀을 쉽게 잊는 것이 이상한 일이 아닙니다. 어쩌면 그것은 인간의 일반적인 특징인지도 모릅니다. 이러한 시대에 각 지파를 대상으로 지도자의 역할을 담당하던 자들을 사사라 부릅니다. 이들은 하나님에 의해 부름을 받았으며, 제사권 행정권 사법권 군사권 등을 모두 담당하였습니다. 이러한 사사권의 특징이 왕권과 다른 것은 이러한 사역이 어떤 사건을 중심으로 일시적이고 부분적이었다는 것입니다. 그렇기 때문에 왕권과는 달리 사사권은 세습되는 일이 없었습니다. 이러한 사사들에 대한 기록은 첫 사사 옷니엘에서부터 마지막 사사 사무엘까지 16명이 소개되고 있습니다. 그러나 단순한 의미 없는 운명적인 순환을 말하는 것이 아니고 사사시대를 통하여 하나님의 주권, 계시의 점진성, 인간의 나약성과 하나님의 신실성, 헌신하는 자를 종으로 삼으시는 하나님의 모습을 우리에게 들려주시고 있습니다.

사사시대의 특징은 순환에 있습니다. 그들의 삶이 일정한 형식을 가지고 반복되고 있습니다. 범죄(Sin) 노예화(slavery) 간구(supplication) 구원(salvation) 망각

(silence) 다시 범죄로 이어집니다. 삿4:1도 그러한 모습으로 시작하고 있습니다. 에훗의 죽은 후(後)에 이스라엘 자손(子孫)이 또 여호와의 목전(目前)에 악(惡)을 행(行)하매 하였습니다. 드보라는 랍비돗의 아내로 이스라엘의 사사들 중에서 유일한 여성 사사입니다. 고전1:27에 그러나 하나님께서 세상(世上)의 미련한 것들을 택(擇)하사 지혜(智慧) 있는 자(者)들을 부끄럽게 하려 하시고 세상(世上)의 약(弱)한 것들을 택(擇)하사 강(强)한 것들을 부끄럽게 하려 하시며 하였습니다. 그녀는 선지자로 그 역할을 시작했다가 재판하는 일까지 담당하게 되었습니다. 삿4:5에 그는 에브라임 산지(山地) 라마와 벧엘 사이 드보라의 종려나무 아래 거(居)하였고 이스라엘 자손(子孫)은 그에게 나아가 재판(裁判)을 받더라 하였습니다. 그녀가 사사로 등장할 때는 이스라엘은 가나안왕 야빈에 의해 20년 간이나 학대를 받고 있을 때였습니다. 가나안왕 야빈은 하솔에 도읍을 가지고 있었고 철병거를 구백승이나 가지고 있을 정도로 강한 자였습니다. 이스라엘에는 지도자가 없었고 백성들에게는 무기가 없었던 때였습니다. 삿5:7-8에 이스라엘에 관원(官員)이 그치고 그쳤더니 나 드보라가 일어났고 내가 일어나서 이스라엘의 어미가 되었도다 무리가 새 신(神)들을 택(擇)하였으므로 그 때에 전쟁(戰爭)이 성문(城門)에 미쳤으나 이스라엘 사만명(四萬名) 중(中)에 방패(防牌)와 창(槍)이 보였던고 하였습니다.

드보라는 하나님의 명으로 아비노암의 아들 바락을 납달리 게데스에서 불렀습니다. 하나님은 합력하여 선을 이룰 자들을 항상 예비해 두십니다. 납달리 자손과 스블론 자손 일만 명을 거느리라 하였습니다. 많은 지파들이 이 전쟁에 부름을 받았는데 두 지파만이 용맹하게 주님의 부름에 응답하였습니다. 그들을 이끌고 다볼 산으로 가라 하였습니다. 하솔왕 야빈은 그들의 근처에 있고 그들이 있던 곳과 다볼 산은 약 100km 떨어진 곳입니다. 오직 믿음으로 순종해야 갈 수 있는 곳이었습니다. 야빈의 군대장관 시스라와 그 병거들과 그 무리를 기손 강으로 이끌어 네게 이르게 하고 그를 네 손에 붙이리라 하였습니다. 싸울 날을 위하여 마병을 예비하거니와 이김은 여호와께 속한 것이라 하셨습니다(잠21:31). 가나안왕 야빈과 군대장관 시스라는 자신이 있었을 것입니다. 다볼산에 이스라엘이 집결해 있다는 말을 듣고는 당장 달려갔습니다.

그러나 이 전투에서 가나안의 철병거들은 갑자기 불어난 기손강의 범람으로 인하여 힘 한번 못쓰고 무용지물이 되었고 산위에서 기다리고 있다가 급습한 이스라엘군에 가나안 군은 대패 하였고 이스라엘은 다시 평화를 누리게 되었습니다. 삿5:4에 하늘도 새어서 구름이 물을 내렸나이다 하였고, 삿5:21에 기손강은 그 무리를 표류시켰으니 하였습니다.

드보라는 랍비돗의 아내였지만 선지자로 성령이 충만한 자였고, 하나님의 말씀인 율법을 잘 알아 백성을 재판할 수 있는 자였습니다. 당시에 많은 재판관들이 있었을 것입니다. 그러나 드보라의 재판이 가장 뛰어났기 때문에 많은 백성들이 드보라에게 재판을 받기 위해 몰렸던 것 같습니다. 드보라는 가나안의 군대와 철병거를 두려워하지 않는 담대한 믿음이 있었으며, 그렇다고 자신이 전쟁에 직접 나서려고 하는 공명심이나 무모함이 없었으며, 바락이라고 하는 장군이 절대적 의존감을 가질 정도로 권위 있는 인물이었습니다.

하나님께서는 이러한 드보라를 사사로 사용하셔서 하나님의 영광을 드러내셨고 그 역사를 이루셨던 것입니다.

15. 기드온, 300용사

기드온 당시 이스라엘은 미디안 족속으로부터 핍박을 받고 있었습니다.

그로 인해 이스라엘이 고통을 받았고 회개하고 하나님께 도움을 청하자 하나님께서는 한 하나님의 사람을 준비시켜 그들을 구원하시는데 그가 바로 기드온 사사였습니다. 하나님의 사자가 기드온을 찾아왔을 때 기드온은 포도주 즙을 짜는 틀에서 타작을 하고 있었습니다. 왜냐하면 추수하는 모습이 미디안 족속에게 보이면 모두 약탈을 당했기 때문입니다. 그래서 땅에서 움푹 들어간 포도주 틀에 숨어서 탈곡을 하고 있었던 것입니다. 그는 나약한 사람에 지나지 않는 인물이었습니다. 공통적으로 발견되는 점은 하나님께서는 일하는 사람을 사용하신다는 것입니다. 다윗, 엘리사, 아모스, 베드로, 마태, 바울 등을 그 예로 들 수 있습니다. 그런데 여호와의 사자가 그를 부르기를 '큰 용사여하고 불렀습니다. 기드온은 속으로 당치도 않다고 여기고 있었는데 여호와의 사자는 계속 말하기를 "이제부터 여호와께서 너와 함께 계시도다"라고 하였습니다. 기드온이 큰 용사라 불리움을 받은 것은 그에게 하나님이 함께 계시기 때문이라는 것입니다. 여호와께서는 기드온에게 이스라엘 백성을 미디안의 손에서 구할 것을 명령하셨습니다. 그러자 기드온은 나는 므낫세 지파 중에서도 가장 약한 지파이며 아버지 요아스의 집에서도 가장 어린 사람이라고 대답합니다. 그리고 당신이 하나님이라는 증거를 내게 보여 달라고 요구합니다. 하나님께서는 기드온이 준비한 제물을 반석에서 불이 나와 태우게 하셨습니다. 그러나 아직도 기드온의 마음속에는 두려움이 가득하였고 하나님께 대한 믿음도 약하기만 하였습니다. 하나님의 사람으로 쓰임을 받기에는 너무도 약한 믿음이었습니다. 하나님께서는 다시 기드온에게 말씀하시기를 너의 아버지 요아스가 섬기고 있는 바알과 아세라 상을 부수어 버리라고 하셨습니다. 기드온은 두렵고 떨려 감히 낮에는 그 일을 하지 못하고 밤에 가서 바알과 아세라 상을 부수었습니다. 이 일로 인하여 마을 사람들이 몰려와서 기드온을 탓하려하자 뜻밖에도 아버지 요아스가 돕는 자로 나서게 됩니다. "바알이 참 신일 것 같으면 그가 직접 싸울 것이라" 그러니 너희는 이 일에 관여치 말라는 것이었습니다. 하나님의 일을 하려는 자에게는 하나님께서 돕는 손길을 붙여 주십니다.

그때에 수를 셀 수 없는 미디안의 대군이 몰려왔습니다. 기드온은 나팔을 불어 자기와 함께할 군사들을 모집하였습니다. 그 과정에서도 기드온은 확신이 생기지 않았습니다. 정말 하나님께서 나를 택하셨는가? 나를 쓰실 것인가? 고민하던 기드온은 하나님께 아룁니다. 정말 하나님께서 나를 택하신 것이라면 양털 한 뭉치에만 이슬이 내리고 사면은 마르게 하여 주옵소서! 그 밤은 그대로 되었습니다. 그러자 재차 아룁니다. 이번에는 양털은 마르고 사면에는 이슬이 내리게 하옵소서! 하나님께서는 그대로 해 주셨습니다. 믿음은 하나님이 주시는 것입니다. 기드온의 주위로 몰려온 군사들이 무려 3만 2천명이나 되었습니다. 아마도 기드온은 그 군사들의 수를 보고 마음이 놓였던 모양입니다. 하나님께서는 이상한 명령을 내리셨습니다. 마음속에 전쟁이 두려운 마음이 있는 자는 모두 돌려보내라는 것이었습니다. 전쟁터에서 두렵지 않은 자가 어디 있겠습니까? 2만 2천명이 갔고 1만 명만 남게 되었습니다. 다시 3백 명만 남게 하셨습니다. 이들이 기드온의 300 용사들입니다. 상황이 이리되자 다시 낙심이 되었습니다.

그러나 미디안의 진을 탐지하다 들은 이야기는 기드온의 믿음을 되살려 주었습니다.

하나님 ; 일어나 내려가서 적진을 치라 내가 그것을 네 손에 붙였느니라(삿7:9)
어떤 미디안 사람의 꿈 ; 보리떡 한 덩어리가 미디안 진으로 굴러들어와(삿7:13)
어떤 미디안 사람의 해몽 ; 이는 이스라엘 사람 요아스의 아들 기드온의 칼날이라 (삿7:14)
기드온 ; 일어나라 여호와께서 미디안의 군대를 너희 손에 붙이셨느니라(삿7:15)

이제 기드온은 담대히 외쳤습니다.
"일어나라 여호와께서 미디안의 군대를 우리 손에 붙이셨느니라!"

하나님께서는 이 신앙의 고백을 들으시려고 이제까지 기드온을 훈련시키셨던 것입니다. 그리고 그 전쟁은 이미 이긴 전쟁이었습니다. 믿음대로 되는 것을 믿으시기 바랍니다. 자신의 현재 처지가 소망이 없는 듯이 보여도 문제가 되지 않습니다. 기드온도 숨어서 탈곡을 하던 므낫세 지파의 가장 작은 자였다고 자신을 평가하고 있었습니다. 그러나 주님은 그를 가장 큰 용사로 보고 계셨습니다. 나를 돕는 사람이 아무도 없는 것과 같을 때가 있습니다. 그러나 담대하십시오. 바알과 아세라를 부수십시오. 이일로 인해서 가장 반대자가 될 것 같았던 아버지 요아스가 기드온을 대변하고 있는 것을 보십시오. 지금 담대하게 바알과 아세라를 부수십시오. 모든 사람들은 잘되는 것 같은데 나만 혼자 안 되는 것 같은 일이 있을 때도 있습니다. 그래서 내 눈에만 한 대접의 눈물이 고여 있는 것 같을 때도 있습니다. 그러나 그것은 다 과정일 뿐 결코 결과가 아닙니다. 오히려 이 일에 하나님께서 함께하시고 있다는 증거인 것을 믿으시기 바랍니다. 때로는 자신이 가지고 있는 것을 다 잃은 것과 같은 때도 있습니다. 3만 2천이 1만이 되고 1만이 3백이 되는 일도 있습니다. 그러나 하나님이 하시는 일입니다. 그 3백으로 하나님께서 승리케 해 주시는 것입니다.

마지막으로 주신 교훈이 있습니다.
이스라엘 사람들이 기드온에게 "당신과 당신의 아들과 손자들이 우리를 다스리소서"하였을 때 기드온은 이렇게 대답하였습니다. 삿 8:23에 기드온이 그들에게 이르되 내가 너희를 다스리지 아니하겠고 나의 아들도 너희를 다스리지 아니할 것이요 여호와께서 너희를 다스리시리라 이것은 그의 진심이었습니다. 그러나 결과는 그렇게 되지 않았습니다. 삿 8:30-31에 기드온이 아내가 많으므로 몸에서 낳은 아들이 칠십인(七十人)이였고 세겜에 있는 첩(妾)도 아들을 낳았으므로 그 이름을 아비멜렉이라 하였더라 하였습니다.

문제는 언제나 믿음입니다. 믿음으로 승리하시되 끝까지 승리하시는 성도 여러분이 되시길 바랍니다.

16. 삼손, 머리가 다시 자라다

입다 이후에 삼십여 년의 기간에 이스라엘 자손은 다시 여호와의 목전에서 악을 행하였고(13:1) 그러자 하나님께서는 40년 동안 이스라엘을 블레셋의 손에 붙이셨습니다.(13:1) 이때 하나님께서는 삼손이라고 하는 사사를 예비하시는데 그의 부친은 단 지파 마노아라 하는 이 였으며, 오랫동안 자식이 없던 상황이었습니다.(13:2) 때가 되자 하나님께서는 천사를 통하셔서 삼손이 태어날 것과 그리고 그를 나실인으로 키울 것을 말씀해 주셨습니다(13:3-25) 그 부모에게도 이르기를 부정한 것을 먹지 말라 하셨습니다. 오늘날 부모들은 스스로 부정한 것을 먹기도 하고 어쩔 수 없이 부정한 것을 먹기도 합니다.

나실인은 구별된 사람이요 하나님 앞에 서원한 사람들이었습니다. 나실인의 금기 사항은 독주와 포도에서 난 것을 먹는 것을 금하고 시체와 각종 부정한 것에 접촉하지 말아야 하며 삭도를 머리에 대지 말아야 했는데 긴 머리는 내 머리 위에 누가(주인이) 있다는 뜻이었습니다. 그러나 삼손은 이방인과의 결혼을 시도함으로 모든 이스라엘에게 임한 부정의 금기를 무너뜨렸고, 사자의 주검에 손을 댐으로 나실인의 금기를 어겼고(14:8-9), 잔치를 배설하고 당연히 술을 접함으로 나실인의 금기를 어겼으며(14:10). 나중에는 머리를 깍이게 됨으로 모든 나실인 규정을 어기게 됩니다. 이 말씀에는 내가 나 자신을 그리스도인이라 하는데 무엇으로 나는 나를 그리스도인이라 하는가 하는 질문을 갖게 합니다. 또 그리스도인으로 살아가는데 내가 자주 어기는 계명은 무엇인가를 생각게 합니다. 그러나 이러한 삼손을 하나님은 버리지 않으셨습니다. 우리도 삼손과 같이 하나님의 말씀을 어기는데 만일 그 때마다 버리셨다면 남아 있을 수 있는 자가 아무도 없을 것입니다.

소랙골짜기의 들릴라라고 하는 여인과의 사랑은 삼손의 사명마저도 흔들어 놓았습니다(16:4-22) 그러나 삼손이 하나님의 율례를 무시하고 음란한 행실에 빠졌을 때 그에게 임한 환란은 실로 엄청났습니다. 사랑을 빙자한 한 아리따운 여인의 유혹에 삼손은 서서히 무너져 갔습니다. 여인을 통한 비밀의 누설은 그가 첫 번째로 결혼했던 여인의 사건에서 교훈 받았던 일입니다. 그는 동일한 잘못을 범하고 있습니다. 푸른 칡 일곱으로, 쓰지 아니한 새 줄로, 나의 머리털 일곱 가닥을 위선에 섞어 짜면 자신의 힘이 약하여 질 것이라 하였습니다. 믿음을 지키는데 있어 나의 가장 근본적인 약점은 무엇인지를 생각게 합니다.

하나님의 그를 떠나시자 그는 가장 불행한 인간이 되었습니다.

삿16:20-21에 들릴라가 가로되 삼손이여 블레셋 사람이 당신에게 미쳤느니라 하니 삼손이 잠을 깨며 이르기를 내가 전과 같이 나가서 몸을 떨치리라 하여도 여호와께서 이미 자기를 떠나신 줄을 깨닫지 못하였더라 블레셋 사람이 그를 잡아 그 눈을 빼고 끌고 가사에 내려가 놋줄로 매고 그로 옥중에서 맷돌을 돌리게 하였더라 하였습니다. 겉으로는 가장 불행한 일이었지만 그러나 스스로 보지 못하고 스스로 감당하지 못하는 것을 이와 같이 되게 하심으로 삼손을 볼 수 있게 하셨고 그의 몸을 바로 사용할 수 있게 하신 것입니다.

최초에 하와를 유혹하여 하나님과 인간, 사람과 사람간의 관계를 이간시키려 했던 사단의 책동은 세상 끝날까지 계속 되어질 것입니다. 그리하여 심지어는 성도들 마저도 어그러진 길에 들어서게 하려고 기회를 노리고 있습니다. 마24:24에 거짓 그리스도들과 거짓 선지자들이 일어나 큰 표적과 기사를 보이어 할 수만 있으면 택하신 자들도 미혹하게 하리라 하였습니다. 삼손의 경우도 마찬가지였습니다. 그러나 삿16:22에 그의 머리털이 밀리운 후에 다시 자라기 시작하니라 하였듯이 당신의 백성을 향하신 하나님의 영원하신 계획은 결코 좌절될 수 없기 때문에 구속 역사를 방해하는 어떤 세력도 필경 물리침을 당할 수 밖에 없고 하나님의 구속은 이루어짐을 믿으시기 바랍니다.

17. 사무엘, 마지막 사사

사무엘은 모세 이후의 위대한 선지자요 최후의 사사였습니다. 그는 엘가나의 처 한나가 하나님께 간구하여 낳은 아들로서 젖을 뗀 후 제사장 엘리에게 부탁하여 여호와께 바쳐졌습니다. 훗날 제사장겸 사사가 된 사무엘은 온 이스라엘의 우상을 파하고 여호와만 섬기게 하였고, 뒷날 이스라엘의 첫 왕과 둘째 왕을 기름 부어 세우는 역할을 하였습니다.

사무엘은 기도를 통하여 얻은 아들이었으며, 하나님께 바쳐진 아들이었습니다.

삼상1:10-11에 한나가 마음이 괴로와서 여호와께 기도하고 통곡하며 서원하여 가로되 만군의 여호와여 만일 주의 여종의 고통을 돌아보시고 나를 생각하시고 주의 여종을 잊지 아니하사 아들을 주시면 내가 그의 평생에 그를 여호와께 드리고 삭도를 그 머리에 대지 아니하겠나이다 하였고, 삼상1:24-28에 젖을 뗀 후에 그를 데리고 올라갈 새 수소 셋과 가루 한 에바와 포도주 한 가죽부대를 가지고 실로 여호와의 집에 나아갔는데 아이가 어리더라 그들이 수소를 잡고 아이를 데리고 엘리에게 가서 한나가 가로되 나의 주여 당신의 사심으로 맹세 하나이다 나는 여기서 나의 주 당신 곁에 서서 여호와께 기도하던 여자라 이 아이를 위하여 내가 기도하였더니 여호와께서 나의 구하여 기도한 바를 허락하신지라 그러므로 나도 그를 여호와께 드리되 그의 평생을 여호와께 드리나이다 하고 그 아이는 거기서 여호와께 경배하니라 하였습니다.

이러한 한나에게 하나님께서는 세 아들과 두 딸을 더 주셨습니다. 삼상2:21에 여호와께서 한나를 권고(眷顧)하사 그로 잉태(孕胎)하여 세 아들과 두 딸을 낳게 하셨고 아이 사무엘은 여호와 앞에서 자라니라 하였습니다.

사무엘의 모습입니다.

그는 은총을 입은 자였습니다.

삼상2:12에 엘리의 아들들은 불량자라 여호와를 알지 아니하더라, 삼상2:26에 아이 사무엘이 점점 자라매 여호와와 사람들에게 은총을 더욱 받더라 하였습니다.

그는 순종의 사람이었습니다.

삼상3:8-10에 여호와께서 세 번째 사무엘을 부르시는지라 그가 일어나서 엘리에게로 가서 가로되 당신이 나를 부르셨기로 내가 여기 있나이다 엘리가 여호와께서 이 아이를 부르신 줄을 깨닫고 이에 사무엘에게 이르되 가서 누웠다가 그가 너를 부르시거든 네가 말하기를 여호와여 말씀하옵소서 주의 종이 듣겠나이다 하라 이에 사무엘이 가서 자기 처소에 누우니라 여호와께서 임하여 서서 전과 같이 사무엘아 사무엘아 부르시는지라 사무엘이 가로되 말씀하옵소서 주의 종이 듣겠나이다 하였습니다.

그는 권위의 사람이었습니다.

삼상3:19-20에 사무엘이 자라매 여호와께서 그와 함께 계셔서 그 말로 하나도 땅에 떨어지지 않게 하시니 단에서부터 브엘세바까지의 온 이스라엘이 사무엘은 여호와의 선지자로 세우심을 입은 줄을 알았더라 하였습니다.

사무엘의 첫 사역은 회개의 촉구였습니다.

삼상7:3에 사무엘이 이스라엘 온 족속에게 일러 가로되 너희가 전심으로 여호와께 돌아오려거든 이방 신들과 아스다롯을 너희 중에서 제하고 너희 마음을 여호와께로 향하여 그만 섬기라 너희를 블레셋 사람의 손에서 건져내시리라 하였습니다.

사무엘의 두 번째 사역은 기도를 통한 승리였습니다.

삼상7:7-9에 이스라엘 자손이 미스바에 모였다 함을 블레셋 사람이 듣고 그 방백들이 이스라엘을 치러 올라온지라 이스라엘 자손이 듣고 블레셋 사람을 두려워하여 사무엘에게 이르되 당신은 우리를 위하여 우리 하나님 여호와께 쉬지 말고 부르짖어 우리를 블레셋 사람의 손에서 구원하시게 하소서 사무엘이 젖 먹는 어린 양을 취하여 온전한 번제를 여호와께 드리고 이스라엘을 위하여 여호와께 부르짖으매 여호와께서 응답하셨더라 하였습니다.

여호와께서는 자기의 택한 백성이 자기와 맺은 언약을 충실히 이행할 때 자기 백성의 보호와 승리를 약속하셨습니다. 우리가 문제를 보지 않고 하나님께 엎드릴 때 하나님께서 대신 그 문제를 해결해 주십니다. 그래서 우리는 기도할 때에 문제를 말하는 것이 아니라 그 문제를 해결하시는 주님을 보고 감사하는 것입니다.

삼상12:23-24에 나는 너희를 위하여 기도하기를 쉬는 죄를 여호와 앞에 결단코 범치 아니하고 선하고 의로운 도로 너희를 가르칠 것인즉 너희는 여호와께서 너희를 위하여 행하신 그 큰일을 생각하여 오직 그를 경외하며 너희의 마음을 다하여 진실히 섬기라 하였습니다.

사무엘은 아들들의 일과 왕을 세워달라는 백성들의 요구 앞에 난감한 지경에 처하게 됩니다. 그는 이 문제에 대해 자신의 의견이 있었겠지만 하나님께 기도하였고 그 말씀대로 따랐습니다. 삼상8:1-7에 사무엘이 늙으매 그 아들들로 이스라엘 사사를 삼으니 장자의 이름은 요엘이요 차자의 이름은 아비야라 그들이 브엘세바에서 사사가 되니라 그 아들들이 그 아비의 행위를 따르지 아니하고 이를 따라서 뇌물을 취하고 판결을 굽게 하니라 이스라엘 모든 장로가 모여 라마에 있는 사무엘에게 나아가서 그에게 이르되 보소서 당신은 늙고 당신의 아들들은 당신의 행위를 따르지 아니하니 열방과 같이 우리에게 왕을 세워 우리를 다스리게 하소서 한지라 우리에게 왕을 주어 우리를 다스리게 하라 한 그것을 사무엘이 기뻐하지 아니하여 여호와께 기도하매 여호와께서 사무엘에게 이르시되 백성이 네게 한 말을 다 들으라 그들이 너를 버림이 아니요 나를 버려 자기들의 왕이 되지 못하게 함이니라 하였습니다. 하나님의 응답에는 기쁘게 하시는 일이 있고 마지못해 하시는 일이 있는 것 같습니다. 그것은 마치 탕자의 비유에서 둘째 아들의 요구에 재산을 나누어 주는 것과 같은 것입니다. 이스라엘은 오랜 왕정 기간을 거치고야 결국 우리의 왕은 하나님이시라는 것을 고백하게 됩니다. 삼상10:1에 사무엘이 기름병을 취하여 사울의 머리에 붓고 입 맞추어 가로되 여호와께서 네게 기름을 부으사 그 기업의 지도자를 삼지 아니하셨느냐 하였고, 삼상16:13에 사무엘이 기름 뿔을 취하여 그 형제 중에서 그에게 부었더니 이 날 이후로 다윗이 여호와의 신에게 크게 감동 되니라 사무엘이 떠나서 라마로 가니라 하였습니다.

사무엘의 말년은 고독한 것이었습니다.

그는 자신이 기름 부은 두 왕의 싸우는 과정 속에 숨을 거두었습니다. 삼상19:18에 다윗이 도피하여 라마로 가서 사무엘에게로 나아가서 사울이 자기에게 행한 일을 다 고하였고 다윗과 사무엘이 나욧으로 가서 거 하였더라 하였고, 삼상25:1에 사무엘이 죽으매 온 이스라엘 무리가 모여 그를 애곡하며 라마 그의 집에서 그를 장사한지라 다윗이 일어나 바란 광야로 내려 가니라 하였습니다.

사무엘은 그의 말이 하나도 땅에 떨어지지 않는 말씀의 사람이었고, 기도하기를 쉬는 죄를 범치 않겠다고 한 기도의 사람이었고, 자기의 생각과 다르더라도 온전히 하나님께 순종한 순종의 사람이었습니다.

18. 사울, 이스라엘의 초대 왕

사울은 베냐민 지파 기스의 아들로서 이스라엘 최초의 왕입니다. 그는 왕을 세워달라는 백성들의 요구에 의해 사무엘에 의하여 기름 부음을 받고 왕이 되어 기브아에 수도를 정하고 왕국의 기초를 다졌으나 왕이 된 이후 백성을 의지하고 하나님을 불순종하다가 종내에는 비참한 최후를 맞이하게 되었다.

사울의 초기 모습은 겸손한 사람이었습니다.

삼상 9:2에 기스가 아들이 있으니 그 이름은 사울이요 준수(俊秀)한 소년(少年)이라 이스라엘 자손(子孫) 중(中)에 그보다 더 준수(俊秀)한 자(者)가 없고 키는 모든 백성(百姓)보다 어깨 위는 더하더라 하였고, 삼상9:21에 사울이 대답(對答)하여 가로되 나는 이스라엘 지파(支派)의 가장 작은 지파(支派) 베냐민 사람이 아니오며 나의 가족(家族)은 베냐민 지파(支派) 모든 가족(家族) 중(中) 에 가장 미약(微弱)하지 아니하니이까 당신(當身)이 어찌하여 내게 이같이 말씀하시나이까 하였으며, 삼상10:22에 그러므로 그들이 또 여호와께 묻되 그 사람이 여기 왔나이까 여호와께서 대답(對答)하시되 그가 행구(行具) 사이에 숨었느니라 하였으며, 삼상10:27에 어떤 비류(匪類)는 가로되 이 사람이 어떻게 우리를 구원(救援)하겠느냐 하고 멸시(蔑視)하며 예물(禮物)을 드리지 아니하니라 그러나 그는 잠잠(潛潛)하였더라 하였습니다.

이러한 사울을 하나님께서 준비시키셨습니다.

삼상10:6에 네게는 여호와의 신(神)이 크게 임(臨)하리니 너도 그들과 함께 예언(豫言)을 하고 변(變)하여 새 사람이 되리라 하였고, 삼상10:9에 그가 사무엘에게서 떠나려고 몸을 돌이킬 때에 하나님이 새 마음을 주셨고 그 날 그 징조도 다 응(應)하니라 하였습니다. 하나님께서는 사명을 주실 때 사명을 감당할 수 있는 능력도 주십니다.

사울이 왕으로 뽑힘은 받았으나 반대자들도 있고 해서 즉위식을 하지는 못하고 있었습니다. 이 때 하나님께서 삼상11:1-15에 길르앗 야베스를 침략한 암몬족을 크게 물리침으로 왕으로서의 신임을 얻게 하셨습니다.

40세에 즉위한 사울은 다스린지 2년 만에 심각한 기로에 놓이게 되었습니다.

삼상13:1-9에 보면 그는 블레셋과의 전쟁에서 사무엘이 오지 않자 스스로 번제를 드렸습니다. 아마도 그 후에 사무엘이 온 것으로 보입니다. 사울은 하나님의 때가 임할 때까지 기다리지 못했고 더 나아가 자신이 제사장 역할까지 하였습니다. 그것은 하나님께 대한 믿음을 저버림이었습니다. 삼상13:14에는 이에 대한 심판의 말씀이 기록되어 있습니다. 지금은 왕(王)의 나라가 길지 못할 것이라 여호와께서 왕(王)에게 명(命)하신 바를 왕(王)이 지키지 아니하였으므로 여호와께서 그 마음에 맞는 사람을 구(求)하여 그 백성(百姓)의 지도자(指導者)를 삼으셨느니라 하였습니다. 하나님의 때 하나님의 방법의 중요성을 묵상하게 됩니다.

삼상15장은 아말렉과의 전투를 기록한 장입니다. 여기서도 사울의 미래에 큰 영향을 미치는 사건이 발생합니다. 아말렉과의 전투에서 여호와의 명령은 삼상15:3에 지금 가서 아말렉을 쳐서 그들의 모든 소유(所有)를 남기지 말고 진멸(殄滅) 하되 남녀(男女)와 소아와 젖먹는 아이와 우양(牛羊)과 약대와 나귀를 죽이라 하셨나이다 함이었습니다. 그러나 사울은 삼상15:9에 사울과 백성(百姓)이 아각과 그 양(羊)과 소의 가장 좋은 것 또는 기름진 것과 어린 양(羊)과 모든 좋은 것을 남기고 진멸(殄滅)키를 즐겨 아니하고 가치(價値) 없고 낮은 것은 진멸(殄滅)하였습니다.

이에 대한 사울의 변명입니다.

삼상15:15에 사울이 가로되 그것은 무리가 아말렉 사람에게서 끌어 온 것인데 백성(百姓)이 당신(當身)의 하나님 여호와께 제사(祭祀)하려 하여 양(羊)과 소의 가장 좋은 것을 남김이요 그 외의 것은 우리가 진멸(殄滅)하였나이다, 삼상15:21-22에 다만 백성(百姓)이 그 마땅히 멸(滅)할 것 중(中)에서 가장 좋은 것으로 길갈에서 당신(當身)의 하나님 여호와께 제사(祭祀)하려고 양(羊)과 소를 취(取)하였나이다 사무엘이 가로되 여호와께서 번제(燔祭)와 다른 제사(祭祀)를 그 목소리 순종(順從)하는 것을 좋아하심 같이 좋아하시겠나이까 순종(順從)이 제사(祭祀)보다 낫고 듣는 것이 수양(羊)의 기름보다 나으니 하였습니다.

다윗의 등장으로 그는 파멸의 길을 스스로 걸어갑니다.

삼상18:6-11에 무리가 돌아올 때 곧 다윗이 블레셋 사람을 죽이고 돌아올 때에 여인(女人)들이 이스라엘 모든 성(城)에서 나와서 노래하며 춤추며 소고와 경쇠를 가지고 왕(王) 사울을 환영하는데 여인(女人)들이 뛰놀며 창화(唱和)하여 가로되 사울의 죽인 자는 천천이요 다윗은 만만이로다 한지라 사울이 이 말에 불쾌하여 심(甚)히 노(怒)하여 가로되 다윗에게는 만만(萬萬)을 돌리고 내게는 천천(千千)만 돌리니 그의 더 얻을 것이 나라 밖에 무엇이냐 하고 그 날 후(後)로 사울이 다윗을 주목하였더라 하였고, 삼상18:10-11에 그 이튿날 하나님의 부리신 악신(惡神)이 사울에게 힘있게 내리매 그가 집 가운데서 야료(惹鬧)하는 고(故)로 다윗이 평일(平日)과 같이 손으로 수금(竪琴)을 타는데 때에 사울의 손에 창(槍)이 있는지라 그가 스스로 이르기를 내가 다윗을 벽(壁)에 박으리라 하고 그 창(槍)을 던졌으나 다윗이 그 앞에서 두 번 피(避)하였더라 하였습니다. 사울은 자신이 잘못하고 있다는 것을 알면서도 그 일을 계속하고 있습니다. 삼상26:21에 사울이 가로되 내가 범죄(犯罪)하였도다 내 아들 다윗아 돌아오라 네가 오늘 내 생명(生命)을 귀중(貴重)히 여겼은즉 내가 다시는 너를 해하려 하지 아니하리라 내가 어리석은 일을 하였으니 대단(大端)히 잘못 되었도다 합니다. 회개도 하나님의 은혜입니다. 사울은 자신의 잘라진 옷자락을 보고도 자신의 창이 상대의 손에 있는 것을 보면서도 뇌우침은 있었을 뿐 회개하지 못했습니다.

사울이 다윗에게 이와같이 한 것은 자신의 안위 때문이 아니라 왕위를 요나단에게 물려주기 위함이었습니다.

삼상20:30-31에 사울이 요나단에게 노(怒)를 발(發)하고 그에게 이르되 패역부도(悖逆不道)의 계집의 소생(所生)아 네가 이새의 아들을 택(擇)한 것이 네 수치와 네 어미의 벌거벗은 수치됨을 내가 어찌 알지 못하랴 이새의 아들이 땅에 사는 동안은 너와 네 나라가 든든히 서지 못하리라 그런즉 이제 보내어 그를 내게로 끌어오라 그는 죽어야 할 자(者)니라 하였습니다. 사울의 질투와 염려는 자신을 위한 것이 아니라 아들 요나단을 위한 것이었습니다. 잘못된 자식 사랑이 둘 다 망하게 하였습니다.

사울의 비참한 최후를 맞이하게 되었습니다.

삼상31:2에 블레셋 사람들이 사울과 그 아들들을 쫓아 미쳐서 사울의 아들 요나단과 아비나답과 말기수아를 죽이니라 하였습니다.

사울에게 악신이 임하다.

아말렉 사건 이후인데 그가 계속해서 그 문제를 가지고 고민은 했지만 회개는 하지 않은 것 같습니다. 삼상16:14에 여호와의 신(神)이 사울에게서 떠나고 여호와의 부리신 악신(惡神)이 그를 번뇌(煩惱)케 한지라 하였습니다.

큰일을 앞두고 사울과 다윗은 다른 선택을 하였습니다.

삼상28:8에 사울이 다른 옷을 입어 변장하고 두 사람과 함께 갈새 그들이 밤에 그 여인에게 이르러는 사울이 가로되 청하노니 나를 위하여 신접한 술법으로 내가 네게 말하는 사람을 불러올리라 하였고, 삼상17:37에 또 가로되 여호와께서 나를 사자의 발톱과 곰의 발톱에서 건져 내셨은즉 나를 이 블레셋 사람의 손에서도 건져 내시리이다 사울이 다윗에게 이르되 가라 여호와께서 너와 함께 계시기를 원하노라 하였습니다.

범죄 후의 사울과 다윗의 모습도 달랐습니다.

삼상20:33에 사울이 요나단에게 단창을 던져 치려 한지라 요나단이 그 부친이 다윗을 죽이기로 결심한 줄 알고 하였고, 삼하12:13에 다윗이 나단에게 이르되 내기 여호와께 죄를 범하였노라 하였습니다. 사울은 사울의 길을 갔고 다윗은 다윗의 길을 갔습니다.

19. 아말렉 사람, 기대

사울의 죽음에 대한 기사는 사무엘상31:1-6, 사무엘하1:10, 역대상10:1-6에 기록되어 있습니다. 사무엘상과 역대상의 기록은 같고 사무엘하의 기록은 아말렉인의 다른 증언으로 되어 있습니다.

갈릴리 호수 중간 서쪽에 있는 길보아산 전투는 약해진 이스라엘 왕국을 블레셋이 침략하여 무너트린 일이었는데 이 전투에서 사울도 죽고 그의 세 아들 요나단과 아비나답과 말기수아가 이스라엘 병사들과 함께 전사한 곳입니다. 블레셋은 팔레스틴의 남쪽 가드 지역에 근거를 두고 있는데 북쪽 이스르엘 평야로 침략을 한 것은 그곳이 곡창지대였던 것과 함께 이스라엘 군을 헤브론에서 북쪽으로 이동시킴으로 유리한 전쟁을 계획한 것으로 보입니다.

이 전투가 시작되기 전에 두 가지 중요한 사건이 있었는데

하나는 사울을 피하여 블레셋에 몸을 의지하고 있던 다윗도 이 전투에 참여해야 했어 이스르엘 평지 옆에 있는 아벡까지 함께 갔는데 그곳에서 블레셋 아기스 왕의 부하들의 반대로 다윗과 그 군대가 이스라엘과의 전쟁에 참여하지 못하게 되고 그들의 거쳐였던 시글락으로 돌아가야 했던 일입니다. 아벡과 시글락까지는 100km 사흘 길인데 시글락에 도착해 보니 아말렉인들이 시글락을 약탈하여 남아있던 모든 이들을 잡아간 일이 있었습니다. 다윗은 브솔시내까지 추격하여 모두를 구하여 왔습니다.

다른 하나는 사울 왕이 전투를 앞두고 엔돌의 신접한 여인을 찾아간 일이었습니다. 엔돌은 블레셋이 진을 친 곳 인근 북쪽에 있었습니다. 거기서 사무엘 귀신을 만났고 전투를 시작하기도 전에 모든 의욕을 상실하게 되었습니다.

삼상28:15-20에 사무엘이 사울에게 이르되 네가 어찌하여 나를 불러 올려서 나를 성가시게 하느냐 하니 사울이 대답하되 나는 심히 다급하니이다 블레셋 사람들은 나를 향하여 군대를 일으켰고 하나님은 나를 떠나서 다시는 선지자로도, 꿈으로도 내게 대답하지 아니하시기로 내가 행할 일을 알아보려고 당신을 불러 올렸나이다 하더라 사무엘이 이르되 여호와께서 너를 떠나 네 대적이 되셨거늘 네가 어찌하여 내게 묻느냐 여호와께서 나를 통하여 말씀하신 대로 네게 행하사 나라를 네 손에서 떼어 네 이웃 다윗에게 주셨느니라 네가 여호와의 목소리를 순종하지 아니하고 그의 진노를 아말렉에게 쏟지 아니하였으므로 여호와께서 오늘 이 일을 네게 행하셨고 여호와께서 이스라엘을 너와 함께 블레셋 사람들의 손에 넘기시리니 내일 너와 네 아들들이 나와 함께 있으리라 여호와께서 또 이스라엘 군대를 블레셋 사람들의 손에 넘기시리라 하는지라 사울이 갑자기 땅에 완전히 엎드러지니 이는 사무엘의 말로 말미암아 심히 두려워함이요 또 그의 기력이 다하였으니 이는 그가 하루 밤낮을 음식을 먹지 못하였음이니라 하였습니다.

사무엘상 31장과 역대상 10장에 의하면 사울은 길보아 산에서의 블레셋과의 전투에서 화살에 맞아 치명상을 입게 되었습니다. 그는 그가 살지 못할 것을 알고 그의 호위병에게 자신을 찔러 죽이라고 부탁합니다. 불레셋 사람들이 와서 그를 찌르며 모욕할 것이 두려웠던 것입니다. 그러나 호위병은 왕이 치명상을 입었음에도 감히 왕을 죽일 수 없었습니다. 사울 왕은 자기 칼에 엎드러져

자살하였습니다.

그런데 문제는 사무엘하 제1장에서 사울의 호위병으로 일했던 한 아말렉 사람이 그 전장에서 도망쳐 나와 다윗에게로 와서 사울의 죽음을 알리고 그 증거로 사울의 왕관과 팔찌를 가져왔다고 기록하고 있습니다. 거기서 그 아말렉 사람은 사울 왕이 자기를 죽여 달라고 했을 때 이미 왕 사울이 칼에 엎드러져 살 수 없게 된 것을 알고 서서 쳐 죽였다고 보고하였습니다.

일반적으로 사울의 죽음에 대한 기록은 사무엘상 31장의 내용이 참된 것이라 여기고 있습니다. 그것은 역대기상의 저자가 사울의 죽음을 소개하면서 사무엘하 1장 대신에 사무엘상 31장의 사울의 죽음을 그대로 인용하고 있는 점에서 그러한데, 제 생각에는 아말렉인의 진술도 사실로 여겨집니다. 사울은 자결하려 하였으나 자결할 힘이 없었고 그 상태에서 아말렉인을 만나게 되어 그리 부탁을 한 것이고 아말렉인은 그 요청을 받아 들인 것으로 보입니다. 이러한 상황에서 사울의 유품을 가지고 그 먼 거리를 찾아온 아말렉인을 처형한 다윗의 행위는 의도적인 것으로 보입니다.

아말렉은 야곱의 쌍둥이 형이자 이삭의 장자인 에서의 아들 엘리바스로부터 시작된 민족입니다. 유다 남부의 네게브 광야와 시나이 광야 지대에 정착해서 사는 민족이었습니다(창36:12). 하나님은 아말렉을 영원히 벌하실 것을 약속하셨는데, 그 이유는 아말렉이 출애굽한 이스라엘 백성을 공격했기 때문입니다. 그것도 연약한 사람들, 즉 노약자와 여인들이 뒤에 쳐졌을 때 그들을 공격했기 때문입니다(신25:17-18).

전투가 벌어졌던 길보아 산(중부)으로부터 다윗이 있던 시글락(남쪽)까지는 100km가 넘는 먼 거리였습니다. 이 아말렉 사람은 그 먼 거리를 힘들게 달려와 다윗에게 사울의 죽음을 알려준 겁니다. 이 일에 대해서 보상이 있을 것이라 여겼기 때문으로 보입니다. 그는 시체들 가운데 값나가는 물건을 훔치기 위해 전쟁이 치열하게 벌어지는 전쟁터에 간 것인데, 사실 이 사람이 이스라엘 쪽에 속해 있었지만 싸우지 않고 숨어 있었다는 것을 알 수 있습니다. 그러다가 나중에 다 끝나고 뭔가를 얻으려 가보니까 우연히 사울이 죽은 것을 발견했습니다. 왕의 옷은 다르기 때문에 금방 눈에 띕니다. 그리고 사울이 왕관을 쓰고 있었기 때문에 그 왕관과 팔의 고리를 얻은 것입니다. 이것만으로도 그는 상당한 재물을 얻은 것입니다. 그는 더 많은 상을 원했기 때문에 다윗에게로 갔습니다. 다윗에게 가면 더 큰 상을 받을 것을 기대하고 단숨에 달려왔을 것입니다. 그러나 그의 기대와는 달리 그는 다윗에게 죽임을 당하였습니다.

20. 다윗, 그의 영광과 슬픔

다윗은 사울의 뒤를 이은 이스라엘의 2대 왕입니다. 그의 일생은 목동시기, 사울의 군대장관시기, 사울을 피하는 망명시기, 이스라엘의 왕으로서의 40년으로 대별 될 수 있습니다. 그는 하나님께서 택한 자였으나 말할 수 없는 큰 범죄를 저지른 죄인이었습니다. 그로 말미암아 많은 고통을 당하기도 하였지만 회개하여 사죄함을 받았습니다.

그의 목동 시기입니다.

사무엘이 이새의 집에서 왕이 될 자를 고를 때, 다윗은 일하고 있던 자였습니다. 하나님은 일하는 자를 그의 사역자로 부르십니다. 삼상16:11에 또 이새에게 이르되 네 아들들이 다 여기 있느냐 이새가 가로되 아직 말(末)째가 남았는데 그가 양(羊)을 지키나이다 사무엘이 이새에게 이르되 보내어 그를 데려오라 그가 여기 오기까지는 우리가 식사 자리에 앉지 아니하겠노라 하였습니다. 양치는 일을 하면서 그가 겪은 일들은 후에 골리앗과의 싸움에서 중요한 역할을 하게 됩니다. 믿음이란 한순간에 신비적으로 만들어지는 것이 아니라 삶을 통하여 하나님께서 주시는 은혜입니다. 삼상17:34-37에 다윗이 사울에게 고(告)하되 주(主)의 종이 아비의 양(羊)을 지킬 때에 사자(獅子)나 곰이 와서 양(羊)떼에서 새끼를 움키면 내가 따라가서 그것을 치고 그 입에서 새끼를 건져 내었고 그것이 일어나 나를 해하고자 하면 내가 그 수염(鬚髥)을 잡고 그것을 쳐죽였나이다 주(主)의 종이 사자(獅子)와 곰도 쳤은즉 사시는 하나님의 군대(軍隊)를 모욕한 이 할례(割禮) 없는 블레셋 사람이리이까 그가 그 짐승의 하나와 같이 되리이다 또 가로되 여호와께서 나를 사자(獅子)의 발톱과 곰의 발톱에서 건져 내셨은즉 나를 이 블레셋 사람의 손에서도 건져 내시리이다 사울이 다윗에게 이르되 가라 여호와께서 너와 함께 계시기를 원(願)하노라 하였습니다. 아마도 이때의 회상을 통해서 시편23편을 기록한 것 같습니다. 인생은 아름다운 날들도 있고 힘들고 두려운 날들도 있으며 영광의 날이 있습니다.

사울의 군대 장관 시기입니다.

다윗과 골리앗의 싸움에서 다윗이 의지한 것과 골리앗이 의지한 것이 달랐습니다. 다윗은 그 믿음으로 골리앗을 물리치고 새로운 인생을 시작하게 됩니다. 우리 앞에 놓여 있는 문제들은 대부분 새로운 세계를 향한 문입니다. 열기만 하면 새로운 삶이 시작됩니다. 삼상17:45에 다윗이 블레셋 사람에게 이르되 너는 칼과 창(槍)과 단창(短槍)으로 내게 오거니와 나는 만군(萬軍)의 여호와의 이름 곧 네가 모욕(侮辱)하는 이스라엘 군대(軍隊)의 하나님의 이름으로 네게 가노라 하였습니다. 다윗이 사울의 군대장관이 되었습니다. 삼상18:5에 다윗이 사울의 보내는 곳마다 가서 지혜(智慧)롭게 행(行)하매 사울이 그로 군대(軍隊)의 장(長)을 삼았더니 온 백성(百姓)이 합당(合當)히 여겼고 사울의 신하(臣下)들도 합당(合當)히 여겼더라 하였습니다. 세상의 좋은 일은 시험을 동반하여 옵니다. 사울과 다윗을 갈라놓는 결정적인 사건이 발생하였습니다. 삼상18:7-9에 여인(女人)들이 뛰놀며 창화(唱和)하여 가로되 사울의 죽인 자는 천천이요 다윗은 만만이로다 한지라 사울이 이 말에 불쾌하여 심(甚)히 노(怒)하여 가로되 다윗에게는 만만(萬萬)을 돌리고 내게는 천천(千千)만 돌리니 그의 더 얻을 것이 나라 밖에 무엇이냐 하고

그 날 후(後)로 사울이 다윗을 주목하였더라 하였습니다. 모든 사람 앞에서 겸손할 수 있습니다. 그러나 경쟁자 앞에서만은 겸손하지 못하는 것이 인간의 속성입니다.

사울을 피하는 망명시기입니다.

사울왕은 스스로 다윗과 악한 관계를 만들었습니다. 악은 악을 낳고 선은 선을 낳게 되어 있습니다. 악의 사슬을 끊고 선을 시작해야 합니다. 삼상18:29에 사울이 다윗을 더욱더욱 두려워하여 평생(平生)에 다윗의 대적(對敵)이 되니라 하였습니다. 그러나 다윗은 사울을 신앙의 관계로 대했습니다(삼상24:3-7, 26:6-12) 엔게디의 한 굴에서도 그러하였고 십 황무지에서도 그러하였습니다. 삼상26:9에 다윗이 아비새에게 이르되 죽이지 말라 누구든지 손을 들어 여호

와의 기름 부음을 받은 자(者)를 치면 죄(罪)가 없겠느냐 하였습니다. 다윗이 이러한 행동을 할 수 있었던 힘은 어디에서 나왔을까요? 그는 이 모든 일에 전적으로 하나님의 역사하심을 믿었기 때문입니다. 다윗 일행이 마온 황무지에서 사울에게 쫒겨 위급한 상황에 처하게 되었을 때 그들은 블레셋을 통하여 구원을 받게 됩니다(삼상23:24-29) 삼상23:27-28에 사자(使者)가 사울에게 와서 가로되 급(急)히 오소서 블레셋 사람이 땅을 침노(侵擄)하나이다 이에 사울이 다윗 쫓기를 그치고 돌아와서 블레셋 사람을 치러 갔으므로 그 곳을 셀라하마느곳이라 칭(稱)하니라 하였습니다. 나중 다윗의 아내가 되는 아비가일은 다윗의 생명을 하나님께서 생명싸개에 보호하신다고 표현하였습니다(삼상25:29) 다윗은 결국 유대 땅에 머므르지를 못하고 블레셋의 땅으로 피난을 갑니다(삼상27:12). 그는 그곳에서 미친척 연기를 함으로 또한 유다 성읍을 약탈하였다고 거짓을 고함으로써 블레셋 왕의 신임을 얻게 되었습니다. 블레셋 땅에 머물고 있던 다윗은 진퇴양난의 지경에 처하게 되지만 하나님이 이때에도 피할 길을 열어 주셨습니다. 블레셋과 사울의 이스라엘의 마지막 길보아산 전투가 벌어지게 되는데 아기스는 이 전투에 다윗을 참가시키려 하였습니다. 이 위기의 순간에 오히려 다른 블레셋 족장들이 다윗의 전투 참가를 반대함으로 이 위기에서 벗어날 수 있었습니다. 사람이 감당할 시험밖에는 너희에게 당한 것이 없나니 오직 하나님은 미쁘사 너희가 감당치 못할 시험 당함을 허락지 아니하시고 시험당할 즈음에 또한 피할 길을 내사 너희로 능히 감당하게 하시느니라(고전10:13) 하셨습니다. 삼하1:18-27은 그 유명한 활노래입니다. 사울의 죽음에 대한 다윗의 심정을 나타나 있는데 개인적으로는 사울은 원수였지만 개인적인 차원에서 벗어나 이스라엘의 차원에서 사울을 바라보고 있음을 알게 됩니다. 이스라엘의 차원에서 보니 사울의 죽음은 참으로 애통한 일이었고 의로운 일이었습니다. 그래서 다윗은 사울의 죽음을 야살의 책 즉 의로운 자의 책에 기록하였습니다. 어느 차원의 사람이냐가 중요합니다.

이스라엘 왕으로서의 다윗입니다.

사울이 죽은 후 다윗을 왕으로 추대한 지파는 유다지파였습니다(삼하2:4) 사울이 죽은 후에 그는 여호와께 물어 가로되 내가 유다 한 성으로 올라가리이까 묻습니다. 여호와께서 가라사대 올라가라 하시니 다윗이 다시 묻기를 어디로 가리이까 묻습니다. 여호와께서 가라사대 헤브론으로 가라 명하셨고, 다윗은 그를 따르는 무리들과 헤브론의 한 성으로 들어갔습니다. 그러자 유다 사람들이 와서 거기서 다윗에게 기름을 부어 유다 족속의 왕으로 삼았습니다. 다윗은 이곳에서 7년 6개월을 지냅니다. 다윗이 온 이스라엘의 왕으로 등극하는 과정에서 여러 일들이 있었는데 그때마다 다윗은 하나님의 뜻에 따랐습니다(삼하3:1, 4:1, 5:3) 다윗이 유다족속의 왕이 되자 아브넬이라고 하는 장군이 사울의 아들 이스보셋을 이스라엘의 왕으로 삼았습니다. 그러나 아브넬이 요압에 의해 죽임을 당하자 이스보셋의 군장이었던 레갑과 바아나가 이스보셋을 암살하여 그 목을 가지고 다윗에게로 갔습니다. 일이 이렇게 되자 이스라엘의 장로들이 헤브론으로 다윗을 찾아가 다윗을 온 이스라엘의 왕으로 삼았고 이후 33년 동안을 예루살렘에서 온 이스라엘의 왕으로 다스렸습니다. 이스라엘의 왕이 된 다윗은 처리해야 할 문제들이 산적해 있었습니다. 그것들을 다윗은 믿음으로 감당하였습니다. 사울 가문에 대한 문제(삼하9:1), 영토에 대한 문제(삼하5:10), 법궤를 모셔오는 문제(삼하6:15), 성전을 건축하는 문제(삼하7:2) 였는데, 이 일들을 잘 감당하자 하나님께서 나단 선지자를 통해서 다윗 언약을 주셨습니다(삼하7:4-17) 삼하7:13에 저는 내 이름을 위(爲)하여 집을 건축(建築)할 것이요 나는 그 나라 위를 영원(永遠)히 견고(堅固)케 하리라 하였습니다. 삼하11:1-27은 인간은 죄인임을 보여주는 극명한 사건입니다. 특히 우리야를 모의 살해하는 과정은 사실은 사울이 자신을 죽이기 위해 썼던 방법(삼상18:25)입니다. 그토록 연단 받고 하나님의 은총을 입은 다윗도 한 순간에 이와 같은 죄악을 범한 자가 되었다는 것은 우리에게 주시는 큰 교훈의 계시적 사건입니다. 나단의 지적 앞에 다윗은 철저히 회개 하였습니다(삼하12:13, 시편 32, 51편) 다윗의 위대함은 회개에 있었습니다. 그러나 그 죄의 댓가는 철저히 치르게 됩니다(삼하12:11-12) 그것은 압살롬을 비롯한 자녀들의 반역을 통하여 이루어졌습니다. 그는 성전을 건축하고자 하는 마음이 간절하였습니다. 그러나 그것마저도 하나님의 뜻에 따랐습니다. 그렇다고 그가 해야 할 일을 회피하지 아니하였습니다. 대상22:6-8에 다윗이 그 아들 솔로몬을 불러 이스라엘 하나님 여호와를 위(爲)하여 전(殿)을 건축(建築)하기를 부탁(付託)하여 이르되 내 아들아 나는 내 하나님 여호와의 이름을 위(爲)하여 전(殿)을 건축(建築)할 마음이 있었으나 여호와의 말씀이 내게 임(臨)하여 이르시되 너는 피를 심(甚)히 많이 흘렸고 크게 전쟁(戰爭)하였느니라 네가 내 앞에서 땅에 피를 많이 흘렸은즉 내 이름을 위(爲)하여 전(殿)을 건축(建築)하지 못하리라 하심을 말합니다. 대상23:3-5에 레위 사람은 삼십세(三十歲) 이상(以上)으로 계수(計數)하였으니 모든 남자(男子)의 명수(名數)가 삼만(三萬) 팔천(八千)인데 그 중(中)에 이만(二萬) 사천(四千)은 여호와의 전(殿) 사무(事務)를 보살피는 자(者)요 육천(六千)은 유사(有司)와 재판관(裁判官)이요 사천(四千)은 문(門)지기요 사천(四千)은 다윗의 찬양(讚頌)하기 위(爲)하여 지은

악기(樂器)로 여호와를 찬송(讚頌)하는 자(者)라 하였습니다. 대상29:14에 나와 나의 백성(百姓)이 무엇이관대 이처럼 즐거운 마음으로 드릴 힘이 있었나이까 모든 것이 주(主)께로 말미암았사오니 우리가 주(主)의 손에서 받은 것으로 주(主)께 드렸을 뿐이니이다 하며 성전 건축을 위한 모든 준비를 하였습니다.

다윗의 마지막 유언은 그가 참으로 신앙의 인물이었음을 보여주고 있습니다.
왕상2:1-3에 다윗이 죽을 날이 임박하매 그 아들 솔로몬에게 명(命)하여 가로되 내가 이제 세상(世上) 모든 사람의 가는 길로 가게 되었노니 너는 힘써 대장부(大丈夫)가 되고 네 하나님 여호와의 명(命)을 지켜 그 길로 행(行)하여 그 법률(法律)과 계명(誡命)과 율례(律例)와 증거(證據)를 모세의 율법(律法)에 기록(記錄)된 대로 지키라 그리하면 네가 무릇 무엇을 하든지 어디로 가든지 형통(亨通)할지라 하였습니다.

다윗은 믿음의 사람이었고 하나님을 경외하는 자였으며 회개의 사람이었습니다.

21. 아마사, 세바의 반란

아마사는 다윗의 조카이며 요압과는 이종사촌간입니다. 그는 압살롬의 반역에 가담하여 군지휘관이 되었습니다.
삼하17:24-26에 이에 다윗은 마하나임에 이르고 압살롬은 모든 이스라엘 사람과 함께 요단을 건너니라 압살롬이 아마사로 요압을 대신하여 군지휘관으로 삼으니라 아마사는 이스라엘 사람 이드라라 하는 자의 아들이라 이드라가 나하스의 딸 아비갈과 동침하여 그를 낳았으며 아비갈은 요압의 어머니 스루

야의 동생이더라 이에 이스라엘 무리와 압살롬이 길르앗 땅에 진 치니라 하였습니다.

압살롬 반란의 군사령관이었던 아마사를 다윗이 기용한 이유는 압살롬의 반란에 유다지파가 주축이 되어 참여하였기 때문입니다. 그래서 유다지파는 다윗이 압살롬의 난을 진압하고 요단강을 건너 예루살렘으로 돌아오려 했을 때에 앞장서서 다윗을 환영하지 못했습니다. 그렇다고 다윗이 유다지파를 제외하고 다른 지파들에게 의존할 수도 없는 상황이었습니다. 그래서 제사장들에게 기별하고 아마사에게 기별하여 자신을 왕궁으로 모셔들이라 하였습니다. 그리되자 유다지파는 다윗을 왕궁으로 모셔들였습니다.

삼하19:11-15에 다윗 왕이 사독과 아비아달 두 제사장에게 소식을 전하여 이르되 너희는 유다 장로들에게 말하여 이르기를 왕의 말씀이 온 이스라엘이 왕을 왕궁으로 도로 모셔오자 하는 말이 왕께 들렸거늘 너희는 어찌하여 왕을 궁으로 모시는 일에 나중이 되느냐 너희는 내 형제요 내 골육이거늘 너희는 어찌하여 왕을 도로 모셔오는 일에 나중이 되리요 하셨다 하고

너희는 또 아마사에게 이르기를 너는 내 골육이 아니냐 네가 요압을 이어서 항상 내 앞에서 지휘관이 되지 아니하면 하나님이 내게 벌 위에 벌을 내리시기를 바라노라 하셨다 하라 하여

모든 유다 사람들의 마음을 하나 같이 기울게 하매 그들이 왕께 전갈을 보내어 이르되 당신께서는 모든 부하들과 더불어 돌아오소서 한지라 왕이 돌아와 요단에 이르매 유다 족속이 왕을 맞아 요단을 건너가게 하려고 길갈로 오니라 하였습니다.

다윗이 예루살렘 왕궁으로 돌아오는데 있어 유다지파가 다른 지파들과 의논하지 않고 그리 했습니다. 그러자 그들이 유다지파와 다윗을 원망하였고 그 원망을 이용하여 비그리의 아들 세바가 난을 일으켰습니다.

다윗은 세바의 반란을 진압할 군사령관으로 아마사를 지명합니다.

그리함으로 유다지파와의 관계도 회복하고 요압도 견제할 수 있을 것으로 보았을 것입니다.

아마사가 그 일을 위해 나섰지만 그를 따르는 자들이 없었습니다. 당연히 요압은 불만이었을 것이고 아브넬에게 했던 대로 아마사도 살해하였습니다. 그들은 이종사촌간이었습니다.

삼하20:4-13에 왕이 아마사에게 이르되 너는 나를 위하여 삼 일 내로 유다 사람을 큰 소리로 불러 모으고 너도 여기 있으라 하니라 아마사가 유다 사람을 모으러 가더니 왕이 정한 기일에 지체된지라 다윗이 이에 아비새에게 이르되 이제 비그리의 아들 세바가 압살롬보다 우리를 더 해하리니 너는 네 주의 부하들을 데리고 그의 뒤를 쫓아가라 그가 견고한 성읍에 들어가 우리들을 피할까 염려하노라 하매 요압을 따르는 자들과 그렛 사람들과 블렛 사람들과 모든 용사들이 다 아비새를 따라 비그리의 아들 세바를 뒤쫓으려고 예루살렘에서 나와 기브온 큰 바위 곁에 이르매 아마사가 맞으러 오니 그 때에 요압이 군복을 입고 띠를 띠고 칼집에 꽂은 칼을 허리에 맸는데 그가 나아갈 때에 칼이 빠져 떨어졌더라 요압이 아마사에게 이르되 내 형은 평안하냐 하며 오른손으로 아마사의 수염을 잡고 그와 입을 맞추려는 체하매 아마사가 요압의 손에 있는 칼은 주의하지 아니한지라 요압이 칼로 그의 배를 찌르매 그의 창자가 땅에 쏟아지니 그를 다시 치지 아니하여도 죽으니라 요압과 그의 동생 아비새가 비그리의 아들 세바를 뒤쫓을새 요압의 청년 중 하나가 아마사 곁에 서서 이르되 요압을 좋아하는 자가 누구이며 요압을 따라 다윗을 위하는 자는 누구냐 하니 아마사가 길 가운데 피 속에 놓여 있는지라 그 청년이 모든 백성이 서 있는 것을 보고 아마사를 큰길에서부터 밭으로 옮겼으나 거기에 이르는 자도 다 멈추어 서는 것을 보고 옷을 그 위에 덮으니라 아마사를 큰길에서 옮겨가매 사람들이 다 요압을 따라 비그리의 아들 세바를 뒤쫓아가니라 하였습니다.

에브라임 산지 사람 비그리의 아들 세바의 무리가 벧마아가 아벨로 가서 한 성에 들어갔습니다. 아벨의 지혜로운 여인이 요압과 협상하여 세바의 목을 베어 요압에게 던짐으로 이 전쟁은 끝이 났습니다.

다윗은 임종을 앞두고 유언을 남기는데 그 중에 요압을 처형하라 하였습니다.

왕상2:1-6에 다윗이 죽을 날이 임박하매 그의 아들 솔로몬에게 명령하여 이르되 내가 이제 세상 모든 사람이 가는 길로 가게 되었노니 너는 힘써 대장부가 되고 네 하나님 여호와의 명령을 지켜 그 길로 행하여 그 법률과 계명과 율례와 증거를 모세의 율법에 기록된 대로 지키라 그리하면 네가 무엇을 하든지 어디로 가든지 형통할지라 여호와께서 내 일에 대하여 말씀하시기를 만일 네 자손들이 그들의 길을 삼가 마음을 다하고 성품을 다하여 진실히 내 앞에서 행하면 이스라엘 왕위에 오를 사람이 네게서 끊어지지 아니하리라 하신 말씀을 확실히 이루게 하시리라 스루야의 아들 요압이 내게 행한 일 곧 이스라엘 군대의 두 사령관 넬의 아들 아브넬과 예델의 아들 아마사에게 행한 일을 네가 알거니와 그가 그들을 죽여 태평 시대에 전쟁의 피를 흘리고 전쟁의 피를 자기의 허리에 띤 띠와 발에 신은 신에 묻혔으니 네 지혜대로 행하여 그의 백발이 평안히 스올에 내려가지 못하게 하라 합니다.

솔로몬은 아버지 다윗의 유언을 따라 요압을 처형합니다. 요압은 압살롬의 반역에는 가담하지 않았지만 아도니아의 반역에 가담하였었습니다.

왕상 2:32-35에 여호와께서 요압의 피를 그의 머리로 돌려보내실 것은 그가 자기보다 의롭고 선한 두 사람을 쳤음이니 곧 이스라엘 군사령관 넬의 아들 아브넬과 유다 군사령관 예델의 아들 아마사를 칼로 죽였음이라 이 일을 내 아버지 다윗은 알지 못하셨나니 그들의 피는 영영히 요압의 머리와 그의 자손의 머리로 돌아갈지라도 다윗과 그의 자손과 그의 집과 그의 왕위에는 여호와께로 말미암는 평강이 영원히 있으리라 여호야다의 아들 브나야가 곧 올라가서 그를 쳐죽이매 그가 광야에 있는 자기의 집에 매장되니라 왕이 이에 여호야다의 아들 브나야를 요압을 대신하여 군사령관으로 삼고 또 제사장 사독으로 아비아달을 대신하게 하니라 하였습니다.

다윗이 왕궁으로 돌아오는 일에 유다지파 외의 사람들에게 오해를 불러일으킨 것은 두려움 때문이었을 것입니다. 그에게 가장 의지할 이들이 유다지파였기 때문이었습니다. 더욱 하나님을 의지하였어야 할 일입니다. 다른 지파의 반란이 일어났을 때 아마사를 군사령관으로 삼은 것은 또 다른 잘못이었습니다. 아무리 요압이 두려웠어도 공의롭지 못한 일이었습니다. 요압에게 맡겼어야 할 일이었습니다.

22. 아히도벨, 다윗의 기도

아히도벨은 연합 이스라엘 왕국의 사람으로 다윗의 고문이며 길로 출신입니다. 놀랍게도 그 이름의 뜻은 '어리석은자의 형제'입니다.

아히도벨은 엘리암의 아버지로, 엘리암이 밧세바의 아버지로 되어 있는 본문을 들어 아히도벨이 밧세바의 할아버지일 것이라고 보는 견해가 있습니다. 그러나 성경의 인물들은 동명이인이 많고 밧세바의 아버지 엘리암이 길로 사람이라는 표시가 없고, 아히도벨이 밧세바의 조부라면 왜 아히도벨이 다윗을 배신하고 압살롬의 편이 되었는지에 대한 설명이 어려운 점이 있습니다.

삼하11:3에 다윗이 사람을 보내 그 여인을 알아보게 하였더니 그가 아뢰되 그는 엘리암의 딸이요 헷 사람 우리아의 아내 밧세바가 아니니이까 하였습니다. 아히도벨의 아들 엘리암과 우리아는 다윗의 30용사 중에 들어 있었습니다. 다윗의 용사 엘리암의 딸 밧세바와 헷 사람 우리아가 결혼하였을 가능성은 열려 있습니다. 삼하23:34에 마아가 사람의 손자 아하스배의 아들 엘리벨렛과 길로 사람 아히도벨의 아들 엘리암과 하였고, 삼하23:39에 헷 사람 우리아라 이상 총수가 삼십칠 명이었더라 하였습니다.

압살롬의 난이 일어나자 다윗을 배신하고 압살롬을 지지하며 그의 모사가 되었습니다. 그 때에 아히도벨이 베푸는 계략은 사람이 하나님께 물어서 받은 말씀과 같은 것이라 아히도벨의 모든 계략은 다윗에게나 압살롬에게나 그와 같이 여겨졌더라 (삼하 16:23). 아히도벨이 하나님 편에 설 때에는 지혜롭고 권위 있는 모사로 존경을 받았으나 그가 악인의 편에 설 때에 실패자가 되었고 하나님께도 버림받았습니다. 결국 아히도벨은 나귀를 타고 고향에 돌아가 자살하고 말았습니다.(삼하17:23).

삼하16:20-21에 압살롬이 아히도벨에게 이르되 너는 어떻게 행할 모략을 우리에게 가르치라 아히도벨이 압살롬에게 이르되 왕의 아버지가 머물러 궁을 지키게 한 후궁들로 더불어 동침하소서 그리하면 왕께서 왕의 부친의 미워하는 바 됨을 온 이스라엘이 들으리니 왕과 함께 있는 모든 사람의 힘이 더욱 강하여 지리이다 하였는데 이는 그가 얼마나 악한 생각에 사로잡혀 있는지를 볼 수 있습니다.

삼하17:1-3에 아히도벨은 압살롬에게 자신이 직접 다윗을 살해하겠다는 음모를 제안했습니다. 아히도벨이 또 압살롬에게 이르되 이제 나로 하여금 사람 일만 이천을 택하게 하소서 오늘 밤에 내가 일어나서 다윗의 뒤를 따라 저가 곤하고 약할 때에 엄습하여 저를 무섭게 한즉 저와 함께 있는 모든 백성이 도망하리니 내가 다윗 왕만 쳐 죽이고 모든 백성으로 왕께 돌아오게 하리니 무리의 돌아오기는 왕의 찾는 이 사람에게 달렸음이라 그리하면 모든 백성이 평안하리이다 하였습니다. 그러나 다윗이 압살롬에게 자기 친구 후새를 보내 아히도벨의 꾀를 뒤집도록 하였습니다. 다윗이 압살롬을 피해 머리채를 풀어헤치고 맨발로 기드론 골짜기를 지나 모압 땅을 향해 도망할때, 어떤 사람이 아히도벨의 배신을 전하였을 때 다윗은 그 즉시 하나님께 기도를 드렸습니다. 삼하15:31에 여호와여 원하옵건대 아히도벨의 모략을 어리석게 하옵소서 하였고, 이 기도가 응답됨을 보면 이러한 기도도 있구나 하게 됩니다.

다윗은 아렉 사람 후새를 압살롬에게 보내어 아히도벨의 모략을 방해하도록 합니다. 실제로 아히도벨과 후새는 각각 다른 모략을 압살롬에게 말하게 되는데 압살롬은 아히도벨이 아닌 후사의 모략을 선택합니다.

삼하17:7-14에 후새가 압살롬에게 이르되 이번에는 아히도벨이 베푼 계략이 좋지 아니하니이다 하고 또 후새가 말하되 왕도 아시거니와 왕의 아버지와 그의 추종자들은 용사라 그들은 들에 있는 곰이 새끼를 빼앗긴 것 같이 격분하였고 왕의 부친은 전쟁에 익숙한 사람인즉 백성과 함께 자지 아니하고 지금 그가 어느 굴에나 어느 곳에 숨어 있으리니 혹 무리 중에 몇이 먼저 엎드러지면 그 소문을 듣는 자가 말하기를 압살롬을 따르는 자 가운데에서 패함을 당하였다 할지라 비록 그가 사자 같은 마음을 가진 용사의 아들일지라도 낙심하리니 이는 이스라엘 무리가 왕의 아버지는 영웅이요 그의 추종자들도 용사인 줄 앎이니이다 나는 이렇게 계략을 세웠나이다 온 이스라엘을 단부터 브엘세바까지 바닷가의 많은 모래 같이 당신께로 모으고 친히 전장에 나가시고 우리가 그 만날 만한 곳에서 그를 기습하기를 이슬이 땅에 내림 같이 우리가 그의 위에 덮여 그와 그 함께 있는 모든 사람을 하나도 남겨 두지 아니할 것이요 또 만일 그가 어느 성에 들었으면 온 이스라엘이 밧줄을 가져다가 그 성을 강으로 끌어들여서 그 곳에 작은 돌 하나도 보이지 아니하게 할 것이니이다 하매 압살롬과 온 이스라엘 사람들이 이르되 아렉 사람 후새의 계략은 아히도벨의 계략보다 낫다 하니 이는 여호와께서 압살롬에게 화를 내리려 하사 아히도벨의 좋은 계략을 물리치라고 명하셨음이니라 하였습니다.

아히도벨도 압살롬도 지혜로운 사람들이었다가 악을 행하려고 하니 어리석은 자들이 되었습니다. 유대 랍비들은 성서 인물들중 발람과 아히도벨 두 명을 최고의 모략가로 인정하며, 아히도벨이 다윗을 몰아내고 왕좌에 앉기 위해 압살롬을 이용하려 하였으나, 그 계획이 무산되어 자살을 한 것으로 이해합니다.

아히도벨의 자살은 성경에 기록된 최초의 고의적 자살입니다. 요한복음 13:18에서 예수 그리스도는 시편 41편을 인용하며 자신이 배신당할 것임을 암시합니다. 이 때 시편 41편에서 가리키는 대상을 아히도벨로 보고, 가룟 유다를 아히도벨에 비유하며 그의 자살까지도 예언한 것이라는 해석이 있습니다.

요13:18에 내가 너희 모두를 가리켜 말하는 것이 아니니라 나는 내가 택한 자들이 누구인지 앎이라 그러나 내 떡을 먹는 자가 내게 발꿈치를 들었다 한 성경을 응하게 하려는 것이니라 하였고, 시41:9에 내가 신뢰하여 내 떡을 나눠 먹던 나의 가까운 친구도 나를 대적하여 그의 발꿈치를 들었나이다 하였습니다.

아히도벨의 지혜는 선한 일에 쓰일 때에는 칭찬과 인정을 받았지만 악한 일에 쓰일 때에는 어리석었고 인정받지 못하였으며 악하였습니다. 원래의 범죄자는 다윗이었지만, 다윗의 범죄는 그 자신뿐 아니라 아히도벨을 비롯한 다른 인물들의 삶에 중대한 영향을 미쳤습니다. 죄의 전염성과 악한 파장이 얼마나 큰지를 생각합니다.

23. 시바, 므비보셋

우리의 삶의 자리는 흑과 백이 아니라 회색입니다. 성경의 인물들도 그와 같습니다. 사실을 바라볼 수 있어야 합니다. 동화처럼 읽어서는 실제적인 교훈을 얻기가 어렵습니다.

삼하9:1에 다윗이 이르되 사울의 집에 아직도 남은 사람이 있느냐 내가 요나단으로 말미암아 그 사람에게 은총을 베풀리라 하였는데, 다윗이 이 말을 하는 시점은 길보아 전투 후에 아브넬을 중심으로 한 사울의 남은 자들이 사울의 아들 이스보셋을 왕으로 하여 마하나임에서 왕국을 구성하고 있다가 아브넬의 반역과 아브넬의 죽음 그리고 이스보셋이 살해됨으로 사울의 영향력은 거의 사라졌을 때입니다. 이스보셋이 살해 되었을 때에 다윗이 이스보셋의 머리를 아브넬의 무덤에 매장하였다는 것과(삼하4:12) 자신의 부인이자 사울의 딸이었던 미갈과의 관계를 끊은 것이 그 증거입니다(삼하6:23).

다윗을 칭찬만 하기에는 시기적으로 상황적으로 맞지 않는 부분들이 있습니다.

삼하9:2-4에 사울의 집에는 종 한 사람이 있으니 그의 이름은 시바라 그를 다윗의 앞으로 부르매 왕이 그에게 말하되 네가 시바냐 하니 이르되 당신의 종이니이다 하니라 왕이 이르되 사울의 집에 아직도 남은 사람이 없느냐 내가 그 사람에게 하나님의 은총을 베풀고자 하노라 하니 시바가 왕께 아뢰되 요나단의 아들 하나가 있는데 다리 저는 자니이다 하니라 왕이 그에게 말하되 그가 어디 있느냐 하니 시바가 왕께 아뢰되 로드발 암미엘의 아들 마길의 집에 있나이다 하였습니다. 시바는 사울 가문의 재산 관리자였는데 그가 살아있는 것은 다윗에게 협조하였기 때문으로 보입니다. 다윗은 그의 이름을 알고 있고 그는 다윗에게 당신의 종입니다 하였습니다. 그가 요나단의 아들 므비보셋에 대해 고하는데 다리 저는 자라고 합니다. 걱정할 만한 인물이 아니라는 뜻입니다. 시바는 그를 직접 섬기지도 아니하고 있고 로드발 암미엘의 아들 마길의 집에 있다 합니다. 마길은 암몬 족속이었습니다(삼하17:27) 어려운 처지에서 어려운 이에게 몸을 의탁하고 살았던 것입니다.

삼하9:5-8에 다윗 왕이 사람을 보내어 로드발 암미엘의 아들 마길의 집에서 그를 데려오니

6. 사울의 손자 요나단의 아들 므비보셋이 다윗에게 나아와 그 앞에 엎드려 절하매 다윗이 이르되 므비보셋이여 하니 그가 이르기를 보소서 당신의 종이니이다 다윗이 그에게 이르되 무서워하지 말라 내가 반드시 네 아버지 요나단으로 말미암아 네게 은총을 베풀리라 내가 네 할아버지 사울의 모든 밭을 다 네게 도로 주겠고 또 너는 항상 내 상에서 떡을 먹을지니라 하니 그가 절하여 이르되 이 종이 무엇이기에 왕께서 죽은 개 같은 나를

돌아보시나이까 하였습니다. 다윗이 므비보셋에게 무서워하지 말라 함은 다윗과 그의 상황을 말하는 것이고 므비보셋은 '죽은 개 같은 나'라는 말로 응답하였습니다. 므비보셋의 아쉬움은 지나친 자기비하입니다. 그가 자신을 자신의 가문을 죽은 개 같은 나라 여길 이유는 없습니다. 지나친 비관으로 보입니다.

삼하9:9-13에 왕이 사울의 시종 시바를 불러 그에게 이르되 사울과 그의 온 집에 속한 것은 내가 다 네 주인의 아들에게 주었노니 너와 네 아들들과 네 종들은 그를 위하여 땅을 갈고 거두어 네 주인의 아들에게 양식을 대주어 먹게 하라 그러나 네 주인의 아들 므비보셋은 항상 내 상에서 떡을 먹으리라 하니라 시바는 아들이 열다섯 명이요 종이 스무 명이라 시바가 왕께 아뢰되 내 주 왕께서 모든 일을 종에게 명령하신 대로 종이 준행하겠나이다 하니라 므비보셋은 왕자 중 하나처럼 왕의 상에서 먹으니라 므비보셋에게 어린 아들 하나가 있으니 이름은 미가더라 시바의 집에 사는 자마다 므비보셋의 종이 되니라 므비보셋이 항상 왕의 상에서 먹으므로 예루살렘에 사니라 그는 두 발을 다 절더라 하였습니다. 사울의 자손 중 손자 되는 므비보셋만이 남았는데 그는 요나단의 아들이라 죽이지는 않고 매일의 식사자리에 참여시킴으로 어찌할 수 없게 만들었습니다.

다윗의 연전연승 중에 밧세바 우리아 사건이 일어났고 이어서 압살롬의 반역이 일어났습니다.

삼하16:1-4에 다윗이 마루턱을 조금 지나니 므비보셋의 종 시바가 안장 지운 두 나귀에 떡 이백 개와 건포도 백 송이와 여름 과일 백 개와 포도주 한 가죽부대를 싣고 다윗을 맞는지라

왕이 시바에게 이르되 네가 무슨 뜻으로 이것을 가져왔느냐 하니 시바가 이르되 나귀는 왕의 가족들이 타게 하고 떡과 과일은 청년들이 먹게 하고 포도주는 들에서 피곤한 자들에게 마시게 하려 함이니이다 왕이 이르되 네 주인의 아들이 어디 있느냐 하니 시바가 왕께 아뢰되 예루살렘에 있는데 그가 말하기를 이스라엘 족속이 오늘 내 아버지의 나라를 내게 돌리리라 하나이다 하는지라 왕이 시바에게 이르되 므비보셋에게 있는 것이 다 네 것이니라 하니라 시바가 이르되 내가 절하나이다 내 주 왕이여 내가 왕 앞에서 은혜를 입게 하옵소

서 하였습니다.

시바가 다윗과 압살롬 사이에서 다윗 편에 서기로 하였고, 므비보셋에 관한 말은 거짓으로 보입니다. 이에 대한 다윗의 판단은 온전하지 못하였습니다. 잠언18:17에 송사에서는 먼저 온 사람의 말이 바른 것 같으나 그의 상대자가 와서 밝히느니라 하였습니다.

다윗이 압살롬의 난을 진압하고 요단을 건너려 할 때입니다.

삼하19:16-17에 바후림에 있는 베냐민 사람 게라의 아들 시므이가 급히 유다 사람과 함께 다윗 왕을 맞으러 내려올 때에 베냐민 사람 천 명이 그와 함께 하고 사울 집안의 종 시바도 그의 아들 열다섯과 종 스무 명과 더불어 그와 함께 하여 요단 강을 밟고 건너 왕 앞으로 나아오니라 하였습니다. 마하나임에 있던 다윗은 압살롬의 난을 진압하고 요단을 건너 예루살렘으로 돌아가려 하고 있었을 때에 시므이와 함께 나타난 것이 시바입니다. 그가 누구와 있는지가 그가 어떤 사람인지를 알게 하기도 합니다. 시바는 종이면서도 아들이 열다섯이나 있었고 종을 스무 명이나 데리고 왔습니다. 그의 말이 아니라 그의 삶의 그가 어떤 사람인지를 말하고 있습니다.

다윗이 예루살렘에 도착하였을 때입니다.

삼하19:24-28에 사울의 손자 므비보셋이 내려와 왕을 맞으니 그는 왕이 떠난 날부터 평안히 돌아오는 날까지 그의 발을 맵시 내지 아니하며 그의 수염을 깎지 아니하며 옷을 빨지 아니하였더라 예루살렘에서 와서 왕을 맞을 때에 왕이 그에게 물어 이르되 므비보셋이여 네가 어찌하여 나와 함께 가지 아니하였더냐 하니 대답하되 내 주 왕이여 왕의 종인 나는 다리를 절므로 내 나귀에 안장을 지워 그 위에 타고 왕과 함께 가려 하였더니 내 종이 나를 속이고 종인 나를 내 주 왕께 모함하였나이다 내 주 왕께서는 하나님의 사자와 같으시니 왕의 처분대로 하옵소서 내 아버지의 온 집이 내 주 왕 앞에서는 다만 죽을 사람이 되지 아니하였나이까 그러나 종을 왕의 상에서 음식 먹는 자 가운데에 두셨사오니 내게 아직 무슨 공의가 있어서 다시 왕께 부르짖을 수 있사오리이까 하였습니다. 므비보셋의 말과 행동에는 진정성이 있습니다.

삼하19:29-30에 왕이 그에게 이르되 네가 어찌하여 또 네 일을 말하느냐 내가 이르노니 너는 시바와 밭을 나누라 하니 므비보셋이 왕께 아뢰되 내 주 왕께서 평안히 왕궁에 돌아오시게 되었으니 그로 그 전부를 차지하게 하옵소서 하였습니다. 다윗의 말은 이전에 시바에게 주었던 것들을 다시 므비보셋에게 준다는 것이고 므비보셋에게 시바와 밭을 나누라 한 것입니다. 여전히 남아 있는 사울의 영향력을 염두에 둔 결정으로 보입니다. 그러나 결국은 유다지파를 제외한 베냐민 사람 비그리의 아들 세바와 함께한 다른 지파들과의 전쟁은 일어나고야 말았습니다. 다행히 아벨성에 세바가 있을 때에 그 성의 지혜로운 여인이 세바의 목을 베어 내어 던짐으로 끝이나고 다윗은 온 이스라엘의 왕으로 다시 예루살렘으로 들어가게 되었습니다.

그 이후 다윗의 말이 기록되어 있지 않습니다. 혹 압살롬의 난을 겪고 난 후 다윗은 자신을 배신한 자들에 대한 너그러움이 생긴 듯 합니다. 내 자식도 내게 이리했는데 너희들이 한 것이 못할 일이겠느냐 하는 뜻입니다. 다윗과 시바와 므비보셋의 관계 속에서 인간의 죄와 허물이 무엇인지 어디로 나아가야 할지를 생각하게 됩니다.

24. 시므이, 조롱

시므이는 다윗이 어려운 처지에 이르게 되자 그를 저주하기 시작하였습니다.

크게는 다윗왕국을 향한 하나님의 뜻을 알지 못하였고 어려운 처지의 사람을 저주한 일입니다. 삼하16:5-8에 다윗 왕이 바후림에 이르매 거기서 사울의 친족 한 사람이 나오니 게라의 아들이요 이름은 시므이라 그가 나오면서 계속하여 저주하고 또 다윗과 다윗 왕의 모든 신하들을 향하여 돌을 던지니 그 때에 모든 백성과 용사들은 다 왕의 좌우에 있었더라 시므이가 저주하는 가운데 이와 같이 말하니라 피를 흘린 자여 사악한 자여 가거라 가거라 사울의 족속의 모든 피를 여호와께서 네게로 돌리셨도다 그를 이어서 네가 왕이 되었으나 여호와께서 나라를 네 아들 압살롬의 손에 넘기셨도다 보라 너는 피를 흘린 자이므로 화를 자초하였느니라 하였습니다. 마27:40-42에 이르되 성전을 헐고 사흘에 짓는 자여 네가 만일 하나님의 아들이어든 자기를 구원하고 십자가에서 내려오라 하며 그와 같이 대제사장들도 서기관들과 장로들과 함께 희롱하여 이르되 그가 남은 구원하였으되 자기는 구원할 수 없도다 그가 이스라엘의 왕이로다 지금 십자가에서 내려올지어다 그리하면 우리가 믿겠노라 하였습니다.

삼하16:9-12에 스루야의 아들 아비새가 왕께 여짜오되 이 죽은 개가 어찌 내 주 왕을 저주하리이까 청하건대 내가 건너가서 그의 머리를 베게 하소서 하니 왕이 이르되 스루야의 아들들아 내가 너희와 무슨 상관이 있느냐 그가 저주하는 것은 여호와께서 그에게 다윗을 저주하라 하심이니 네가 어찌 그리하였느냐 할 자가 누구겠느냐 하고 또 다윗이 아비새와 모든 신하들에게 이르되 내 몸에서 난 아들도 내 생명을 해하려 하거든 하물며 이 베냐민 사람이랴 여호와께서 그에게 명령하신 것이니 그가 저주하게 버려두라 혹시 여호와께서 나의 원통함을 감찰하시리니 오늘 그 저주 때문에 여호와께서 선으로 내게 갚아 주시리라 하였습니다.

눅23:34에 이에 예수께서 이르시되 아버지 저들을 사하여 주옵소서 자기들이 하는 것을 알지 못함이니이다 하셨고, 롬12:19-21에 내 사랑하는 자들아 너희가 친히 원수를 갚지 말고 하나님의 진노하심에 맡기라 기록되었으되 원수 갚는 것이 내게 있으니 내가 갚으리라고 주께서 말씀하시니라 네 원수가 주리거든 먹이고 목마르거든 마시게 하라 그리함으로 네가 숯불을 그 머리에 쌓아 놓으리라 악에게 지지 말고 선으로 악을 이기라 하였습니다.

삼하16:13-14에 다윗과 그의 추종자들이 길을 갈 때에 시므이는 산비탈로 따라가면서 저주하고 그를 향하여 돌을 던지며 먼지를 날리더라 왕과 그와 함께 있는 백성들이 다 피곤하여 한 곳에 이르러 거기서 쉬니라 하였습니다.

시므이의 회개는 진정한 것이 아니고 이익을 좇은 일이었습니다. 삼하19:16-23에 바후림에 있는 베냐민 사람 게라의 아들 시므이가 급히 유다 사람과 함께 다윗 왕을 맞으러 내려올 때에 베냐민 사람 천 명이 그와 함께 하고 사울 집안의 종 시바도 그의 아들 열다섯과 종 스무 명과 더불어 그와 함께 하여 요단 강을 밟고 건너 왕 앞으로 나아오니라 왕의 가족을 건너가게 하며 왕이 좋게 여기는 대로 쓰게 하려 하여 나룻배로 건너가니 왕이 요단을 건너가게 할 때에

게라의 아들 시므이가 왕 앞에 엎드려 왕께 아뢰되 내 주여 원하건대 내게 죄를 돌리지 마옵소서 내 주 왕께서 예루살렘에서 나오시던 날에 종의 패역한 일을 기억하지 마시오며 왕의 마음에 두지 마옵소서 왕의 종 내가 범죄한 줄 아옵기에 오늘 요셉의 온 족속 중 내가 먼저 내려와서 내 주 왕을 영접하나이다 하니 스루야의 아들 아비새가 대답하여 이르되 시므이가 여호와의 기름 부으신 자를 저주하였으니 그로 말미암아 죽어야 마땅하지 아니하니이까 하니라 다윗이 이르되 스루야의 아들들아 내가 너희와 무슨 상관이 있기에 너희가 오늘 나의 원수가 되느냐 오늘 어찌하여 이스라엘 가운데에서 사람을 죽이겠느냐 내가 오늘 이스라엘의 왕이 된 것을 내가 알지 못하리요 하고 왕이 시므이에게 이르되 네가 죽지 아니하리라 하고 그에게 맹세하니라 하였습니다.

아도니야의 반역에 관여하지 않은 시므이가 그 시므이인지는 분명치 않고, 스루야의 아들들 요압과 아비새의 말도 합당한 말은 아니었습니다.

왕상1:5-8에 그 때에 학깃의 아들 아도니야가 스스로 높여서 이르기를 내가 왕이 되리라 하고 자기를 위하여 병거와 기병과 호위병 오십 명을 준비하니 그는 압살롬 다음에 태어난 자요 용모가 심히 준수한 자라 그의 아버지가 네가 어찌하여 그리 하였느냐고 하는 말로 한 번도 그를 섭섭하게 한 일이 없었더라 아도니야가 스루야의 아들 요압과 제사장 아비아달과 모의하니 그들이 따르고 도우나 제사장 사독과 여호야다의 아들 브나야와 선지자 나단과 시므이와 레이와 다윗의 용사들은 아도니야와 같이 하지 아니하였더라 하였습니다.

다윗이 솔로몬에게 남기는 유언은 하나님의 사랑과 공의를 생각하게 합니다.

왕상2:5-9에 스루야의 아들 요압이 내게 행한 일 곧 이스라엘 군대의 두 사령관 넬의 아들 아브넬과 예델의 아들 아마사에게 행한 일을 네가 알거니와 그가 그들을 죽여 태평 시대에 전쟁의 피를 흘리고 전쟁의 피를 자기의 허리에 띤 띠와 발에 신은 신에 묻혔으니 네 지혜대로 행하여 그의 백발이 평안히 스올에 내려가지 못하게 하라 마땅히 길르앗 바르실래의 아들들에게 은총을 베풀어 그들이 네 상에서 먹는 자 중에 참여하게 하라 내가 네 형 압살롬의 낯을 피하여 도망할 때에 그들이 내게 나왔느니라 바후림 베냐민 사람 게라의 아들 시므이가 너와 함께 있나니 그는 내가 마하나임으로 갈 때에 악독한 말로 나를 저주하였느니라 그러나 그가 요단에 내려와서 나를 영접하므로 내가 여호와를 두고 맹세하여 이르기를 내가 칼로 너를 죽이지 아니하리라 하였노라 그러나 그를 무죄한 자로 여기지 말지어다 너는 지혜 있는 사람이므로 그에게 행할 일을 알지니 그의 백발이 피 가운데 스올에 내려가게 하라 하였습니다.

시므이는 솔로몬의 은혜를 잊어버리고 작은 이익을 위하여 계명을 어기고 말았습니다.

왕상2:36-46에 왕이 사람을 보내어 시므이를 불러서 이르되 너는 예루살렘에서 너를 위하여 집을 짓고 거기서 살고 어디든지 나가지 말라 너는 분명히 알라 네가 나가서 기드론 시내를 건너는 날에는 반드시 죽임을 당하리니 네 피가 네 머리로 돌아가리라 시므이가 왕께 대답하되 이 말씀이 좋사오니 내 주 왕의 말씀대로 종이 그리 하겠나이다 하고 이에 날이 오래도록 예루살렘에 머무니라 삼 년 후에 시므이의 두 종이 가드 왕 마아가의 아들 아기스에게로 도망하여 간지라 어떤 사람이 시므이에게 말하여 이르되 당신의 종이 가드에 있나이다 시므이가 그 종을 찾으려고 일어나 그의 나귀에 안장을 지우고 가드로 가서 아기스에게 나아가 그의 종을 가드에서 데려왔더니 시므이가 예루살렘에서부터 가드에 갔다가 돌아온 일을 어떤 사람이 솔로몬에게 말한지라 왕이 사람을 보내어 시므이를 불러서 이르되 내가 너에게 여호와를 두고 맹세하게 하고 경고하여 이르기를 너는 분명히 알라 네가 밖으로 나가서 어디든지 가는 날에는 죽임을 당하리라 하지 아니하였느냐 너도 내게 말하기를 내가 들은 말씀이 좋으니이다 하였거늘 네가 어찌하여 여호와를 두고 한 맹세와 내가 네게 이른 명령을 지키지 아니하였느냐

왕이 또 시므이에게 이르되 네가 네 마음으로 아는 모든 악 곧 내 아버지에게 행한 바를 네가 스스로 아나니 여호와께서 네 악을 네 머리로 돌려보내시리라 그러나 솔로몬 왕은 복을 받고 다윗의 왕위는 영원히 여호와 앞에서 견고히 서리라 하고 여호야다의 아들 브나야에게 명령하매 그가 나가서 시므이를 치니 그가 죽은지라 이에 나라가 솔로몬의 손에 견고하여지니라 하였습니다.

25. 요압, 무거운 짐

길보아 전투에서 사울과 이스라엘이 블레셋에 의해 패망한 후에 다윗은 헤브론에서 유다족속의 왕이 됩니다.

삼하2:8-11에 사울의 군사령관 넬의 아들 아브넬이 이미 사울의 아들 이스보셋을 데리고 마하나임으로 건너가 길르앗과 아술과 이스르엘과 에브라임과 베냐민과 온 이스라엘의 왕으로 삼았더라 사울의 아들 이스보셋이 이스라엘 왕이 될 때에 나이가 사십 세이며 두 해 동안 왕위에 있으니라 유다 족속은 다윗을 따르니 다윗이 헤브론에서 유다 족속의 왕이 된 날 수는 칠 년 육 개월이더라 하였습니다.

이스보셋과 다윗의 전투가 이어졌습니다. 이스보셋에서는 아브넬이 군사령관이었고, 다윗에서는 요압이었습니다. 이 전투에서 다윗이 승리하였지만 요압의 동생 아사헬이 아브넬에게 죽임을 당하였습니다. 삼하2:18에 그 곳에 스루야의 세 아들 요압과 아비새와 아사헬이 있었는데 아사헬의 발은 들노루 같이 빠르더라 하였습니다.

요압은 다윗의 조카입니다.

그런데 다윗이 일곱째이기 때문에 스루야가 맏딸이거나 하였다면 다윗보다 나이가 많았을 수 있습니다. 보아스는 오벳을 낳았고 오벳은 이새를 낳았으며 이새는 역대상1:15-17에 여섯째로 오셈과 일곱째로 다윗을 낳았으며 그들의 자매는 스루야와 아비가일이라 스루야의 아들은 아비새와 요압과 아사헬 삼 형제요 아비가일은 아마사를 낳았으니 아마사의 아버지는 이스마엘 사람 예델이었더라 하였습니다.

아브넬이 사울의 첩 리스바와 통간하자 이스보셋이 이를 문제로 삼았습니다.

거기에 불만을 품은 아브넬은 이스보셋을 배반하고 다윗을 찾아가 나라를 넘기려 하여 협상을 마치고 돌아가던 중에 요압이 동생 아사헬의 복수를 위해 그를 불러 암살하였습니다. 그는 동생의 복수를 한 것이기도 하지만 아브넬이

2인자가 되려는 것을 제거한 것이기도 하였습니다.

삼하3:27-30에 아브넬이 헤브론으로 돌아오매 요압이 더불어 조용히 말하려는 듯이 그를 데리고 성문 안으로 들어가 거기서 배를 찔러 죽이니 이는 자기의 동생 아사헬의 피로 말미암음이더라 그 후에 다윗이 듣고 이르되 넬의 아들 아브넬의 피에 대하여 나와 내 나라는 여호와 앞에 영원히 무죄하니 그 죄가 요압의 머리와 그의 아버지의 온 집으로 돌아갈지어다 또 요압의 집에서 백탁병자나 나병 환자나 지팡이를 의지하는 자나 칼에 죽는 자나 양식이 떨어진 자가 끊어지지 아니할지로다 하니라 요압과 그의 동생 아비새가 아브넬을 죽인 것은 그가 기브온 전쟁에서 자기 동생 아사헬을 죽인 까닭이었더라 하였습니다.

다윗은 아브넬의 장사를 지내주며 이런 말을 하였습니다. 삼하3:39에 내가 기름 부음을 받은 왕이 되었으나 오늘 약하여서 스루야의 아들인 이 사람들을 제어하기가 너무 어려우니 여호와는 악행한 자에게 그 악한 대로 갚으실지로다 하니라.

이스보셋은 그의 부하들에 의해 살해되었습니다.

삼하5:3에 이에 이스라엘 모든 장로가 헤브론에 이르러 왕에게 나아오매 다윗 왕이 헤브론에서 여호와 앞에 그들과 언약을 맺으매 그들이 다윗에게 기름을 부어 이스라엘 왕으로 삼으니라 하였습니다.

다윗이 연전연승할 때에 요압은 군사령관이었습니다. 삼하8:15-16에 다윗이 온 이스라엘을 다스려 다윗이 모든 백성에게 정의와 공의를 행할새 스루야의 아들 요압은 군사령관이 되고 아힐룻의 아들 여호사밧은 사관이 되고 하였습니다.

암몬과 그 연합군과의 전투에서 요압이 대승을 합니다. 이 전투에서 요압은 지혜와 믿음을 보여 주었습니다. 삼하10:9-12에 요압이 자기와 맞서 앞뒤에 친 적진을 보고 이스라엘의 선발한 자 중에서 또 엄선하여 아람 사람과 싸우려고 진 치고 그 백성의 남은 자를 그 아우 아비새의 수하에 맡겨 암몬 자손과 싸우려고 진 치게 하고 이르되 만일 아람 사람이 나보다 강하면 네가 나를 돕고 만일 암몬 자손이 너보다 강하면 내가 가서 너를 도우리라 너는 담대하라 우리가 우리 백성과 우리 하나님의 성읍들을 위하여 담대히 하자 여호와께서 선히 여기시는 대로 행하시기를 원하노라 하였습니다.

다윗과 밧세바 사건에서 요압의 행동입니다. 요압은 다윗의 악한 뜻을 알았습니다.

삼하11:14-17에 아침이 되매 다윗이 편지를 써서 우리아의 손에 들려 요압에게 보내니 그 편지에 써서 이르기를 너희가 우리아를 맹렬한 싸움에 앞세워 두고 너희는 뒤로 물러가서 그로 맞아 죽게 하라 하였더라 요압이 그 성을 살펴 용사들이 있는 것을 아는 그 곳에 우리아를 두니 그 성 사람들이 나와서 요압과 더불어 싸울 때에 다윗의 부하 중 몇 사람이 엎드러지고 헷 사람 우리아도 죽으니라 하였고,

삼하11:21에 여룹베셋의 아들 아비멜렉을 쳐죽인 자가 누구냐 여인 하나가 성에서 맷돌 위짝을 그 위에 던지매 그가 데벳스에서 죽지 아니하였느냐 어찌하여 성에 가까이 갔더냐 하시거든 네가 말하기를 왕의 종 헷 사람 우리아도 죽었나이다 하라 하였습니다.

이로써 다윗과 요압의 악한 영혼들이 엉키게 되었습니다.

삼하11:25에 다윗이 전령에게 이르되 너는 요압에게 이같이 말하기를 이 일로 걱정하지 말라 칼은 이 사람이나 저 사람이나 삼키느니라 그 성을 향하여 더욱 힘써 싸워 함락시키라 하여 너는 그를 담대하게 하라 하니라 하였습니다.

요압은 아람의 랍바성을 점령하면서 지혜를 발휘합니다.

삼하12:28에 이제 왕은 그 백성의 남은 군사를 모아 그 성에 맞서 진 치고 이 성읍을 쳐서 점령하소서 내가 이 성읍을 점령하면 이 성읍이 내 이름으로 일컬음을 받을까 두려워하나이다 하니 하였습니다. 압살롬 사건에 요압이 개입합니다. 그는 압살롬을 생각하는 다윗의 마음을 읽었고 압살롬이 다음 왕이 될 것이라 여겼던 모양입니다. 삼하14:21에 왕이 요압에게 이르되 내가 이 일을 허락하였으니 가서 청년 압살롬을 데려오라 하였고, 삼하14:33에 요압이 왕께 나아가서 그에게 아뢰매 왕이 압살롬을 부르니 그가 왕께 나아가 그 앞에서 얼굴을 땅에 대어 그에게 절하매 왕이 압살롬과 입을 맞추니라 하였습니다. 압살롬이 이스라엘의 마음을 훔쳐 다윗을 향한 반역을 하였고 이 과정에서 요압을 택하지 않고 아마사를 군대장관으로 삼았습니다. 요압은 혼란스러웠을 것입니다. 삼하17:25에 압살롬이 아마사로 요압을 대신하여 군지휘관으로 삼으니라 하였습니다. 요압은 상수리나무에 매달려 있던 압살롬을 죽였습니다. 삼하18:14에 요압이 이르되 나는 너와 같이 지체할 수 없다 하고 손에 작은 창 셋을 가지

고 가서 상수리나무 가운데서 아직 살아 있는 압살롬의 심장을 찌르니 하였습니다. 압살롬을 애도하는 다윗을 요압이 추궁합니다. 이제 곧 일어나 나가 왕의 부하들의 마음을 위로하여 말씀하옵소서 내가 여호와를 두고 맹세하옵나니 왕이 만일 나가지 아니하시면 오늘 밤에 한 사람도 왕과 함께 머물지 아니할지라 그리하면 그 화가 왕이 젊었을 때부터 지금까지 당하신 모든 화보다 더욱 심하리이다 하였습니다.

압살롬의 반역을 평정하고 다시 예루살렘으로 돌아오는 과정에서 베냐민 지파 비그리의 아들 세바가 유다지파를 제외한 이들과 함께 다시 다윗에게 반역을 합니다. 이 반역을 제압하는 일에 다윗은 요압이 아니라 아마사를 군대장관으로 세웠는데 요압이 그를 무시하고 오히려 아마사를 죽이고 자신이 군대를 지휘하여 세바의 반란을 진압하였습니다. 삼하20:9-10에 요압이 아마사에게 이르되 내 형은 평안하냐 하며 오른손으로 아마사의 수염을 잡고 그와 입을 맞추려는 체하매 아마사가 요압의 손에 있는 칼은 주의하지 아니한지라 요압이 칼로 그의 배를 찌르매 그의 창자가 땅에 쏟아지니 그를 다시 치지 아니하여도 죽으니라 하였습니다. 다윗은 이를 받아들입니다. 삼하20:23에 요압은 이스라엘 온 군대의 지휘관이 되고 여호야다의 아들 브나야는 그렛 사람과 블렛 사람의 지휘관이 되고 하였습니다.

다윗은 요압에게 인구조사를 명합니다. 요압은 이를 행하기는 하였으나 정확히 하지는 않은 모양입니다. 삼하24:3에 요압이 왕께 아뢰되 이 백성이 얼마든지 왕의 하나님 여호와께서 백 배나 더하게 하사 내 주 왕의 눈으로 보게 하시기를 원하나이다 그런데 내 주 왕은 어찌하여 이런 일을 기뻐하시나이까 하되, 삼하24:9에 요압이 백성의 수를 왕께 보고하니 곧 이스라엘에서 칼을 빼는 담대한 자가 팔십만 명이요 유다 사람이 오십만 명이었더라 하였습니다.

아도니아의 반역에 요압이 참여합니다.

왕상1:7에 아도니야가 스루야의 아들 요압과 제사장 아비아달과 모의하니 그들이 따르고 도우나 하였습니다. 아도니아의 반역에 참여하였던 요압은 결국 솔로몬에 명에 의해 브나야의 손에 처형을 당하였습니다. 왕상2:31-34에 왕이 이르되 그의 말과 같이 하여 그를 죽여 묻으라 요압이 까닭 없이 흘린 피를 나와 내 아버지의 집에서 네가 제하리라 여호와께서 요압의 피를 그의 머리로 돌려보내실 것은 그가 자기보다 의롭고 선한 두 사람을 쳤음이니 곧 이스라엘 군사령관 넬의 아들 아브넬과 유다 군사령관 예델의 아들 아마사를 칼로 죽였음이라 이 일을 내 아버지 다윗은 알지 못하셨나니 그들의 피는 영영히 요압의 머리와 그의 자손의 머리로 돌아갈지라도 다윗과 그의 자손과 그의 집과 그의 왕위에는 여호와께로 말미암는 평강이 영원히 있으리라 여호야다의 아들 브나야가 곧 올라가서 그를 쳐죽이매 그가 광야에 있는 자기의 집에 매장되니라 하였습니다.

요압은 다윗의 조카였습니다.

그는 능력 있는 인물이었으나 동생 아사헬의 복수를 위해 아브넬을 죽임으로 대의를 거스렸습니다. 다윗의 능력 있는 군대장관이었으나 밧세바 사건에 결탁하여 우리아를 죽이는 일에 합력하였습니다. 그는 자신을 대신해 군대장관으로 임명된 아마사를 죽임으로 자신의 권세를 유지하였습니다. 압살롬의 반역에는 참여하지 않았지만 아도니아의 반역에 참여함으로 결국 솔로몬의 명령으로 브나야의 손에 처형당했습니다. 그는 성경에 그 이름이 123번 언급되는 특별한 인물이었지만 끝내 공의의 길에 서지 못함으로 부끄럽고 안타까운 생을 마치게 되었습니다.

26. 솔로몬, 잠언과 전도서

솔로몬은 이스라엘의 왕이자 동서고금의 지혜자였습니다.

왕상4:32-33에 저가 잠언(箴言) 삼천(三千)을 말하였고 그 노래는 일천(一千) 다섯이며 저가 또 초목을 논하되 레바논 백향목(栢香木)으로부터 담에 나는 우슬초(牛膝草)까지 하고 저가 또 짐승과 새와 기어 다니는 것과 물고기를 논한지라 하였습니다. 그의 이름은 '평화' 라는 의미를 지니고 있으며 '하나님의 사랑을 받는 자' 라는 뜻의 '여디디야'를 별명으로 가지고 있었습니다. 솔로몬은 다윗이 통일 왕국 이스라엘의 정치, 경제, 군사적 기반을 예루살렘에서 닦을 무렵, 우리아의 아내 밧세바에게서 출생한 인물이었습니다(대상3:5). 통일 이스라엘의 3번째 왕으로 등극한 솔로몬의 활동 시기는 B. C. 970-931년으로서 21세에 즉위하여 약 40여 년이었습니다. 삼하3:2-5에는 그의 아비 다윗이 헤브론에서 낳은 아들들이 언급되어 있고 삼하 5:13-15에는 예루살렘에서 낳은 아들들이 언급되어 있습니다. 솔로몬은 다윗이 예루살렘에서 낳은 아들 중의 하나인데, 밧세바가 다윗과의 사이에서 얻은 첫 아이를 잃자 여호와께서 그 위로로 다시 주신 아들이 있었는데 그가 바로 솔로몬이었습니다.

솔로몬은 왕가에서 태어나 나단 선지자의 신앙 교육을 받으며 성장하였습니다. 그리하여 약관 20세라는 어린 나이에 여러 형제 왕자들의 견제와 시기를 극복하고 기브아에서 이스라엘의 3대 왕으로 등극합니다(왕상1:32-2:46). 왕상1:5-9의 내용에는 솔로몬의 형들이 왕국을 차지하려고 암투하는 일단의 사건이 기록되어 있습니다. 암논, 길르압, 압살롬, 아도니야, 스바댜, 이드르암은 헤브론에서 태어난 다윗의 아들들입니다. 이는 당시 궁중 안에서 다윗의 사후를 노리는 권력 투쟁이 심하였음을 증명합니다. 이 혼미한 권력 투쟁의 와중에서 솔로몬의 어미 밧세바와 나단 선지자가 다윗에게로 가서 솔로몬에게 기름 붓고 왕 될 자격을 구하였습니다(왕상1:39). 아버지 다윗 역시 솔로몬이 자신의 왕위를 이을 계승자로 선포하였는데, 이는 하나님이 이미 솔로몬을 이스라엘의 왕으로 선택하여 놓으셨음을 인식하고 있었던 때문으로 보입니다(왕상1:33-39).

이스라엘의 왕위에 오른 솔로몬은 무엇보다도 먼저 하나님께 기도를 드리는 신앙심을 보였습니다. (대상29:23-25) 솔로몬이 여호와께서 주신 위에 앉아 부친 다윗을 이어 왕이 되어 형통하니 온 이스라엘이 그 명령을 순종하며 모든 방백과 용사와 다윗 왕의 여러 아들이 솔로몬 왕에게 복종하니 여호와께서 솔로몬으로 이스라엘 무리의 목전에 심히 존대케 하시고 또 왕의 위엄을 주사 그 전 이스라엘 모든 왕보다 뛰어나게 하셨습니다.

일천 번제를 드려 지혜를 얻고 도성 예루살렘에 하나님의 성전을 건축하여 국민적 통합을 이룩하고자 하였습니다(왕상3:5-6:38). 왕상3:5-10에 기브온에서 밤에 여호와께서 솔로몬의 꿈에 나타나시니라 하나님이 이르시되 내가 네게 무엇을 줄꼬 너는 구하라 솔로몬이 가로되 주의 종 내 아비 다윗이 성실과 공의와 정직한 마음으로 주와 함께 주의 앞에서 행하므로 주께서 저에게 큰 은혜를 베푸셨고 주께서 또 저를 위하여 이 큰 은혜를 예비하시고 오늘날과 같이 저의 위에 앉을 아들을 저에게 주셨나이다 나의 하나님 여호와여 주께서 종으로 종의 아비 다윗을 대신하여 왕이 되게 하셨사오나 종은 작은 아이라 출입할 줄을 알지 못하고 주의 빼신 백성 가운데 있나이다 저희는 큰 백성이라 수효가 많아서 셀 수도 없고 기록할 수도 없사오니 누가 주의 이 많은 백성을 재판할 수 있사오리이까 지혜로운 마음을 종에게 주사 주의 백성을 재판하여 선악을 분별하게 하옵소서 솔로몬이 이것을 구하매 그 말씀이 주의 마음에 맞은지라 이에 하나님이 저에게 이르시되 네가 이것을 구하도다 자기를 위하여 수도 구하지 아니하며 부도 구하지 아니하며 자기의 원수의 생명 멸하기도 구하지 아니하고 오직 송사를 듣고 분별하는 지혜를 구하였은즉 내가 네 말대로 하여 네게 지혜롭고 총명한 마음을 주노니 너의 전에도 너와 같은 자가 없었거니와 너의 후에도 너와 같은 자가 일어남이 없으리라 내가 또 너의 구하지 아니한 부와 영광도 네게 주노니 네 평생에 열왕 중에 너와 같은 자가 없을 것이라 네가 만일 네 아비 다윗의 행함같이 내 길로 행하며 내 법도와 명령을 지키면 내가 또 네 날을 길게 하리라 하였습니다.

하나님은 통치의 시작에 있어 먼저 당신을 의지하는 솔로몬의 신앙 자세를 보시고 그에게 지혜와 성전 공사 허락, 아울러 전무후무한 부귀까지 허락하셨습니다. 솔로몬은 하나님의 주신 지혜로 국가를 경영하여 이스라엘을 당대 최고의 부국, 최상의 나라로 만들었다. 그의 지혜와 부귀 영화라는 축복은 모두가 하나님으로부터 온 것이요, 허락된 것이었습니다.

이제까지 하나님께서 언약을 지켜 은혜 베푸신 것을 찬양한 다음 다윗과 하신 언약 또한 신실하게 지켜 주실 것(왕상8:23-26)과, 자신과 백성들이 성전을 향하여 기도할 때 응답해 주실 것(27-30), 그리고 백성이 범죄 함을 깨닫고 회개할 때 용서하실 것을 간구했다(31-40, 46-53). 또 이방인이 그 소원한 바를 하나님께 간구할 때 응답하시어 주의 이름을 만민으로 경외케 하고(41-43), 전장에 나가는 백성이 기도할 때 그 기도에 응답하실 것을 간구했습니다(44-45). 이러한 본문을 통해 솔로몬이 실로 놀라운 신앙의 안목을 소유했음을 알 수 있습니다. 즉 솔로몬은 하나님께서 유일하신 하나님이시며, 성전을 초월하여 계신 만유의 대주재이심(23, 25)과, 온 인류의 하나님이심(41-43)을 자각하고 있었던 것입니다.

솔로몬이 봉헌기도는 잘하였지만 그의 인간됨이 무너진 징조에 관한 말씀이 왕상9장에 기록되어 있습니다. 왕상9:11-13에 갈릴리 땅의 성읍(城邑) 이십(二十)을 히람에게 주었으니 이는 두로 왕(王) 히람이 솔로몬에게 그 온갖 소원

(所願)대로 백향목(栢香木)과 잣나무와 금(金)을 지공하였음이라 히람이 두로에서 와서 솔로몬이 자기(自己)에게 준 성읍(城邑)들을 보고 눈에 들지 아니하여 이르기를 나의 형(兄)이여 내게 준 이 성읍(城邑)들이 이러하뇨 하고 이름하여 가불 땅이라 하였더니 그 이름이 오늘까지 있으니라 하였습니다.

그럼에도 불구하고 솔로몬의 말년은 타락의 습성을 벗어나지 못한 한 인간의 모습을 보이고 말았습니다. 노년의 무리한 결혼 정책은 이스라엘에 우상을 범람케 하였습니다. 왕상11:1-11에 솔로몬 왕이 바로의 딸 외에 이방의 많은 여인을 사랑하였으니 곧 모압과 암몬과 에돔과 시돈과 헷 여인이라 여호와께서 일찌기 이 여러 국민에게 대하여 이스라엘 자손에게 말씀하시기를 너희는 저희와 서로 통하지 말며 저희도 너희와 서로 통하게 말라 저희가 정녕코 너희의 마음을 돌이켜 저희의 신들을 좇게 하리라 하셨으나 솔로몬이 저희를 연애하였더라 왕은 후비가 칠백 인이요 빈장이 삼백 인이라 왕비들이 왕의 마음을 돌이켰더라 솔로몬의 나이 늙을 때에 왕비들이 그 마음을 돌이켜 다른 신들을 좇게 하였으므로 왕의 마음이 그 부친 다윗의 마음과 같지 아니하여 그 하나님 여호와 앞에 온전치 못하였으니 이는 시돈 사람의 여신 아스다롯을 좇고 암몬 사람의 가증한 밀곰을 좇음이라 솔로몬이 여호와의 눈앞에서 악을 행하여 그 부친 다윗이 여호와를 온전히 좇음같이 좇지 아니하고 모압의 가증한 그모스를 위하여 예루살렘 앞 산에 산당을 지었고 또 암몬 자손의 가증한 몰록을 위하여 그와 같이 하였으며 저가 또 이족 후비들을 위하여 다 그와 같이 한지라 저희가 자기의 신들에게 분향하며 제사하였더라 솔로몬이 마음을 돌이켜 이스라엘 하나님 여호와를 떠나므로 여호와께서 저에게 진노하시니라 여호와께서 일찌기 두 번이나 저에게 나타나시고 이 일에 대하여 명하사 다른 신을 좇지 말라 하셨으나 저가 여호와의 명령을 지키지 않았으므로 여호와께서 솔로몬에게 말씀하시되 네게 이러한 일이 있었고 또 네가 나의 언약과 내가 네게 명한 법도를 지키지 아니하였으니 내가 결단코 이 나라를 네게서 빼앗아 네 신복에게 주리라 하였습니다.

백성들에 대한 지나친 억압으로 왕국 분열의 소지까지 제공하였습니다. 솔로몬은 어리석어 졌고 그로 말미암아 완악해 졌습니다. 왕상12:8에 왕(王)이 노인(老人)의 교도(敎導)하는 것을 버리고 그 앞에 모셔 있는 자기(自己)와 함께 자라난 소년(少年)들과 의논(議論)하여 나의 새끼 손가락이 나의 부친의 허리보다 굵으며 나의 부친은 채찍으로 너희를 다스렸지만 나는 전갈로 다스리겠다 하였습니다. 그러자 대적자가 나타났습니다. 왕상11:26-27에 솔로몬의 신복 느밧의 아들 여로보암이 또한 손을 들어 왕을 대적하였으니 저는 에브라임 족속인 스레다 사람이요 그 어미의 이름은 스루아니 과부더라 저가 손을 들어 왕을 대적하는 까닭은 이러하니라 솔로몬이 밀로를 건축하고 그 부친 다윗의 성의 무너진 것을 수축하였는데 (7년 성전 건축, 13년 왕국 건축) 하였습니다. 온갖 부귀를 다 누렸던 그의 40년 통치를 마치고 솔로몬 역시 모든 인간이 맞는 임종을 맞았습니다. 왕상11:40-43에 이러므로 솔로몬이 여로보암을 죽이려 하매 여로보암이 일어나 애굽으로 도망하여 애굽 왕 시삭에게 이르러 솔로몬의 죽기까지 애굽에 있으니라 솔로몬의 남은 사적과 무릇 저의 행한 일과 그 지혜는 솔로몬의 행장에 기록되지 아니하였느냐 솔로몬이 예루살렘에서 온 이스라엘을 다스린 날 수가 사십 년이라 솔로몬이 그 열조와 함께 자매 그 부친 다윗의 성에 장사되고 그 아들 르호보암이 대신하여 왕이 되니라 하였습니다.

솔로몬은 잠언을 지을 정도로 지혜를 주심으로 가장 고상한 지식, 즉 하나님께서 원하시는 삶이 무엇인지 깨달아 이를 실천하는 삶, 여호와를 경외하는 살기도 하였으나, 그의 형통이 그에게 시험이 되었던 모양입니다. 그는 신명기를 통해 주신 말씀을 거역하는 삶을 살았습니다.

신17:16-20에 왕 된 자는 말을 많이 두지 말 것이요 말을 많이 얻으려고 그 백성을 애굽으로 돌아가게 말 것이니 이는 여호와께서 너희에게 이르시기를 너희가 이후에는 그 길로 다시 돌아가지 말 것이라 하셨음이며 아내를 많이 두어서 그 마음이 미혹되게 말 것이며 은금을 자기를 위하여 많이 쌓지 말 것이니라 그가 왕위에 오르거든 레위 사람 제사장 앞에 보관한 이 율법서를 등사하여 평생에 자기 옆에 두고 읽어서 그 하나님 여호와 경외하기를 배우며 이 율법의 모든 말과 이 규례를 지켜 행할 것이라 그리하면 그의 마음이 그 형제 위에 교만하지 아니하고 이 명령에서 떠나 좌로나 우로나 치우치지 아니하리니 이스라엘 중에서 그와 그의 자손의 왕위에 있는 날이 장구하리라 하시는 말씀에 합하지 못한 삶을 살았습니다. 그러나 전도서를 통하여 볼 때 마지막은 신앙과 진리로 돌아온 듯 합니다. 전도서에서 솔로몬은 자신의 인생 실패 체험에서 얻은 인생의 참 진리와 행복에 대한 교훈을 남기고 있습니다. 해 위를 생각하지 않는 해 아래서의 삶은 헛되다는 것이었습니다.

27. 엘리야, 갈멜산에서

엘리야는 길르앗의 디셉 사람이었습니다(왕상17:1). 그는 털옷을 입고 허리에 가죽 띠를 띠고 있었습니다(왕하1:8, 왕상19:13). 후에 세례 요한이 이와 같은 복장이었다고 합니다. 그밖에 엘리야에 대한 개인적인 기록은 없습니다. 엘리야는 구약 선지자 중 가장 위대한 선지자로서 아합이라고 하는 악한 왕(BC 874-853)으로 인한 역사의 어두움 가운데 빛과 같이 이스라엘을 비추었던 선지자였습니다. 신약의 변화산에서 율법을 대표해 모세가 예언자를 대표해 엘리야가 나타났습니다.

하나님께서는 항상 그의 사람들을 예비하시고 사용하십니다.

왕상17:1에 길르앗에 우거하는 자 중에 디셉 사람 엘리야가 아합에게 고하되 나의 섬기는 이스라엘 하나님 여호와의 사심을 가리켜 맹세하노니 내 말이 없으면 수년 동안 우로가 있지 아니하리라 하니라 하였습니다.

하나님께서는 사명을 주실 뿐더러 사명을 감당할 수 있는 능력도 주십니다.

왕상17:2-6에 여호와의 말씀이 엘리야에게 임하여 가라사대 너는 여기서 떠나 동으로 가서 요단 앞 그릿 시냇가에 숨고 그 시냇물을 마시라 내가 까마귀들을 명하여 거기서 너를 먹이게 하리라 저가 여호와의 말씀과 같이 하여 곧 가서 요단 앞 그릿 시냇가에 머물매 까마귀들이 아침에도 떡과 고기를, 저녁에도 떡과 고기를 가져왔고 저가 시내를 마셨더니 하였습니다. 여수에 있는 애양원에 가면 손양원목사님 기념관이 있는데 그 중의 한 사진에 몇 명의 여자분들을 찍은 사진이 있는데 그 제목이 엘리야의 까마귀들이었습니다. 나환자이었으면서도 손양원목사님이 어디로 가시든지 돌보셨던 분들이라고 합니다. 왕상17:7에 땅에 비가 내리지 아니하므로 얼마 후에 그 시내가 마르니라 하였습니다. 까마귀들을 통하여 음식을 먹는다는 것은 특별한 일입니다 이 일이 계속됨을 통하여 엘리야를 믿음의 사람으로 만들어 가시고 있습니다. 그 후 그는 사르밧으로 보냄을 받게 됩니다. 사르밧은 이방인 지역이었습니다. 하나님의 주권은 이스라엘뿐이 아니라 온 세상임을 보여주시고 있습니다. 하나님은 무소부재하신 분이십니다. 우리는 하나님의 주권을 습관적으로 무의식적으로 인정하는 범위를 넓혀가야 합니다.

왕상17:8-14에 여호와의 말씀이 엘리야에게 임하여 가라사대 너는 일어나 시돈에 속한 사르밧으로 가서 거기 유하라 내가 그 곳 과부에게 명하여 너를 공궤하게 하였느니라 그곳에서도 엘리야는 하나님의 기적을 체험하게 됩니다. 때가 차기까지 기간이 필요하였고(우리의 기도의 응답을 위해서도 마찬가지임) 갈멜산의 위대한 역사를 이루기 위해서는 더 많은 믿음이 필요하였던 것입니다. 왕상17:10에 저가 일어나 사르밧으로 가서 성문에 이를 때에 한 과부가 그 곳에서 나뭇가지를 줍는지라 이에 불러 가로되 청컨대 그릇에 물을 조금 가져다가 나로 마시게 하라 하였습니다. 내 앞에 나타나는 모든 사람들에게 관심을 가져야 합니다. 복음의 관점에서 볼 수 있어야 합니다. 왕상17:11에 저가 가지러 갈 때에 엘리야가 저를 불러 가로되 청컨대 네 손에 떡 한 조각을 내게로 가져오라 합니다. 여인의 관점에서 보면 이 친절이 그 여인과 자식을 살렸습니다. 성령의 아홉가지 열매를 한 단어로 표현한다면 그것은 친절이라 할 수 있을 것입니다. 왕상17:12-13에 저가 가로되 당신의 하나님 여호와의 사심을 가리켜 맹세하노니 나는 떡이 없고 다만 통에 가루 한 움큼과 병에 기름 조금 뿐이라 내가 나뭇가지 두엇을 주워다가 나와 내 아들을 위하여 음식을 만들어 먹고 그 후에는 죽으리라 엘리야가 저에게 이르되 두려워 말고 가서 네 말대로 하려니와 먼저 그것으로 나를 위하여 작은 떡 하나를 만들어 내게로 가져오고 그 후에 너와 네 아들을 위하여 만들라 합니다. 먼저 할 일과 나중 할 일이 있습니다. 내가 무엇을 할 것인가가 아니라 하나님께서 지금 내게 하기를 원하시는 것이 무엇인가를 깨닫고 하는 것이 중요합니다 그것이 순종입니다. 왕상17:14에 이스라엘 하나님 여호와의 말씀이 나 여호와가 비를 지면에 내리는 날까지 그 통의 가루는 다하지 아니하고 그 병의 기름은 없어지지 아니하리라 하셨느니라 하였습니다. 다함이 없는 가루와 기름을 통하여 하나님의 능력을 매일 체험케 하신 것입니다. 인간은 유한하고 하나님은 무한하십니다. 이 일 후에 여인의 아들이 갑자기 죽은 기사가 나옵니다. 갑자기 일어난 일 내가 예기치 않은 일은 분명히 하나님이 하시고자 하는 일입니다. 이럴 때는 믿음을 아주 많이 끌어올려야 합니다. 그래야 하나님이 하시고자 하는 일을 볼 수 있고 소화시킬 수 있습니다. 이 여인에게는 죄를 생각나게 하는 일이었고 회개케 하는 일이었습니다. 그리고 나서야 그 여인은 당신은 하나님의 사람이시오 당신의 입에 있는 여호와의 말씀이 진실한줄 아노라 하였습니다. 엘리야에게는 아합에게 나갈 수 있는 마지막 훈련의 단계였습니다.

많은 날이 지나고 제 3년에 엘리야는 아합 앞에 나타나 제안을 합니다.

이제 때가 되었고 엘리야는 담대하게 아합 앞에 나타나서 하나님의 말씀을 증거할 수 있는 자가 되었습니다. 왕상18:17에 엘리야를 볼 때에 저에게 이르되 이스라엘을 괴롭게 하는 자여 네냐 합니다. 우리는 때로 자신의 탓을 남의 탓으로 돌릴 때가 있습니다. 왕상18:18-19에 저가 대답하되 내가 이스라엘을 괴롭게 한 것이 아니라 당신과 당신의 아비의 집이 괴롭게 하였으니 이는 여호와의 명령을 버렸고 당신이 바알들을 좇았음이라 그런즉 보내어 온 이스라엘과 이세벨의 상에서 먹는 바알의 선지자 사백오십 인과 아세라의 선지자 사백 인을 갈멜 산으로 모아 내게로 나오게 하소서 하였습니다.

당시 이스라엘 백성들은 혼합주의 신앙에 물들어 있었지만 엘리야는 하나님의 살아 계심과 그 능력을 나타내 보여 주었습니다.

왕상18:21에 엘리야가 모든 백성에게 가까이 나아가 이르되 너희가 어느 때까지 두 사이에서 머뭇머뭇 하려느냐 여호와가 만일 하나님이면 그를 좇고 바알이 만일 하나님이면 그를 좇을지니라 하니 백성이 한 말도 대답지 아니하는지라 하였습니다. 확신이 없어서 욕심 때문에(롯의 처와 같이) 다음으로 미루려는 생각 때문에 머뭇머뭇하게 됩니다. 왕상18:22-24에 엘리야가 백성에게 이르되 여호와의 선지자는 나만 홀로 남았으나 바알의 선지자는 사백오십 인이로다 그런즉 두 송아지를 우리에게 가져오게 하고 저희는 한 송아지를 택하여 각을 떠서 나무 위에 놓고 불은 놓지 말며 나도 한 송아지를 잡아 나무 위에 놓고 불은 놓지 말고 너희는 너희 신의 이름을 부르라 나는 여호와의 이름을 부르리니 이에 불로 응답하는 신 그가 하나님이니라 백성이 다 대답하되 그 말이 옳도다 하였습니다.

하나님께서 불로 응답하는 것을 보고야 이스라엘 백성들은 하나님을 믿었습니다

왕상18:37-39에 여호와여 내게 응답하옵소서 내게 응답하옵소서 이 백성으로 주 여호와는 하나님이신 것과 주는 저희의 마음으로 돌이키게 하시는 것을 알게 하옵소서 하매 이에 여호와의 불이 내려서 번제물과 나무와 돌과 흙을 태우고 또 도랑의 물을 핥은지라 모든 백성이 보고 엎드려 말하되 여호와 그는 하나님이시로다 여호와 그는 하나님이시로다 하였습니다. 그러나 주님께서는 도마에게 이르신 말씀 중에 이렇게 말씀하셨습니다. 요20:28-29에 도마가 대답하여 가로되 나의 주시며 나의 하나님이시니이다 예수께서 가라사대

너는 나를 본 고로 믿느냐 보지 못하고 믿는 자들은 복되도다 하시니라 하였습니다. 보지 못하고 믿는 자, 보고 믿는 자, 보고도 못 믿는 자, 못 보고 못 믿는 자가 있습니다.

비가 올 것에 대한 엘리야의 확신이 일곱 번의 기도로 나타납니다. 그는 하나님의 말씀에 대한 확실한 믿음이 있었습니다.

왕상18:41-44에 엘리야가 아합에게 이르되 올라가서 먹고 마시소서 큰 비의 소리가 있나이다

아합이 먹고 마시러 올라가니라 엘리야가 갈멜 산 꼭대기로 올라가서 땅에 꿇어 엎드려 그 얼굴을 무릎 사이에 넣고 그 사환에게 이르되 올라가 바다 편을 바라보라 저가 올라가 바라보고 고하되 아무것도 없나이다 가로되 일곱 번까지 다시 가라 일곱 번째 이르러서는 저가 고하되 바다에서 사람의 손만한 작은 구름이 일어나나이다 가로되 올라가 아합에게 고하기를 비에 막히지 아니하도록 마차를 갖추고 내려가소서 하라 하니라 하였습니다. 우리는 기도는 많이 하는데 기도 후에 그 기도에 대해 관심이 없습니다. 기도한 것으로 내 할바를 다했다고 생각합니다. 그러나 기도 후에 그 응답으로 하나님께서 하시는 일을 집중해서 세밀히 살펴보아야 합니다. 왕상18:45에 조금 후에 구름과 바람이 일어나서 하늘이 캄캄하여지며 큰 비가 내리는지라 아합이 마차를 타고 이스르엘로 가니 하였습니다. 아합은 엘리야를 모시고 내려가야 했습니다. 그는 혼자만 이스르엘로 가려 했습니다. 엘리야가 22km의 이 길을 마차 앞서 달린 것은 이스라엘 백성에게 갈멜산에서 승리한 하나님은 여호와 하나님이란 것을 시위한 것입니다. 그러나 이스라엘 백성도 이세벨도 그 사실의 의미를 받아들이지 않았습니다.

이 위대한 선지자 엘리야가 이와 같은 큰 승리를 거둔 후에 놀라운 일이 발생합니다.

갈멜산에서의 대 승리 후에 모든 것이 변할 줄로 알았는데 여전히 이세벨이 기세등등하고 지난 어려운 기간 동안의 여러 가지 일들로 인하여 엘리야조차 탈진한 상태가 되었습니다. 왕상 19:1-4에 아합이 엘리야의 무릇 행한 일과 그가 어떻게 모든 선지자를 칼로 죽인 것을 이세벨에게 고하니 이세벨이 사자를 엘리야에게 보내어 이르되 내가 내일 이맘때에는 정녕 네 생명으로 저 사람들 중 한 사람의 생명 같게 하리라 아니하면 신들이 내게 벌 위에 벌을 내림이 마땅하니라 한지라 저가 이 형편을 보고 일어나 그 생명을 위하여 도망하여 유다에 속한

브엘세바에 이르러 자기의 사환을 그 곳에 머물게 하고 스스로 광야로 들어가 하룻길쯤 행하고 한 로뎀나무 아래 앉아서 죽기를 구하여 가로되 여호와여 넉넉하오니 지금 내 생명을 취하옵소서 나는 내 열조보다 낫지 못하니이다 하고 하였습니다. 그러나 하나님께서는 엘리야에게 신령한 떡과 물을 주심으로 그를 다시 회복시켜 주심으로 계속해서 사역을 감당할 수 있게 하셨습니다.

호렙에 도착한 엘리야는 그곳에서 하나님의 사명을 다시 받게 됩니다.

왕상19:8-12에 이에 일어나 먹고 마시고 그 식물(食物)의 힘을 의지(依支)하여 사십(四十) 주(晝) 사십(四十) 야(夜)를 행(行)하여 하나님의 산(山) 호렙에 이르니라 엘리야가 그곳 굴(窟)에 들어가 거기서 유(留)하더니 여호와의 말씀이 저에게 임(臨)하여 이르시되 엘리야야 네가 어찌하여 여기 있느냐 저가 대답(對答)하되 내가 만군(萬軍)의 하나님 여호와를 위(爲)하여 열심(熱心)이 특심(特甚)하오니 이는 이스라엘 자손(子孫)이 주(主)의 언약(言約)을 버리고 주(主)의 단(壇)을 헐며 칼로 주(主)의 선지자(先知者)들을 죽였음이오며 오직 나만 남았거늘 저희가 내 생명(生命)을 찾아 취(取)하려 하나이다 여호와께서 가라사대 너는 나가서 여호와의 앞에서 산(山)에 섰으라 하시더니 여호와께서 지나가시는데 여호와의 앞에 크고 강한 바람이 산(山)을 가르고 바위를 부수나 바람 가운데 여호와께서 계시지 아니하며 바람 후(後)에 지진이 있으나

지진(地震) 가운데도 여호와께서 계시지 아니하며 또 지진(地震) 후(後)에 불이 있으나 불 가운데도 여호와께서 계시지 아니하더니 불 후(後)에 세미(細微)한 소리가 있는지라 하였습니다.

엘리야는 아합 왕가에 대한 심판의 말씀을 전합니다.

그후에 엘리야는 여호와의 명에 따라 이세벨이 나봇을 돌로 쳐 죽이고 포도원을 빼앗으려 할 때 거기 가서 아합을 만나 "개들이 나봇의 피를 핥은 곳에서 네 피 곧 네 몸의 피도 핥으리라"고 하나님의 심판을 선고했습니다(왕상 21장). 길르앗 라못 싸움에서 아합이 피살된 것으로 엘리야의 예언한 여호와의 심판이 아합 왕가에 시작되었습니다(왕상22:1-40). 아합의 아들 아하시야가 왕이 되었는데, 병들었을 때에 사자를 에그론의 신 바알세붑에게 보내어 병이 낫겠나 물어오게 하였다. 엘리야는 왕의 이같은 그릇된 행위를 책망하고, 왕의 죽음을 예언하고 도중에서 사자를 돌려 보냈습니다. 아하시야는 오십부장과 그의 수하 50인을 보내 엘리야를 체포하려고 했으나, 두 번 씩이나 하늘에서불이 내려와 그들을 살랐던 것입니다. 세 번째 오십 부장은 엘리야 앞에 꿇어 엎디

어 자기의 생명과 50명의 수하 생명을 살려달라고 애원하였으므로 엘리야는 그들과 같이 산에서 내려가 왕에게로 갔다. 왕은 엘리야의 예언대로 죽었습니다(왕하 1:1-17).

엘리야는 그의 모든 사역을 엘리사에게 이어주고 승천하게 됩니다.

왕하2:9-11에 건너매 엘리야가 엘리사에게 이르되 나를 네게서 취하시기 전에 내가 네게 어떻게 할 것을 구하라 엘리사가 가로되 당신의 영감이 갑절이나 내게 있기를 구하나이다 가로되 네가 어려운 일을 구하는도다 그러나 나를 네게서 취하시는 것을 네가 보면 그 일이 네게 이루려니와 그렇지 않으면 이루지 아니하리라 하였습니다.

엘리야에 대한 마지막 기사는 그가 승천하였다는 것입니다.

왕하2:11에 두 사람이 행하며 말하더니 홀연히 불수레와 불말들이 두 사람을 격하고 엘리야가 회리바람을 타고 승천하더라 하였습니다. 엘리야는 하나님께서 예비하신 인물이었으며 순종과 연단을 통하여 능력의 사람으로 하나님께 쓰임을 받은 주님의 종이었습니다.

그는 북왕국 뿐만 아니라 남유다에 대해서도 예언하였습니다.

여호람이 아버지 여호사밧의 길로 행치 않고 유다를 크게 미혹케 하였을 때, 엘리야는 편지를 보내어 그의 죄 특히 선한 동생들을 죽였기 때문에 하나님의 큰 심판이 내리실 것을 예고했습니다(대하21:12-15). 만일 여호람 치세에 엘리야가 이미 승천했다고 하면 이 편지는 하사엘과 예후에 대한 예언처럼 여호람에게 대한 예언이 되었을 것입니다(왕상19:15-17).

그의 이름은 여호와는 하나님이시다는 뜻입니다.

구약의 맨 끝에, 여호와의 크고 두려운 날이 이르기 전에 여호와께서는 엘리야를 보내실 것을 예언하고 있습니다(말4:5-6). 변화산에서 엘리야는 모세와 함께 나타나 주님과 수난에 대하여 말했습니다(마17:3, 막9:4, 눅9:30). 엘리야는 북왕조 이스라엘 최대의 선지자요, 모세 이후 정신적 및 윤리적 확신의 정열과, 그것이 국가의 운명에 대하여 갖는 실제적 관계에 대한 예민한 통찰력을 겸유한 최초의 인물이었습니다. 그는 아합 왕 이전에 나타나 여호와 하나님만이 이스라엘의 유일신이라는 것을 명백히 하고, 여호와 유일 신앙에 있어서는 무엇과도 타협할 수 없는 메세지를 선언하여 다음 시대에 있어서의 위대한 선지자 아모스,˙호세아,˙이사야,˙미가 등에 의한 윤리적 유일신교의 발판을 준비하였습니다.

28. 오바댜, 에돔을 말하다

오바댜라는 이름은 '주의 종, 주의 경배자'라는 뜻으로, BC 586년 예루살렘이 바벨론의 침략을 당한 직후의 어느 시점에 기록된 것으로 보입니다.

이 책의 기록 목적은 하나님을 대적하는 자들에게는 반드시 그 행위대로 보응하신다는 점을 강조하고 있습니다. 구약 성경 중 가장 짧은 책이지만, 그에 반해 구약 중 가장 강도 높은 심판의 메시지를 선포하고 있습니다. 특히 에돔의 죄과에 대한 혹독한 책망과 이로 인한 하나님의 준엄한 심판에 대해서만 언급하고 있으며, 여타 선지서에서 공통적으로 찾아볼 수 있는 회개에 대한 촉구 내용이 나와 있지 않은 것이 특징입니다. 예루살렘 침략과 관련된 에돔의 죄악을 지금 현재 저지르고 있는 죄악인 것처럼 이야기함으로써 저들의 죄과를 생생하게 그려내고 있으며, 그에 따른 하나님의 심판의 당위성을 보다 실감 있게 전달하고 있습니다. 전체 분량은 21절로 구성되어 있으며, 에돔의 멸망을 예언하고 있는 1-18절과 이스라엘의 회복을 예언하고 있는 19-21절로 나누어집니다. 신명기23:7에 너는 에돔 사람을 미워하지 말라. 그는 너의 형제니라. 애굽 사람을 미워하지 말라. 네가 그의 땅에서 객이 되었음이니라. 하였습니다. 에돔이 하나님의 심판을 받아 멸망하게 된 근본 원인은 그들이 이스라엘과 인척 관계에 있으면서도 환난 당한 이스라엘을 돌아보지 않았을 뿐만 아니라 열국과 손을 잡고 오히려 이스라엘을 침략하였기 때문입니다. 그러기에 하나님께서는 이들에게 심판을 선포하셨는데, 여기서 에돔은 하나님을 대적하는 모든 세력의 모형으로, 그들의 멸망은 궁극적으로 사단의 세력이 훼파되는 것을 상징하는 것으로도 이해할 수 있습니다.

심판은 하나님께로 오는 것입니다.

오바댜1:2에 여호와께서 가라사대 내가 너를 열국 중에 미약하게 하였으므로 네가 크게 멸시를 받느니라. 하였습니다. 하나님의 심판 앞에 자기 힘을 의지하는 것은 어리석은 일입니다.

오바댜1:3-4에 바위 틈에 거하며 높은 곳에 사는 자여, 네가 중심에 이르기를 누가 능히 나를 땅에 끌어내리겠느냐 하니, 너의 중심의 교만이 너를 속였도다. 네가 독수리처럼 높이 오르며 별 사이에 깃들일지라도, 내가 거기서 너를 끌어내리리라. 나 여호와가 말하였느니라 하였습니다.

하나님의 심판에 이르게 한 에돔의 죄악입니다.

오바댜1:10-14에 네가 네 형제 야곱에게 행한 포학을 인하여 수욕을 입고 영원히 멸절되리라.

네가 멀리 섰던 날, 곧 이방인이 그의 재물을 늑탈하며 외국인이 그의 성문에 들어가서 예루살렘을 얻기 위하여 제비뽑던 날에 너도 그들 중 한 사람 같았었느니라. 네가 형제의 날, 곧 그 재앙의 날에 방관할 것이 아니며, 유다 자손의 패망하는 날에 기뻐할 것이 아니며, 그 고난의 날에 네가 입을 크게 벌릴 것이 아니라. 내 백성이 환난을 당하는 날에 네가 그 성문에 들어가지 않을 것이며, 환난을 당하는 날에 네가 그 고난을 방관하지 않을 것이며, 환난을 당하는 날에 네가 그 재물에 손을 대지 않을 것이며. 사거리에 서서 그 도망하는 자를 막지 않을 것이며, 고난의 날에 그 남은 자를 대적에게 붙이지 않을 것이니라 하였습니다.

시편137:7에 여호와여, 예루살렘이 해 받던 날을 기억하시고 에돔 자손을 치소서. 저희 말이 훼파하라, 훼파하라, 그 기초까지 훼파하라 하였나이다 한 기록이 있습니다.

이스라엘의 회복에 대한 말씀은 이스라엘이 옛 다윗 왕 때 차지하였던 영토까지 되찾아 누리게 되리라는 약속(오바댜 1:19)과 이방 땅에 포로로 잡혀간 유다인들이 다시금 팔레스타인으로 귀환하게 되리라는 약속(오바댜 1:20)으로 이루어져 있습니다. 이 같은 약속은 당시 절망 가운데 있던 유대인들에게 큰 소망을 안겨다 주었을 것이 분명한데, 궁극적으로 이는 예수로 말미암아 성도들에게 주어질 영원한 자유와 축복을 의미합니다. 하나님께서는 택한 백성들에게는 징계하시지, 심판하시지 않으십니다. 택한 백성을 향한 징계에는 반드시 치유의 축복이 함께합니다. 이 세상의 마지막 날, 예수 그리스도께서는 사단의 세력을 멸하시고 당신의 백성들을 구원하여 당신의 나라로 불러들이실 것입니다.

오바댜서는 이와 같이 짧지만 강력한 메시지로, 하나님께서 죄와 불의를 어떻게 보시고 다루시는지를 명확하게 보여주며, 동시에 그분의 백성에게는 회복과 축복을 약속하시는 하나님의 깊은 사랑과 공의를 담고 있습니다.

29. 엘리사, 능력의 사람

엘리사는 하나님은 구원이시다는 뜻으로 사밧의 아들로서 요단 골짜기에 살았습니다. 엘리야의 후계자로서 그는 수많은 이적을 행하였습니다. 50년 동안 사역을 한 그는 역대 왕들에게 많은 영향을 끼쳐주었으며 그들이 위기에 처할 때는 지체 없이 구원을 베풀어주었습니다.

왕상19:19-21에 엘리야가 거기서 떠나 사밧의 아들 엘리사를 만나니 저가 열두 겨리 소를 앞세우고 밭을 가는데 자기는 열둘째 겨리와 함께 있더라 엘리야가 그리로 건너가서 겉옷을 그의 위에 던졌더니 저가 소를 버리고 엘리야에게로 달려가서 이르되 청컨대 나로 내 부모와 입맞추게 하소서 그리한 후에 내가 당신을 따르리이다 엘리야가 저에게 이르되 돌아가라 내가 네게 어떻게 행하였느냐 하니라 엘리사가 저를 떠나 돌아가서 소 한 겨리를 취하여 잡고 소의 기구를 불살라 그 고기를 삶아 백성에게 주어 먹게 하고 일어나 가서 엘리야를 좇으며 수종들었더라 하였습니다. 주님의 부르심에 응답함이 축복입니다.

왕하2:1-2에 여호와께서 회리바람으로 엘리야를 하늘에 올리고자 하실 때에 엘리야가 엘리사로 더불어 길갈에서 나가더니 엘리야가 엘리사에게 이르되 청컨대 너는 여기 머물라 여호와께서 나를 벧엘로 보내시느니라 엘리사가 가로되 여호와의 사심과 당신의 혼의 삶을 가리켜 맹세하노니 내가 당신을 떠나지 아니하겠나이다 이에 두 사람이 벧엘로 내려가니 이후에도 벧엘에서 여리고로 여리고에서 요단으로 엘리야가 이동하였을 때에도 그를 놓치지 아니하고 끝까지 따름으로 엘리야의 사역을 승계하는 자게 되었습니다.

왕하2:14에 엘리야의 몸에서 떨어진 그 겉옷을 가지고 물을 치며 가로되 엘리야의 하나님 여호와는 어디 계시니이까 하고 저도 물을 치매 물이 이리저리 갈라지고 엘리사가 건너니라 하였습니다. 하나님은 사명과 함께 능력도 주십니다.

왕하5:1-19에 아람 왕의 군대 장관 나아만은 그 주인 앞에서 크고 존귀한 자니 이는 여호와께서 전에 저로 아람을 구원하게 하셨음이라 저는 큰 용사나 문둥병자더라 전에 아람 사람이 떼를 지어 나가서 이스라엘 땅에서 작은 계집아이 하나를 사로잡으매 저가 나아만의 아내에게 수종들더니 그 주모에게 이르되 우리 주인이 사마리아에 계신 선지자 앞에 계셨으면 좋겠나이다 저가 그 문둥병을 고치리이다 나아만이 들어가서 그 주인에게 고하여 가로되 이스라엘 땅에서 온 계집아이의 말이 이러이러하더이다 아람 왕이 가로되 갈지어다 이제 내가 이스라엘 왕에게 글을 보내리라 나아만이 곧 떠날새 은 십 달란트와 금 육천 개와 의복 열 벌을 가지고 가서 이스라엘 왕에게 그 글을 전하니 일렀으되 내가 내 신하 나아만을 당신에게 보내오니 이 글이 당신에게 이르거든 당신은 그 문둥병을 고쳐 주소서 하였더라 이스라엘 왕이 그 글을 읽고 자기 옷을 찢으며 가로되 내가 어찌 하나님이관대 능히 사람을 죽이며 살릴 수 있으랴 저가 어찌하여 사람을 내게 보내어 그 문둥병을 고치라 하느냐 너희는 깊이 생각하고 저 왕이 틈을 타서 나로 더불어 시비하려 함인 줄 알라 하니라 하나님의 사람 엘리사가 이스라엘 왕이 자기 옷을 찢었다 함을 듣고 왕에게 보내어 가로되 왕이 어찌하여 옷을 찢었나이까 그 사람을 내게로 오게 하소서 저가 이스라엘 중에 선지자가 있는 줄을 알리이다 나아만이 이에 말들과 병거들을 거느리고 이르러 엘리사의 집 문에 서니 엘리사가 사자를 저에게 보내어 가로되 너는 가서 요단 강에 몸을 일곱 번 씻으라 네 살이 여전하여 깨끗하리라 나아만이 노하여 물러가며 가로되 내 생각에는 저가 내게로 나아와 서서 그 하나님 여호와의 이름을 부르고 당처 위에 손을 흔들어 문둥병을 고칠까 하였도다 다메섹 강 아바나와 바르발은 이스라엘 모든 강물보다 낫지 아니하냐 내가 거기서 몸을 씻으면 깨끗하게 되지 아니하랴 하고 몸을 돌이켜 분한 모양으로 떠나니 그 종들이 나아와서 말하여 가로되 내 아버지여 선지자가 당신을 명하여 큰 일을 행하라 하였더면 행치 아니하였으리이까 하물며 당신에게 이르기를 씻어 깨끗하게 하라 함이리이까 나아만이 이에 내려가서 하나님의 사람의 말씀대로 요단 강에 일곱 번 몸을 잠그니 그 살이 여전하여 어린아이의 살 같아서 깨끗하게 되었더라 나아만이 모든 종자와 함께 하나님의 사람에게로 도로 와서 그 앞에 서서 가로되 내가 이제 이스라엘 외에는 온 천하에 신이 없는 줄을 아나이다 청컨대 당신의 종에게서 예물을 받으소서 가로되 나의 섬기는 여호와의 사심을 가리켜 맹세하노니 내가 받지 아니하리라 나아만이 받으라 강권하되 저가 고사한지라 나아만이 가로되 그러면 청컨대 노새 두 바리에 실을 흙을 당신의 종에게 주소서 이제부터는 종이 번제든지 다른 제든지 다른 신에게는 드리지 아니하고 다만 여호와께 드리겠나이다

오직 한 가지 일이 있사오니 여호와께서 당신의 종을 사유하시기를 원하나

이다 곧 내 주인께서 림몬의 당에 들어가 거기서 숭배하며 내 손을 의지하시매 내가 림몬의 당에서 몸을 굽히오니 내가 림몬의 당에서 몸을 굽힐 때에 여호와께서 이 일에 대하여 당신의 종을 사유하시기를 원하나이다 엘리사가 가로되 너는 평안히 가라 저가 엘리사를 떠나 조금 진행하니라 하였습니다. 엘리사는 자신은 철저히 감추고 온전히 하나님의 능력만을 나타내었습니다

왕하6:8-17에 때에 아람 왕이 이스라엘로 더불어 싸우며 그 신복들과 의논하여 이르기를 우리가 아무데 아무데 진을 치리라 하였더니 하나님의 사람이 이스라엘 왕에게 기별하여 가로되 왕은 삼가 아무 곳으로 지나가지 마소서 아람 사람이 그 곳으로 나오나이다 이스라엘 왕이 하나님의 사람의 자기에게 고하여 경계한 곳으로 사람을 보내어 방비하기가 한두 번이 아닌지라

(왕하 6:11) 이러므로 아람 왕의 마음이 번뇌하여 그 신복들을 불러 이르되 우리 중에 누가 이스라엘 왕의 내응이 된 것을 내게 고하지 아니하느냐 그 신복 중에 하나가 가로되 우리 주 왕이여 아니로소이다 오직 이스라엘 선지자 엘리사가 왕이 침실에서 하신 말씀이라도 이스라엘 왕에게 고하나이다 왕이 가로되 너희는 가서 엘리사가 어디 있나 보라 내가 보내어 잡으리라 혹이 왕에게 고하여 가로되 엘리사가 도단에 있나이다 왕이 이에 말과 병거와 많은 군사를 보내매 저희가 밤에 가서 그 성을 에워쌌더라 하나님의 사람의 수종드는 자가 일찌기 일어나서 나가 보니 군사와 말과 병거가 성을 에워쌌는지라 그 사환이 엘리사에게 고하되 아아, 내 주여 우리가 어찌하리이까 대답하되 두려워하지 말라 우리와 함께한 자가 저와 함께한 자보다 많으니라 하고 기도하여 가로되 여호와여 원컨대 저의 눈을 열어서 보게 하옵소서 하니 여호와께서 그 사환의 눈을 여시매 저가 보니 불말과 불병거가 산에 가득하여 엘리사를 둘렀더라 하였습니다. 엘리사는 이 세상이 볼 수 없는 믿음의 눈을 갖고 있었습니다.

왕하13:14에 엘리사가 죽을 병이 들매 이스라엘 왕 요아스가 저에게로 내려가서 그 얼굴에 눈물을 흘리며 가로되 내 아버지여 내 아버지여 이스라엘의 병거와 마병이여 하였고, 왕하 13:20-21에 엘리사가 죽으매 장사하였더니 해가 바뀌매 모압 적당이 지경을 범한지라 마침 사람을 장사하는 자들이 그 적당을 보고 그 시체를 엘리사의 묘실에 들이던지매 시체가 엘리사의 뼈에 닿자 곧 회생하여 일어섰더라 하였습니다. 능력의 사람 엘리사도 병이 들어 죽었습니다 이로 보건데 엘리사의 능력이란 그의 본질이 아니라 그를 통해서 역사 하신 하나님의 능력이었음을 그의 죽음을 통하여 보여주시고 있습니다.

30. 호세아, 고멜의 남편

호세아는 구원이란 뜻으로, 이스라엘 여로보암 2세(B.C. 793-753) 통치 말기에서 이스라엘의 멸망 때까지 사역하며 본서를 기록한 것으로 보입니다.

북이스라엘의 여로보암 2세는 세상적으로 보면 대단히 성공한 왕이었습니다. 여로보암 2세 때 북이스라엘은 이방 열국과의 무역 등을 통해 최고의 풍요를 누리고 있었습니다. 그러나 이러한 풍요와 동시에 그들은 영적 암흑기를 맞이했으며, 급기야 하나님으로부터 준엄한 경고를 듣게 됩니다. 이처럼 하나님을 떠난 자들의 풍부는 파멸과 영적 무지를 초래하게 됩니다.

그렇다고 하나님께서 하나님의 자녀들이 풍부하게 사는 것을 원치 않는 것이 아닙니다. 하나님께서는 우리가 하나님이 주시는 축복을 감당할 수 있는 자들이 되기를 기다리고 계십니다. 감당치 못할 자에게 주어지는 축복은 축복이 되지 않기 때문입니다. 하나님은 우리들이 복을 누리고 사시길 원하시고 있습니다. 그릇들을 잘 준비하시기 바랍니다.

호세아서는 인간의 패역에도 불구하고 하나님께서 얼마나 자기 백성을 사랑하고 계시는지를 부부 관계를 통해 교훈하고 있습니다. 이스라엘을 향하신 하나님의 마음을 다음과 같이 말씀하셨습니다.

사31:5에 새가 날개 치며 그 새끼를 보호함 같이 나 만군의 여호와가 예루살렘을 보호할 것이라 그것을 호위하며 건지며 넘어와서 구원하리라 하셨고,

사49:15에 여인이 어찌 그 젖 먹는 자식을 잊겠으며 자기 태에서 난 아들을 긍휼히 여기지 않겠느냐 그들은 혹시 잊을지라도 나는 너를 잊지 아니할 것이라 내가 너를 내 손바닥에 새겼고 너의 성벽이 항상 내 앞에 있나니 하셨고,

사66:13에 어미가 자식을 위로함 같이 내가 너희를 위로할 것인즉 너희가 예루살렘에서 위로를 받으리니 하셨습니다.

이러한 하나님의 사랑은 음란한 여인 고멜을 아내로 둔 호세아의 가정을 통해 보다 생생하게 증거되고 있습니다. 여기서 고멜은 하나님과 맺은 언약 관계를 저버리고 우상숭배와 각종 범죄를 일삼던 당시의 이스라엘 백성을 상징하며, 그 같은 아내를 버리지 않고 끝까지 권념하는 호세아는 하나님을 상징하고 있습니다.

호세아서는 크게 두 단락으로 나뉩니다. 첫 단락은 음란한 아내인 고멜과 신실한 남편인 호세아의 가정을 예로 삼아 범죄한 이스라엘 백성들에게 영적 교훈을 주고 있는 1:1-3:5까지의 부분과, 둘째 단락은 호세아가 패역한 이스라엘과 신실하신 하나님을 대비시키는 가운데 이스라엘 백성의 죄를 책망하며 그들에 대한 하나님의 심판과 그 후에 있을 이스라엘의 회복에 대해 예고하고 있는 4:1-14:9까지의 말씀입니다.

호세아가 하나님의 명령을 따라 고멜과 가정을 이루었지만, 계속해서 옛 생활을 버리지 못하는 고멜은 정죄를 당하게 되는데 이는 이스라엘이 결국 앗수르에 의해 멸망을 당하는 것으로 성취되고 있습니다. 그러나 호세아에게 간부의 품에 있는 고멜을 다시 취하라는 명령을 통해, 인간의 패역에도 불구하고 하나님의 크신 사랑에 의해 다시금 이스라엘이 회복될 것을 상징해 주고 있습니다.

호세아는 먼저 이스라엘이 신실하신 하나님을 저버리고 우상숭배와 각종 죄악에 빠진 것에 대해 책망하였습니다. 그리고 계속해서 회개를 촉구하였습니다.

호6:1-3에 오라 우리가 여호와께로 돌아가자. 여호와께서 우리를 찢으셨으나 도로 낫게 하실 것이요 우리를 치셨으나 싸매어 주실 것임이라. 여호와께서 이틀 후에 우리를 살리시며 제삼일에 우리를 일으키시리니 우리가 그 앞에서 살리라. 그러므로 우리가 여호와를 알자 힘써 여호와를 알자. 그의 나오심은 새벽 빛 같이 일정하니 비와 같이, 땅을 적시는 늦은 비와 같이 우리에게 임하시리라 하셨습니다.

그러나 그들은 계속되는 하나님의 권면에도 불구하고 여전히 돌이키지 않았습니다. 이에 호세아는 하나님의 심판이 필연적인 것임을 선포합니다. 하지만 그 가운데서도 하나님은 자신의 긍휼과 신실성을 저버리지 않으시고 소망의 메시지를 남겨놓고 계십니다. 곧 장차 이스라엘이 회복되리라는 것입니다. 이 말씀은 바울에게서도 다시 언급되었으며 궁극적으로는 예수 그리스도의 재림으로 성취될 것입니다.

호세아가 고멜을 용서하고 다시금 자신의 아내로 삼은 것과 같은 사랑은 예수께서 자신을 십자가에 못 박은 인간들을 용서하시고 자신의 자녀로 삼아 주신 사랑을 예표해 주고 있습니다. 그뿐 아니라 이스라엘의 멸망에 대해 예고하고 있는 호10:8에 이스라엘의 죄 된 아웬의 산당은 패괴되어 가시와 찔레가 그

단 위에 날 것이니 그 때에 저희가 산더러 우리를 가리우라 할 것이요 작은 산더러 우리 위에 무너지라 하심은 예수님께서 자신의 최후 심판과 관련하여 직접적으로 인용하셨습니다.

호세아와 고멜이 낳은 아이들을 통한 계시입니다.

이스르엘은 '하나님께서 쫓아 버린다'는 뜻으로, 아합의 왕가가 예후에게 멸망 당한 곳의 지명입니다. 엘리사의 생도 중에 한 소년이 예후에게 기름을 부으며 다음과 같이 예언하였고 그대로 되었습니다.

왕하9:10에 이스르엘 지방에서 개들이 이세벨을 먹으리니 저를 장사할 사람이 없으리라 하셨느니라 하고 곧 문을 열고 도망하니라 하였습니다.

로루하마는 긍휼히 여기지 않겠다는 뜻으로, 하나님께서는 이스라엘을 지금까지 지극히 사랑했지만 그들의 죄악이 극도에 이르렀기 때문에 이제는 더 이상 그들을 긍휼히 여기지 않겠다는 진노의 표현입니다.

시103:13에 아비가 자식을 불쌍히 여김같이 여호와께서 자기를 경외하는 자를 불쌍히 여기시나니 하였고, 사30:18에 그러나 여호와께서 기다리시나니 이는 너희에게 은혜를 베풀려 하심이요 일어나시리니 이는 너희를 긍휼히 여기려 하심이라. 대저 여호와는 공의의 하나님이심이라. 무릇 그를 기다리는 자는 복이 있도다 하였고, 요13:1에 유월절 전에 예수께서 자기가 세상을 떠나 아버지께로 돌아가실 때가 이른 줄 아시고 세상에 있는 자기 사람들을 사랑하시되 끝까지 사랑하시니라 하였습니다.

로암미는 내 백성이 아니다는 뜻으로, 하나님께서 이스라엘과 맺으신 언약관계를 청산하겠다는 가장 비참한 선포입니다. 이스라엘이 축복된 삶을 살 수 있었던 것은 하나님과의 언약 관계 속에 있었기 때문인데, 이 언약의 파괴는 곧 이스라엘의 멸망과 죽음을 의미합니다. 이것이 칼빈에게서는 '유기'로 표현됩니다.

창12:1-3에 여호와께서 아브람에게 이르시되 너는 너의 본토 친척 아비 집을 떠나 내가 네게 지시할 땅으로 가라. 내가 너로 큰 민족을 이루고 네게 복을 주어 네 이름을 창대케 하리니 너는 복의 근원이 될지라. 너를 축복하는 자에게는 내가 복을 내리고 너를 저주하는 자에게는 내가 저주하리니 땅의 모든 족속이 너를 인하여 복을 얻을 것이니라 하신지라 하였고, 출 6:7에 너희로 내 백성을 삼고 나는 너희 하나님이 되리니, 나는 애굽 사람의 무거운 짐 밑에서 너희를 빼어낸 너희 하나님 여호와인 줄 너희가 알지라 하였고, 레26:12에 나는 너희 중에 행하여 너희 하나님이 되고 너희는 나의 백성이 될 것이니라 하였으며, 렘11:4에 이 언약은 내가 너희 열조를 쇠풀무 애굽 땅에서 이끌어 내던 날에 그들에게 명한 것이라. 곧 내가 이르기를 너희는 나의 목소리를 청종하고 나의 모든 명령을 좇아 행하라. 그리하면 너희는 내 백성이 되겠고 나는 너희 하나님이 되리라 하였고, 겔11:20-21에 내 율례를 좇으며 내 규례를 지켜 행하게 하리니 그들은 내 백성이 되고 나는 그들의 하나님이 되리라. 그러나 미운 것과 가증한 것을 마음으로 좇는 자는 내가 그 행위대로 그 머리에 갚으리라. 나 주 여호와의 말이니라 하였습니다.

그러나 그럼에도 불구하고 하나님께서는 다음과 같이 말씀하십니다.

요3:16-17에 하나님이 세상을 이처럼 사랑하사 독생자를 주셨으니, 이는 저를 믿는 자마다 멸망치 않고 영생을 얻게 하려 하심이니라. 하나님이 그 아들을 세상에 보내신 것은 세상을 심판하려 하심이 아니요, 저로 말미암아 세상이 구원을 받게 하려 하심이라 하였고, 호14:4-8에 내가 저희의 패역을 고치고 즐거이 저희를 사랑하리니 나의 진노가 저에게서 떠났음이니라. 내가 이스라엘에게 이슬과 같으리니 저가 백합화 같이 피겠고 레바논 백향목 같이 뿌리가 박힐 것이라. 그 가지는 퍼지며 그 아름다움은 감람나무와 같고 그 향기는 레바논 백향목 같으리니 그 그늘 아래 거하는 자가 돌아올지라. 저희는 곡식 같이 소성할 것이며 포도나무 같이 꽃이 필 것이며 그 향기는 레바논의 포도주 같으리라. 에브라임의 말이 내가 다시 우상과 무슨 상관이 있으리요 할지라. 내가 저를 돌아보아 대답하기를 나는 푸른 잣나무 같으니 네가 나로 말미암아 열매를 얻으리라 하였습니다.

이와 같이 하나님께서는 끊임없이 사랑과 구원의 메시지를 전하시며, 패역한 자들도 회개하고 돌아오기를 기다리십니다.

31. 이스라엘 땅에서 온 소녀, 믿음

1889년 두 아이가 태어났습니다. 한 아이는 오스트리아인 부부 사이에서 태어났는데, 그들은 사촌 남매였기 때문에 불법의 부부였습니다. 아버지는 몹시 성미가 급했고, 어머니는 주부로서의 일이나 엄마로서의 일에는 흥미가 없고, 바깥 사교 생활에만 흥미를 느껴 나다니기만 했습니다. 그러다가 아버지는 죽고 어머니는 이 아이를 알코올 중독자인 숙모에게 맡기고 달아났습니다. 16세가 된 소년은 학교를 중퇴하고 가출했습니다. 그는 닥치는 대로 일을 하며 연명하다가, 결국 독일 군대에 들어갔습니다. 제 1차 세계 대전에서 독일이 패전한 후, 그는 정치계에 투신하여 극렬분자가 되었습니다. 반란 음모에 참여했다가 투옥되어 다시는 정치계에 나서지 않겠다는 서약을 하고, 감형 출옥의 혜택을 받았으나 더욱 맹렬히 정치 활동을 했고, 결국 1933년에 독일 국민의 절대 영도자인 총통이 되었습니다. 그의 이름은 아돌프 히틀러였고, 그로 인해 독일과 전 세계가 다시 전쟁에 휘말렸고, 그 후 오늘날까지도 수많은 인류가 이 아이가 내뿜은 독기의 후유증을 앓고 있습니다.

같은 1889년에 다른 한 아이가 미국 텍사스에서 태어났습니다. 이 소년은 아버지와 어머니의 사랑을 흡족히 받으며 자라났습니다. 부모는 이 아이를 데리고 캔자스 농촌으로 이사했는데, 그 이유는 농촌 생활이 아이의 신앙 교육에 유익하리라고 생각되었기 때문입니다. 아버지는 소년에게 '하나님을 두려워하라'는 가훈을 전해 주었고, 가족 모두가 교회의 가장 적극적인 봉사자로서 이름이 높았습니다. 소년은 어른으로 성장해서도 어머니의 두 팔에 안겨 간곡하게 기도하던 매일 저녁의 일과를 기억하고 있었습니다. 이 소년도 군대에 흥미를 느끼고 웨스트포인트 사관학교에 입학하였습니다.

1944년 이들 두 명의 동갑내기는 제2차세계대전에서 대면하였습니다. 11개월에 걸쳐 히틀러는 연합군 사령관 드와이트 아이젠하워와 싸웠습니다. 패전한 히틀러는 1945년 4월 30일 56세에 지하 방공 대피소에서 스스로 목숨을 끊었고, 이 소식을 접한 전 세계는 환호하였습니다. 한편 아이젠하워는 1969년 80세에 평화롭게 눈을 감았고, 그의 죽음을 전 세계가 애석해 했습니다.

이스라엘 북쪽에 아람이 있었습니다. 지금의 시리아 지역입니다. 아람은 남쪽의 블레셋과 같이 늘 이스라엘보다 강한 나라였습니다. 아람군대가 이스라엘을 약탈하던 중에 한 어린 소녀를 사로잡아 당시 아람의 군대장관 나아만의 아내의 노예로 주었습니다. '나아라'라는 말이 소녀이고 '케타나'는 작은 혹은 어린의 뜻이니 소녀 중에서도 어린 열 살, 열 한 살 정도였을 것입니다. 얼마 전에 돌아가신 김복동 할머니께서 일제 때 끌려갔던 때의 나이가 14살이었다고 합니다. 당시 정신대 혹은 위안부 혹은 성노예라고 이름지어진 분들의 나이가 대부분 그와 같았던 점이 또 한 번의 충격이었습니다. 지금 초등학교를 졸업할 정도의 나이인데 말입니다.

나아만의 집 깊은 곳에서 꽤 살다보니 비밀을 알게 되었습니다. 나아만이 아람의 군대장관이요 아람 왕이 크고 존귀한 자로 여기고 있었지만 나병환자라는 사실이었습니다. 어느 연구에 의하면 이스라엘과는 달리 아람은 나병환자들에 대해 다른 차별이 없었다고 합니다. 그러기에 그는 나병환자이면서도 군대장관을 계속하고 있습니다. 그 일로 인하여 나아만의 부인을 비롯한 그 집에 안타까움과 슬픔이 서려 있었을 것입니다. 그렇지만 아무리 강하고 값비싼 갑옷을 입고 있어도 속이 썩어가고 있었던 것입니다. 외부로부터 오는 화살과 창은 막아낼 수 있었지만 내부로부터 진행되는 부패를 그 무엇으로도 저지할 수 없었던 것입니다. 나아만만 그러한 것이 아니라 실상은 모든 인간이 마찬가지입니다. 겉으로는 명예로 감싸고 돈으로 두르고 화장품으로 바르고 권력으로 차단을 하려 해도 시간 속에서 부패해가는 것을 그 무엇으로도 막아낼 수는 없는 것입니다. 그 절망과 슬픔의 상황 속에서 이 아이가 놀라운 말을 하였습니다.

그의 여주인에게 "우리 주인이 사마리아에 계신 선지자 앞에 계셨으면 좋겠나이다 그가 그 나병을 고치리이다" 하였습니다. 어린 아이가 무심코 한 말일 수도 있습니다. 그러나 이어지는 이야기들을 보면 아무 생각없이 한 말은 아니며 오히려 이 아이는 아주 어려운 상황 속에서 용기를 다하여 믿음의 선언을 한 것으로 보입니다. 말해서는 안 되는 비밀을 그 아이가 입 밖에 낸 것이니 그에 대한 책임이 지워질 수도 있고, 만일에 나아만이 이스라엘의 선지자에게 갔다가 고침을 받지 못하고 오게 된다면 그 책임도 져야 할 것이기 때문이었습니다. 그 아이가 아무 말도 안 하고 있었다면 아무 문제도 없을 일이기도 합니다.

어려운 상황 속에서 믿음의 말을 한다는 것은 매우 중요한 일입니다.

출애굽 당시 가네스바네아에서 12 정탐군들이 가나안 땅을 40일간 돌아보고 와서는 갈렙과 여호수아는 믿음의 소리를 하였고, 나머지 10명은 믿음 없는 소리를 하였습니다. 본문에 나오는 이스라엘 왕은 여호람입니다. 그는 북이스라엘 9번째 왕으로 아합의 둘째 아들이었습니다. 그는 나아만을 당신에게 보내니 그의 병을 고쳐 달라는 아람왕의 편지를 받고는 자기 옷을 찢으며 내가 사람을 죽이고 살리는 하나님이냐 그가 어찌하여 사람을 내게로 보내 그의 나병을 고치라 하느냐 너희는 깊이 생각하고 저 왕이 틈을 타서 나와 더불어 시비하려 함인줄 알라 하였습니다. 한 어린 아이에 비해 그의 말에는 전혀 믿음이 없었고 그래서 그의 말은 철저히 믿음 없는 소리가 되었습니다. 요한복음11장에서 예수님께서 죽은 나사로를 향해 나아가시면서 우리 친구 나사로가 잠들었도다 그러나 내가 깨우러 가노라 하셨지만 도마와 다른 제자들은 "우리도 주와 함께 죽으러 가자" 하며 비아냥거렸습니다. 대화 혹은 회의를 하다보면 믿음 없는 말들이 난무할 때가 있습니다. 믿음 없는 말들은 많고 명확하고 단단하며 날카롭습니다. 반면에 믿음의 말들은 적고 공허하고 흩날리며 빈틈이 많습니다. 그렇지만 그 상황을 구원하는 것은 믿음의 말입니다. 무책임한 말과 믿음의 말이 비슷하기는 하지만 같은 것은 아닙니다. 그래서 믿음의 말을 할 수 있는 것은 능력입니다. 믿는 자들의 말속에서 믿음의 말이 많았으면 좋겠습니다.

왜 이 어린 아이가 믿음의 말을 하게 되었을까요? 우선은 이 아이가 이스라엘에서 엘리사에 대한 이야기를 듣거나 보았거나 하였을 것입니다. 믿음은 들음에서 난다고 하셨지만 한 가지를 덧붙인다면 믿음은 보고 들음에서 납니다. 우리도 믿음을 갖기 위해서는 믿음의 사건들을 보고 듣고 경험해야 합니다.

다음으로는 이 아이가 나아만의 부인을 불쌍히 여겼기 때문이었을 것입니다.

상황적으로는 아람과 이스라엘은 적대국이며, 아람의 군대가 약탈을 하던 중에 자신도 잡혀왔으니 원수도 그런 원수가 없는 일입니다. 그 군대의 장관이 나병이 걸렸다니 천벌로 여기며 반길 수도 있는 일이었습니다. 그러나 그 가운데서도 나아만의 부인이 불쌍히 여겨졌기에 한 말일 것입니다. 불쌍히 여기는 마음이 사랑입니다. 성부 성자 성령 하나님처럼 믿음과 소망과 사랑도 끊어지지 않는 연결고리를 가지고 있습니다. 불쌍히 여기는 사랑이 이 아이에게 믿음의 말을 불러냈고 그들에게 소망이 되었던 것입니다. 믿음 소망 사랑은 어디에서 시작되던 나머지 둘을 불러일으키는 능력이 됩니다. 사랑함은 믿음의 말을 하게 합니다.

마지막으로 이 어린 아이의 믿음의 소리가 왜 나아만의 부인을 그리고 아람의 군대장관 나아만을 그리고 아람 왕을 움직일 수 있게 되었을까요? 일반적으로 어린 아이의 말 그것도 노예로 잡혀온 아이의 말이 영향력을 일으키기는 어렵습니다. 어떤 이의 말은 천금처럼 무겁고 어떤 이의 말은 깃털처럼 가볍기도 합니다. 창세기19:14에 롯이 나가서 그 딸들과 결혼할 사위들에게 말하여 이르기를 여호와께서 이 성을 멸하실 터이니 너희는 일어나 이 곳에서 떠나라 하되 그의 사위들이 농담으로 여겼더라 하였습니다. 이 어린 아이가 자신의 처지로 인하여 절망하고 원망하며 무너지는 보통의 모습만을 보였다면 나아만의 부인이 이 아이의 말에 귀를 기울이지 않았을 것입니다. 본문에 기록은 되어 있지 않지만 이 아이의 삶에는 상황을 넘어서는 신실함이 있었을 것입니다. 그것은 다니엘의 말을 왕의 근위대장 아리옥이 받아들인 이유가 같았을 것입니다. 그 아이의 삶이 그의 말에 무게를 더한 것이고 그 무게는 나아만의 부인이 나아만을 움직이게 할 만큼의 무게였을 것입니다. 믿음의 말을 하는 것도 중요한데 우리의 믿음의 말에 이와 같은 무게가 있었으면 좋겠습니다. 예수님의 말씀은 그의 십자가와 부활을 통하여 듣는 수 많은 사람들의 삶을 움직이는 말씀이 되었습니다.

우리가 아는 대로 나아만은 엘리사를 만나게 되었고 그의 병을 치유 받고 여호와 하나님에 대한 신앙을 가지고 돌아갔습니다. 그가 아람에 돌아가서 이 작은 여자 아이에게 어떻게 했을까요? 선한 역사가 있었을 것이고, 그런 일들이 우리들의 삶 가운데서도 있기를 소망합니다.

32. 오뎃, 용기있는 선지자

역대하 28장에 등장하는 오뎃 선지자는 북이스라엘 왕국과 남유다 왕국 사이의 갈등 상황에서 중요한 역할을 했습니다. 그의 이름이 언급된 사건은 북이스라엘이 남유다의 포로들을 후대하는 특별한 역사적 사건과 깊이 관련되어 있습니다.

남유다 왕 아하스의 통치 시기, 그는 여러 가지 악한 행위를 저지르며 여호와를 떠났습니다.

역대하28:1-4에 아하스가 왕위에 오를 때에 나이가 이십 세라 예루살렘에서 십육 년 동안 다스렸으나 그의 조상 다윗과 같지 아니하여 여호와 보시기에 정직하게 행하지 아니하고 이스라엘 왕들의 길로 행하여 바알들의 우상을 부어 만들고 또 힌놈의 아들 골짜기에서 분향하고 여호와께서 이스라엘 자손 앞에서 쫓아내신 이방 사람들의 가증한 일을 본받아 그의 자녀들을 불사르고 또 산당과 작은 산 위와 모든 푸른 나무 아래에서 제사를 드리며 분향하니라 하였습니다. 이에 대한 징계로, 하나님은 여러 나라들을 통해 유다를 공격하게 하셨습니다. 그 중 하나가 북이스라엘이었습니다. 북이스라엘의 왕 베가가 남유다를 공격하여 많은 포로를 잡아갔습니다. 역대하28:5-7에 그러므로 그의 하나님 여호와께서 그를 아람 왕의 손에 넘기시매 그들이 쳐서 심히 많은 무리를 사로잡아 다메섹으로 갔으며 또 이스라엘 왕의 손에 넘기시매 그가 쳐서 크게 살육하였으니 이는 그의 조상들의 하나님 여호와를 버렸음이라 르말랴의 아들 베가가 유다에서 하루 동안에 용사 십이만 명을 죽였으며 에브라임의 용사 시그리는 왕의 아들 마아세야와 궁내대신 아스리감과 총리대신 엘가나를 죽였더라 하였습니다.

북이스라엘이 많은 포로를 잡아가고 전리품을 차지한 후, 오뎃 선지자는 북이스라엘 군대 앞에서 용기 있게 예언했습니다. 그는 북이스라엘이 하나님께로부터 승리를 얻었지만, 그들의 포로를 학대하면 하나님의 진노를 피할 수 없다고 경고했습니다. 역대하 28:9-11에는 오뎃의 말씀이 기록되어 있습니다. 그 때에 여호와의 선지자 오뎃이 거기 나가서 오는 군대를 맞아 이르되 너희 조상들의 하나님 여호와께서 유다를 넘기셨으므로 너희가 그들을 죽여서 하늘에 닿게 하고 이제 너희가 또 유다와 예루살렘 자손을 노예로 삼으려 생각하는도다. 너희도 너희 하나님 여호와께 죄가 있지 아니하냐? 이제 내 말을 듣고 너희 형제들을 다시 보내라. 여호와의 진노가 너희에게 임박하였느니라 하였습니다.

오뎃의 경고를 들은 북이스라엘의 지도자들은 그를 존중하고 그의 말을 따르기로 결정했습니다. 역대하28:12-14에 에브라임 자손의 우두머리 몇 사람 곧 요하난의 아들 아사랴와 무실레못의 아들 베레갸와 살룸의 아들 여히스기야와 하들래의 아들 아마사가 일어나서 전장에서 돌아오는 자들을 막으며 그들에게 이르되 너희는 이 포로를 이리로 끌어들이지 못하리라 너희가 행하는 일이 우리를 여호와께 허물이 있게 함이니 우리의 죄와 허물을 더하게 함이로다 우리의 허물이 이미 커서 진노하심이 이스라엘에게 임박하였느니라 하매 이에 무기를 가진 사람들이 포로와 노략한 물건을 방백들과 온 회중 앞에 둔지라 하였습니다. 역대하 28:15에 따르면, 그들은 포로들을 해방시키고 그들을 잘 돌봐주었습니다. 옷을 입히고, 먹을 것을 주고, 약한 자들을 나귀에 태워 그들을 돌려보냈습니다. 이에 위에 이름이 기록된 사람들은 일어나서 포로를 잡아옴에서 옷을 취하여 그 중에 벗은 자들에게 옷을 입히며 신을 신기며 먹이고 마시게 하고 기름을 바르고 그 중에 약한 자들은 다 나귀에 실어 그들을 종려나무 성읍 여리고에 이르게 하니라 하였습니다.

이 사건은 다음과 같은 여러 가지 중요한 의미를 가지고 있습니다:

오뎃의 예언은 하나님의 정의와 공의를 나타냅니다. 하나님은 자신의 백성이 다른 사람들을 학대하는 것을 용납하지 않으십니다. 이는 하나님의 공의가 모든 민족에게 동일하게 적용됨을 보여줍니다. 북이스라엘은 오뎃의 경고를 듣고 즉각적으로 회개했습니다. 그들은 잘못을 인정하고, 포로들을 후대함으로써 하나님의 진노를 피하려 했습니다. 이는 진정한 회개의 중요성을 보여줍니다. 이 사건은 남유다와 북이스라엘이 여전히 하나님의 백성으로서 형제애와 연대감을 가져야 함을 상기시킵니다. 비록 정치적으로 분리되었지만, 그들은 여전히 같은 하나님을 섬기는 하나님의 백성이었습니다. 북이스라엘이 포로들을 해방시키고 돌본 것은 실천적 사랑의 한 예입니다. 이는 우리에게도 이웃을 사랑하고 돌보는 것이 얼마나 중요한지를 가르쳐 줍니다.

오뎃 선지자의 예언과 북이스라엘의 반응은 성경에서 중요한 교훈을 제공합니다. 하나님의 정의와 사랑은 모든 민족에게 동일하게 적용되며, 진정한 회개와 실천적 사랑은 하나님의 백성에게 기대되는 중요한 덕목임을 보여줍니다. 이러한 사건은 오늘날 우리에게도 큰 교훈이 됩니다.

33. 히스기야, 그의 기도

히스기야는 유다의 13번째 왕으로서 29년을 치리하였습니다.

남유다는 20왕 중 8명이 선왕으로 분류되는데 히스기야는 그 왕들 중에 한 분입니다. 북이스라엘은 19왕 중 17명이 악한 왕으로 분류되고 나머지 2명은 극악으로 성경이 평가하고 있습니다. 히스기야의 아버지는 아하스왕이었는데 그는 북이스라엘과의 전쟁에서도 크게 패하였고 또한 주변국인 에돔과 블레셋과의 전쟁에서도 패하였습니다. 더군다나 이 에돔과 블레셋을 막기 위해서 앗수르에게 조공을 주고 도움을 청했지만 소용이 없게 되자 여호와의 전을 폐하고 오히려 에돔과 아람의 신들에게 분향하는 일을 포함한 우상숭배를 하였습니다. 그러다가 죽었는데 그는 이스라엘 열왕의 묘에 들어가지 못하고 예루살렘성에 장사지낸 바가 되었습니다. 그 아들로 히스기야가 25세에 즉위하였는데 그는 아버지의 길을 따르지 않고 신앙의 길로 급선회하였습니다. 왕하 18:1-6에 이스라엘 왕 엘라의 아들 호세아 삼년에 유다 왕 아하스의 아들 히스기야가 왕이 되니 위에 나아갈 때에 나이 이십오 세라 예루살렘에서 이십구 년을 치리하니라 그 모친의 이름은 아비라 스가리야의 딸이더라 히스기야가 그 조상 다윗의 모든 행위와 같이 여호와 보시기에 정직히 행하여 여러 산당을 제하며 주상을 깨뜨리며 아세라 목상을 찍으며 모세가 만들었던 놋뱀을 이스라엘 자손이 이 때까지 향하여 분향하므로 그것을 부수고 느후스단이라 일컬었더라 히스기야가 이스라엘 하나님 여호와를 의지하였는데 그의 전후 유다 여러 왕 중에 그러한 자가 없었으니 곧 저가 여호와께 연합하여 떠나지 아니하고 여호와께서 모세에게 명하신 계명을 지켰더라 하였습니다.

한 가지 생각하는 것은 히스기야를 소개하면서 등장하는 어머니 아비에 관한 것인데 아마도 히스기야의 믿음은 그 어머니의 영향을 받은 듯합니다. 그는 왕이 되면서 두 가지 개혁을 단행하는데 하나는 정치적 개혁이었습니다. 그것은 하나님을 의지하고 앗수르를 배격한 것이었습니다. 왕하18:7-8에 여호와께서 저와 함께 하시매 저가 어디로 가든지 형통 하였더라 저가 앗수르 왕을 배척하고 섬기지 아니하였고 블레셋 사람을 쳐서 가사와 그 사방에 이르고 망대에서부터 견고한 성까지 이르렀더라 하였습니다. 다른 하나는 종교적 개혁이었습니다. 그는 전반적으로 종교개혁을 시행하여 왕하18:5에 히스기야가 이스라엘 하나님 여호와를 의지하였는데 그의 전후 유다 여러 왕 중에 그러한 자가 없었으니 란 평을 받기도 하였습니다.

히스기야왕 14년에 앗수르의 1차 침입을 당하게 됩니다.

왕하18:13-16에 히스기야 왕 십사년에 앗수르 왕 산헤립이 올라와서 유다 모든 견고한 성읍들을 쳐서 취하매 유다 왕 히스기야가 라기스로 보내어 앗수르 왕에게 이르되 내가 범죄하였나이다 나를 떠나 돌아가소서 왕이 내게 지우시는 것을 내가 당하리이다 하였더니 앗수르 왕이 곧 은 삼백 달란트와 금 삼십 달란트를 정하여 유다 왕 히스기야로 내게 한지라 히스기야가 이에 여호와의 전과 왕궁 곳간에 있는 은을 다 주었고 또 그 때에 유다 왕 히스기야가 여호와의 전 문의 금과 자기가 모든 기둥에 입힌 금을 벗겨 모두 앗수르 왕에게 주었더라 하였습니다. 왜 이런 일이 안타까운 일이 일어났을까요? 히스기야 6년에 북이스라엘에 함락됩니다. 이때 히스기야는 아무런 도움을 주질 못하였습니다. 그 후 14년이라는 기간 동안 별다른 준비하지 못하였고, 끝까지 여호와를 신뢰하지 못하고 타협한 점 등이 다만 아쉬움으로 생각할 수 있는 부분들입니다.

이후에 앗수르의 2차 침입을 당하게 되는데 이 기록은 왕하18:17절 이하에 나옵니다. 풍전등화의 상황에서 아무것도 남아있지 않은 히스기야가 할 수 있는 일은 기도하는 것 뿐이었습니다. 결국 인간은 모든 것이 없어지고 나서야 하나님을 찾는 어리석은 존재인 모양입니다. 왕하19:1-2에 히스기야 왕이 듣고 그 옷을 찢고 굵은 베를 입고 여호와의 전에 들어가서 궁내대신 엘리야김과 서기관 셉나와 제사장 중 장로들에게 굵은 베를 입혀서 아모스의 아들 선지자 이사야에게로 보내매 하였습니다. 히스기야왕은 외국에 원조를 청하는 것이 아니라 선지자 이사야에게 도움을 청하였습니다. 그는 앗수르에서 보내온 항복 요청 문서를 들고 여호와의 전으로 올라갔습니다. 왕하19:14-16에 히스기야가 사자의 손에서 편지를 받아 보고 여호와의 전에 올라가서 그 편지를 여호와 앞에 펴놓고 그 앞에서 기도하여 가로되 그룹들 위에 계신 이스라엘의 하나님 여호와여 주는 천하 만국에 홀로 하나님이시라 주께서 천지를 조성 하셨나이다 여호와여 귀를 기울여 들으소서 여호와여 눈을 떠서 보시옵소서 산헤립이 사신 하나님을 훼방하러 보낸 말을 들으시옵소서 하였습니다.

하나님의 응답이 이사야를 통해 내려옵니다.

왕하19:20에 아모스의 아들 이사야가 히스기야에게 기별하여 가로되 이스라엘 하나님 여호와의 말씀이 네가 앗수르 왕 산헤립 까닭에 내게 기도하는 것을 내가 들었노라 하셨나이다 하였습니다. 19장 31절 말씀에 여호와의 열심이 이를 이루리라 말씀하시면서 다음과 같은 약속을 주셨습니다. 왕하19:32-34에 그러므로 여호와께서 앗수르 왕을 가리켜 이르시기를 저가 이 성에 이르지 못하며 이리로 살을 쏘지 못하며 방패를 성을 향하여 세우지 못하며 치려고 토성을 쌓지도 못하고 오던 길로 돌아가고 이 성에 이르지 못하리라 하셨으니 이는 여호와의 말씀이시라 내가 나와 나의 종 다윗을 위하여 이 성을 보호하여 구원하리라 하셨나이다 하였습니다. 그리고 그 말씀대로, 왕하19:35-37에 이 밤에 여호와의 사자가 나와서 앗수르 진에서 군사 십팔만 오천을 친지라 아침에 일찌기 일어나 보니 다 송장이 되었더라 앗수르 왕 산헤립이 떠나 돌아가서 니느웨에 거하더니 그 신 니스록의 묘에 경배할 때에 아드람멜렉과 사레셀이 저를 칼로 쳐죽이고 아라랏 땅으로 도망하매 그 아들 에살핫돈이 대신하여 왕이 되니라 하였습니다.

이때 히스기야가 한 일이 하나 더 있었는데 그것은 히스기야 터널이라 일컬어지는 신비의 터널입니다. 원래 예루살렘에 물을 공급하는 유일한 샘은 기혼의 샘이라는 것인데 이것이 다윗성 밖에 있었습니다. 히스기야는 적군이 장기간 주둔을 못하게 하느라고 이 샘물의 입구를 돌로 막고 그 대신에 기혼 샘에서 성안의 실로암 못까지 터널을 팠습니다. 535m의 암벽을 양쪽에서 S자로 뚫어서 만든 터널인데 그 중간에서 양쪽 일군들이 만났을 때 오차가 30cm밖에 나지 않았다고 합니다. 하나님의 인도하심이었습니다.

그런데 히스기야와 유다는 구원을 받았는데 뜻하지 않게 히스기야에게 중한 병이 찾아왔습니다. 전7:14에 형통한 날에는 기뻐하고 곤고한 날에는 생각하라 하나님이 이 두 가지를 병행하게 하사 사람으로 그 장래 일을 능히 헤아려 알지 못하게 하셨느니라 하신 말씀처럼 사실 우리는 우리 인생에서 일어나는 일을 다 알 수가 없습니다. 다만 믿고 의지할 뿐입니다. 우리는 알 수 없고 우리는 받아들이기 싫지만 하나님께는 다 이유가 있으신 것이요 하나님께서 하시고자 하는 일이 이루어지는 것입니다. 왕하20:1에 그 때에 히스기야가 병들어 죽게 되매 아모스의 아들 선지자 이사야가 저에게 나아와서 이르되 여호와의 말씀이 너는 집을 처치하라 네가 죽고 살지 못하리라 하였습니다. 아마도 이것은 히스기야를 겸손케 하시기 위한 하나님의 배려였던 것 같습니다. 한 가지 히스기야의 위대성이 나타나는 부분은 그가 이와 같은 엄청난 사실 앞에서도 하나님을 원망하지 않고 그 사실을 받아들였다는 점입니다. 왕하20:2-6에 히스기야가 낯을 벽으로 향하고 여호와께 기도하여 가로되 여호와여 구하오니 내가 진실과 전심으로 주 앞에 행하며 주의 보시기에 선하게 행한 것을 기억하옵소서 하고 심히 통곡 하더라 이사야가 성읍 가운데까지도 이르기 전에 여호와의 말씀이 저에게 임하여 가라사대 너는 돌아가서 내 백성의 주권자 히스기야에게 이르기를 왕의 조상 다윗의 하나님 여호와의 말씀이 내가 네 기도를 들었고 네 눈물을 보았노라 내가 너를 낫게 하리니 네가 삼일 만에 여호와의 전에 올라가겠고 내가 네 날을 십오 년을 더할 것이며 내가 너와 이 성을 앗수르 왕의 손에서 구원하고 내가 나를 위하고 또 내 종 다윗을 위하므로 이 성을 보호하리라 하셨다 하라 하였습니다. 세밀하시고 은혜로우신 하나님 나보다 나를 더 사랑하시는 하나님을 믿으시기 바랍니다. 그러나 이 사실을 받아들이는 히스기야의 모습에 우려할만한 점이 나타납니다. 그것은 히스기야가 내 병이 삼일 만에 나을 것이라는 징조를 보여 달라는 것이었습니다. 그리고 이사야가 아하스의 일영표를 말하자 히스기야는 일영표가 앞으로 나아가는 것은 쉬우니 뒤로 십도 물러가게 해 달라고 하였습니다. 그럼에도 불구하고 하나님께서는 말씀하신 대로 그의 병을 치유해 주셨고 수명을 연장시켜 주셨습니다. 히스기야는 그냥 하나님 참 감사합니다. 말씀대로 될 줄로 믿습니다 할 수는 없었을까요? 그러나 이 체험 후에 자고한 모습과 바벨론이라는 세력과 다시 결탁하는 히스기야의 모습이 나타납니다. 왕하20:12-13에 그 때에 발라단의 아들 바벨론 왕 부로닥발라단이 히스기야가 병들었다 함을 듣고 편지와 예물을 저에게 보낸지라 히스기야가 사자의 말을 듣고 자기 보물고의 금은과 향품과 보배로운 기름과 그 군기고와 내탕고의 모든 것을 다 사자에게 보였는데 무릇 왕궁과 그 나라 안에 있는 것을 저에게 보이지 아니한 것이 없으니라 하였습니다. 결국 그의 바벨론에게 향한 자랑과 의지는 바벨론에 의한 멸망으로 이어지게 됩니다. 새롭게 그에게 주어진 15년은 별 의미 있는 일이 되지를 못하였습니다. 히스기야가 죽고 그 아들 므낫세가 즉위한 것이 12세인데 므낫세는 그가 생명을 연장 받은 기간 동안에 낳은 아들이었습니다. 그러나 그 므낫세 마저도 55년이라는 오랜 기간을 통치하기는 하였으나 남유다의 대표적인 악한 왕으로 남었을 뿐입니다. 그는 그 아버지 히스기야가 버린 모든 우상들은 회복하는데 일생을 보내게 됩니다. 히스기야를 통하여 여호와여 구하오니 내가 진실과 전심으로 주 앞에 행하며 주의 보시기에 선하게 행한 것을 기억 하옵소서 하고 심히 통곡 하더라 라는 그의 기도대로 하나님 앞에 신실하게 살고자 했던 그의 삶과 기도를 봅니다. 풍전등화의 위기 속에서도 그리고 죽음 앞에서도 그는 통곡하며 기도하였고 하나님의 긍휼하심을 입게 되었습니다. 그러나 그러한 중에 그의 교만은 끝까지 하나님을 의지하지 못하게 하였고 후계자를 므낫세로 지정한 우를 범하게 되었던 것입니다.

34. 이사야, 메시야

이사야의 뜻은 여호와는 구원이시다 입니다.

이사야는 웃시야 왕이 죽던 해(B.C 739년) 이후 요담 아하스 히스기야를 거쳐 므낫세 때 순교 당한 것으로 여겨집니다. 유다와 이스라엘 그리고 이들과 관련을 맺었던 열방들에 대한 하나님의 심판과 구원이 기록되어 있으나 더 넓게는 그리스도의 사역과 인격 및 그의 구속사에 대한 예언적 내용이 많이 기록되어 있습니다. 이사야가 활동하던 시기의 국제 정세를 보면 날로 쇠퇴해 가던 앗수르가 디글랏빌레셋이 즉위하면서 다시 세력을 급속히 회복하였습니다. 이러한 세력에 대항하기 위해서 다메섹의 르신과 이스라엘의 베가를 포함한 근동의 많은 왕들이 동맹을 맺었으나 모두 앗수르에게 점령을 당하게 됩니다. 이즈음 남쪽에서는 애굽이 제25왕조의 창시자 샤바코가 B.C. 715년 전 애굽을 통일하고 전성시대를 누리며 동맹국들과 반 앗수르 정책을 시행하게 됩니다.

이 와중에 유다는 요담 왕 때는 반앗수르 정책을, 아하스 왕 때는 친앗수르 정책을, 히스기야 왕 때는 친애굽 반앗수르 정책을, 므낫세 왕 때는 친앗수르 정책을 취하면서 갈등을 겪었습니다.

이사야가 사역을 시작할 때의 모습이 이사야서 1장에 잘 나타나 있습니다.

유다 왕 웃시야와 요담과 아하스와 히스기야 시대에 아모스의 아들 이사야가 유다와 예루살렘에 대하여 본 이상이라 하늘이여 들으라 땅이여 귀를 기울이라 여호와께서 말씀하시기를 내가 자식을 양육하였거늘 그들이 나를 거역하였도다 소는 그 임자를 알고 나귀는 주인의 구유를 알건마는 이스라엘은 알지 못하고 나의 백성은 깨닫지 못하는도다 하셨도다 슬프다 범죄한 나라요 허물진 백성이요 행악의 종자요 행위가 부패한 자식이로다 그들이 여호와를 버리며 이스라엘의 거룩한 자를 만홀히 여겨 멀리하고 물러갔도다 너희가 어찌하여 매를 더 맞으려고 더욱 더욱 패역하느냐 온 머리는 병들었고 온 마음은 피곤하였으며 발바닥에서 머리까지 성한 곳이 없이 상한 것과 터진 것과 새로 맞은 흔적뿐이어늘 그것을 짜며 싸매며 기름으로 유하게 함을 받지 못하였도다 너희 땅은 황무하였고 너희 성읍들은 불에 탔고 너희 토지는 너희 목전에 이방인에게 삼키웠으며 이방인에게 파괴됨같이 황무하였고 딸 시온은 포도원의 망대같이, 원두밭의 상직막같이, 에워싸인 성읍같이 겨우 남았도다 만군의 여호와께서 우리를 위하여 조금 남겨 두지 아니하셨더면 우리가 소돔 같고 고모라 같았었으리로다 너희 소돔의 관원들아 여호와의 말씀을 들을지어다 너희 고모라의 백성아 우리 하나님의 법에 귀를 기울일지어다 여호와께서 말씀하시되 너희의 무수한 제물이 내게 무엇이 유익하뇨 나는 숫양의 번제와 살진 짐승의 기름에 배불렀고 나는 수송아지나 어린 양이나 숫염소의 피를 기뻐하지 아니하노라 너희가 내 앞에 보이러 오니 그것을 누가 너희에게 요구하였느뇨 내 마당만 밟을 뿐이니라 헛된 제물을 다시 가져오지 말라 분향은 나의 가증히 여기는 바요 월삭과 안식일과 대회로 모이는 것도 그러하니 성회와 아울러 악을 행하는 것을 내가 견디지 못하겠노라 내 마음이 너희의 월삭과 정한 절기를 싫어하나니 그것이 내게 무거운 짐이라 내가 지기에 곤비하였느니라 너희가 손을 펼 때에 내가 눈을 가리우고 너희가 많이 기도할지라도 내가 듣지 아니하리니 이는 너희의 손에 피가 가득함이니라 너희는 스스로 씻으며 스스로 깨끗케 하여 내 목전에서 너희 악업을 버리며 악행을 그치고 선행을 배우며 공의를 구하며 학대받는 자를 도와주며 고아를 위하여 신원하며 과부를 위하여 변호하라 하셨느니라 여호와께서 말씀하시되 오라 우리가 서로 변론하자 너희 죄가 주홍 같을지라도 눈과 같이 희어질 것이요 진홍같이 붉을지라도 양털같이 되리라 너희가 즐겨 순종하면 땅의 아름다운 소산을 먹을 것이요 너희가 거절하여 배반하면 칼에 삼키우리라 여호와의 입의 말씀이니라 하였습니다.

이사야서에는 메시야의 초림과 재림에 대한 많은 언급이 나타나 있습니다. 특히 53장은 메시야의 구속 사역에 대한 핵심 내용을 담고 있습니다. 그리스도에 대한 예언을 찾아보면 다음과 같습니다.

신성, 영원성, 선재, 창조, 전능하심, 편재하심, 전지하심, 배교할 수 없음이 이사야 40:12-18, 51:13에, 성육신이 이사야 6:6, 7:14에, 기름부음을 받으심이 이사야 11:2에, 말씀의 선포가 이사야 61:1-2에, 유대 민족의 배척이 이사야 53:1-3에, 죽으심이 이사야 53:8에, 장사가 이사야 53:9에, 부활이 이사야 53:10에, 승천이 이사야 52:13에, 미래의 영광이 이사야 66:15-19에 기록되어 있습니다.

이사야는 문서 선지자의 시작일 뿐만 아니라, 그가 사용한 단어들의 다양함과 다양한 문학 양식은 이사야서의 큰 특징입니다. 그는 또한 행동으로 하나님의 말씀을 전하기도 하였는데, 그것은 매우 어려운 일이었습니다.

이사야 20:2-3에는, "곧 그때에 여호와께서 아모스의 아들 이사야에게 일러 가라사대, 갈지어다 네 허리에서 베를 끄르고 네 발에서 신을 벗을지니라 하시매 그가 그대로 하여 벗은 몸과 벗은 발로 행하니라. 여호와께서 가라사대 나의 종 이사야가 삼 년 동안 벗은 몸과 벗은 발로 행하여 애굽과 구스에 대하여 예표와 기적이 되게 되었느니라"라고 기록되어 있습니다.

이사야 50:5-6에는, "주 여호와께서 나의 귀를 열으셨으므로 내가 거역하지도 아니하며 뒤로 물러가지도 아니하며, 나를 때리는 자들에게 내 등을 맡기며 나의 수염을 뽑는 자들에게 나의 뺨을 맡기며, 수욕과 침 뱉음을 피하려고 내 얼굴을 가리지 아니하였느니라"라고 기록되어 있습니다.

이사야는 하나님의 마음과 뜻을 가장 잘 전달한 선지자 중의 한 사람이었습니다.

35. 미가, 예배

열두 소선지자 중 여섯 번째인 미가는 자신의 예언서에서 자신의 신분을 확실하게 밝히고 있습니다.

'미가'라는 이름은 '미가야후'가 줄어진 형태로, '여호와와 같은 자 누구인가'라는 의미입니다. 그의 고향은 모레셋인데, 이곳은 예루살렘에서 남서쪽으로 약 32km 떨어진 유다의 서부 저지대에 위치한 가드 모레셋과 동일한 곳입니다(미가1:14). 모레셋은 작은 전원 도시였기에 미가는 어려서부터 대부분 가난한 계층인 농부들과 접촉했는데, 그의 예언은 당시 가난한 자들에 대한 깊은 관심을 보여줍니다. 미가는 이사야와 동시대의 예언자로서, 이사야와는 달리 웃시야에 대한 언급이 없었으므로 이사야보다 늦게 사역했으며, 히스기야 시대에 있었던 산헤립의 침입에 대해서 언급이 없는 것으로 보아 아마도 그 이전에 그의 사역을 끝마쳤을 것입니다. 따라서 그의 사역 연대는 주전 735-710년 사이일 것입니다.

미가서의 예언은 그의 선배들, 아모스, 호세아 및 이사야 등이 이미 예언한 것들이었고, 그는 그것을 종합한 것에 지나지 않는다고 볼 수 있습니다. 그렇지만 그의 메시지 속에는 여러 주제가 있습니다. 그의 메시지의 기본적인 주제는 구원적 신앙의 필수적인 결과가 하나님의 의와 주권에 기초하고 있는 사회 개혁과 실제적인 거룩(구별된)이라는 것입니다. 이러한 구원적 신앙이 대체적으로 결핍되었기 때문에 북방 왕국과 남방 왕국은 하나님의 진노를 경험하게 됩니다. 그러나 형벌이 끝난 후에 그 나라는 다시 회복될 것이며, 종국에는 메시야가 임하실 것이라고 합니다.

본서의 기록 목적은 다음과 같습니다:

첫째, 유다와 이스라엘이 임박한 심판을 선포하며 경각심을 주기 위해서입니다.

백성들아 너희는 다 들을지어다 땅과 거기 있는 모든 것들아 자세히 들을지어다 주 여호와께서 너희에게 대하여 증거하시되 곧 주께서 성전에서 그리하실 것이니라. 여호와께서 그 처소에서 나오시고 강림하사 땅의 높은 곳을 밟으실 것이라. 그 아래서 산들이 녹고 골짜기들이 갈라지기를 불 앞의 밀 같고 비탈로 쏟아지는 물 같을 것이니. 이는 다 야곱의 허물을 인함이요 이스라엘 족속의 죄를 인함이라. 야곱의 허물이 무엇이뇨? 사마리아가 아니뇨? 유다의 산당이 무엇이뇨? 예루살렘이 아니뇨?(미가1:2-5)

둘째, 가난한 이들을 억누르는 자들이 받을 형벌을 경고합니다.

침상에서 악을 꾀하며 간사를 경영하고 날이 밝으면 그 손에 힘이 있으므로 그것을 행하는 자는 화 있을진저. 밭들을 탐하여 빼앗고 집들을 탐하여 취하니 그들이 사람과 그 집 사람과 그 산업을 학대하도다.(미가2:1-2)

재앙이로다 나여, 나는 여름 실과를 딴 후와 포도를 거둔 후 같아서 먹을 송이가 없으며 내 마음에 사모하는 처음 익은 무화과가 없도다. 이와 같이 선인이 세상에서 끊쳤고 정직자가 인간에 없도다. 무리가 다 피를 흘리려고 매복하며 각기 그물로 형제를 잡으려 하고 두 손으로 악을 부지런히 행하도다. 그 군장과 재판자는 뇌물을 구하며 대인은 마음의 악한 사욕을 발하며 서로 연락을 취하니 그들의 가장 선한 자라도 가시 같고 가장 정직한 자라도 찔레 울타리보다 더하도다. 그들의 파숫군들의 날, 곧 그들의 형벌의 날이 임하였으니 이제는 그들이 요란하리로다.(미가7:1-4)

셋째, 유다와 이스라엘의 종교 지도자들의 부패와 타락을 책망하기 위해서입니다.

내 백성을 유혹하는 선지자는 이에 물면 평강을 외치나 그 입에 무엇을 채워 주지 아니하는 자에게는 전쟁을 준비하는도다. 이런 선지자에 대하여 여호와께서 가라사대. 그러므로 너희가 밤을 만나리니 이상을 보지 못할 것이요 흑암을 만나리니 점 치지 못하리라 하셨나니 이 선지자 위에는 해가 져서 낮이 캄캄할 것이라. 선견자가 부끄러워하며 술객이 수치를 당하여 다 입술을 가리울 것은 하나님이 응답지 아니하심이어니와.(미가3:5-7)

넷째, 회복자이자 통치자이신 메시야의 탄생을 예고하기 위함입니다.

곧 많은 이방이 가며 이르기를 '오라 우리가 여호와의 산에 올라가서 야곱의 하나님의 전에 이르자. 그가 그 도로 우리에게 가르치실 것이라. 우리가 그 길로 행하리라' 하리니, 이는 율법이 시온에서부터 나올 것이요, 여호와의 말씀이 예루살렘에서부터 나올 것임이라. 그가 많은 민족 중에 심판하시며 먼 곳 강한 이방을 판결하시리니, 무리가 그 칼을 쳐서 보습을 만들고 창을 쳐서 낫을 만들 것이며, 이 나라와 저 나라가 다시는 칼을 들고 서로 치지 아니하며, 다시는 전쟁을 연습하지 아니하고, 각 사람이 자기 포도나무 아래와 자기 무화과나무 아래 앉을 것이라. 그들을 두렵게 할 자가 없으리니, 이는 만군의 여호와의 입이 이같이 말씀하셨음이니라.(미가4:2-4), 베들레헴 에브라다야, 너는 유다 족속 중에 작을지라도 이스라엘을 다스릴 자가 네게서 내게로 나올 것이라. 그의 근본은 상고에, 태초에니라.(미가5:2)

다섯째, 하나님께서 원하시는 것이 무엇인지 그 백성에게 알리기 위함입니다.

내가 무엇을 가지고 여호와 앞에 나아가며 높으신 하나님께 경배할까? 내가 번제물 일 년 된 송아지를 가지고 그 앞에 나아갈까? 여호와께서 천천의 수양이나 만만의 강수 같은 기름을 기뻐하실까? 내 허물을 위하여 내 맏아들을, 내 영혼의 죄를 인하여 내 몸의 열매를 드릴까? 사람아, 주께서 선한 것이 무엇임을 네게 보이셨나니, 여호와께서 네게 구하시는 것이 오직 공의를 행하며 인자를 사랑하며 겸손히 네 하나님과 함께 행하는 것이 아니냐?(미가6:6-8)

여섯째, 주님을 찬양하기 위해서입니다.

주와 같은 신이 어디 있으리이까? 주께서는 죄악을 사유하시며 그 기업의 남은 자의 허물을 넘기시며 인애를 기뻐하심으로 노를 항상 품지 아니하시나이다. 다시 우리를 긍휼히 여기셔서 우리의 죄악을 발로 밟으시고 우리의 모든 죄를 깊은 바다에 던지시리이다. 주께서 옛적에 우리 열조에게 맹세하신 대로 야곱에게 성실을 베푸시며 아브라함에게 인애를 더하시리이다. (미가7:18-20)

36. 요아스, 7세에 왕이되다

요아스는 남유다 다윗왕조의 9대 왕입니다. 그는 부친 아하시야의 뒤를 극적으로 이어 40년간 나라를 통치했습니다. 그는 재위 중 성전을 수리하고 신앙을 부흥시키기도 했으나 종말에는 선지자의 가르침을 멸시하고 결국 살해되고 말았습니다.

남북왕조를 통틀어 극악이란 평가를 받은 왕은 북이스라엘의 오므리와 아합과 남유다의 아달랴입니다. 아달랴는 오므리의 손녀요 아합의 딸이며 여호람왕의 부인이었습니다. 그 아들이 아하시야입니다. 아하시야가 아합의 아들 요람왕의 병문안을 갔다가 예후의 반역에 다같이 죽임을 당합니다. 예후는 아합의 아들 요람을 나봇의 포도원에서 죽였고, 그의 어머니 이세벨을 또한 죽여 그 피를 개들이 먹게 하였습니다. 예후는 아합의 70명의 아들을 죽였으며, 바알을 섬기는 자들을 건물에 가두어 들이고는 모조리 몰살하였습니다. 예후는 그렇게 하나님께 쓰임 받은 인물이었습니다.

이 소식을 접한 유다왕국에서는 아하시야 왕의 모친 아달랴에 의한 끔찍한 일이 벌어지는데 그것은 아달랴가 손자 손녀들을 모두 죽이고 자신이 통치자가 된 것입니다. 이 과정에서 아하시야의 누이인 여호세바가 아하시야 왕의 아들 중에서 요아스를 숨겨 6년을 성전에서 자라게 하였습니다. 아달랴는 아합과 이세벨의 딸로서 바알을 위하여 이와 같은 일을 한 것입니다. 여호세바는 여호람의 딸이며 여호야다의 아내로 하나님을 위하여 목숨을 걸고 이일을 한 것입니다. 다윗의 후손이 끊어지지 않게 하시겠다는 하나님의 약속의 실현이며, 시 27:5절의 여호와께서 환난 날에 나를 그 초막 속에 비밀히 지키시고 그 장막 은밀한 곳에 나를 숨기시며 바위 위에 높이 두시리로다는 말씀의 응답입니다. 아달랴의 6년 동안 바알은 온 유대에 가득 찼고(왕하11:18) 여호와의 전은 퇴락한 채(왕하12:5) 방치되어 있었습니다.

때가 되자 제사장 여호야다가 뜻을 같이 하는 자들과 함께 요아스에게 기름을 부어 왕을 삼았습니다. 왕하11:12에 여호야다가 왕자를 인도하여 내어 면류관을 씌우며 율법책을 주고 기름을 부어 왕을 삼으매 무리가 박수하며 왕의 만세를 부르니라 하였습니다. 아달랴는 결국 성전 밖에서 죽임을 당하게 됩니다. 왕하11:15-16에 제사장 여호야다가 군대를 거느린 백부장들에게 명하여 가로되 반열 밖으로 몰아내라 무릇 저를 따르는 자는 칼로 죽이라 하니 제사장의 이 말은 여호와의 전에서는 저를 죽이지 말라 함이라 이에 저의 길을 열어 주매 저가 왕궁 말 다니는 길로 통과하다가 거기서 죽임을 당하였더라 하였습니다. 다윗의 후손을 제거하려는 사탄의 궤계는 결국 패하고야 말았습니다.

요아스는 바알의 훼파와 성전 재건 등을 통해 유다를 잘 다스렸습니다. 그 당시에 요아스의 곁에는 제사장 여호야다가 있었습니다. 그러던 중 여호야다가 130세에 죽게 됩니다. 왕하24:15-16에 여호야다가 나이 많고 늙어서 죽으니 죽을 때에 일백삼십 세라 무리가 다윗 성 열왕의 묘실 중에 장사하였으니 이는 저가 이스라엘과 하나님과 그 전에 대하여 선을 행하였음이더라 하였습니다. 그 후에 이상하리만치 요아스는 급격하게 무너지게 됩니다. 대하24:17-21에 여호야다가 죽은 후에 유다 방백들이 와서 왕에게 절하매 왕이 그의 말을 듣고 그 열조의 하나님 여호와의 전을 버리고 아세라 목상과 우상을 섬긴 고로 이 죄로 인하여 진노가 유다와 예루살렘에 임하니라 그러나 여호와께서 선지자를 저에게 보내사 다시 자기에게로 돌아오게 하려 하시매 선지자들이 저에게 경계하나 듣지 아니하니라 이에 하나님의 신이 제사장 여호야다의 아들 스가랴를 감동시키시매 저가 백성 앞에 높이 서서 저희에게 이르되 여호와께서 말씀하시기를 너희가 어찌하여 여호와의 명령을 거역하여 스스로 형통치 못하게 하느냐 하셨나니 너희가 여호와를 버린 고로 여호와께서도 너희를 버리셨느니라 하나 무리가 함께 꾀하고 왕의 명을 좇아 여호와의 전 뜰 안에서 돌로 쳐 죽였더라 하였습니다. 왕하12:17-18에 때에 아람 왕 하사엘이 올라와서 가드를 쳐서 취하고 예루살렘을 향하여 올라오고자 한 고로 유다 왕 요아스가 그 열조 유다 왕 여호사밧과 여호람과 아하시야가 구별하여 드린 모든 성물과 자기가 구별하여 드린 성물과 여호와의 전 곳간과 왕궁에 있는 금을 다 취하여 아람 왕 하사엘에게 보내었더니 하사엘이 예루살렘에서 떠나갔더라 하였습니다. 대하 24:23-27에 일 주년 후에 아람 군대가 요아스를 치려하여 올라와서 유다와 예루살렘에 이르러 백성 중에서 그 모든 방백을 멸절하고 노략한 물건을 다메섹 왕에게로 보내니라 아람 군대가 적은 무리로 왔으나 여호와께서 심히 큰 군대를 그 손에 붙이셨으니 이는 유다 사람이 그 열조의 하나님 여호와를 버렸음이라 이와 같이 아람 사람이 요아스를 징벌하였더라 요아스가 크게 상하매 적군이 버리고 간 후에 그 신복들이 제사장 여호야다의 아들들의 피로 인하여 모반하여 그 침상에서 쳐죽인지라 다윗 성에 장사하였으나 열왕의 묘실에는 장사하지 아니하였더라 모반한 자는 암몬 여인 시므앗의 아들 사밧과 모압 여인 시므릿의 아들 여호사밧이더라

요아스의 아들들의 사적과 요아스의 중대한 경책을 받은 것과 하나님의 전 중수한 사적은 다 열왕기 주석에 기록되니라 그 아들 아마샤가 대신하여 왕이 되니라 하였습니다. 그의 안타까운 모습이었습니다.

37. 요엘, 성령

요엘이라는 뜻은 여호와는 하나님이시다 입니다.

저자는 요엘로서 B.C 830년경 유다 왕 요아스의 재위 초 어느 시점에 기록한 것으로 보입니다. 이 책은 이스라엘 땅에 임한 메뚜기 재앙과 가뭄을 통해 백성들의 죄악을 지적하고, 선민에게 따르는 책임을 강조하기 위하여 기록되었습니다. 사도행전을 신약의 성령전이라 한다면, 본서는 구약의 성령전이라 칭할 수 있을 만큼 성령 강림에 대해 강조하고 있습니다.

욜2:28-29에 그 후에 내가 내 신을 만민에게 부어 주리니 너희 자녀들이 장

래 일을 말할 것이며 너희 늙은이는 꿈을 꾸며 너희 젊은이는 이상을 볼 것이며, 그 때에 내가 또 내 신으로 남종과 여종에게 부어 줄 것이며 하였는데 이 구절은 신약 시대에 이르러 오순절 성령 강림 사건으로 말미암아 성취되었습니다.

행2:1-3에 오순절 날이 이미 이르매 저희가 다 같이 한곳에 모였더니, 홀연히 하늘로부터 급하고 강한 바람 같은 소리가 있어 저희 앉은 온 집에 가득하며, 불의 혀같이 갈라지는 것이 저희에게 보여 각 사람 위에 임하여 있더니 하였습니다.

구약과 신약에서 성령의 역사의 차이점은 구약은 특별한 하나님의 사람들에게만 성령이 임하셔서 역사하셨지만, 신약에서는 모든 자에게 성령이 임하신다는 점입니다.

본서는 여호와의 날을 중심으로 전개되는데, 팔레스틴에 임한 자연적 재앙이 여호와의 날의 예표가 됨을 일러주고 있습니다. 먼저 팔레스틴 땅에 임한 메뚜기 재앙이 역사상 전무후무할 만큼 극심한 것이었음을 밝힌 요엘은 백성들에게 회개할 것을 촉구하면서 이 같은 재앙이 장차 임할 하나님의 진노의 날을 상징하고 있음을 밝혀주고 있습니다.

여호와의 날은 이원적 성격을 가지고 있는데, 하나님께서 범죄한 유다를 징계하시기 위해 재앙을 내리시지만 그들이 회개할 때에는 그 같은 재앙을 거두시고 도리어 이전보다 더 풍성히 축복을 주실 것에 대한 약속입니다. 이날에 택한 백성들을 대적하던 열국들은 하나님의 심판을 받고, 택한 백성은 온전한 평화와 구원을 누리게 될 것입니다.

일반적으로 이스라엘 백성에게 임한 심판, 예를 들면 메뚜기 재앙과 가뭄의 재앙은 하나님의 최후 심판에 대한 상기인데, 이 같은 심판을 보고서도 회개하지 않으면 결국 영원한 죽음에 이르는 심판을 받게 될 것입니다. 그렇기 때문에 욜2:13에 너희는 옷을 찢지 말고 마음을 찢고 너희 하나님 여호와께로 돌아올지어다 하셨습니다.

비록 범죄한 자라도 돌이켜 사는 것이 하나님의 원하시는 바입니다.

겔18:23에 나 주 여호와가 말하노라 내가 어찌 악인의 죽는 것을 조금인들 기뻐하랴 그가 돌이켜 그 길에서 떠나서 사는 것을 어찌 기뻐하지 아니하겠느냐 하였는데, 죄인이 회개하면 하나님께서는 그의 죄를 사해 주시고 다시는 기억하지 않으십니다.

히8:12에 내가 저희 불의를 긍휼히 여기고 저희 죄를 다시 기억하지 아니하리라 하셨는데 이는 하나님께서는 자기 백성이 더 이상 죄에 빠지지 않게 하시려고 성령을 부어 주심에 대한 약속입니다. 욜2:28-29에 그 후에 내가 내 신을 만민에게 부어 주리니 너희 자녀들이 장래 일을 말할 것이며 너희 늙은이는 꿈을 꾸며 너희 젊은이는 이상을 볼 것이며, 그 때에 내가 또 내 신으로 남종과 여종에게 부어 줄 것이며 하였습니다.

성도들은 하나님의 말씀에 귀를 기울여야 합니다. 하나님은 메뚜기라는 작은 생물을 통해서도 하나님의 뜻을 계시하십니다. 영적으로 우둔한 자가 되지 않기 위해 늘 깨어 있어야 하며 회개의 기회를 놓쳐서는 안 됩니다. 환난과 역경이 오더라도 좌절하지 말고 그 이면에 있는 하나님의 깊은 뜻을 깨달아야 하며, 하나님은 오래 참으시며 긍휼과 사랑의 하나님이심을 기억해야 합니다. 하나님의 백성들을 괴롭히고 대적하는 자들은 결국 파멸할 뿐이며, 하나님은 반드시 개인의 행위대로 심판하십니다. 하나님은 당신의 택한 백성들을 끝까지 대적의 손에서 구원하시고 보호하십니다.

38. 아모스, 공의

아모스는 '짐, 짐진 자'라는 뜻으로, 직업적인 선지자도 아니었고 특별한 선지자 교육을 받은 것도 아니었습니다.

그는 베들레헴 남쪽 10km 지점에 있는 드고아에서 양을 치며 뽕나무를 재배하는 목자였습니다. 아모스는 이스라엘과 유다의 안정과 번영이 절정에 달하였던 여로보암 2세와 웃시야 통치 중간기인 BC 760년 이후에 하나님에 의해 부름을 받았습니다. 그렇다고 그가 예언 활동을 하는 중에 자신의 출신을 약점으로 여기지 않았습니다.

아모스 7:10-17에 벧엘의 제사장 아마샤가 이스라엘 왕 여로보암에게 기별하여 말했습니다. "이스라엘 족속 중에 아모스가 왕을 모반하나니 그 모든 말을 이 땅이 견딜 수 없습니다. 아모스가 말하기를 여로보암은 칼에 죽겠고 이스라엘은 정녕 사로잡혀 그 땅에서 떠나겠다 하였습니다." 아마샤가 또 아모스에게 이르기를 "선견자여, 너는 유다 땅으로 도망하여 가서 거기서나 떡을 먹으며 거기서나 예언하십시오. 다시는 벧엘에서 예언하지 말라. 이는 왕의 성소요 왕의 궁입니다"라고 하였습니다. 아모스가 아마샤에게 대답하여 말했습니다. "나는 선지자가 아니며 선지자의 아들도 아닙니다. 나는 목자요 뽕나무를 배양하는 자로서, 양 떼를 따를 때에 여호와께서 나를 데려다가 내게 이르시기를 '가서 내 백성 이스라엘에게 예언하라' 하셨습니다. 이제 너는 여호와의 말씀을 들으십시오. 네가 말하기를 '이스라엘에 대하여 예언하지 말며 이삭의 집을 향하여 경계하지 말라' 하므로 여호와께서 말씀하시기를 '네 아내는 성읍 중에서 창기가 될 것이요, 네 자녀들은 칼에 엎드러지며, 네 땅은 줄로 나누일 것이며, 너는 더러운 땅에서 죽을 것이요, 이스라엘은 정녕 사로잡혀 그 본토에서 떠나리라' 하셨습니다."

아모스는 동포에 대한 연민도 있었지만, 강경하며 철저하게 하나님의 말씀에 근거하여 사회 고발과 경고를 발했습니다.

아모스 2:6-8에 여호와께서 말씀하시기를 "이스라엘의 서너 가지 죄로 인하여 내가 그 벌을 돌이키지 아니하리니, 이는 저희가 은을 받고 의인을 팔며 신 한 켤레를 받고 궁핍한 자를 팔며, 가난한 자의 머리에 있는 티끌을 탐내며 겸손한 자의 길을 굽게 하며 부자가 한 젊은 여인에게 다녀서 나의 거룩한 이름을 더럽히며, 모든 단 옆에서 전당 잡은 옷 위에 누우며 저희 신의 전에서 벌금으로 얻은 포도주를 마십니다."

아모스 5:18-25에 "화 있을진저 여호와의 날을 사모하는 자여, 너희가 어찌하여 여호와의 날을 사모하느냐. 그 날은 어두움이요 빛이 아니라. 마치 사람이 사자를 피하다가 곰을 만나거나, 혹 집에 들어가서 손을 벽에 대었다가 뱀에게 물림 같도다. 여호와의 날이 어찌 어두워서 빛이 없음이 아니며, 캄캄하여 빛남이 없음이 아니냐. 내가 너희 절기를 미워하여 멸시하며 너희 성회들을 기뻐하지 아니하나니, 너희가 내게 번제나 소제를 드릴지라도 내가 받지 아니할 것이요, 너희 살진 희생의 화목제도 내가 돌아보지 아니하리라. 네 노래 소리를 내 앞에서 그칠지어다. 네 비파 소리도 내가 듣지 아니하리라. 오직 공법을 물같이, 정의를 하수같이 흘릴지로다. 이스라엘 족속아, 너희가 사십 년 동안 광야에서 희생과 소제물을 내게 드렸느냐."

범죄한 이스라엘이 당할 파멸의 당위성이 역설되며, 그것에서 벗어나기 위해 취해야 할 바와 끝내 당하고야 말 심판의 참혹함, 그리고 하나님의 자비로 다시 회복될 영적 이스라엘에 대해 기록하고 있습니다.

아모스 9:1-4에 "내가 보니 주께서 단 곁에 서서 이르시되 기둥 머리를 쳐서 문지방이 움직이게 하며, 그것으로 부숴져서 무리의 머리에 떨어지게 하라. 내가 그 남은 자를 칼로 살육하리니 그 중에서 하나도 도망하지 못하며, 그 중에서 하나도 피하지 못하리라. 저희가 파고 음부로 들어갈지라도 내 손이 거기서 취하여 낼 것이요, 하늘로 올라갈지라도 내가 거기서 취하여 내리울 것이며, 갈멜 산 꼭대기에 숨을지라도 내가 거기서 찾아낼 것이요, 내 눈을 피하여 바다 밑에 숨을지라도 내가 거기서 뱀을 명하여 물게 할 것이요, 그 원수 앞에 사로잡혀 갈지라도 내가 거기서 칼을 명하여 살육하게 할 것이라. 내가 저희에게 주목하여 화를 내리고 복을 내리지 아니하리라 하시니라." 합니다. 그러나 그와 같은 징계도 심판이 아니라 징계임을 말씀하십니다.

아모스 5:4에 여호와께서 이스라엘 족속에게 이르시기를 "너희는 나를 찾으라. 그리하면 살리라." 아모스 9:14-15에 "내가 내 백성 이스라엘의 사로잡힌 것을 돌이키리니 저희가 황무한 성읍을 건축하고 거하며, 포도원들을 심고 그 포도주를 마시며, 과원들을 만들고 그 과실을 먹으리라. 내가 저희를 그 본토에 심으리니 저희가 나의 준 땅에서 다시 뽑히지 아니하리라. 이는 네 하나님 여호와의 말씀이니라." 하였습니다.

아모스서의 내용입니다.

1:1-2:16은 여덟 가지 예언을 말합니다. 하나님으로부터 이스라엘에 대한 심판의 선포를 사명으로 부여받은 아모스는 먼저 이스라엘 주위에 있는 열방들의 죄악을 지적하고 심판을 예언함으로써 이스라엘에 대한 하나님의 심판도 당연함을 밝힙니다. 다메섹, 가사, 두로, 에돔, 암몬, 모압, 유다, 이스라엘에 대한 예언입니다. 만일 지금 아모스 선지자가 우리 한 사람 한 사람을 부르며 죄를 지적한다면 당신에 대하여는 무엇이라고 하실까요? 그것을 회개하십시오. 그러나 끝내 회개하지 않는 자들에게는 불을 보내어 심판하실 것이라고 말씀하십니다.

3:1-6:14은 세 가지 설교가 실려 있습니다. 세 가지 설교는 각각 현재(3장), 과거(4장), 미래(5-6장)에 범하는 이스라엘의 죄와 그것에 대한 심판에 초점을 맞추고 있습니다. 여기에는 모두 하나님께서 백성들을 죄에서 돌이키기 위해 노력하신 사실과, 그들이 하나님의 회개의 요청을 거부하고 거듭 범죄한 사실이

반복하여 묘사됩니다.

7:1-9:10에 다섯 가지 환상이 있습니다. 미래에 내려질 이스라엘 심판에 대한 환상입니다. 처음에 언급되는 황충과 불 심판은 아모스의 중재 기도로 인해 거두어집니다. 이러한 사실은 진노 중에도 긍휼을 보이시며 의인의 기도에 응답하시는 하나님의 사랑을 보여줍니다. 그러나 이어지는 다림줄, 여름실과, 부서지는 문설주에 대한 환상은 하나님의 자비에도 불구하고 이스라엘이 불가피하게 징계받을 수밖에 없음을 보여줍니다. 이러한 환상을 보는 가운데서도 벧엘 제사장 아마샤로 대표되는 세력은 아모스를 탄압하고 있습니다.

9:11-15에는 다섯 가지 약속이 있습니다. 지금까지 계속된 아모스의 예언 설교와 환상은 모두 이스라엘의 비극적인 미래와 관계된 어두운 색조의 선포였으나, 이 부분의 계시는 정죄가 아닌 위로가 기록된 밝은 색조의 약속입니다. 즉, 이스라엘이 비록 죄의 보응을 받지만 결국 하나님의 구속 계획에 의해 다윗 가계가 복원되고, 땅이 새로워지며, 포로들이 귀환할 것이라는 희망찬 선포가 주어집니다.

39-1. 요나, 아밋대의 아들

오늘 요나서라는 거울에 비추어진 우리의 모습을 보길 원합니다.

요나는 아밋대의 아들입니다. 이는 진리의 아들이란 뜻입니다. 그러나 그는 진리를 알지 못하고 진리대로 행하지 않았습니다. 우리는 그리스도인입니다. 우리가 아는 그리스도도 요나가 아는 정도인 것 같고 요나처럼 행동하고 있습니다.

본문에 나타난 폭풍은 이방인 선원 때문에 일어난 일이 아닙니다. 오히려 진리의 아들 요나 때문에 일어난 일입니다. 우리는 세상이 문제라고 말하고 기도하지만, 정작 문제는 우리 안에 있다는 말씀입니다.

여호와의 말씀이 아밋대의 아들 요나에게 임하니라(욘1:1)

요나서는 여호와의 말씀이 요나에게 임함으로 시작됩니다. 신앙인의 삶은 하나님의 말씀으로부터 비롯됩니다. 말씀이 임하자 요나는 예언자가 되었습니다. 하나님의 사람이 된 것입니다. 그러므로 말씀이 없는 사람은 그리스도인이 아닙니다.

욘1:2에 너는 일어나 저 큰 성읍 니느웨로 가서 그것을 향하여 외치라 그 악독이 내 앞에 상달하였음이니라 하였습니다.

분명한 사역과 삶의 목표가 그에게 주어졌지만, 그는 여호와를 피하여 다시스로 가는 배에 올랐습니다. 오늘날 니느웨는 어디인가? 왜 요나는 니느웨에 가기를 그렇게 싫어했을까요? 당시 니느웨는 이스라엘의 원수인 앗수르의 수도로 가기가 싫은 곳이요, 먼 곳이요, 어려운 곳이요, 더욱 솔직한 이유는 두려운 곳이기 때문이었습니다. 오늘 우리들이 가기 싫고, 먼 곳이고, 어려운 곳이고, 두려운 곳은 어디인가요?

'다시스'는 아마도 제련소라는 뜻으로 보입니다. 에스겔27:12에 보면, 다시스는 은과 철과 양은과 납의 생산지였습니다. 즉 요나는 니느웨 대신에 다시스로 갔습니다. 이는 싫고 힘들고 두려운 사명의 장소보다는 호기심이 있고 쉽고 돈벌이가 되는 길을 향해 떠난 것입니다. 예레미야10:9에 보면, 다시스에서 가져온 은박이 이스라엘에서도 대단히 인기가 있었다고 합니다. 그것은 사명으로부터의 탈출이었고 예수와의 삶에서 탈출이었습니다. 그러나 주님은 하나님의 뜻을 따라 하늘 보좌에서 이 땅에 오신 것입니다.

요나는 선가를 지불했습니다(욘1:3).

욥바에서 다시스는 아주 먼 곳입니다. 그가 다시스로 가는 선가를 지불하기 위해 상당한 재산을 내었을 것입니다. 그러면서도 끝내 도착하지 못했습니다. 설사 다시스에 도착했다고 해도 그는 거기서 만족하며 살 수 없었을 것입니다. 결국은 돌아오는 길이 더 멀어졌을 뿐이었습니다. 그러나 요나가 니느웨로 가는 길은 하나님께서 공짜로 물고기에 태워 보내주셨습니다. 요나는 하나님과 가까워지기 위해서가 아니라 하나님과 멀어지기 위해 많은 값을 치른 것입니다. 우리의 삶도 하나님과 멀어지는 데 얼마나 많은 돈을 쓰고 있는지 생각해볼 일입니다.

요나를 향한 하나님의 추적이 시작되었습니다.

배를 타고 도망가는 요나를 하나님은 대풍으로 만나고자 하셨습니다. 그러나 요나는 하나님의 낯을 피하여 배 아래로 내려갔고 거기에서 잠들었습니다. 요나가 배에 들어가 첫 번째로 원한 것은 잠자는 것이었습니다. 그는 자신에게 부여된 사명으로부터 눈감고 싶었던 것입니다. 요나의 잠은 하나님의 얼굴을 보고 싶지 않아 청한 잠이었습니다. 그는 자신이 보기를 원치 않는 것들은 보려 하지 않았습니다. 잠을 자고 있는 요나에게 찾아온 이는 이방인 배의 선장이었습니다. 그는 와서 "잠자는 자여 어찜이냐 일어나서 네 하나님께 구하라 혹시 하나님이 우리를 생각하사 망하지 아니하게 하시리라"(욘1:6) 하였습니다. 그 말 속에는 하나님이 하셨던 말씀이 들어 있었습니다. 일어나라(쿰) 하시는!

요나가 타고 있는 이 배, 즉 이 공동체에 위기가 닥쳤는데 그 위기를 앞장서 구해야 할 신앙인은 잠을 자고 있고 오히려 이방인들이 힘을 다하고 있습니다. 이렇게 말씀을 걸어오시는 하나님께 요나는 한 마디도 대답하지 않고 있습니다.

선원들은 재앙의 원인이 되는 사람을 알기 위하여 제비를 뽑았습니다. 결국 요나가 지목되었습니다. 하나님을 피할 수는 없습니다. 이 재앙이 누구 때문에 우리에게 임하였는가 말하라 네 생업이 무엇이며 네가 어디서 왔으며 네 나라가 어디며 어느 민족에 속하였느냐(욘1:8) 물었습니다. 대답해 보기 바랍니다. 이 재앙이 누구 때문이냐? 네 생업이 무엇이냐? 네가 어디서 왔느냐? 네 나라가 어디냐? 네가 어느 민족에 속하였느냐? 이 질문에 진심으로 대답하기를 원했다면 요나는 회복될 수 있었을 것입니다.

그러나 그는 그리하지 않았습니다.

나는 히브리 사람이요 바다와 육지를 지으신 하늘의 하나님 여호와를 경외하는 자로다(욘 1:9) 하며 덧붙이기를 그런데 자신은 지금 여호와의 낯을 피하는 중이라(욘1:10) 하였습니다. 바다와 육지를 지으신 하늘의 하나님 여호와를 경외하는 자라고 하면서 어떻게 그 하나님을 피하여 육지에서 바다로 도망하고 있다고 할 수 있는 것인지 이해하기 어려운 소리입니다. 그런데 그와 비슷한 소리를 우리들도 참 많이 하며 살고 있습니다. 우리의 신앙생활이 요나처럼 날 때부터 그리스도인이고 하나님이 누구신지를 줄줄 외우고 있고 구원이 무엇인지는 알고 있으나, 삶은 늘 자기 문제에 골몰해 있고 하나님과는 다투고 있는 것은 아닌지 되돌아봅니다.

그러나 이 요나의 고백이 무용한 것만은 아니었습니다. 그 내용은 폭풍에 직면한 선원들에게는 꼭 알아야 할 진리였습니다. 우리도 모르고, 우리도 행하지 못하는 말씀을 우리가 하지만 그것을 하나님께서 사용하시기도 합니다.

요나는 나를 들어 바다에 던지라고 하였습니다. 그러면 바다가 잔잔해질 것이라고 하였습니다 (욘1:12). 이 말씀을 읽으면 정신이 멍해집니다. 무슨 뜻일까요? 무슨 뜻으로 한 말일까요? 자기 한 목숨 희생해서 이 배에 타고 있는 사람들을 살리겠다는 말일까요? 우리는 대부분 그런 뜻으로 인용하는 경우를 보곤 합니다. 그런 뜻이 전혀 없는 것 같지는 않지만 주된 목적은 그것이 아닙니다. 끝까지 하나님의 뜻에 순종하지 못하겠다는 것입니다.

요나의 이 비장의 결단에는 이토록 요나에게 말을 걸으시는 하나님께 대한 대답이 없고, 당연히 하나님의 뜻에 순종하겠다는 변화도 없습니다. 폭풍이 잔잔해지는 것은 자신이 바다에 던져지는 것에 있지 않고 다시스로 가려는 것을 멈추고 니느웨로 가고자 결단하는 데 있다는 것을 깨닫지 못한 것인지 아니면 알고도 자신의 뜻을 고집하고 있는 것인지 분명하지 않습니다. 주님은 그리하지 않으셨습니다. 주님은 겟세마네에서 요나의 폭풍과 같은 풍랑을 경험하신 후 내 뜻대로 마옵시고 아버지 뜻대로 하옵소서 하면서 하나님께서 지시하신 골고다로 가신 것입니다.

선원들은 이방인이었고 하나님을 알지 못하는 자들이었습니다. 그러나 오히려 그들의 모습에서 하나님이 원하시는 인간의 모습들이 발견됩니다. 그것은 진정으로 생명을 소중히 여기고 공동체를 위하여 성실하게 단합하는 삶의 자세이며, 하나님을 경외하며 예배하고 서원하는 일입니다. 선원들은 요나에게 제비가 떨어졌고, 요나가 이 재앙이 자신 때문이라 하였지만 쉬이단정하지 않고 요나의 말을 더 들어보려 하였으며, 어떻게 해서든 배를 육지로 돌리려고 모든 노력을 기울였습니다. 사람을 살리려는 노력은 참으로 숭고합니다. 생명 자체를 사랑하는 자가 진심으로 사랑하는 자입니다. 그들은 책임을 요나에게 돌리며 그의 희생만을 강요하지 않았습니다. 요즘 문제만 생기면 남의 탓으로 돌리며 책임을 전가하고 희생양을 찾으려는 모습과는 아주 다릅니다. 우리 주님은 스스로 희생양이 되셨습니다. 그들은 육지로 배를 저어 가는 일에 최선을 다했지만 실패하였습니다. 그렇다고 누구를 원망하지도 않았습니다. 하나님이 가장 싫어하시는 일이 하나님을 원망하는 일입니다. 출애굽한 이스라엘 백성들은 앞에 어려운 일이 있을 때마다 하나님을 원망하였습니다. 그들과 비교하면 이방인 선원들의 모습은 참으로 아름답습니다.

그들은 이제 여호와께 부르짖습니다.

여호와여, 구하고 구하오니 이 사람의 생명 때문에 우리를 멸망시키지 마옵소서. 무죄한 피를 우리에게 돌리지 마옵소서. 주 여호와께서는 주의 뜻대로 행하심이니이다(욘1:14).

최선을 다하고 여호와의 도우심을 의지하는 기도가 여기에 있습니다. 심판이 여호와께 있으며 생명의 죽고 삶이 여호와께 있다는 신앙고백을 드리고 있는 것입니다. 욘1:16에 그 사람들이 여호와를 크게 두려워하여 여호와께 제물을 드리고 서원을 하였더라 하였습니다. 그들은 여호와를 크게 두려워할 줄 아는 자들이 되었으며, 제물을 드릴 줄 아는 자들이 되었으며, 서원하는 자들이 되었습니다. 신자는 가장 불신자같이 되었고 불신자는 가장 신자같이 된 역설적인 일이 일어난 것입니다. 끝내 선원들을 구원하시고, 니느웨 백성과 동물들을 구원하시고, 요나를 구원하신 하나님의 은총이 함께 하실 줄 믿습니다.

39-2. 요나, 요나의 기도

유치부를 위한 요나서는 이렇습니다. 철없는 요나라는 선지자가 있었습니다. 그는 하나님의 말씀을 따르지 않고 자기가 가고 싶은 곳으로 가려다가 큰 풍랑을 만났습니다. 결국 그는 바다에 빠지게 되었는데 하나님께서는 요나를 구원하시려고 큰 물고기를 보내셔서 요나를 삼키게 하셨습니다. 물고기 뱃속에서 요나는 신이 났고 하나님께 기도를 드렸습니다. 큰 물고기는 요나를 하나님이 보내시려던 곳 니느웨에 데려다 주었습니다. 요나는 이제 가서 하나님의 말씀을 잘 전했고, 그곳 사람들도 모두 하나님을 믿게 되었습니다. 끝.

그러나 요나서는 장성한 사람들을 위한 말씀이기도 합니다. 오늘 말씀드리고자 하는 것은 장성한 사람들을 위한 요나서입니다.

큰 물고기 이야기는 상식적으로는 이해가 가지 않지만, 큰 물고기에게 삼켜졌다가 그 물고기를 잡아서 해부하는 중에 살아서 발견되었던 실제 어부의 이야기도 있기는 합니다. 그러나 이런 설명보다는 하나님께는 모든 것이 가능하다는 것이 올바른 해석으로 보입니다. 욘1:17에 여호와께서 이미 큰 물고기를 예비하사 요나를 삼키게 하셨으므로 요나가 삼일 삼야를 물고기 배에 있으니라 하신 것인데, 하나님께서 이 일을 위하여 큰 물고기를 예비하셨고 요나를 삼키게 하셨고 그를 삼일 삼야 동안 물고기 뱃속에서 있게 하셨다는 것입니다. 일반적인 이야기가 아니라 계시적인 사건으로 보아야 할 것입니다.

그러니 우리의 관심이 큰 물고기가 정말 있느냐, 그리고 사람이 물고기 뱃속에서 삼일 밤낮을 살 수 있느냐가 이 본문의 관심이 되어서는 안 됩니다. 그것은 하나님의 말씀을 바로 읽는 방법이 아닙니다. 만일 이런 관점으로 읽는다면 어떤 사람이 도저히 이렇게 큰 물고기는 있을 수 없고, 있다 하더라도 물고기 뱃속에서 사람이 삼일 밤낮을 살 수 없다는 확고한 결론을 갖게 된다면, 그에게 있어 요나서는 아무런 의미 없는 것이 될 것입니다. 어리석은 논쟁으로 확실한 불신자 한 명 만들어 놓은 결과가 될 것입니다. 그러므로 우리의 관심은 물고기가 아니라 이 사건을 통하여 하시고자 하는 하나님의 말씀이 무엇인가를 찾는 일입니다.

요나가 바다에 던져졌을 때 요나는 죽음을 예상했을 것입니다. 그런데 그에게 새로운 기회가 주어졌습니다. 그는 물고기에게 삼켜졌으며 물고기는 요나를 잡아먹은 것이 아니라 그를 죽음에서 구원한 것이 되었습니다. 겉으로 보면 이 과정에서 요나의 회심이 이루어졌으며, 그리하여 요나가 새로운 하나님과의 교제가 성전에서 있게 될 것을 확신하는 변화된 요나의 모습을 보게 된 것 같습니다. 사실 이것이 우리가 기대하는 요나의 모습이기도 합니다. 그렇게 되었다면 참 좋았을 것입니다.

그런데 자세히 본문을 읽어보면, 그리고 1장과 3장과 4장과의 관계 속에서 요나의 기도를 읽어보면, 다른 모습을 발견하게 됩니다. 물고기가 요나를 삼켰다고 하는 '발라'라는 단어는 한 번도 구원의 의미로 사용된 적이 없는 동사입니다. 오히려 심판의 의미로만 사용된 동사입니다. 출15:12의 홍해가 애굽군을 삼킨 것, 민19:30의 모세를 대적하던 레위 자손들 250명을 땅이 삼킨 사건의 표현도 '발라'였습니다. 이와 같이 한 단어의 사용을 다른 곳에서 찾아보는 것이 말씀을 말씀으로 해석하는 일입니다. 그리고 성경이 하나님의 영감으로 기록되었다는 것은 축자영감설이 아니라 바로 이 한 단어 단어까지에도 하나님의 뜻이 계시다는 의미입니다.

요나는 회개를 촉구받고 있는 자리를 구원의 자리로 착각하고 있는 것입니다. 변화산에서 베드로가 그랬습니다. 그들은 그 장소가 초막을 짓고 살 장소로 알았습니다. 그러나 주님께서는 그 자리에서 곧 사명의 장소로 내려가셨던 것입니다. 그래서 요나의 기도에는 명시적인 회개의 내용을 찾을 수 없습니다. 그의 회개하지 않는 태도는 이미 1장에서도 드러나 있었습니다. 물고기 뱃속에서 기대되어지는 기도는 감사의 기도가 아니라 회개의 기도이어야 했습니다. 그는 불순종에 대한 회개 없이 하나님의 은혜를 누리게 됨을 당연한 듯 받아들이고 있습니다. 이는 니느웨인들이 짐승을 포함하여 금식하고 베옷을 입고 회개하며 그들의 악한 길에서 돌이킬 것을 다짐하는 모습과 대조를 이룹니다.

요나는 2절에서 자신이 고난을 받고 있다고 생각하고 있습니다. 그 고난의 원인이 자기에게 있음을 알지 못하고 있습니다. 그는 스올의 뱃속에서 부르짖었더니 주께서 자신의 음성을 들으셨다 하였습니다. 3절에서는 하나님이 자신을 깊음 속 바다 가운데 던지셨다고 하였습니다. 그러나 그가 바다에 던져진 것은 자신이 결정한 일이었습니다. 하나님이 원하신 일도 아니었습니다. 원문에 보면 '미쉐바레카 베 갈레카'라고 되어 있는데, 이 말은 '당신의 파도와 당신의 큰 물결'이라는 뜻입니다. 철저히 모든 것을 하나님 탓으로 돌리고 있습니다. 하나님께서 요나의 불순종의 대가로 위기에 버려두셨다고 볼 수 있지만, 그 위기를 자처한 사람은 요나 자신이었던 것입니다.

요나는 4절에서 자신이 하나님의 목전에서 쫓겨났다고 했습니다. 그는 쫓겨난 것이 아니라 자신이 하나님 면전에서 도망한 것입니다. 그가 기억하고 있는 과거는 송두리째 뒤집혀 있습니다. 자기는 잘못이 없다는 태도입니다. 5-6절을 보면, 바다에 던져진 이후 요나는 물이 목에 차고 머리에는 해초들이 감기면서 온몸이 바닷물 아래 잠기기 시작하여 얼마 후에는 바다의 밑바닥에 닿았던 모양입니다. 그런데 어느 순간 그는 물고기에게 먹혔고, 고기 뱃속에서 의식을 되찾고 보니 자기가 살아 있었습니다. 그러자 7절에 내 영혼이 내 속에서 피곤할 때에 내가 여호와를 생각하였더니 내 기도가 주께 이르렀사오며 주의 성전에 미쳤나이다 하였습니다. 이는 감사라기보다는 자기 기도의 능력에 대한 자랑이 자리 잡고 있습니다. 많은 말들이 '나, 내, 내가'로 되어 있습니다. 악역은 하나님이시고 자신은 오히려 의로운 고난을 당한 자 같이 말하고 있습니다. 욘2:8의 무릇 거짓되고 헛된 것을 숭상하는 자는 자기에게 베푸신 은혜를 버렸사오나 하였습니다. 요나는 그러한 자가 자신이 아닌 다른 사람을 생각하고 있는 것입니다. 그러나 요나서에서 자기에게 베푸신 하나님의 은혜를 버린 자는 이방 선원도 아니고, 물고기도 아니고, 니느웨 왕도 아니고, 백성도 아니고, 벌레도 아니었고 오직 요나였음을 우리는 알고 있습니다. 하나님의 사랑인 '헤세드'를 실천하지 않는 자는 바로 요나였던 것입니다.

요나는 시 마지막 욘2:9에서 나는 감사하는 목소리로 주께 제사를 드리며 나의 서원을 주께 갚겠나이다. 구원은 여호와께로서 말미암나이다 하였지만, 니느웨의 구원에 대해서는 분개하고 있습니다. 도대체 자기가 하는 말하고 그 말에 대한 이해와 행동이 다른 모습입니다. 이는 욘1:9에서 요나가 나는 히브리 사람이요 바다와 육지를 지으신 하늘의 하나님 여호와를 경외하는 자로라 하며 육지에서 바다로 도망하고 있는 모습과 같은 모습입니다. 별 변한 것이 없습니다. 누가 하나님의 구원의 대상인가? 라는 질문에 요나는 감히 저는 당연한 것이고 니느웨는 아닙니다고 대답한 것입니다. 그것은 하나님의 뜻과는 다른 것이었습니다.

요나의 기도에 대하여 하나님은 응답하지 않으셨고 대꾸하지도 않으셨습니다. 요나서를 읽어보면 1장, 2장, 3장에서는 하나님이 말씀하시면 요나가 대답하지 않고, 요나가 말하면 하나님이 응답하지 않으시는 모습이 반복되고 있습니다. 우리의 신앙생활과 특히 기도가 이와 같은 모습은 아닌지 돌아볼 일입니다. 요나의 기도에 대한 하나님의 응답은 요나에게 임한 것이 아니라 물고기에게 내려졌습니다. 욘2:10에 여호와께서 물고기에게 명하시매 요나를 육지에 토하니라 하였습니다. 여기서 토하니라의 히브리어 '코라'는 토하다, 게우다의 용례로 사용된 것으로 좋은 의미가 아닙니다. 레18:28에 땅이 더러운 거민을 토해낸다, 잠23:8의 토해진 음식은 쓸모가 없다, 욥20:15의 악인의 부요함도 결국에는 토함을 당할 것이다 등이 '코' 동사로 되어 있습니다. 도저히 넣고 있기에 불편한 이물질이라서 토해버렸다는 뜻입니다. 이런 기도를 하고 있는, 혹은 이렇게 변화되지 않고 강퍅한 요나를 물고기조차 더 이상 담고 있을 수 없었다는 것입니다. 요나의 기도를 통하여 우리의 기도도 하나님이 토해내시는 기도가 아니라 하나님께 아름다운 향기가 되는 기도가 되어야 할 것입니다.

요나서를 읽다 보면 하나님께서 왜 하필 요나와 같은 자를 택하셨을까 하는 의문이 듭니다. 다른 선지자도 많았을 터인데 요나를 택하셔서 하나님께서 이 고생을 하고 계실까 하는 것입니다. 하나님이 무능하신가? 하나님이 뭘 모르시는가? 하나님이 무능하시고 모르셔서 그리하신 것이 아니라 요나 외에는 대안이 없으셨던 것입니다. 그래도 요나를 통하여 하나님의 뜻을 이루어 가신 것입니다. 바로 그 자리가 저와 여러분의 자리이고 교회의 자리입니다. 하나님이 우리의 거짓과 무능과 불의를 모르셔서 우리를 이 자리에 있게 하신 것이 아니라 우리 외에는 우리에게 맡기신 사명을 감당할 다른 자가 없다는 것입니다. 이것이 우리의 믿음의 자리임을 기억하시기 바랍니다. 그래서 그러한 요나를 하나님은 끝내 포기하지 않으시고 이끄시며 하나님의 구원을 이루어 가셨습니다. 우리들도 이 시대의 요나들입니다. 여전히 우리 안에도 거짓과 무능과 불의가 있지만, 그러함에도 불구하고 여전히 우리에게만 기대를 갖고 계시는 주님을 조금이라도 더 기쁘시게 하는 우리 모두가 되어야 할 줄로 믿습니다.

39-3. 요나, 그들에게 선포하라

윌리엄 캐리(William Carey, 1761년 8월 17일~1834년 6월 9일, 73세)는 인도에서 활동한 영국 침례교 선교사입니다. 캐리는 문맹률이 매우 높던 시절, 남다른 노력으로 글을 깨우쳤습니다. 고등학교를 졸업한 후, 캐리는 정원사가 되었다가 태양 알레르기가 있어 구두 수선공이 되었습니다. 거기에서 신앙의 인도자와 부인을 만나게 됩니다. 1779년 캐리가 19살 때, 한 기도 모임에서 히13:12-13을 심령으로 깊이 영접하게 되었습니다. '그러므로 예수도 자기 피로써 백성을 거룩하게 하려고 성문 밖에서 고난을 받으셨느니라. 그런즉 우리는 그 능욕을 지고 영문 밖으로 그에게 나아가자' 그는 이 한 말씀을 통해 그동안의 세상과 타협하여 살던 미지근한 신앙을 회개하고, 그리스도를 배척하는 세상에서 그리스도와 함께 고난과 능욕을 받고자 하는 분명한 결단을 하게 되었습니다. 그는 전 생애를 그리스도께 헌신하겠다고 기도했습니다. 그는 '와서 우리를 도우라'는 마케도니아인의 끈질긴 외침을 들었습니다. 그는 '내가 누구를 보내며 누가 우리를 위해 갈꼬' 하시는 주님의 음성에 '내가 여기 있사오니 나를 보내소서' 결단했습니다. 사54:2-3에 네 장막터를 넓히며 네 처소의 휘장을 아끼지 말고 널리 펴되 너의 줄을 길게 하며 너의 말뚝을 견고히 할찌어다. 이는 네가 좌우로 퍼지며 네 자손은 열방을 얻으며 황폐한 성읍들로 사람 살 곳이 되게 할 것임이니라 하신 말씀을 기억하고 '하나님으로부터 위대한 일을 기대하라, 하나님을 위해 위대한 일을 시도하라'(Expect great things from God, attempt great things for God)를 명심하게 되었습니다. 많은 사람이 지금은 하나님의 때가 아니라고 했지만, 그는 지금이 바로 하나님이 나와 당신을 통해 위대한 세계 선교의 역사를 이루실 때임을 역설했습니다.

1793년 캐리가 32세 되던 해, 그는 인도 영혼들을 향한 상한 목자의 심정을 안고 인도 선교사로 가고자 결단했습니다. 그러자 그 길을 가로막는 많은 장애물이 나타났습니다. 첫째는 그의 아버지였습니다. 아버지는 캐리의 말을 듣고 '미친놈'이라 하였습니다. 둘째는 그의 아내였습니다. 셋째는 교회 성도들이었습니다. 인도에 도착했지만, 인도를 지배하고 있었던 영국은 인도에서 선교를 금하고 있었으며 낯선 환경에서 아내 도로시와 큰아이 2명은 이질에 걸렸습니다. 그리고 한 아들을 잃게 되었고, 아내는 정신병에 걸리게 되었습니다. 그러나 당시 캐리는 그의 일기장에 다음과 같이 적었습니다. '하나님은 부요하신 분이시며 약속에 신실하신 분이십니다. 내가 이 하나님을 바라보았을 때, 나의 모든 근심을 내어 맡길 수 있었습니다. 내가 설사 이곳에서 생명을 잃어버린다 할지라도 나에게 이 고귀한 사명이 맡겨진 사실만으로도 기뻐하고 또 기뻐하겠습니다.' 7년의 준비와 7년의 선교 그러나 한 사람도 전도하지 못하고 있었지만 마치 물이 끓기를 준비하는 때와 같이 회개와 변화의 역사가 줄기차게 일어나 그 후 18년간 600명이 세례를 받고 수천 명이 예배에 참석하는 승리의 역사가 있었습니다. 그들은 믿음으로 낙망치 않고 도전하여 결국 수많은 인도 방언과 중국어, 버마어, 말레이어 등 44개의 언어로 성경을 번역 출판했습니다. 윌리엄 캐리는 이처럼 그 일생을 통해 끊임없이 하나님으로부터 위대한 일을 기대하고 위대한 일을 시도함으로 인도 선교의 기초를 쌓았습니다. 그리고 그토록 사랑했던 인도 땅에 묻혔습니다. 윌리엄 캐리는 그의 그칠 줄 모르는 열정과 도전 정신으로

첫째 무엇보다 그 자신이 인도의 한 알의 썩는 밀알이 되어 수많은 열매를 맺게 되었습니다.

둘째 18세기 침체된 영국을 선교사를 파송하는 제사장 나라로 만들었습니다.

셋째 그는 18세기에서 19세기에 걸쳐 세계 선교의 불을 댕긴 위대한 믿음의 용사였습니다.

그의 믿음으로 근대 선교 역사가 시작되었고 19세기 선교 황금시대를 열게 되었습니다.

윌리엄 캐리에 비해 본문에 나오는 선지자이며 선교사인 요나는 다른 모습이었습니다. 그를 파송하신 분은 하나님이었고 파송지는 앗수르의 수도 니느웨였습니다. 그런데 그는 가기를 원치 않았습니다. 그래서 그는 욥바로 가서 배를 타고 니느웨와는 정반대인 다시스로 가버렸습니다. 배에서도 하늘에 계신 하나님과 가까이 있는 것이 싫어서 배 밑으로 내려가서 잠을 자고 있었습니다. 하나님께서 큰 파도를 통하여 다시스로 가는 요나의 길을 막으셨습니다. 그러자 요나는 나를 들어 저 바다에 던지라고 선원들에게 요구하였습니다. 차라리 죽을지언정 니느웨에 가기를 원치 않았던 것입니다. 우리도 하나님의 뜻을 알면서도 요나처럼 철저하게 불순종할 때가 있습니다. 하나님께서는 큰 물고기를 준비하셔서 요나를 바다에서 건지셔서 육지에다 토해내게 하셨습니다. 요나가 할 수 없이 걸어서 니느웨까지 갔습니다. 에스라가 4개월 정도 걸려서 바벨론에서 돌아온 것을 생각하면 아무리 빨리 가도 한 달은 넘게 걸릴 길이었습니다. 요나서를 읽으면서 그런 생각을 합니다. 하나님은 무엇 때문에 이런 요나를 니느웨에 보내셔야만 하는가? 하는 것입니다. 윌리엄 캐리가 한 모임에서 해외 선교를 열을 내어 주장하자 한 분이 열 좀 내리라 하며 하나님은 우리가 안 가도 그곳 사람들을 통하여 그들을 구원하실 수 있는 분이라 하였답니다. 우리는 우리를 보내시는 혹은 우리에게 주시는 사명을 다 이해할 수 없습니다. 다만 순종할 뿐입니다. 요나가 니느웨에 가서 선포한 말은 단 한 마디였습니다. 하룻길을 행하며 외친 것은 '사십 일이 지나면 니느웨가 무너지리라' 한 것이었습니다. 이 말은 하나님께로부터 받은 말씀을 앞뒤로 끊어 버리고 자기가 하고 싶은 말만 한 것으로 보입니다. 하나님께로부터 받은 말씀은 '너희의 죄가 크다는 말씀이 선포되고 40일이 지나면 이 성에 심판이 임할 것이다. 회개하라 그리하면 살리라' 였을 것입니다.

아마도 앗수르의 침략 때 민족적으로 그리고 개인적으로 받았던 고통과 상처로 인하여 그리 되었던 것 같습니다. 그런데 그 한마디를 듣고 앗수르의 왕과 대신과 백성과 짐승까지 금식하며 회개하였고 하나님께서도 말씀하신 재앙을 내리지 아니하셨습니다.

선교의 역사에 있어 분명한 것은 누군가가 가야 했다는 것입니다. 아무것도 심겨지지 않은 땅에 열매가 결실될 수 없습니다. 아무도 가지 않고 그 지역 그 민족에 복음의 역사가 일어난 적이 없습니다. 가서 환영을 받으면 환영을 통하여 역사가 이루어지고 배척을 받으면 배척을 통하여 역사는 이루어집니다. 하나님은 바울 사도나 윌리엄 캐리를 통해서도 역사하시지만 요나를 통해서도 역사하십니다.

39-4. 요나, 어찌 합당치 아니하냐?

욘4:1절을 원문에 따라 직역하면 요나가 그 큰 악에 대하여 몹시 싫어하였고 하나님에 대하여 얼굴이 빨개졌다는 뜻입니다. 즉 요나는 니느웨의 회개와 그들을 용납하시는 하나님의 구원을 큰 악이라고 보았으며, 그래서 얼굴이 빨개질 정도로 하나님께 화를 내고 있는 중입니다.

2절에 요나는 하나님을 꾸짖습니다. 내가 고국에 있을 때 이러하겠다고 말하지 아니하였나이까 하였습니다. 우리가 쓰는 말로 내가 뭐랬습니까? 한 것입니다. 그러면서 자기 행위를 정당화합니다. 그래서 내가 빨리 다시스로 도망하려 하였다는 것입니다. 그러면서 또 한 번 쏟아내는 신앙고백과 하나님에 대한 지식은 참으로 듣는 이를 허탈하게 만듭니다. 주께서는 은혜로우시며 자비로우시며 노하기를 더디하시며 인애가 크시사 뜻을 돌이켜 재앙을 내리지 아니하시는 하나님이신 줄을 내가 알았음이니이다 합니다. 알았으면 아멘하고 하나님의 뜻에 순종하면 될 터인데 1장에서처럼 조금도 변하지 않고 행동은 엉뚱하게 하고 있습니다. 왜냐하면 그는 잘못 알고 있었기 때문입니다. 우리도 안다고 하기 때문에 더 이상 알려고 하지 않게 되고, 그러나 실제적으로는 잘못 알고 있기 때문에 잘못된 삶을 살아가고 있습니다. 그래서 그는 욘4:3에서 여호와여 원컨대 이제 내 생명을 취하소서 사는 것보다 죽는 것이 내게 나음이니이다 하였습니다. 욘1:12에서 나를 들어 바다에 던지라는 말, 그것이 해서는 안 될 말이었다는 것을 깨달았을 만도 한데 똑같은 소리를 하고 있습니다. 도저히 하나님의 뜻에 동의가 되지 않는다는 말입니다. 우리도 때로 세상의 악에 대응하지 않으시는 하나님을 원망하기도 하고 탓하기도 하며 그리하다가 더 이상 세상의 악과 불의에 대하여 믿는 자로서의 의무에 대하여 무관심, 무책임해져 가기도 합니다.

이러한 요나에게 하나님이 하시는 말씀은 참으로 놀랍습니다. 무수한 충고나 무서운 위협으로 요나를 계속 몰아붙이실 것 같은데 그렇게 하지 않으시고 오히려 미안하신 듯이 “네가 그렇게 화를 낼 수 있는 권리를 정말 가지고 있느냐?”(욘4:4) 하셨습니다. 교회에서 화를 낼 때가 종종 있었습니다. 오늘 말씀이 저에게 그렇게 묻고 계시는 듯합니다. “네가 그렇게 화를 낼 수 있는 권리를 정말 가지고 있느냐?” 요나는 하나님의 말씀에 또 다시 대꾸도 하지 않습니다. 하나님이 뭐라 말씀하시면 거기에 반응이 있어야 하는데 참으로 불손한 모습입니다. 그리고는 성에서 나가서 그 성 동편에 앉되 거기서 자기를 위하여 초막을 짓고 그 그늘 아래 앉아서 성읍이 어떻게 되는 것을 보려 하고 있었습니다. 어찌 되었든 내심 니느웨의 멸망을 기다리고 있는 모습으로 보입니다. 하나님이 그 모습을 보고 계시니 얼마나 답답하고 슬프셨겠습니까?

요나서에서 하나님과 씨름하고 있는 상대자는 니느웨가 아니라 바로 요나로 보입니다. 실제로 요나는 그 모든 이방인들보다 훨씬 더 하나님을 괴롭히고 있습니다. 예를 들어 폭풍 속에서 만난 하나님과 이방인 뱃사공들의 문제는 그들이 하나님을 두려워하고 그리하여 하나님께 헌신을 다짐하는 것으로 해결이 되었습니다. 니느웨 백성들도 마찬가지입니다. 하나님의 말씀 앞에 그들이 다 굴복하고 회개함으로 결론이 났습니다. 그런데 계속해서 결론이 안 나고 있는 유일한 등장인물이 요나입니다. 심지어 큰 물고기와 벌레와 풀 한 포기와 바람까지도 하나님의 말씀에 순종하는데, 그는 폭풍 속에서, 물고기 뱃속에서, 그리고 니느웨 도성에서 하나님의 교훈을 경험하면서도 끝내 돌이키지 않고 있습니다.

이러한 요나를 위하여 하나님께서는 마지막 수업을 준비하셨습니다. 박넝쿨의 이야기는 하나님께서 요나를 변화시키시기 위해서 얼마나 공을 들이고 계시는가 하는 모습을 보여주고 있습니다. 오래 참으셨고, 박넝쿨이 하룻밤에 자라도록 기적을 일으키셨습니다. 기적은 하나님께서 하나님의 법칙을 스스로 깨시는 일입니다. 그것은 하나님을 힘드시게 하는 일입니다. ‘죄의 삯은 사망이다’는 하나님의 법칙을 깨뜨리시기 위해서 예수 그리스도의 희생으로 그 대가를 치르신 것입니다. 작은 벌레에게 부탁하셔서 박넝쿨을 씹게 하시니 곧 시들었습니다. 요나서에서 유일하게 파괴된 것이 박넝쿨인데 요나의 교훈을 위해서 박넝쿨이 희생당한 것입니다. 멀리서 뜨거운 바람까지 데려다 사용하셨습니다.

오늘 우리를 교훈하시기 위해서도 하나님께서는 이와 같이 하시는 듯합니다. 여러 가지 사건들과 사람들을 통해서 교훈하시고 있는데 그 교훈의 사건을 겪고 나서는 하나님이 원하시는 답을 할 수 있어야 할 것입니다.

요나는 자신에게 주어진 조금의 유익 때문에 심히 기뻐하였다가 그것이 사라지자 성내어 죽기까지 화를 내고 있습니다. 요나가 박넝쿨 아래서 느낀 큰 기쁨과 노염은 사실은 큰 굴욕입니다. 세상이 어떻게 되든 나에게 어떤 유익이 있으면 그것으로 인하여 심히 기뻐하다가 세상이 아무리 좋아져도 나에게 유익이 되지 못하면 함께 기뻐하지 못하고 오히려 역정을 내는 우리의 모습들과 같다 하겠습니다. 하나님은 다시 한 번 요나에게 물으셨습니다. "네가 이 풀 한포기 때문에 그토록 화낼 수 있는 권리를 정말 가지고 있느냐?"(욘4:6) 요나가 처음으로 하나님의 말씀에 즉각 대답하였습니다. 그러나 변하지는 않았습니다. "내가 성내어 죽기까지 할지라도 합당하나이다." 요나는 자신의 예언이 성취되어 자신의 예언이 참임을, 자신이 참 선지자임을, 자신의 체면을 위하여, 자신의 원한을 풀기 위하여 니느웨가 멸망되기를 바라고 있는데, 하나님은 자신의 말을 번복하시면서까지 니느웨의 생명들을 사랑하시고 구원하신 것입니다. 그것은 하나님의 큰 사랑입니다. 요나서에는 '큰'이라는 말이 48절 안에 14번 나옵니다. (큰 성읍, 큰 폭풍, 큰 두려움, 큰 물고기, 큰 자, 큰 악, 큰 기쁨) 그러나 표현되지 않은 큰이 있습니다. 그것은 하나님의 큰 사랑입니다.

마지막으로 하나님께서 요나에게 말씀하셨습니다.

욘4:10에 여호와께서 가라사대 네가 수고도 아니하였고 배양도 아니하였고 하룻밤에 났다가 하룻밤에 망한 이 박넝쿨을 네가 아꼈거든 하셨습니다. 이는 요나가 박넝쿨을 아꼈다는 것입니다. 그러므로 그 박넝쿨을 아끼는 그 마음을 밖으로 밖으로 펼쳐나가면 너도 내 마음을 알게 될 것이라는 가능성을 열어 놓고 계십니다.

욘4:11에 하물며 이 큰 성읍 니느웨에는 좌우를 분변치 못하는 자가 십이만여명이요 육축도 많이 있나니 내가 아끼는 것이 어찌 합당치 아니하냐 물으셨습니다.

요나가 무엇이라고 대답했을까요?

요나서에는 세 가지 주제가 있습니다.

첫째는 하나님의 자유입니다. 하나님은 결코 인간의 한계에 제한당하지 않으십니다.

둘째는 모든 생명을 긍휼히 여기시는 하나님의 긍휼입니다. 악을 행했던 이방인들에게도, 불순종하고 있는 요나에게도, 그리고 육축에 이르기까지 긍휼히 여기셨습니다.

셋째는 하나님의 뜻을 바로 알고 전적으로 순종하라는 말씀입니다. 요나와 같은 고집을 피우지 말라는 말씀입니다.

요나서를 통해서 주시는 말씀에 더욱 귀를 기울이시기 바랍니다!

40. 요시야, 마지막 불꽃

요시야는 유다의 16대 왕으로서(BC 640-608) 8세에 왕위에 올랐습니다.

그는 대제사장 힐기야의 가르침에 순종하여 어린 나이에 개혁을 단행하였습니다. 성전에서 율법책을 발견한 후 개혁에 더 박차를 가하였으며, 이처럼 율법을 온전히 준행한 왕은 전에도 후에도 없었습니다. 요시야가 즉위할 때 국제정세는 앗수르와 애굽은 약소해 가고 신흥 바벨론이 두각을 나타내고 있었습니다. 요시야왕은 8년째부터 신앙에 눈을 떠 12년째부터는 모든 우상을 제거하였으며, 18년째부터는 성전을 재건하였습니다. 대하34:1-7에 요시야가 위에 나아갈 때에 나이 팔세(八歲)라 예루살렘에서 삼십(三十) 일년(一年)을 치리(治理)하며 여호와 보시기에 정직(正直)히 행(行)하여 그 조상(祖上) 다윗의 길로 행(行)하여 좌우(左右)로 치우치지 아니하고 오히려 어렸을 때 곧 위에 있은지 팔년(八年)에 그 조상(祖上) 다윗의 하나님을 비로소 구(求)하고 그 십이년(十二年)에 유다와 예루살렘을 비로소 정결(淨潔)케 하여 그 산당(山堂)과 아세라 목상(木像)들과 아로새긴 우상(偶像)들과 부어 만든 우상(偶像)들을 제(除)하여 버리매 무리가 왕(王)의 앞에서 바알들의 단(壇)을 훼파(毁破)하였으며 왕(王)이 또 그 단(壇) 위에 높이 달린 태양(太陽)상들을 찍고 또 아세라 목상(木像)들과 아로새긴 우상(偶像)들과 부어 만든 우상(偶像)들을 빻아 가루를 만들어 거기 제사(祭祀)

하던 자(者)들의 무덤에 뿌리고 제사장(祭司長)들의 뼈를 단(壇) 위에서 불살라 유다와 예루살렘을 정결(淨潔)케 하였으며 또 므낫세와 에브라임과 시므온과 납달리까지 사면(四面) 황폐(荒廢)한 성읍(城邑)들에도 그렇게 행(行)하여 단(壇)들을 훼파(毁破)하며 아세라 목상(木像)들과 아로새긴 우상(偶像)들을 빻아 가루를 만들며 온 이스라엘 땅에 있는 모든 태양상(太陽像)을 찍고 예루살렘으로 돌아왔더라 요시야가 위에 있은지 십팔년(十八年)에 그 땅과 전(殿)을 정결(淨潔)케 하기를 마치고 그 하나님 여호와의 전(殿)을 수리하려 하여 아살랴의 아들 사반과 부윤(府尹) 마아세야와 서기관(書記官) 요아하스의 아들 요아를 보낸지라 하였습니다.

황폐된 성전을 수리하던 중 힐기야는 율법책을 발견하게 됩니다.

왕하22:8에 대제사장(大祭司長) 힐기야가 서기관(書記官) 사반에게 이르되 내가 여호와의 전(殿)에서 율법책(律法冊)을 발견(發見)하였노라 하고 그 책(冊)을 사반에게 주니 사반이 읽으니라 하였습니다. 율법책이 왕의 앞에서 읽어지게 되었을 때 왕은 자신의 옷을 찢었습니다. 왕(王)이 율법책(律法冊)의 말을 듣자 곧 그 옷을 찢으니라 하였습니다. 요시야는 율법을 더 깊이 알기를 원해서 배움을 청하였습니다. 왕하22:14에 이에 제사장(祭司長) 힐기야와 또 아히감과 악볼과 사반과 아사야가 여선지(女先知) 훌다에게로 나아가니 저는 할하스의 손자(孫子) 디과의 아들 예복(禮服)을 주관(主管)하는 살룸의 아내라 예루살렘 둘째 구역(區域)에 거(居)하였더라 저희가 더불어 말하매 하였습니다.

요시야는 하나님의 진노를 알게 되었습니다.

왕하22:17에 이는 이 백성(百姓)이 나를 버리고 다른 신(神)에게 분향(焚香)하며 그 손의 모든 소위(所爲)로 나의 노(怒)를 격발(激發)하였음이라 그러므로 나의 이곳을 향(向)하여 발(發)한 진노(震怒)가 꺼지지 아니하리라 하라 하셨느니라 하였습니다. 이미 늦은 일이었지만 요시야는 하나님 앞에서 통곡을 합니다. 왕하22:19-20에 내가 이곳과 그 거민(居民)에게 대(對)하여 빈터가 되고 저주(詛呪)가 되리라 한 말을 네가 듣고 마음이 연(軟)하여 여호와 앞 곧 내 앞에서 겸비(謙卑)하여 옷을 찢고 통곡(痛哭)하였으므로 나도 네 말을 들었노라 여호와가 말하였느니라 그러므로 내가 너로 너의 열조(列祖)에게 돌아가서 평안(平安)히 묘실(墓室)로 들어가게 하리니 내가 이곳에 내리는 모든 재앙(災殃)을 네가 눈으로 보지 못하리라 하셨느니라 사자(使者)들이 왕(王)에게 복명(復命)하니라 하나님은 나만 사랑하듯이 그렇게 사랑하십니다.

그는 최선을 다하여 회개와 개혁운동을 시작하였습니다.

왕하23:1-3에 왕(王)이 보내어 유다와 예루살렘의 모든 장로(長老)를 자기(自己)에게로 모으고 이에 여호와의 전(殿)에 올라가매 유다 모든 사람과 예루살렘 거민(居民)과 제사장(祭司長)들과 선지자(先知者)들과 모든 백성(百姓)이 무론노소(無論老少)하고 다 왕(王)과 함께 한지라 왕(王)이 여호와의 전(殿) 안에서 발견(發見)한 언약책(言約冊)의 모든 말씀을 읽어 무리의 귀에 들리고 왕(王)이 대 위에 서서 여호와 앞에서 언약(言約)을 세우되 마음을 다하고 성품(性稟)을 다하여 여호와를 순종(順從)하고 그 계명(誡命)과 법도(法度)와 율례(律例)를 지켜 이 책(冊)에 기록(記錄)된 이 언약(言約)의 말씀을 이루게 하리라 하매 백성(百姓)이 다 그 언약(言約)을 좇기로 하니라 하였습니다. 요시야는 최선을 다하였고 하나님도 그를 알아주셨습니다. 그러나 왕하23:25-26에 요시야와 같이 마음을 다하며 성품(性稟)을 다하며 힘을 다하여 여호와를 향(向)하여 모세의 모든 율법(律法)을 온전(穩全)히 준행(遵行)한 임금은 요시야 전(前)에도 없었고 후(後)에도 그와 같은 자(者)가 없었더라 그러나 여호와께서 유다를 향(向)하여 진노(震怒)하신 그 크게 타오르는 진노(震怒)를 돌이키지 아니하셨으니 이는 므낫세가 여호와를 격노(激怒)케 한 그 모든 격노(激怒)를 인(因)함이라 하였습니다.

그의 죽음은 참으로 이해하기 어렵습니다.

왕하23:29-30에 요시야 당시(當時)에 애굽 왕(王) 바로느고가 앗수르 왕(王)을 치고자하여 유브라데 하수(下水)로 올라가므로 요시야 왕(王)이 나가서 방비(防備)하더니 애굽 왕(王)이 요시야를 므깃도에서 만나 본 후(後)에 죽인지라 신복(臣僕)들이 그 시체(屍體)를 병거(兵車)에 싣고 므깃도에서 예루살렘으로 돌아와서 그 묘실(墓室)에 장사(葬事)하니 국민(國民)이 요시야의 아들 여호아하스를 데려다가 저에게 기름을 붓고 그 부친(父親)을 대신(代身)하여 왕(王)을 삼았더라 하였습니다. 대하35:20-25에 이 모든 일 후(後) 곧 요시야가 전(殿)을 정돈(整頓)하기를 마친 후(後)에 애굽 왕(王) 느고가 유브라데 강 가의 갈그미스를 치러 올라온 고(故)로 요시야가 나가서 방비(防備)하였더니 느고가 요시야에게 사자(使者)를 보내어 가로되 유다 왕(王)이여 내가 그대와 무슨 관계가 있느뇨 내가 오늘날 그대를 치려는 것이 아니요 나로 더불어 싸우는 족속(族屬)을 치려는 것이라 하나님이 나를 명(命)하사 속(速)히 하라 하셨은즉 하나님이 나와 함께 계시니 그대는 하나님을 거스리지 말라 그대를 멸(滅)하실까 하노라 하나 요시야가 몸을 돌이켜 떠나기를 싫어하고 변장(變裝)하고 싸우고자 하여 하나님의 입에서 나온 느고의 말을 듣지 아니하고 므깃도 골짜기에 이르러 싸울 때에 활쏘는 자(者)가 요시야 왕(王)을 쏜지라 왕(王)이 그 신복(臣僕)에게 이르되 내가 중상하였으니 나를 도와 나가게 하라 그 신복(臣僕)이 저를 병거(兵車)에서 내리게 하고 저의 버금 병거(兵車)에 태워 예루살렘에 이른 후(後)에 저가 죽으니 그 열조(列祖)의 묘실(墓室)에 장사(葬事)하니라 온 유다와 예루살렘 사람들이 요시야를 슬퍼하고 예레미야는 저를 위(爲)하여 애가(哀歌)를 지었으며 노래하는 남자(男子)와 여자(女子)는 요시야를 슬피 노래하니 이스라엘에 규례(規例)가 되어 오늘날까지 이르렀으며 그 가사는 애가 중(中)에 기록(記錄)되었더라 하였습니다. 표면적으로 하나님의 권고를 듣지 않은 요시야에 대한 징계이지만 결국은 유다의 멸망을 보지 않게 하시는 하나님의 배려가 아닐는지 생각합니다. 요시야의 개혁은 대단한 것이었지만 결국은 온 백성들의 마음을 변화시키지는 못하였습니다.

41. 나훔, 니느웨

엘고스 사람으로 선지자(BC 713)인 나훔은 '위로자'라는 뜻을 가지고 있습니다.

유대 왕 히스기야 때의 12 소선지자 중 한 사람입니다. 나훔에 대해서는 '엘고스 사람 나훔'이라고만 기록되어 있으며, 성경 다른 곳에서는 찾아볼 수 없습니다. 엘고스는 그의 출생지이거나 밀접한 관계가 있는 곳일 것입니다. 하지만 엘고스가 어디에 있었는지는 분명하지 않습니다. 다만 나훔의 관심이 유다에 있는 것으로 보아 유다의 한 지방일 것 같습니다. 나훔은 일곱 번째 소선지서의 기자입니다. 그의 예언은 그 예언 자체가 꽤 분명히 그 연대의 한계를 명시하고 있습니다. 나훔의 예언은 앗수르의 수도 니느웨의 멸망(BC 612)을 예상하며, 그 함락이 임박한 때가 아니면 할 수 없는 그런 정확성과 상세함을 가지고 말하고 있습니다. 특히 그가 애굽의 수도 노아몬(데베스)의 함락(BC 666년경)을 기성사실로 말하고 있다는 점도 주목할 만합니다(나훔 3:8-10). 이 노아몬은 앗수르 왕 앗슐 바니팔에 의해 BC 666년경에 약탈되었기 때문에, 본서의 예언은 이 두

대사건 사이에 행해진 것으로 보입니다.

요나서와 나훔은 니느웨에 대한 예언을 하였는데, 요나서는 니느웨의 회개를 촉구하였고 나훔은 니느웨의 멸망을 선포하고 있습니다. 이는 사랑이신 하나님이 요나를 통해 회개를 선포하게 하셨고, 니느웨가 회개하자 하나님께서 심판을 거두셨기 때문입니다. 그러나 이후 120여 년이 지나 니느웨가 다시 범죄하게 되자 하나님의 공의가 저들에게 임한 것입니다. 베드로후서2:20-22에 만일 저희가 우리 주 되신 구주 예수 그리스도를 앎으로 세상의 더러움을 피한 후에 다시 그 중에 얽매이고 지면 그 나중 형편이 처음보다 더 심하리니 의의 도를 안 후에 받은 거룩한 명령을 저버리는 것보다 알지 못하는 것이 도리어 저희에게 나으니라 하였습니다. 참 속담에 이르기를 개가 그 토하였던 것에 돌아가고 돼지가 씻었다가 더러운 구덩이에 도로 누웠다 하는 말이 저희에게 응하였도다 하였습니다.

본서는 하나님께서 모든 민족과 국가의 주가 되심을 가르칠 뿐 아니라, 불의한 국가와 부패한 백성은 반드시 패망하게 된다는 사실을 보여주기 위해 기록되었습니다. 앗수르는 BC 612년 바벨론의 나보폴라살과 메대의 카카레스 연합군에 의해 멸망당했습니다. 이때 천혜의 요새였던 티그리스강의 수문이 열리면서 앗수르의 멸망이 가속화되었습니다.

나훔2:6에 강들의 수문이 열리고 왕궁이 소멸되며 정명대로 왕후가 벌거벗은 몸으로 끌려가며 그 모든 시녀가 가슴을 치며 비둘기같이 슬피 우는도다 하였고, 나훔3:8-10에 네가 어찌 노아몬(bc 663년 앗수르의 앗슐 바니팔에 의해 멸망당한 상애굽의 수도 테베, 현재 룩소라 부르는 곳)보다 낫겠느냐. 그는 강들 사이에 있으므로 물이 둘렸으니 바다가 성루가 되었고 바다가 성벽이 되었으며, 구스와 애굽이 그 힘이 되어 한이 없었고 붓과 루빔이 그의 돕는 자가 되었으나 그가 포로가 되어 사로잡혀 갔고, 그 어린아이들은 길 모퉁이 모퉁이에 메어침을 당하여 부서졌으며 그 존귀한 자들은 제비 뽑혀 나뉘었고 그 모든 대인은 사슬에 결박되었나니 하였습니다.

나훔서의 문장과 문체는 회화성과 명료성이 여타 예언서에 비해 매우 뛰어납니다.

나훔 3:2-3에 휙휙하는 채찍 소리, 굉굉하는 병거 바퀴 소리, 뛰는 말, 달리는 병거, 충돌하는 기병, 번쩍이는 칼, 번개 같은 창, 살륙당한 떼, 큰 무더기 주검, 무수한 시체여 사람이 그 시체에 걸려 넘어지니 등의 표현이 있습니다.

나훔은 하나님을 신인동형론적 표현 방법을 통해 소개합니다.

하나님이 노하시고 질투하시며 후회하시는 것은 사랑과 공의를 행하시는 하나님의 모습을 표현하는 것일 뿐, 하나님의 불완전성을 의미하는 것은 아닙니다.

자기 백성의 대적자들을 훼파시키시고 그들을 구원하시는 분으로 묘사합니다.

나훔1:2에 여호와는 투기하시며 보복하시는 하나님이시니라. 여호와는 보복하시며 진노하시되 자기를 거스르는 자에게 보복하시며 자기를 대적하는 자에게 진노를 품으시며 하였고, 나훔 1:7에 여호와는 선하시며 환난 날에 산성이시라. 그는 자기에게 의뢰하는 자들을 아시느니라 하였습니다.

범죄한 자기 백성에 대해 인내하시며 긍휼히 여기시는 하나님으로 서술하였습니다.

나훔1:3에 여호와는 노하기를 더디하시며 권능이 크시며 죄인을 결코 사하지 아니하시느니라 하였고, 온 우주의 권능을 가지신 하나님으로 소개합니다. 나훔1:3-5에 여호와의 길은 회리바람과 광풍에 있고, 구름은 그 발의 티끌이로다. 그는 바다를 꾸짖어 그것을 말리우시며 모든 강을 말리우시나니, 바산과 갈멜이 쇠하며 레바논의 꽃이 이우는도다. 그로 인하여 산들이 진동하며 작은 산들이 녹고, 그의 앞에서는 땅 곧 세계와 그 가운데 거하는 자들이 솟아 오르는도다 하였고, 나훔1:8에 그가 범람한 물로 그곳을 진멸하시고 자기 대적들을 흑암으로 쫓아내시리라 하였습니다.

진노의 하나님이라 하였습니다.

나훔1:6에 누가 능히 그 분노하신 앞에 서며 누가 능히 그 진노를 감당하랴. 그 진노를 불처럼 쏟으시니, 그를 인하여 바위들이 깨어지는도다 하였습니다.

니느웨의 멸망은 앗수르에게 압제를 당하였던 유다 및 약소국들에게는 반대로 기쁜 소식이 되었습니다. 이러한 니느웨의 멸망은 장차 사단의 세력이 심판주로 오실 예수 그리스도에 의해 완전히 섬멸될 것을 예표하며, 이러한 소식은 죄와 사망의 노예 생활을 해왔던 우리에게 참된 자유와 진정한 기쁨과 구원의 산소망을 가져다줍니다.

42. 스바냐, 여호와의 날

스바냐는 5대 선조가 히스기야인데, 이를 유대 제13대 왕 히스기야로 보는 견해가 많습니다. 이 경우 스바냐는 왕통에 속한 예언자입니다. 그러나 아버지의 이름이 구시이고, 구시는 에티오피아를 가리킵니다. 덴마크의 구약학자 벤첸(Bentzen, Aage 1894-1953) 같은 이는 스바냐를 에티오피아인 노예로, 에스라 2장에 기록되어 있는 '신복'의 자손들로 보고 있습니다. 그의 예언 중 제의에 관한 언급이 있는 것이 이를 반증한다고 생각합니다(A. Bentzen: Introduction to the OT, vol. 2, p.153). 그러나 선조의 이름이 5대나 거슬러 올라가면서 기록되어 있는 것은 왕의 혈통일 수밖에 없다고 보는 견해가 더 많습니다.

표제에 따르면, 스바냐가 활동한 시기는 유다의 요시야 왕(주전 640-609) 치세입니다. 스바냐가 1장 5절 이하에서 비난하는 우상 예배, 천체 예배, 밀곰 예배 등은 요시야 왕의 종교 개혁에 의해 일소되었습니다(왕하 23:4). 따라서 스바냐의 예언은 개혁이 이루어지기 전인 621년 이전으로 추정됩니다. 이 시기는 왕 므낫세(주전 687-642), 아몬(주전 642-640) 등 두 왕에 걸친 극단적 이교 정책의 영향이 농후하고, 종교적 도덕적 퇴폐의 시대였습니다. 외부적으로는 신흥 바벨론(갈대아)의 세력이 급격하게 성장하여 앗시리아 제국을 위협하고, 북방의 만족인 스구디아(스키타이)인이 남하하여 제국을 위협하며 애굽 경계까지 이르렀습니다. 스바냐는 이 스구디아인의 침입을 하나님의 심판으로 받아들여 동포에 대한 경고를 위해 예언 활동을 했던 것입니다. 이교 예배를 세차게 배격한 스바냐의 활동은 젊은 왕 요시야의 종교 개혁에 영향을 주고 이를 지원한 세력 중 하나였음이 상상됩니다.

본서의 주제는 여호와의 날, 즉 심판의 날에 대한 것입니다. 이 심판은 두 가지 면을 가지고 있는데, 벌(罰)과 구원입니다. 여호와를 배반한 자(1:6), 강포와 허위로 약자를 학대하고 자기 욕심을 채우는 자(1:9)에 대한 벌이 그 한 면입니다. 이에 대하여 겸손하며 여호와를 의지하고, 악을 행하지 않으며 거짓과 간사함이 없는 자(3:12-13)에 대한 구원이 다른 한 면입니다.

그 내용들은 이러합니다.

심판의 날 (1:1-3:7)은 전 세계, 특히 유다 국민에게 임하는 심판과(1:1-18) 인방, 즉 블레셋, 암몬, 구스(에티오피아), 앗수르 등에 임하는 심판 (2:1-15)으로 구분됩니다.

여호와의 공의는 더럽혀진 시, 가르침을 받지 않고 여호와께 의지하지 않는 백성, 오만하여 거짓을 말하는 예언자, 거룩한 것을 더럽히고 율법을 깨뜨리는 제사장 위에 임합니다(3:1-7).

1:2-3에 여호와께서 말씀하시되 내가 지면에서 모든 것을 진멸하리라. 내가 사람과 짐승을 진멸하고, 공중의 새와 바다의 고기와 거치게 하는 것과 악인들을 아울러 진멸할 것이라. 내가 사람을 지면에서 멸절하리라. 나 여호와의 말이니라 하였고, 1:14에 여호와의 큰 날이 가깝도다. 가깝고도 심히 빠르도다. 여호와의 날의 소리로다. 용사가 거기서 심히 애곡하는도다 하였으며, 1:18에 그들의 은과 금이 여호와의 분노의 날에 능히 그들을 건지지 못할 것이며 이 온 땅이 여호와의 질투의 불에 삼키우리니, 이는 여호와가 이 땅 모든 거민을 멸절하되 놀랍게 멸절할 것임이니라 하였고, 3:1-4에 패역하고 더러운 곳, 포학한 그 성읍이 화 있을진저. 그가 명령을 듣지 아니하며 교훈을 받지 아니하며 여호와를 의뢰하지 아니하며 자기 하나님에게 가까이 나아가지 아니하였도다. 그 가운데 방백들은 부르짖는 사자요, 그 재판장들은 이튿날까지 남겨 두는 것이 없는 저녁 이리요. 그 선지자들은 경솔하고 간사한 자요, 그 제사장들은 성소를 더럽히고 율법을 범하였도다 하였습니다.

구원의 날(3:8-20)에 온 땅은 여호와의 진노의 불로 불태워지고 정결해집니다. 그때 여호와는 나라 나라 백성에게 깨끗한 입술을 주시고, 여호와의 이름을 부르면서 여호와를 섬기게 하십니다. 여호와는 포로를 귀환시키시고 흩어진 자를 모으시며, 치욕을 당한 자에게 영예를 얻게 하십니다(3:8-20). 2:1-3에 수치를 모르는 백성아, 모일지어다 모일지어다. 명령이 시행되기 전, 광음이 겨 같이 날아 지나가기 전, 여호와의 진노가 너희에게 임하기 전, 여호와의 분노의 날이 너희에게 이르기 전에 그리할지어다. 여호와의 규례를 지키는 세상의 모든 겸손한 자들아, 너희는 여호와를 찾으며 공의와 겸손을 구하라. 너희가 혹시 여호와의 분노의 날에 숨김을 얻으리라 하였고, 3:11-12에 그 날에 네가 내게 범죄한 모든 행위로 인해 수치를 당하지 아니할 것은, 그때 내가 너의 중에서 교만하여 자랑하는 자를 제하여 너로 나의 성산에서 다시는 교만하지 않게 할 것임이니라. 내가 곤고하고 가난한 백성을 너의 중에 남겨 두리니, 그들이 여호와의 이름을 의탁하여 보호를 받을지라 하였으며, 3:13에 이스라엘의 남은 자는 악을 행치 아니하며 거짓을 말하지 아니하며, 입에 궤휼한 혀가 없으며, 먹으며 누우나 놀라게 할 자가 없으리라. 시온의 딸아 노래할지어다. 이스라엘아 기쁘게 부를지어다. 예루살렘 딸아 전심으로 기뻐하며 즐거워할지어다 하였고, 3:14-17에 여호와가 너의 형벌을 제하였고 너의 원수를 쫓아내었으며, 이스라엘 왕 여호와가 너의 중에 있으니 네가 다시는 화를 당할까 두려워하지 아니할 것이라. 그 날에 사람이 예루살렘에게 이르기를 두려워하지 말라. 시온아 네 손을 늘어뜨리지 말라. 너의 하나님 여호와가 너의 가운데 계시니 그는 구원을 베푸실 전능자시라. 그가 너로 인하여 기쁨을 이기지 못하시며, 너를 잠잠히 사랑하시며, 너로 인하여 즐거이 부르며 기뻐하시리라 하리라. 하였습니다.

스바냐의 사명은 다음과 같습니다.

종교의 통일성 주창하였습니다. 인간의 영성은 순일을 필요로 합니다. 동시에 둘 이상의 종교를 믿는 것은 영성의 혼란과 타락을 초래할 뿐입니다. 이 점에서 스바냐는 엘리야의 사명을 답습하고 있습니다.

엄격한 도덕의 주창하였습니다.

스바냐는 바알 숭배에 따르는 육욕적 해악, 약자 억압, 부정 상업을 배격하고, 성실, 정의, 결백, 겸손에 의해 장차 올 심판을 면하도록 가르치고 있습니다. 이 점에서 스바냐는 아모스, 호세아, 이사야의 후계자입니다. 전 세계, 특히 유다의 심판 예언: 스바냐는 거짓 선지자, 악한 제사장, 우상 숭배자, 포학 부정의 정치가, 편파적인 법관, 무신론자, 악덕자 등의 절멸을 예언했습니다.

종교 및 사회혁신 준비하였습니다.

스바냐는 가장 곤란한 암흑시대에 요시야 왕 대혁신 개혁의 준비를 이룩했습니다. 정도에의 방향 전환은 일조일석에 이루어지는 것이 아닙니다. 허다한 의인의 피와 눈물과 고난을 대가로 비로소 가능해집니다. 그의 눈물 혹은 피까지도 그의 사명이 요구한 것입니다.

본서는 요시야 종교개혁 직전의 유다 상태를 보여주는 역사적 가치가 높은 문헌입니다. 유다, 특히 수도의 종교적 및 사회적 상태를 보여주며, 다른 면으로는 신명기적 예언자의 동향을 알게 합니다. 세계 심판의 여호와의 날이 비로소 제시되고, 그것이 후년 종말 사상으로 분명히 보여지게 되었습니다.

43. 예레미야, 애가

예레미야는 주전 640년경 예루살렘 동북방 2마일 지점에 있는 아나돗에서 제사장 힐기야의 아들로 출생하였습니다.

그는 주전 626년에 예언자로 부르심을 받았습니다(1:2). 그때 그는 20세도 안 되는 젊은이였으며 내성적이고 소극적인 사람이었습니다. 요시야 왕이 새로 발견한 (주전 621년) 율법책에 의하여 종교 개혁을 시작하자 예레미야는 하나님의 명령을 받고 예루살렘의 거민들과 모든 유다 사람들에게 하나님의 말씀을 외쳤습니다(11:1-17).

그러자 타락한 아나돗 사람들은 예레미야를 죽이려고 하였습니다(11:18-12:6). 요시야 왕이 죽은 후 율법은 실행되지 않았고 백성의 생활은 621년 이전의 상태로 돌아가 버렸습니다. 희생 제물이나 드리는 형식적인 종교 생활이 고작이었습니다. 예레미야는 이러한 종교 생활을 꾸짖었으며(7:21-26), 성전이 그대로 남아 있다는 것으로 그들의 안전과 존속을 망상하는 백성을 책망하였습니다(7:4,10). 이러한 예레미야를 백성들은 죽이려고 하였습니다. 어리석은 민중은 언제나 의로운 충고를 멸시하고 자멸의 길을 가는 것을 봅니다.

기원전 605년에 갈그미스 전쟁 직후(46:1-12) 예레미야는 유다의 멸망을 확실히 예언하였습니다. 605년 말, 감금되어 있던 그는 처음 20년간의 예언을 그의 서기 바룩에게 받아 쓰게 하였습니다. 그리고 그것을 성전에서 백성에게 낭독해주도록 하였습니다(36:1-10). 후에 여호야김 왕이 이 두루마리를 읽는 것을 겨울 궁전 화롯불 앞에서 들으면서 두루마리를 칼로 베어 화롯불에 태워 버렸습니다(36:21-26). 하나님은 또다시 예레미야에게 타버린 그 두루마리에 기록된 것을 다시 기록하도록 하셨습니다. 여호야김이 그를 죽이려고 하였으므로 그는 7년 동안 고난과 실망과 여러 가지의 내적 갈등 속에서 신음하였으며 끝내는 영적 신앙의 승리를 맛본 영웅적인 긴 은거 생활을 하였습니다.

느부갓네살 왕이 587년에 예루살렘을 포위하였을 때 유다 왕 시드기야는 예레미야에게 하나님의 구원을 간구해 줄 것을 요청하였으나 예레미야는 항복할 것을 종용하였습니다. 예언한 대로 예루살렘이 함락되고 그는 느부갓네살의 명령에 따라 선대를 받았습니다. 그러나 후에 포로가 되어 바벨론으로 끌려가다가 석방되었습니다. 이스마엘이 총독 그다랴를 죽인 후 예레미야도 바벨론의 복수를 피하여 백성들과 함께 애굽으로 피난 갔습니다(40:7-43:7). 그 후 그의 행적을 알 길이 없으나 애굽에서 죽은 것으로 보입니다. 한 마디로 예레미야는 수난의 예언자였습니다.

그는 주의 말씀을 입술에 담고 있었습니다.

여호와께서 예레미야에게 말씀을 주셨습니다.

렘1:6-9에 내가 가로되 슬프도소이다 주 여호와여 보소서 나는 아이라 말할 줄을 알지 못하나이다 여호와께서 내게 이르시되 너는 아이라 하지 말고 내가 너를 누구에게 보내든지 너는 가며 내가 네게 무엇을 명하든지 너는 말할지니라 너는 그들을 인하여 두려워 말라 내가 너와 함께 하여 너를 구원하리라 나 여호와의 말이니라 하시고 여호와께서 그 손을 내밀어 내 입에 대시며 내게 이르시되 보라 내가 내 말을 네 입에 두었노라 하였습니다.

그는 모든 것으로 하나님의 말씀을 전하기 시작합니다.

베띠를 사서 두었다가 땅에 묻었다 파내면서 이스라엘이 이렇게 썩을 것을 예언합니다.

독신 생활을 통하여 자식 없는 자가 더 나을 것이라는 뜻을, 상가 출입 금지로 더 이상 위로할 수도 없을 것이라는 것을, 혼인집 출입 금지로 더 이상 기쁨이 없을 것이라는 것을 나타내었습니다.

그가 선포한 파괴하고 파멸하고 넘어뜨려야 할 유다의 죄악은 이것입니다. 성전에서 제사를 드리면서 더불어 우상을 숭배하는 가증한 범죄입니다. 유대인들의 완악해진 마음입니다. 그들은 성전이라 불렀지만 하나님께서는 그곳을 도적의 굴혈이라 하셨습니다. 렘7:11에 내 이름으로 일컬음을 받는 이 집이 너희 눈에는 도적의 굴혈로 보이느냐 보라 나 곧 내가 그것을 보았노라 여호와의 말이니라 하였습니다. 당시 유대인들은 의식 규례에만 집착하여 이보다 더 중요한 도덕적 규례를 무시하며 살았습니다. 출애굽 이후에 세워진 제사법이 마치 선민의 자격을 유지하기 위한 절대적인 조건인 것처럼 생각하고 그것에만 치중하였으며 그 이전에 주어진 도덕법적 규례, 즉 말씀에의 순종은 무시하였습니다. 하나님을 찾지 않고 다른 것을 찾은 죄입니다. 렘2:13에 내 백성이 두 가지 악을 행하였나니 곧 생수의 근원 되는 나를 버린 것과 스스로 웅덩이를 판 것인데 그것은 물을 저축지 못할 터진 웅덩이니라 하였습니다.

하나님께서는 북방 민족을 사용하셔서 이스라엘을 뽑고 파괴하고 파멸하고 넘어뜨리는 일을 하시겠다고 말씀하십니다. 구조적 악을 멸해야 합니다. 개인의 악을 제해야 합니다. 악은 그 모양이라도 금해야 합니다. 우리가 이 일을 하지 않으면 하나님께서 손을 대시는 것입니다. 건설하며 심는 역할을 해야 합니다. 하나님의 나라의 씨앗을 심어야 합니다. 하나님 나라를 건설해야 합니다. 누가 하나님의 택하신 자들입니까? 살아 있는 모든 그리스도인들은 하나님이 택하신 자들입니다. 하나님께서 나를 세우신 것입니다. 나의 인생은 우연도 아니고 권리도 아닙니다. 사명입니다. 택함을 입은 자의 사명이 있는 것입니다.

44. 레갑의 자손들, 순종

하나님께서 예레미야에게 하신 말씀입니다.

렘26:1-14에 유다의 요시야 왕의 아들 여호야김 때에 여호와께로부터 말씀이 예레미야에게 임하여 이르시되 너는 레갑 사람들의 집에 가서 그들에게 말하고 그들을 여호와의 집 한 방으로 데려다가 포도주를 마시게 하라 하시니라

예레미야가 그 말씀대로 행하였습니다.

내가 레갑 사람들의 후손들 앞에 포도주가 가득한 종지와 술잔을 놓고 마시라 권하매 그들이 이르되 우리는 포도주를 마시지 아니하겠노라 레갑의 아들 우리 선조 요나답이 우리에게 명령하여 이르기를 너희와 너희 자손은 영원히 포도주를 마시지 말며 너희가 집도 짓지 말며 파종도 하지 말며 포도원을 소유하지도 말고 너희는 평생 동안 장막에 살아라 그리하면 너희가 머물러 사는 땅에서 너희 생명이 길리라 하였으므로 우리가 레갑의 아들 우리 선조 요나답이 우리에게 명령한 모든 말을 순종하여 우리와 우리 아내와 자녀가 평생 동안 포도주를 마시지 아니하며 살 집도 짓지 아니하며 포도원이나 밭이나 종자도 가지지 아니하고 장막에 살면서 우리 선조 요나답이 우리에게 명령한 대로 다 지

켜 행하였노라

레갑의 자손들의 말을 들으신 하나님께서 말씀하셨습니다.

그 때에 여호와의 말씀이 예레미야에게 임하여 이르시되 만군의 여호와 이스라엘의 하나님께서 이와 같이 말씀하시니라 너는 가서 유다 사람들과 예루살렘 주민에게 이르기를 너희가 내 말을 들으며 교훈을 받지 아니하겠느냐 여호와의 말씀이니라 레갑의 아들 요나답이 그의 자손에게 포도주를 마시지 말라 한 그 명령은 실행되도다 그들은 그 선조의 명령을 순종하여 오늘까지 마시지 아니하거늘 내가 너희에게 말하고 끊임없이 말하여도 너희는 내게 순종하지 아니하도다 하였습니다.

레갑의 자손들에 대한 성경의 기록입니다.

레갑 족속은 겐 족속의 한 부류입니다(대상2:55). 유다지파 갈렙의 후손 중 야베스에 살던 서기관 종족 곧 디랏 종족과 시므앗 종족과 수갓 종족이니 이는 다 레갑 가문의 조상 함맛에게서 나온 겐 종족이더라. 모세의 장인이었던 르우엘이 겐 족속이었고, 그의 아들 호밥은 모세를 도와 가나안으로의 여정에 길잡이 노릇을 해 준 사람이기도 합니다(민10장). 이들은 가나안 정착 후에도 이스라엘 민족들과 함께 살았고(삿1:16), 사시대에도 가나안왕 야빈의 군대장관 시스라를 죽인 사람이 겐 족속 헤벨의 아내 야엘 이었습니다(삿4장). 다윗 시대에는 다윗이 도망자 시절에 도움을 준 사람들 이었습니다(삼상30장). 남북왕조 시대에 제일 유명한 레갑 족속은 장군 예후를 도와 아합 왕을 몰아낸 여호나답입니다.(왕하10장).

왕하10:15-17에 예후가 거기에서 떠나가다가 자기를 맞이하러 오는 레갑의 아들 여호나답을 만난지라 그의 안부를 묻고 그에게 이르되 내 마음이 네 마음을 향하여 진실함과 같이 네 마음도 진실하냐 하니 여호나답이 대답하되 그러하니이다 이르되 그러면 나와 손을 잡자 손을 잡으니 예후가 끌어 병거에 올리며 이르되 나와 함께 가서 여호와를 위한 나의 열심을 보라 하고 이에 자기 병거에 태우고 사마리아에 이르러 거기에 남아 있는 바 아합에게 속한 자들을 죽여 진멸하였으니 여호와께서 엘리야에게 이르신 말씀과 같이 되었더라 하였습니다.

느헤미야의 성벽재건에도 도움을 주었던 사람들이었습니다(느3:14).

이상의 기록들을 통해 볼 때 레갑의 자손들은 모세의 장인처럼 미디안 땅에서도 살았지만 아브라함의 후처 그두라가 낳은 네 번째 아들 미디안의 후손이 아니라 근본은 아브라함과 이삭과 야곱과 유다와 갈렙을 따르는 유다인으로 보입니다. 그들이 유대인이 아니라면 예레미야가 그들을 성전에 들이지도 않았을 것이며, 느헤미야 때에 성전 재건 작업에 참여하지 못했을 것입니다.

우리 선조 레갑의 아들 요나답이 우리에게 명하기를, 너희와 너희 자손은 영영히 포도주를 마시지 말며, 집도 짓지 말며, 파종도 하지 말며, 포도원도 재배치 말며, 너희 평생에 장막에 거하라. 그리하면 너희 생명의 날이 길리라 하였으므로 우리는 우리 선조 요나답의 말에 순종하여 평생에 포도주를 마시지 아니하며 파종도 아니 하고 장막에 거처하여 우리 선조 요나답이 우리에게 명한 대로 다 준행했다는 것입니다.

신학자 '클락크'에 의하면 레갑의 자손들이 준수하고 있던 생활신조는 세 가지로 요약할 수 있는데 포도주를 마시지 말라는 것은 세속에 물들지 아니하는 경건한 삶을 의미하고, 집도 짓지 않고 파종을 하지 아니했다는 것은 이 땅에 재물에 대한 욕심을 가지지 않음을 상징하는 말이며, 평생에 장막에 거했다는 것은 영원한 천국 본향을 사모하는 믿음의 차원에서 이해될 수 있다는 것입니다.

레갑의 유훈에는 처벌 조항은 들어 있지 않았습니다 레갑은 저들 후손이 자기의 유훈을 지켜주기를 바라기는 했으되 강요하지는 않았습니다. 그러기에 위반자를 위한 처벌 규정을 세우지는 않았던 것입니다. 그렇다고 하면 이런 물렁한 명령이 잘 지켜지기가 어려울 터인데도 의외로 철저하게 그리고 대대로 더구나 한 사람의 위반자도 없이 즐거이 잘 지켜 오고 있었던 것입니다. 하나님께서 이 점을 기특하게 보신 것입니다. 그런데 명색이 선민이라는 이스라엘 민족은 더구나 상별조항까지 붙어있는 하나님의 교훈을 쓴 오이 보듯 하는 것이 아닙니까 16절에 "레갑의 아들 요나답의 자손을 그 선조가 그들에게 명한 그 명령을 준행하나 이 백성은 나를 듣지 아니하도다"고 하심은 하나님의 진노라기보다 탄식인 것입니다.

요나답이 이와같은 유언을 남긴 것은 예후를 도와 북이스라엘의 아합을 제거하는 일에 참여하였는데 그 이후로 예후도 같은 죄를 범하는 것을 보고 그러한 세상에서 떠나 살 것을 유언으로 남긴 것으로 보입니다.

왕하10:28-29에 예후가 이와 같이 이스라엘 중에서 바알을 멸하였으나 이스라엘에게 범죄하게 한 느밧의 아들 여로보암의 죄 곧 벧엘과 단에 있는 금송아지를 섬기는 죄에서는 떠나지 아니하였더라 하였습니다.

당시 유다백성들의 영적 상태는 어떠했는가 살펴보면 렘35:13-15에 많은 선지자를 부지런히 보내어 악한 길에서 돌이켜 다른 신을 섬기지 말라고 하지만 저들은 하나님의 말씀과 교훈을 듣지 아니한다고 합니다. 그래서 하나님은 경고합니다. 불신앙의 결과가 어떠할 것을 말합니다. 렘35:17에 내가 유다와 예루살렘 거민에게 선포한 모든 재앙을 내리리니 이는 내가 그들에게 말하여도 듣지 아니하며 불러도 대답지 아니함이니라 하였습니다.

레갑 족속들에게는 놀라운 축복을 약속합니다. 렘35:19에 나 만군의 여호와 이스라엘의 하나님이 이같이 말하노라 레갑의 아들 요나답에게서 내 앞에 설 사람이 영영히 끊어지지 아니하리라 하였습니다. 선조 요나답의 명령을 준행한 레갑의 자손들은 하나님을 섬기는 특권을 소유하게 되는 복을 받았습니다.

예수님 탄생 하던 날 천사들의 소식을 먼저들은 목동들은 레갑 자손으로 볼 수 있습니다(눅2:14). 레갑 자손의 거주지가 벧학게렘(라헬 라못)인데 이는 예루살렘과 베들레헴 중간지점입니다. 예루살렘과 베들레헴은 약 10Km이고 그 중간 지점은 5Km쯤 됩니다. 느3:14에 분문(똥문)은 벧학게렘 지방을 다스리는 레갑의 아들 말기야가 중수하여 문을 세우고 문짝을 달고 자물쇠와 빗장을 갖추었고 하였습니다. 목축업을 하고 있던 이들 가운데 예수 그리스도 탄생의 첫 번째 경배자가 나왔다는 생각도 가능합니다.

45. 요하난, 남은 자

예레미야는 베냐민 땅 아나돗의 제사장들 중 힐기야의 아들로서 아몬의 아들 유다 왕 요시야 13년에 선지자의 사역을 시작하였습니다. 이 사역은 시드기야 11년 말 오월에 예루살렘이 바벨론에 사로잡혀 가기까지 임하니라고 렘1:3에 기록되어 있습니다. 41년이 넘는 긴 기간이었습니다. 이 기간에 나훔, 스바냐, 하박국, 에스겔, 다니엘이 활동하였습니다. 당시에 주변 강대국들은 애굽과 바벨론이었습니다. 요시아왕은 판단하기를 바벨론이 부상하는 것이 유다에 유리하다고 여겼던 것 같습니다. 바벨론이 북이스라엘을 멸망시킨 앗수르와 세력을 겨루며 제국을 세워가고 있었기 때문입니다. 애굽과 바벨론 사이에 근동의 질서를 결정하는 갈그미스 전투가 기원전 605년경 유프라테스가 유역에서 있었습니다. 이 전쟁을 위하여 애굽의 바로 느고가 팔레스틴을 지나 진군을 하는데 요시야 왕이 므깃도에서 막아섰습니다. 그 이야기가 역대하35장에 기록되어 있는데 이 전투에서 요시야가 전사하였고, 역대하35:25에 예레미야는 그를 위하여 애가를 지었다고 하였습니다. 갈그미스 전투에서 바벨론이 승리하여 바벨론은 점점 더 그 세력이 확장되었고 애굽은 약하여져 가는 상황이었습니다. 이러한 국제정세 속에 유다에서는 애굽에 의지해서 나라를 지켜내야 한다는 이들이 있었고, 요시야 왕과 같이 바벨론 편에 서야 한다는 이들이 있었습니다. 바벨론의 느브갓네살 왕은 기원전 605년 경부터 3차에 걸쳐 유다를 침략해 왔습니다.

므깃도 전투와 갈그미스 전투의 상황입니다.

애굽은 앗수르를 도와 바벨론의 남하를 막기 위하여 갈그미스에서 바벨론과 싸우려고 하였습니다. 애굽 왕 느고는 갈그미스로 가기 위해 팔레스타인 지역을 통과해야 했는데, 이때 반 앗수르 입장이었던 요시야 왕은 북진하는 애굽과 전쟁을 하게 되었습니다.

애굽 왕 느고는 사자를 보내어 화친을 요청하며, 이 일은 하나님의 명령이고 자신이 싸우려는 대상은 요시야 왕이 아님을 분명히 했습니다(대하35:21). 그러나 요시야 왕은 듣지 않고 변장까지 하면서 전쟁터에 남기를 고집하였습니다(대하35:21-22). 전쟁터에서 애굽의 궁수가 쏜 화살에 중상을 입은 요시야는 예루살렘에 돌아와 죽고 말았습니다(대하35:23).

요시야는 종교 개혁을 통해 영적 내리막길로 곤두박질하던 남 유다에 일시적으로나마 제동을 걸었지만, 요시야가 죽은 이후 남 유다의 국운이 갑자기 쇠약해지고 순식간에 멸망의 길로 치닫게 되었습니다.

이후 애굽과 바벨론이 맞서는데, 이것이 갈그미스 전투(주전 605년)입니다. 이 전투에서 승리한 바벨론은 당시 근동 지방을 장악하였고, 애굽은 다시 일어나지 못했습니다(왕하24:7).

바벨론의 느부갓네살 왕은 갈그미스 전투에서 승리한 후, 아프리카 대륙과 근동 아시아 지역을 잇는 전략적 요충지인 남 유다 왕국마저 정복하기 위하여 예루살렘을 공격하였고, 3차에 걸쳐 유다 왕과 백성들을 바벨론으로 끌고 갔습니다.

3차에 걸친 바벨론 포로의 과정은 성전 파괴의 과정과 다름없었습니다. 하나님께서는 바벨론을 들어서 가장 아끼는 성전을 파괴하심으로써 이스라엘을 철저하게 징계하셨습니다(왕상 9:7-9).

요시야 왕이 죽자 유다는 그의 아들 여호아하스를 왕으로 세웠는데 애굽의 바로 느고가 와서 석 달 만에 그를 폐위하고 요시야의 첫째 아들 여호와김을 왕으로 세우고 여호아하스는 애굽의 포로로 잡아갔습니다.

바벨론 1차 포로 상황입니다.

포로 시기는 주전 605년 여호야김 제 3(혹은 4)년이며 느부갓네살 원년입니다.

이때는 여호야김 왕 제 3년(단1:1)이었습니다. 그런데 예레미야46:2은 이때를 여호야김 4년이라고 기록하고 있습니다. 두 기록에 1년 차이가 나는 이유는 열왕기하 23:34을 통해 해명할 수 있습니다. 열왕기 기자는 여호야김이 그의 동생 여호아하스를 대신하여 왕이 되었다고 기록하지 않고, 여호야김이 그의 아버지 요시야를 대신하여 왕이 되었다고 기록하였습니다. 역사적으로는 요시야(주전 640-609b년), 여호아하스(주전 609b-608년), 여호야김(주전 608-597년) 순으로 왕이 되었지만(왕하23:3, 34, 대하36:1-4), 요시야 다음에 바로 여호야김이 왕이 된 것처럼 기술한 것은, 3개월의 짧은 통치 기간 동안 악을 일삼았던 여호아하스를 왕으로 인정하지 않았기 때문입니다(왕하23:31-32). 이러한 관점에 따르면 제 1차 바벨론 포로로 끌려간 주전 605년은 여호야김 4년이 되는 것입니다.

1차 바벨론 포로 때에는 다니엘을 포함한 왕족과 귀족들이 끌려갔습니다(단1:3). 여호야김은 처음 3년은 바벨론을 섬기다가 다시 애굽과 동맹하여 반(反)바벨론 정책을 펼쳤고(왕하24:1), 주전 602년 쇠사슬로 결박당하여 바벨론으로 끌려갔으며 성전 기구들을 약탈당하였습니다(왕하24:2, 단1:1-2, 5:2).

바벨론 2차 포로 상황입니다.

포로 시기는 주전 597년 여호야긴 즉위년이며 느부갓네살 8년입니다.

여호야긴은 주전 597년에 즉위하여 3개월 10일을 통치하고 바벨론에 포로로 끌려갔습니다(왕하24:8-12, 대하36:9-10). 바벨론 역대기에 따르면, 티쉬리월(7월)로 시작되는 달력을 기준할 때 여호야긴이 왕이 된 것은 주전 597년 불월(8월)이며, 3개월 10일이 지나 왕위에서 쫓겨난 것은 주전 597년 아달월(12

월) 2일입니다. 바벨론이 예루살렘을 포위한 후 얼마 동안의 시간이 경과한 다음에(왕하24:10-11) 느부갓네살 왕이 예루살렘 성에 이르러 주전 597년 아달월(12월) 2일에 마침내 예루살렘 성을 점령한 것입니다. 이때 왕위에서 쫓겨난 여호야긴은 주전 597년 니산월(1월) 10일에 바벨론으로 끌려가게 됩니다(대하36:10). 남유다 통치 연도는 티쉬리월 기준이므로 해가 바뀌지 않습니다.

바벨론은 여호와 전의 모든 보물과 왕궁 보물을 집어내었으며 또 이스라엘 왕 솔로몬이 만든 것 곧 여호와의 전의 금기명을 다 훼파하였습니다(왕하24:10-13, 대하36:10).

그리고 여호야긴 왕과 왕의 모친과 왕의 아내들과 내시와 나라의 권세 있는 자들이 포로로 끌려갔습니다(왕하24:12, 15). 이때 용사 7천 명을 포함하여 방백과 백성 총 1만명, 그리고 공장과 대장장이 1천 명이 끌려갔는데, 그들은 모두 강장하여 싸움에 능한 자였습니다(왕하 24:14-16). 반란의 구심점이 될 소지가 있는 최고 지도자들과 탁월한 인물들을 모두 뽑아서 끌고 감으로 '빈천한 자' 외에는 그 땅에 남은 자가 없도록 하여 남 유다를 철저히 무력화 시킨 것입니다. 여기에는 에스겔 선지자와 에스더의 사촌 모르드개의 조상도 포함되어 있었습니다(겔1:1-3, 에2:5-6).

바벨론 3차 포로 상황입니다.

포로 시기는 주전 586년 시드기야 11년이며 느부갓네살 19년입니다.

시드기야는 바벨론에게 항복하라는 예레미야 선지자의 권면(렘27:12)을 듣지 않고 반(反)바벨론 정책을 고집하였고(왕하24:20, 렘27:12-13, 37:2), 바벨론은 시드기야 제 9년 10월 10일부터 예루살렘을 포위하였습니다(왕하25:1, 렘39:1, 52:4). 시드기야가 애굽에 원군을 요청하여 바벨론 군대가 떠났다가 애굽 군대가 즉각 퇴각하자 다시 바벨론 군대가 예루살렘을 침공하여(렘37:5, 11, 겔17:15) 시드기야 11년까지 약 30개월 동안(티쉬리 기준 달력) 예루살렘 성을 에워쌌습니다(왕하25:1-2, 대하36:11-20, 렘37:7-10, 겔17:12-21). 마침내 주전 586년 시드기야 제 11년 4월 9일에 예루살렘 성이 함락되고 말았습니다(왕하25:1-3, 렘39:1-2, 52:4-6).

예루살렘이 포위되어 있는 동안 기근이 극심하여 자녀를 잡아먹을 정도로 비극적 참상이 빚어졌는데(애2:20, 4:10, 사9:20, 겔5:10), 이는 모세의 예언대로(레26:28-29, 신28:53-57) 하나님의 말씀에 불순종한 결과였습니다. 결국 BC 586년, 남 유다는 바벨론에 의해 완전히 멸망하였고, 예루살렘 성이 함락된 4월 9

일은 유다인들에게 바벨론 유수 기간 내내 금식과 애통의 날로 지켜졌습니다(슥7:5, 8:19).

성이 함락되던 때 시드기야는 밤에 도망하다가 갈대아 군대에게 잡혀 하맛 땅 립나로 끌려가 바벨론 왕에게 신문을 당하였습니다. 바벨론 왕은 시드기야의 목전에서 그 아들들을 죽이고, 시드기야의 두 눈을 빼고 사슬로 결박하여 바벨론으로 끌어다가 죽는 날까지 옥에 가두었습니다(왕하25:4-7, 렘39:4-7, 52:7-11).

예루살렘이 함락된 지 한 달 만인 5월 10일에 바벨론 시위대장관 느부사라단이 와서 여호와의 전과 왕궁과 예루살렘의 모든 집을 귀인의 집까지 불사르고 사면 성벽을 헐었습니다(왕하 25:8-12, 대하36:18-19, 렘39:8-10, 52:12-16). 그리고 성전의 두 놋기둥(야긴과 보아스)과 받침들과 놋바다를 깨뜨려 그 놋을 바벨론으로 가져갔고, 또 가마들, 부삽들, 불집게들, 숟가락들과 섬길 때에 쓰는 모든 놋그릇을 다 가져갔으며, 또 금물의 금과 은물의 은을 가져갔고, 솔로몬이 여호와의 전을 위하여 만든 두 기둥과 한 바다와 그 받침들을 취하였습니다(왕하 25:13-17, 대하36:18-19, 렘52:17-23).

그리고 대제사장 스라야와 부제사장 스바냐와 전 문지기 세 사람을 잡고, 군사를 거느린 장관(내시) 하나와 왕의 시종 칠 인(혹은 다섯 사람)과 군대장관의 서기관 하나와 국민 육십 명을 잡아갔으며, 립나에서 그들을 쳐 죽였습니다(왕하25:18-21, 렘52:24-27).

한편, 예레미야 52:28-30에는 바벨론에 항복하지 않고 끝까지 항거하다 소규모로 잡혀간 자들이 총 4,600명이 있음을 기록하고 있습니다.

이 과정에서 예레미야는 하나님의 뜻을 따라 유다는 바벨론에 항복해야 한다 하였습니다. 당연히 이는 받아들여지지 않았고 오히려 예레미야를 매국노로 여기기까지 하였습니다. 그래서 예레미야의 다른 이름이 눈물의 선지자가 되었습니다. 예레미야도 포로로 잡혀 가던중 바벨론 사령관 느부사라단에 의해 라마에서 풀려나 자신이 원하는 곳으로 갈 수 있게 되었습니다. 예레미야는 바벨론이 유다의 남은 자들을 다스리기 위하여 세운 사반의 손자 아히감의 아들 그다랴에게로 갔습니다. 전쟁을 피해 흩어졌던 이들이 그다랴에게 모여 들었는데, 왕의 종친 엘리사마의 손자요 느다냐의 아들로서 장관인 이스마엘이 열 사람과 함께 미스바로 가서 그다랴와 남아 있던 바벨론 군사들을 죽였습니다. 뒤늦은 애국심이었는지 아니면 그다랴의 것을 빼앗기 위함이었는지 모르겠습니다. 가레아의 아들 요하난도 군 지휘관이었는데 그들이 이스마엘과 그 무리를 죽이고 남은 자의 세력을 차지하였습니다. 그들은 바벨론을 두려워하여 남은 자들을 데리고 애굽으로 가려 하였습니다. 그들은 예레미야에게 하나님의 뜻을 물었습니다. 렘42:1-22에 이에 모든 군대의 지휘관과 가레아의 아들 요하난과 호사야의 아들 여사냐와 백성의 낮은 자로부터 높은 자까지 다 나아와 선지자 예레미야에게 이르되 당신은 우리의 탄원을 듣고 이 남아 있는 모든 자를 위하여 당신의 하나님 여호와께 기도해 주소서 당신이 보는 바와 같이 우리는 많은 사람 중에서 남은 적은 무리이니 당신의 하나님 여호와께서 우리가 마땅히 갈 길과 할 일을 보이시기를 원하나이다 선지자 예레미야가 그들에게 이르되 내가 너희 말을 들었은즉 너희 말대로 너희 하나님 여호와께 기도하고 무릇 여호와께서 너희에게 응답하시는 것을 숨김이 없이 너희에게 말하리라 그들이 예레미야에게 이르되 우리가 당신의 하나님 여호와께서 당신을 보내사 우리에게 이르시는 모든 말씀대로 행하리이다 여호와께서는 우리 가운데에 진실하고 성실한 증인이 되시옵소서 우리가 당신을 우리 하나님 여호와께 보냄은 그의 목소리가 우리에게 좋든지 좋지 않든지를 막론하고 순종하려 함이라 우리가 우리 하나님 여호와의 목소리를 순종하면 우리에게 복이 있으리이다 하니라 십일 후에 여호와의 말씀이 예레미야에게 임하니 그가 가레아의 아들 요하난과 그와 함께 있는 모든 군 지휘관과 백성의 낮은 자로부터 높은 자까지 다 부르고 그들에게 이르되 너희가 나를 보내어 너희의 간구를 이스라엘의 하나님 여호와께 드리게 하지 아니하였느냐 그가 이렇게 이르니라 너희가 이 땅에 눌러 앉아 산다면 내가 너희를 세우고 헐지 아니하며 너희를 심고 뽑지 아니하리니 이는 내가 너희에게 내린 재난에 대하여 뜻을 돌이킴이라 여호와의 말씀이니라 너희는 너희가 두려워하는 바벨론의 왕을 겁내지 말라 내가 너희와 함께 있어 너희를 구원하며 그의 손에서 너희를 건지리니 두려워하지 말라 내가 너희를 불쌍히 여기리니 그도 너희를 불쌍히 여겨 너희를 너희 본향으로 돌려보내리라 하셨느니라 그러나 만일 너희가 너희 하나님 여호와의 말씀을 복종하지 아니하고 말하기를 우리는 이 땅에 살지 아니하리라 하며 또 너희가 말하기를 아니라 우리는 전쟁도 보이지 아니하며 나팔 소리도 들리지 아니하며 양식의 궁핍도 당하지 아니하는 애굽 땅으로 들어가 살리라 하면 잘못되리라 너희 유다의 남은 자여 이제 여호와의 말씀을 들으라 만군의 여호와 이스라엘의 하나님께서 이와 같이 말씀하시되 너희가 만일 애굽에 들어가서 거기에 살기로 고집하면 너희가 두려워하는 칼이 애굽 땅으로 따라가서 너희에게 미칠 것이요 너희가 두려워하는 기근이 애굽으로 급히 따라가서 너희에게 임하리니 너희가 거기에서 죽을 것이라 무릇 애굽으로 들어가서 거기에 머물러 살기로 고집하는 모든 사람은 이와 같이 되리니 곧 칼과 기근과 전염병에 죽을 것인즉 내가 그들에게 내리는 재난을 벗어나서 남을 자 없으리라 만군의 여호와 이스라엘의 하나님께서 이와 같이 말씀하시되 나의 노여움과 분을 예루살렘 주민에게 부은 것 같이 너희가 애굽에 이를 때에 나의 분을 너희에게 부으리니 너희가 가증함과 놀램과 저주와 치욕 거리가 될 것이라 너희가 다시는 이 땅을 보지 못하리라 하시도다 유다의 남은 자들아 여호와께서 너희를 두고 하신 말씀에 너희는 애굽으로 가지 말라 하셨고 나도 오늘 너희에게 경고한 것을 너희는 분명히 알라 너희가 나를 너희 하나님 여호와께 보내며 이르기를 우리를 위하여 우리 하나님 여호와께 기도하고 우리 하나님 여호와께서 말씀하신 대로 우리에게 전하라 우리가 그대로 행하리라 하여 너희 마음을 속였느니라 너희 하나님 여호와께서 나를 보내사 너희에게 명하신 말씀을 내가 오늘 너희에게 전하였어 도 너희가 너희 하나님 여호와의 목소리를 도무지 순종하지 아니하였은즉 너희가 가서 머물려고 하는 곳에서 칼과 기근과 전염병에 죽을 줄 분명히 알지니라 하였습니다.

그러나 그들은 끝내 예레미야의 말을 듣지 아니하고 애굽으로 갔습니다.

렘43:1-7에 예레미야가 모든 백성에게 그들의 하나님 여호와의 말씀 곧 그들의 하나님 여호와께서 자기를 보내사 그들에게 이르신 이 모든 말씀을 말하기를 마치니 호사야의 아들 아사랴와 가레아의 아들 요하난과 모든 오만한 자가 예레미야에게 말하기를 네가 거짓을 말하는도다 우리 하나님 여호와께서 너희는 애굽에서 살려고 그리로 가지 말라고 너를 보내어 말하게 하지 아니하셨느니라 이는 네리야의 아들 바룩이 너를 부추겨서 우리를 대적하여 갈대아 사람의 손에 넘겨 죽이며 바벨론으로 붙잡아가게 하려 함이라 이에 가레아의 아들 요하난과 모든 군 지휘관과 모든 백성이 유다 땅에 살라 하시는 여호와의 목소리를 순종하지 아니하고 가레아의 아들 요하난과 모든 군 지휘관이 유다의 남은 자 곧 쫓겨났던 여러 나라 가운데에서 유다 땅에 살려 하여 돌아온 자 곧 남자와 여자와 유아와 왕의 딸들과 사령관 느부사라단이 사반의 손자 아히감의 아들 그다랴에게 맡겨 둔 모든 사람과 선지자 예레미야와 네리야의 아들 바룩을 거느리고 애굽 땅에 들어가 다바네스에 이르렀으니 그들이 여호와의 목소리를 순종하지 아니함이러라 하였습니다.

예레미야는 그들과 함께 애굽으로 가서 그의 백성을 돌보며 사역을 하였습니다.

렘44:24-30에 예레미야가 다시 모든 백성과 모든 여인에게 말하되 애굽 땅에서 사는 모든 유다 사람이여 여호와의 말씀을 들으라 만군의 여호와 이스라엘의 하나님께서 이와 같이 말씀하시되 너희와 너희 아내들이 입으로 말하고 손으로 이루려 하여 이르기를 우리가 서원한 대로 반드시 이행하여 하늘의 여왕에게 분향하고 전제를 드리리라 하였은즉 너희 서원을 성취하며 너희 서원을 이행하라 하시느니라 그러므로 애굽 땅에서 사는 모든 유다 사람이여 여호와의 말씀을 들으라 여호와께서 말씀하시되 보라 내가 나의 큰 이름으로 맹세하였은즉 애굽 온 땅에 사는 유다 사람들의 입에서 다시는 내 이름을 부르며 주 여호와의 살아 계심을 두고 맹세하노라 하는 자가 없으리라 보라 내가 깨어 있어 그들에게 재난을 내리고 복을 내리지 아니하리니 애굽 땅에 있는 유다 모든 사람이 칼과 기근에 망하여 멸절되리라 그런즉 칼을 피한 소수의 사람이 애굽 땅에서 나와 유다 땅으로 돌아오리니 애굽 땅에 들어가서 거기에 머물러 사는 유다의 모든 남은 자가 내 말과 그들의 말 가운데서 누구의 말이 진리인지 알리라 여호와의 말씀이니라 내가 이 곳에서 너희를 벌할 표징이 이것이라 내가 너희에게 재난을 내리리라 한 말이 반드시 이루어질 것을 그것으로 알게 하리라 보라 내가 유다의 시드기야 왕을 그의 원수 곧 그의 생명을 찾는 바벨론의 느부갓네살 왕의 손에 넘긴 것 같이 애굽의 바로 호브라 왕을 그의 원수들 곧 그의 생명을 찾는 자들의 손에 넘겨 주리라 여호와께서 이와 같이 말씀하셨느니라 하였습니다.

예레미야의 마지막에 대한 기록은 없지만 전승에 의하며 애굽에서 유다 백성들의 돌에 맞아 죽었다고 합니다. 절대로 망하지 않을 것만 같던 바벨론이 하나님의 주권 역사로 메대와 바사의 연합군에 의해 멸망하게 하시고(렘50:3, 9, 41-46장, 51장) 페르시아의 초대왕 고래스에 의해 이스라엘 백성이 귀환하도록 하셨습니다(대하36:22-23, 스1:1-4).

46. 하박국, 그의 질문

칠십인역(LXX)에서는 하박국을 암바쿰이라고 하며, 벌게이트(Vulgate)역에서는 아바쿠크로 표현합니다. 이러한 모든 이름은 '껴안는다, 혹은 껴안김을 받는 사람'이라는 뜻을 지니고 있습니다.

본서의 저자인 하박국에 대해서는 내적인 증거로밖에 추론할 수 없습니다. 그가 사역한 시기는 갈대아인들의 세력이 막강한 세력임을 피력한 것으로 보아(합 1:6-10) 요시야 시대에 사역한 것으로 추정됩니다. 하박국은 유다 왕국을 위해 일한 마지막 선지자입니다. 그는 아마도 성전 봉사를 맡은 레위 지파 가운데 성가대원으로 봉사하는 사람들 중 한 사람이었을 것입니다. 왜냐하면 하박국 3장은 예배 의식에 사용되는 시이기 때문입니다.

본서의 기록 시기를 정확히 알 수는 없지만, 본문(합 1:6-11)에 나타나는 상황을 살펴봄으로써 추론할 수 있습니다. 본문은 갈대아인들이 유다인들을 침공할 것이라는 예언을 하고 있습니다. 이 침공은 주전 605년에 있었던 갈그미스 전쟁을 염두에 두고 말하는 것 같습니다. 이 전쟁은 앗수르가 바벨론의 느부갓네살에게 완전히 패하게 된 전쟁입니다. 갈대아인들은 주전 625-530년 사이에 막강한 군사력을 지니고 있었습니다. 따라서 본서는 주전 625년 이후에 기록된 것으로 보입니다. 본서의 저작 시기는 주전 612-605년으로 보는 것이 타당할 것입니다. 이때는 니느웨가 이미 망하였고, 유다왕 요시야의 재위 말기입니다.

하박국이 본서를 기록할 당시의 상황은 강대국들 간의 싸움으로 인해 불안한 상황이 계속되고 있었습니다. 이러한 상황 속에서 고통받는 유대인들이 어떠한 삶(합 2:4)을 살아야 할 것인가를 일러주기 위함입니다. 하박국은 지금 당하는 고난을 피하기보다는 믿음으로 극복할 것을 호소하고 있습니다. 불공평해 보이는 세상, 즉 악인이 잘되고 의인이 고난을 당하는 현실에 대해 하나님께 불평을 토로하는 하박국은 결국 하나님의 공의로우심을 깨닫게 됩니다. 현재 당하는 고난을 극복하며 이스라엘의 하나님인 여호와를 의지하는 삶을 살 때

의인은 구원을 얻을 수 있다는 사실을 보여줍니다. 하나님은 악함을 보시고 결코 방관하지 않으시며, 그들에게 심판을 내리시는 분이심을 말하고 있습니다. 그리고 역사는 하나님의 절대 주권적인 사역 안에서 이루어진다는 사실을 깨닫고 믿음으로 정진할 것을 말하고 있습니다.

하박국의 의문이었습니다.

왜 유다에서 죄인이 징벌을 당하지 않고 선인이 복을 받지 못하는가?

갈대아인을 들어 징계하시겠다고 하는데 갈대아인은 더 악하지 않은가?

그러나 갈대아인도 망할 것이며, 결국 의인은 믿음으로 말미암아 살리라(합 2:4).

세상이 아무리 불공평해 보여도 그 안에 하나님의 의는 있으며, 의인은 하나님께서 구원하신다는 말씀입니다. 그러하신 하나님을 믿고 사는 삶이 바로 의인의 삶이며, 믿음으로 사는 것입니다.

3장 1절의 시기오놋은 음악용어입니다. 시편 7편 제목인 '식가욘'의 복수형으로서, 하박국 3:1에 인용되어 있습니다. 시기오놋은 아카드어(바벨론어) '셰구'(shegu)와 관련된 말로, '슬픔의 노래', '만가'(輓歌)의 뜻이 있습니다. 비탄으로 인해 보통 리듬의 룰(rule)을 벗어난 파격적인 가락이라는 뜻으로 보는 학자도 있습니다. 참고로,

아앨렛 샤할 - 새벽의 사슴 영장으로 시편 22편.

소산님 - 백합화 곡조 시편 45편, 영장으로 소산님에 맞춘 노래 시편 69편.

요낫 엘렘 르호김 - 멀리 있는 침묵의 비둘기 믹담, 금언시 영장으로 시편 56편.

뭇랍벤 - 벤이라는 악사의 죽음 영장으로 뭇랍벤에 맞춘 노래 시편 9편.

영장 - 성가대 지휘자를 가리키는 말입니다.

하박국은 믿음으로 사는 곳에 대해 말합니다.

비록 무화과나무가 무성치 못하며 포도나무에 열매가 없으며 감람나무에 소출이 없으며 밭에 식물이 없으며 우리에 양이 없으며 외양간에 소가 없을지라도 나는 여호와를 인하여 즐거워하며 나의 구원의 하나님을 인하여 기뻐하리로다.(하박국3:17-18)

사슴의 발을 가진 자만이 이곳을 갈 수 있습니다. 사슴의 발을 만드시는 분은 하나님이십니다. 주 여호와는 나의 힘이시라. 나의 발을 사슴의 발과 같게 하사 나로 나의 높은 곳에 거하게 하시리로다 하였습니다. 밑에서 보면 다 원망

스럽고 이해가 안 가지만, 올라가서 보면 다 알 수 있습니다. 높은 곳에 오른 자만이 볼 수 있고 들을 수 있으며 느낄 수 있는 것이 있습니다.

47. 에스겔, 환상

에스겔은 하나님께서 강하게 하심이란 뜻인데, 제사장 부시의 아들로서 바벨론 포로 초기 때 활동하였던 제사장이자 예언자입니다.

그는 B.C. 597년 1차 포로 이송 때 여호야긴 왕과 함께 바벨론에 온 후, 포로 생활 5년째 되던 해에 소명을 받고 여러 가지 상징과 비유로 예루살렘과 이스라엘의 멸망을 예고하였습니다. 에스겔서에는,

풍유적 상징이 많습니다

겔4:4-6에 너는 또 좌편으로 누워 이스라엘 족속의 죄악을 당하되 네 눕는 날 수대로 그 죄악을 담당할 지니라. 내가 그들의 범죄한 햇수대로 네게 날수를 정하였나니 곧 삼백구십일이니라. 너는 이렇게 이스라엘 족속의 죄악을 담당하고 그 수가 차거든 너는 우편으로 누워 유다 족속의 죄악을 담당하라. 내가 네게 사십 일로 정하였나니 일일이 일 년이니라 하였습니다.

하나님의 계시가 주로 환상을 통해 전해집니다.

겔8:1-3에 제 육년 유월 오일에 나는 집에 앉았고 유다 장로들은 내 앞에 앉았는데 주 여호와의 권능이 거기서 내게 임하기로 내가 보니 불 같은 형상이 있어 그 허리 이하 모양은 불 같고 허리 이상은 광채가 나서 단 쇠 같은데 그가 손 같은 것을 펴서 내 머리털 한 모숨을 잡으며 주의 신이 나를 들어 천지 사이로 올리시고 하나님의 이상 가운데 나를 이끌어 예루살렘으로 가서 안뜰로 들어가는 북향한 문에 이르시니 거기는 투기의 우상 곧 투기를 격발케 하는 우상의 자리가 있는 곳이라 하였습니다.

비유법과 비교법의 사용이 많습니다

겔17:7에 또 날개가 크고 털이 많은 큰 독수리 하나가 있었는데 그 포도나무가 이 독수리에게 물을 받으려고 그 심긴 두둑에서 그를 향하여 뿌리가 발하고 가지가 퍼졌도다 하였습니다. 이는 시드기야 왕 때 포도나무인 유다가 큰 독

수리인 애굽에 도움을 청한 일을 비유함입니다.

애가를 많이 사용합니다

겔32:1-3에 제 십 이년 십 이월 초일일에 여호와의 말씀이 내게 임하여 가라사대 인자야 너는 애굽 왕 바로에 대하여 애가를 불러 그에게 이르라 너를 열국에서 젊은 사자에 비하였더니 실상은 바다 가운데 큰 악어라 강에서 뛰어 일어나 발로 물을 요동하여 그 강을 더럽혔도다. 나 주 여호와의 말이여 내가 많은 백성의 무리를 거느리고 내 그물을 네 위에 치고 그 그물로 너를 끌어오리로다 하였습니다.

에스겔서의 주요 내용은

1-3장에서 에스겔의 소명과 임무를 4-24장에서 유다에 임할 심판을 25-32장에서 열방들에 임할 심판을 33-48장에서 이스라엘의 회복을 다루고 있습니다.

하나님께서는 감당할 능력을 주셨습니다

겔1:3에 갈대아 땅 그발 강 가에서 여호와의 말씀이 부시의 아들 제사장 나 에스겔에게 특별히 임하고 여호와의 권능이 내 위에 있으니라 하였습니다. 에스겔은 포로지에서 동족들에게 심판과 소망에 대해 설교하도록 하나님의 부르심을 받았지만 그의 임무는 환영받지 못했습니다. 겔2:4-5에 이 자손은 얼굴이 뻔뻔하고 마음이 강퍅한 자니라. 내가 너를 그들에게 보내노니 너는 그들에게 이르기를 주 여호와의 말씀이 이러하시다 하라. 그들은 패역한 족속이라 듣든지 아니 듣든지 그들 가운데 선지자가 있는 줄은 알지니라 하였습니다. 하나님은 에스겔을 이스라엘 족속의 파숫군으로 세우셨지만 그의 사명은 매우 어려웠습니다. 겔3:17-21에 인자야, 내가 너를 이스라엘 족속의 파숫군으로 세웠으니 너는 내 입의 말을 가령 내가 악인에게 말하기를 너는 꼭 죽으리라 할 때에 네가 깨우치지 아니하거나 말로 악인에게 일러서 그 악한 길을 떠나 생명을 구원케 하지 아니하면 그 악인은 그 죄악 중에서 죽으려니와 내가 그 피 값을 네 손에서 찾을 것이고, 네가 악인을 깨우치되 그가 그 악한 마음과 악한 행위에서 돌이키지 아니하면 그는 그 죄악 중에서 죽으려니와 너는 네 생명을 보존하리라. 또 의인이 그 의에서 돌이켜 악을 행할 때에는 이미 행한 그 의는 기억할 바 아니라. 내가 그 앞에 거치는 것을 두면 그가 죽을지니 이는 네가 그를 깨우치지 않음이라. 그가 그 죄 중에서 죽으려니와 그 피 값은 내가 네 손에서 찾으리라. 그러나 네가 그 의인을 깨우쳐 범죄치 않게 하므로 그가 범죄치 아니하면 정녕 살리니 이는 깨우침을 받음이며 너도 네 영혼을 보존하리라 하였습니다.

에스겔의 예언 활동입니다.

겔5:1-2에 인자야, 너는 날카로운 칼을 취하여 삭도를 삼아 네 머리털과 수염을 깎아서 저울에 달아 나누었다가 그 성읍을 에워싸는 날이 차거든 너는 터럭 삼분의 일을 성읍 안에서 불사르고 삼분의 일은 가지고 성읍 사방에서 칼로 치고 또 삼분의 일은 바람에 흩으라. 내가 그 뒤를 따라 칼을 빼리라 하였고, 겔12:1-7에 여호와의 말씀이 또 내게 임하여 가라사대 인자야 네가 패역한 족속 중에 거하도다. 그들은 볼 눈이 있어도 보지 아니하고 들을 귀가 있어도 듣지 아니하나니 그들은 패역한 족속임이니라. 인자야 너는 행구를 준비하고 낮에 그들의 목전에서 이사하라. 네가 네 처소를 다른 곳으로 옮기는 것을 그들이 보면 비록 패역한 족속이라도 혹 생각이 있으리라. 너는 낮에 그 목전에서 네 행구를 밖으로 내기를 이사하는 행구같이 하고 저물 때에 너는 그 목전에서 밖으로 나가기를 포로 되어 가는 자 같이 하라. 너는 그 목전에서 성벽을 뚫고 그리로 좇아 옮기되 캄캄할 때에 그 목전에서 어깨에 메고 나가며 얼굴을 가리우고 땅을 보지 말지어다. 이는 내가 너를 세워 이스라엘 족속에게 징조가 되게 함이니라 하시기로 내가 그 명대로 행하여 낮에 나의 행구를 이사하는 행구 같이 내어 놓고 저물 때에 내 손으로 성벽을 뚫고 캄캄할 때에 행구를 내어다가 그 목전에서 어깨에 메고 나가니라 하였으며, 겔24:11-14에 가마가 빈 후에는 숯불 위에 놓아 뜨겁게 하며 그 가마의 놋을 달궈서 그 속에 더러운 것을 녹게 하며 녹이 소멸하게 하라. 이 성읍이 수고하므로 스스로 곤비하나 많은 녹이 그 속에서 벗어지지 아니하며 불에서도 없어지지 아니하는도다. 너의 더러운 중에 음란이 하나이라. 내가 너를 정하게 하나 네가 정하여지지 아니하니 내가 네게 향한 분노를 풀기 전에는 네 더러움이 다시 정하여지지 아니하리라. 나 여호와가 말하였은즉 그 일이 이룰지라. 내가 돌이키지도 아니하며 아끼지도 아니하며 뉘우치지도 아니하고 행하리니 그들이 네 모든 행위대로 너를 심문하리라. 나 주 여호와의 말이니라 하셨다 하였으며, 겔6:11에 주 여호와께서 가라사대 너는 손뼉을 치고 발을 구르며 말할지어다 오호라 이스라엘 족속이 모든 가증한 악을 행하므로 필경 칼과 기근과 온역에 망하되 하며 예언을 하였습니다.

그러나 예루살렘의 함락 후에는 소망을 말씀합니다.

겔36:11에 내가 너희 위에 사람과 짐승으로 많게 하되 생육이 중다하고 번성하게 할 것이라. 너희 전 지위대로 사람이 거하게 하여 너희를 처음보다 낫게 대접하리니 너희가 나를 여호와인 줄 알리라 하였고, 겔37:1-5에 여호와께서 권능으로 내게 임하시고 그 신으로 나를 데리고 가서 골짜기 가운데 두셨는데 거기 뼈가 가득하더라. 나를 그 뼈 사방으로 지나게 하시기로 본즉 그 골짜기 지면에 뼈가 심히 많고 아주 말랐더라. 그가 내게 이르시되 인자야 이 뼈들이 능히 살겠느냐 하시기로 내가 대답하되 주 여호와여 주께서 아시나이다. 또 내게 이르시되 너는 이 모든 뼈에게 대언하여 이르기를 너희 마른 뼈들아 여호와의 말씀을 들을지어다. 주 여호와께서 이 뼈들에게 말씀하시기를 내가 생기로 너희에게 들어가게 하리니 너희가 살리라 하였으며, 겔47:1-5에 그가 나를 데리고 전 문에 이르시니 전의 전면이 동을 향하였는데 그 문지방 밑에서 물이 나와서 동으로 흐르다가 전 우편 제단 남편으로 흘러내리더라. 그가 또 나를 데리고 북문으로 나가서 바깥 길로 말미암아 꺾여 동향한 바깥 문에 이르시기로 본즉 물이 그 우편에서 스미어 나오더라. 그 사람이 손에 줄을 잡고 동으로 나아가며 일천 척을 척량한 후에 나로 그 물을 건너게 하시니 물이 발목에 오르더니 다시 일천 척을 척량하고 나로 물을 건너게 하시니 물이 무릎에 오르고 다시 일천 척을 척량하고 나로 물을 건너게 하시니 물이 허리에 오르고 다시 일천 척을 척량하시니 물이 내가 건너지 못할 강이 된지라. 그 물이 창일하여 헤엄할 물이요 사람이 능히 건너지 못할 강이더라 하였는데 이는 구원은 오직 하나님께로부터이며 하나님의 구원 사역은 전 우주적임을 말씀하시고 있고, 생수의 강은 그리스도의 보혈을 상징합니다.

이스라엘의 죄악으로 떠나셨던 하나님께서 영원히 저들과 함께 하실 것을 약속하셨습니다.

겔48:35에 그 사면의 도합이 일만 팔천 척이라. 그날 후로는 그 성읍의 이름을 여호와 삼마라 하리라 하였습니다. 그는 바벨론 포로기에 환상을 통해 소망을 증거한 선지자였습니다.

48. 다니엘, 그의 세 친구

다니엘의 뜻은 "하나님은 나의 심판이시다"입니다. 유다 지파의 왕족으로 바벨론에 잡혀가서(기원전 605년) 다니엘이 티그리스 강 기슭에서 마지막 환상을 본 고레스 3년(B.C. 536년)까지 예언 활동을 하였습니다.

1장에서는 다니엘의 이력이, 2-7장은 이방 세계의 흥망성쇠와 역사적 변천 과정을 아람어로 기록하고 있습니다. 8-12장은 이스라엘의 장래에 대한 예언, 즉 고난 가운데 있는 이스라엘의 종국적인 승리와 구원에로의 회복을 확증적으로 선포하고 있습니다.

다니엘서에는 예수 그리스도의 모습이 이 세상 제국들을 심판할 거대한 뜨인 돌로, 적부터 항상 계신 이로부터 통치권을 위임받은 인자로, 끊쳐질 운명을 지닌 오실 메시야로 묘사되어 있습니다.

다니엘의 모습을 통하여 성결을 추구, 강한 의지, 예의 바름을 보여주고 있습니다.

단1:8에 다니엘은 뜻을 정하여 왕의 진미와 그의 마시는 포도주로 자기를 더럽히지 아니하리라 하고 자기를 더럽히지 않게 하기를 환관장에게 구하니, 하나님이 다니엘로 환관장에게 은혜와 긍휼을 얻게 하신지라 하였습니다.

다니엘의 세 친구를 통하여 신앙과 그 결과를 교훈하고 있습니다.

단3:16-18에 사드락과 메삭과 아벳느고가 왕에게 대답하여 가로되 느부갓네살이여 우리가 이 일에 대하여 왕에게 대답할 필요가 없나이다. 만일 그럴 것이면 왕이여, 우리가 섬기는 우리 하나님이 우리를 극렬히 타는 풀무 가운데서 능히 건져내시겠고 왕의 손에서도 건져내시리이다. 그리 아니하실지라도 왕이여 우리가 왕의 신들을 섬기지도 아니하고 왕의 세우신 금 신상에게 절하지도 아니할 줄을 아옵소서 하였고, 단3:28에 느부갓네살이 말하여 가로되 사드락과 메삭과 아벳느고의 하나님을 찬송할지로다. 그가 그 사자를 보내사 자기를 의뢰하고 그 몸을 버려서 왕의 명을 거역하고 그 하나님 밖에는 다른 신을 섬기지 아니하며 그에게 절하지 아니한 종들을 구원하셨도다 하였습니다.

다니엘의 시련과 하나님의 보호를 통하여 그의 백성들을 지키실 것을 나타내셨습니다.

단6:10에 다니엘이 이 조서에 어인이 찍힌 것을 알고도 자기 집에 돌아가서는 그 방의 예루살렘으로 향하여 열린 창에서 전에 행하던 대로 하루 세 번씩 무릎을 꿇고 기도하며 그 하나님께 감사하였더라 하였고, 단6:16에 이에 왕이 명하매 다니엘을 끌어다가 사자 굴에 던져 넣는지라. 왕이 다니엘에게 일러 가로되 너의 항상 섬기는 네 하나님이 너를 구원하시리라 하니라 하였으며, 단6:25-27에 이에 다리오 왕이 온 땅에 있는 모든 백성과 나라들과 각 방언하는 자들에게 조서를 내려 가로되 원컨대 많은 평강이 너희에게 있을지어다. 내가 이제 조서를 내리노라. 내 나라 관할 아래 있는 사람들은 다 다니엘의 하나님 앞에서 떨며 두려워할지니 그는 사시는 하나님이시요 영원히 변치 않으실 자시며 그 나라는 망하지 아니할 것이요 그 권세는 무궁할 것이며, 그는 구원도 하시며 건져내기도 하시며 하늘에서든지 땅에서든지 이적과 기사를 행하시는 자로서 다니엘을 구원하여 사자의 입에서 벗어나게 하셨음이니라 하였더라 하였습니다.

다니엘서에는 꿈을 통한 계시를 증거하고 있습니다.

단2:31-35에 왕이여, 왕이 한 큰 신상을 보셨나이다. 그 신상이 왕의 앞에 섰는데 크고 광채가 특심하며 그 모양이 심히 두려우니 그 우상의 머리는 정금이요 가슴과 팔들은 은이요 배와 넓적다리는 놋이요 그 종아리는 철이요 그 발은 얼마는 철이요 얼마는 진흙이었나이다. 또 왕이 보신즉 사람의 손으로 하지 아니하고 뜨인 돌이 신상의 철과 진흙의 발을 쳐서 부숴뜨리매 때에 철과 진흙과 놋과 은과 금이 다 부숴져 여름 타작마당의 겨같이 되어 바람에 불려 간 곳이 없었고, 우상을 친 돌은 태산을 이루어 온 세계에 가득하였었나이다 하였고, 단4:10-11에내가 침상에서 나의 뇌 속으로 받은 이상이 이러하니라. 내가 본즉 땅의 중앙에 한 나무가 있는데 고가 높더니 그 나무가 자라서 견고하여지고 그 고는 하늘에 닿았으니 땅 끝에서도 보이겠고 하였으며, 단5:5에 그 때에 사람의 손가락이 나타나서 왕궁 촛대 맞은편 분벽에 글자를 쓰는데 왕이 그 글자 쓰는 손가락을 본지라 하였고, 단5:25-28에 기록한 글자는 이것이니 곧 메네 메네 데겔 우바르신이라. 세어보고 세어보고 저울로 달아보니 부족하여 나눈다. 그 뜻을 해석하건대 메네는 하나님이 이미 왕의 나라의 시대를 세어서 그것을 끝나게 하셨다 함이요, 데겔은 왕이 저울에 달려서 부족함이 뵈었다 함이요, 베레스는 왕의 나라가 나눠어서 메대와 바사 사람에게 준바 되었다 함이니이다 하였는데 베레스는 히브리어 '페레스'의 히브리어 음역으로, 복수형인 '우리파스신'은 왕의 나라가 나뉘어 메대와 바사 사람에게 준 바 되었다는 의미입니다. 이 예언은 그날 밤에 성취되었습니다.

네 짐승에 대한 다니엘의 환상이 7장에 기록되었는데 사자-바벨론, 곰-메대와 바사, 표범-헬라 제국, 네째 짐승-로마제국을 예언한 것으로 보이며 그러나 인자 같은 이에게 멸망 당할 것을 또한 예언하였습니다. 8장의 수양과 수염소의 환상은 메대와 바사 제국, 그리고 헬라 제국의 운명을 보여주고 있으며, 현저한 뿔 넷은 셀류크스, 톨레미, 카산더, 리시마쿠스로 나뉜 헬라 제국을 보여주고 있는 듯 합니다. 9장의 70이레에 관한 환상은 이스라엘의 미래와 세상의 마지막 날에 대한 가브리엘 천사를 통한 계시로 보이며 70이레의 이레란 7일, 즉 한 주를 가리킵니다. 69이레까지는 그리스도의 초림을 통해 완성되었고, 마지막 한 이레는 역사의 종말, 즉 마지막 때에 적그리스도에 의한 7년 대환란으로 나타나게 될 것입니다. 10-12장은 이스라엘의 장래에 관한 환상으로 종말, 역사의 완성. 역사를 주관하시는 하나님을 계시하고 있습니다.

49. 학개, 성전 재건

학개라는 이름은 '나의 절기'라는 뜻을 지니고 있습니다. 그의 부모가 오랜 포로 생활에서 빨리 귀환할 날을 기대하며 지은 이름으로 보입니다.

학개는 포로 기간 중 바벨론에서 태어나 바벨론 왕 고레스가 유다인 중 일부를 스룹바벨의 인솔 하에 귀환시킬 때(BC 586년) 예루살렘으로 왔습니다. 스가랴 선지자보다 약 2개월 먼저 사역을 시작한 학개는 민간 지도자 스룹바벨, 교회 지도자 여호수아 및 동료 선지자 스가랴와 함께 백성을 독려하여 무너진 성전을 재건하려고 힘썼습니다. 학개의 사역 기간은 6월부터 9월까지 4개월간의 짧은 기간이었지만 성공적으로 이루어졌습니다.

고레스 왕이 바벨론을 함락한 후(BC 539년) 칙령에 의해 유다인들로 하여금 예루살렘으로 돌아가 성전을 재건하도록 하였습니다. 이로 말미암아 1차 포로 귀환이 이루어지는데, 이는 학개 선지자가 공중 앞에 나타나기 16년 전입니다.

그러나 고레스 왕이 죽게 되자 사마리아 총독은 귀환한 유다인들이 성전을 건축하여 페르시아를 배반하려 한다고 모함하여 성전 건축이 중단되었습니다. 이로 인해 14년 동안 성전은 방치되었습니다. 그 후 학개, 스룹바벨, 여호수아를 중심으로 유다인들이 성전 건축을 다시 시작하려고 노력하였는데, 그때는 다리오 왕 2년이었습니다(BC 520년). 그 해에 성전 건축을 시작하여 다리오 왕 6년(BC 516년)에 성전이 완공되었습니다.

학개 선지자는 포로로 잡혀갔다가 돌아온 유다 백성들과 지도자들을 대상으로 예언을 하였습니다. 특히 첫 번째 예언은(1:2-11) 귀국한 백성들에게 하나님의 전을 재건할 것을 타이르고 있으며, 두 번째 예언은(2:1-9) 격려의 메시지로 그들이 성전을 짓는 데 쏟는 노력의 열매가 옛날 성전을 지었던 사람들에게 돌아간 것보다 더욱 명예와 영광이 될 것이라고 하였습니다. 세 번째 예언은(2:10-19) 지도자들을 향한 메시지로 제사장과 유다 총독 스룹바벨에게 주어진 말씀입니다. 이와 같이 학개 선지자는 바벨론에서 유다로 돌아온 백성들이 성전 건축의 사명을 받았지만, 사마리아 인들의 방해로 성전 건축이 무산되자 점점 성전을 짓겠다는 의욕이 사라져 가는 상태에서 어느 한 대상을 한정하지 않고 하나님의 전을 건축하라고 촉구하였습니다. 결국 그 일은 이루어졌습니다.

예루살렘 성전은 긴 역사를 가지고 있으며, 신구약 성경 역사의 중심지이기도 합니다. 시온산에서 예루살렘을 내려다보면 중앙에 황금색 돔이 눈에 띄는데, 이 장소가 바로 예루살렘의 중심입니다. 이 돔을 중심으로 한 사원은 서기 637년 이슬람이 예루살렘을 정복하고 나서 성전산 위에 처음으로 세운 사원으로, 오마르 사원이라고 불립니다. 현재의 돔은 술탄 사라센이 십자군으로부터 예루살렘을 탈환하고 그 기념으로 인도의 공예가를 동원하여 만든 것입니다. 지름이 20.2m, 높이가 20.5m입니다.

기독교의 성지인 이곳이 지금은 회교의 관할이기 때문에 회교의 성지가 되어 있습니다. 회교의 창시자인 무함마드가 승천한 곳이라 하여 회교에서는 메카와 메디나 사원에 이어 세 번째 가는 성소로 되어 있습니다. 돔 안에 들어가면 동서가 17.7m, 남북이 15.5m 되는 넓은 바위덩어리가 돔 중앙의 하단에 있는 것을 보게 되는데 이곳이 바로 성소입니다. 창세기에서 이곳은 모리아산으로 불렸고, 아브라함이 이 산에서 순종의 제단을 쌓아 하나님의 축복을 받은 곳입니다. 그 바위는 바로 이삭이 번제물로 놓였던 장소라 하였습니다. 그 뒤 이 장소는 다윗이 밧세바와의 음행의 죄와 살인죄를 짓고 회개하며 하나님께 번제와 화목제를 올림으로써 용서를 받았던 곳이기도 합니다. 후에 다윗은 이곳을 여브스 사람 아라우나에게서 50세겔에 매입하여 제단을 쌓았으며, 부왕의 유지를 따라 솔로몬이 여호와의 성전을 건축하고 봉헌한 곳입니다. 신명기 12:11-14에 너희는 하나님 야웨께서 .... 한 곳을 택하실 그 곳으로 나의 명하는 것(성전에 바칠 여러 가지 제물들)을 모두 가지고 갈지니....... 너는 삼가서 네게 보이는 아무 곳에서든지 번제를 드리지 말고, 오직 너희의 한 지파 중에 야웨께서 택하실 그 곳에서 너는 번제를 드리고, 또 내가 명하는 모든 것(종교 예배의식)을 거기서 행하라 하였습니다.

이스라엘이 아직 가나안에 들어가기 전에 하나님께서는 그 한 곳이 어디라고는 지정해 주시지 않았지만, 하나님께서 지정해 주실 그 한 곳에서만 예배를 드리라고 하신 것입니다. 그리고 그곳에 하나님께서 임재하셔서 응답해 주시겠다는 것입니다. 왜냐하면 가나안의 우상들과 그 밖의 요인들에 의해 이스라엘의 예배제도가 부패할 것을 염려하셨기 때문입니다. 그럼에도 불구하고 이스라엘 족속은 나중에 전국에 산재된 산당에서 예배를 드렸습니다. 산당이란 원래 가나안 원주민들이 바알 신에게 제사를 드리던 장소였는데, 그들은 이곳에서 하나님께 예배를 드렸던 것입니다.

이러한 과정 속에서 솔로몬 왕이 성전을 건축한 이후에는 예루살렘 성전이 유일한 예배장소로 '신명기에 나오는 하나님께서 택하신 그 곳'으로 해석되어 왔던 것입니다. 이후로 예루살렘 성전은 민족과 국가의 중심으로 여겨졌습니다. 그 이유는 이곳이 바로 하나님의 임재의 장소라고 여겼기 때문입니다. 그래서 이스라엘 사람들은 그곳에서 기도를 드렸으며, 심지어는 멀리서조차 성전이 있는 곳을 향해서 기도하였습니다. 요나가 그러하였으며, 다니엘이 그러하였습니다. 히스기야 왕의 이야기에 보면 앗수르 왕 산헤립이 유다를 치러 내려와서 위협편지를 보냈을 때, 유다 왕 히스기야는 그 편지를 받자 성전으로 가서 그 편지를 하나님 앞에 펼쳐놓고 기도로 상의하였던 것을 볼 수 있습니다. 바벨론의 유형지에서 돌아온 예언자들은 무엇보다 먼저 성전 재건을 촉구하였는데, 이는 하나님이 예루살렘으로 다시 오셔서 거주하시게 하기 위함이었습니다.

그러나 하나님이 성전 안에서만 거주하거나 임재해 계신다는 사고는 편협하게 보였습니다. 하나님의 영적인 임재를 물질적인 성전에 고정시키는 위험을 발견하였던 것입니다. 하나님이 우주를 창조하셨다는 것은 유다인들의 신앙의 기초였습니다. 그러므로 하나님은 우주에 충만하신 분임이 틀림없습니다. 그런데 하나님은 성전에 계시는 분이기도 합니다. 이러한 하나님의 초월성과 임재성의 모순과 긴장을 솔로몬 왕은 이렇게 표현했습니다.

"하나님께서 실제로 땅 위에 오셔서 인간들과 함께 사시겠습니까? 진실로 하늘도 하나님을 모실 수 없고 하늘의 하늘도 그러할진대 제가 지은 이 성전은 그보다 얼마나 작습니까?"

이에 대한 스스로의 대답은 "성전에 거쳐하시는 것은 야웨의 이름이시다"입니다. 셈족의 정신세계에서는 사람의 인격이 그의 이름 속에서 표현되고 묘사됩니다. 그러므로 야웨의 이름이 있는 곳에 하나님이 특수한 방식으로 현존해 계신다는 것입니다. 바로 이 개념이 하나님의 초월성을 축소하지 않으면서도 이스라엘 가운데 계시는 하나님의 은혜스러운 임재를 나타내는 것입니다. 그러므로 성전과 교회는 하나님이 임재해 계시는 곳입니다. 어떻게 하나님이 임재하십니까? 그의 이름으로 임재해 계십니다. 그의 이름으로 임재하신다는 것은 무엇입니까? 하나님의 이름이 불리워지고 그 응답이 있는 곳을 말합니다. 학 2:19-21의 말씀이 그것입니다.

그러나 나의 하나님 여호와여 종의 기도와 간구를 돌아보시며 종이 주의 앞에서 부르짖음과 비는 기도를 들으시옵소서 주께서 전에 말씀하시기를 내 이름을 거기 두리라 하신 곳, 이 전을 향하여 주의 눈이 주야로 보옵시며 종이 이곳을 향하여 비는 기도를 들으시옵소서 종과 주의 백성 이스라엘이 이곳을 향하여 기도할 때에 주는 그 간구함을 들으시되, 주의 계신 곳 하늘에서 들으시고 들으시사 사하여 주옵소서 하였습니다.

진실로 하나님의 현존을 믿고 하나님의 이름을 부르는 곳이 바로 성전입니다. 그러나 요즘 세상에서뿐만 아니라 교회에서도 하나님의 이름이 망령되이 불려지고 있습니다. 그분의 이름을 부르면서도 마치 그분이 계시지 않은 듯 부르고 있는 것입니다. 우리가 기도하며 하나님의 이름을 부를 때는 참으로 이곳에 임재해 계시는 하나님을 기억하며 그분의 이름을 불러야 할 것입니다. 하나님을 경외한다고 할 때 경외라는 말은 히브리말로 카베드입니다. 이 말의 원뜻은 '무겁다'입니다. 하나님의 이름을 무겁게 여길 줄 알아야 합니다. 하나님의 이름을 만홀히 여겨서는 안 됩니다. 이스라엘이 하나님의 이름을 만홀히 여겼을 때 하나님의 임재하심은 성전을 떠나셨습니다. 586년 예루살렘 성은 파멸되고 말았습니다. 그러나 538년에 바벨론으로 포로로 잡혀갔던 자들이 돌아와 제일 먼저 한 일은 성전을 재건하는 일이었습니다. 그러나 대적들이 방해를 하기 시작하였고, 그로 말미암아 중단된 성전 재건은 하릴없이 계속되고 있었습니다. 이에 대해 하나님께서는 학개 선지자를 통하여 성전 재건을 촉구하고 계신 것입니다.

학개서는 페르시아의 다리오 왕 1세가 팔레스타인을 지배하고 있었던 BC 520년경에 기록된 책으로, 바벨론에서 귀환한 백성들이 성전을 재건하다가 중단한 지 대략 15년째에 기록한 말씀입니다. 성전 재건에 대해 무관심하고 나태해진 백성들을 각성시켜 한시바삐 성전을 재건하도록 촉구하는 말씀입니다.

1:1-15은 성전 재건에 대한 호소이며, 2:1-9는 재건될 성전의 영광, 2:10-19는 하나님께 순종할 자가 받을 축복, 2:20-23은 이 일의 대표자인 스룹바벨에게 주는 메시지로 되어 있습니다.

50. 스가랴, 종말

스가랴라는 이름은 '여호와를 기억함'이라는 뜻을 가지고 있습니다. 스가랴는 잇도의 손자이며 베레갸의 아들로, 제사장 가문 출신입니다. 그는 어릴 때부터 선지자의 사명을 받았습니다.

스가랴서의 기록 연대는 두 부분으로 나눌 수 있습니다. 1-8장은 스가랴가 계시를 처음 받은 다리오 왕 2년 8월(BC 520년, 1:1)로부터 4년 9월(BC 518년, 7:1) 사이로 추정되며, 9-14장은 성전 재건이 완료된 후 스가랴의 말기(BC 480-470)에 저작된 것으로 보입니다. 스가랴서의 기록 목적은 이스라엘로 하여금 성전을 성공적으로 재건하고 영적 부흥을 도모하도록 격려하기 위함입니다.

스가랴서는 에스겔서와 같이 상징적 환상이 많고, 이사야서와 같이 메시야 예언이 많습니다. 또한 천사에 대한 언급, '만군의 여호와'라는 표현, 종말론적 예언이 많이 등장합니다.

메시야 왕국에 대한 환상(1-6장)이 기록되어 있습니다.

성전 재건 공사를 계속할 힘을 상실한 이스라엘에게 스가랴는 먼저 선조들이 행한 악행을 다시는 반복하지 말고 하나님과 밀착된 삶을 살아가라고 요청합니다(1:2-6). 이러한 서론적인 언급에 이어 여덟 가지 이상과 상징적 행동을 보여 주며, 그 해석 원리를 밝히는 것이 주요 관건입니다.

화석류 사이에 홍마를 탄 자 (1:7-17) - 시온과 이스라엘 백성의 재건

네 뿔과 네 공장 (1:18-21) - 이스라엘을 압제하는 자들에 대한 심판

측량줄을 잡은 자 (2:1-13) - 하나님이 예루살렘을 보호하시고 영화롭게 함

대제사장 여호수아의 정결 (3:1-10) - 이스라엘의 정결

순금 등대 (4:1-14) - 하나님의 신이 스룹바벨과 여호수아에게 능력을 더함

날아가는 두루마리 (5:1-4) - 개인의 죄에 대한 심판

에바 가운데 앉은 여인 (5:5-11) - 없어질 민족의 죄

네 병거 (6:1-8) - 열방에 내릴 하나님의 심판

관을 쓰는 여호수아 (6:9-15) - 그리스도의 강림

현재의 명령(7-8장)입니다.

과거 재난을 당했을 때 제정되었던 금식 제도가 계속 지켜져야 하는지에 대한 질문(7:1-3)을 받고 스가랴는 금식 자체에 가치를 부여하지 않고 그것을 지키는 자의 심적 상태가 중요함을 네 가지 메시지를 통해 강조합니다(7:4-8:23).

헛된 의식을 배격하라 (7:4-7)

과거 불순종을 기억하라 (7:8-14)

이스라엘의 회복과 위로 (8:1-17)

이스라엘에 기쁨이 회복됨 (8:18-23)

미래의 일들(9-14장)을 언급하였습니다.

장래 일어날 일들이 두 가지 경고 형식으로 주어집니다. 첫 번째 경고(9-11장)는 장차 임하실 메시야의 강림과 배척에 대한 것이며, 두 번째 경고(12-14장)는 메시야의 재림과 통치에 관한 것입니다.

이웃 나라는 멸망받으나 이스라엘은 보호됨 (9:1-8)

메시야께서 시온에 임함 (9:9-10)

이스라엘이 대적에게 이기고 영광을 누림 (9:11-17)

메시야의 축복 (10:1-11:3)

배척받는 메시야 (11:4-17)
메시야의 예루살렘 구원 (12장)
메시야의 예루살렘 정결 (13장)
메시야의 통치 (14장)

스가랴서는 1-8장에서 성전 재건을 격려하고 있으나, 궁극적으로는 메시야가 거하실 처소이며 9-14장은 초림하실 메시야와 재림하실 메시야에 대한 내용을 기록하고 있습니다. 이는 하나님의 백성이 메시야의 왕국을 대망하며 그 날을 준비하기 위해 살아가야 함을 반복적으로 강조하고 있습니다.

51. 에스더, 죽으면 죽으리라

에스더는 베냐민 지파 아비하일의 딸로서 일찌기 부모를 여의고 사촌오빠 모르드개의 손에서 양육되었습니다. 그녀는 바사와 아하수에로 치세 3년에 왕비로 간택되어 반유대주의자 하만으로부터 이스라엘을 구원하는데 쓰임을 받게 됩니다. 이 사건을 통하여 부림절이라는 절기가 만들어지게 됩니다.

이스라엘의 절기 중에 산술력에 의한 절기는, 안식일이 있습니다. 금요일 해 질녘부터 토요일 해질 때까지입니다. 새창조의 의미가 있습니다. 안식년은 7년마다 이며, 그리스도의 재림으로 성취될 안식의 기쁨을 희년은 안식년이 7번 지난 그 다음 해로 그리스도 재림 이후의 하나님 나라의 질서를 보여주고 있습니다. 사건에 의한 절기로는 유월절(무교절)로 출애굽시의 죽음의 사자의 유월과 무교병을 먹음을 기념하며 무교병은 십자가에서 죽으신 그리스도의 몸을 의미합니다. 수전절은 유다 마카비가 BC165년경 셀류크스 군에 승리한 것과 수리아의 안티오쿠스 에피파네스가 성전을 더럽힌 것을 재건 청결한 사건을 기념하는 절기입니다. 부림절은 아하스에로 왕때 유대인들이 구원을 받은 사건을 기념하는 절기입니다. 열두번째 달(아달월) 14-15일로 13일을 에스더의 날로 금식하고 시작합니다. 구원은 오직 하나님의 주권적 섭리에 있음을, 택한 성도는 어떤 사단의 궤계로부터도 보호될 수 있음을, 죽으면 살리라는 기독교의 역설을 담고 있습니다. 마지막 날 그리스도의 재림으로 완성될 택한 자의 구원, 악한 자의 멸망을 상징하고 있습니다. 농경역법에 의한 절기로는 보리수확의 첫 열매를 감사하는 초실절과 밀의 추수를 감사하는 맥추절과 모든 토지 소산의 추수를 마침을 감사하는 수장절이 있습니다.

아하수에로왕은 큰 잔치를 열고 자신의 부인인 왕후의 아름다움을 하객들에게 자랑하고 싶었습니다. 그런데 왕후가 그 처사에 대하여 따르지를 않았습니다. 화가난 왕은 이런 경우에 대한 자문을 구했고 신하들은 왕후를 폐하고 대신 새로운 왕후를 세울것을 건의하였습니다. 새로운 왕후를 뽑는 다는 소문이 모르드개의 귀에 들려왔습니다. 에스더가 왕후의 후보로서 왕 앞에 나아갔을 때 왕에게 특별한 감동이 있었습니다. 에2:17에 왕이 모든 여자보다 에스더를 더욱 사랑하므로 저가 모든 처녀보다 왕의 앞에 더욱 은총을 얻은지라 왕이 그 머리에 면류관을 씌우고 와스디를 대신하여 왕후를 삼은 후에 하였습니다. 에스더가 왕후가 된 후에 모르드개에게는 별 변화가 없었는데 다음과 같은 일이 있었습니다. 에2:21-22에 모르드개가 대궐 문에 앉았을 때에 문 지킨 왕의 내시 빅단과 데레스 두 사람이 아하수에로 왕을 원한하여 모살하려 하거늘 모르드개가 알고 왕후 에스더에게 고하니 에스더가 모르드개의 이름으로 왕에게 고한지라 하였습니다. 그런데도 이 일에 대하여 모르드개에게 아무런 상급이 주어지질 않았습니다.

왕은 아각 사람 하만을 수상의 자리에 임명하였습니다.

아각은 삼상15장의 아말렉족속입니다. 사울의 불순종으로 말미암아 살아남은 자들입니다. 문제가 발생하였습니다. 에3:2에 대궐 문에 있는 왕의 모든 신복이 다 왕의 명대로 하만에게 꿇어 절하되 모르드개는 꿇지도 아니하고 절하지도 아니하니 하였고, 에3:6에 저희가 모르드개의 민족을 하만에게 고한 고로 하만이 모르드개만 죽이는 것이 경하다 하고 아하수에로의 온 나라에 있는 유다인 곧 모르드개의 민족을 다 멸하고자 하더라 하였습니다. 하만은 자기의 계획을 실천에 옮깁니다. 에3:13에 이에 그 조서를 역졸에게 부쳐 왕의 각 도에 보내니 십이월 곧 아달월 십삼일 하루 동안에 모든 유다인을 노소나 어린 아이나 부녀를 무론하고 죽이고 도륙하고 진멸하고 또 그 재산을 탈취하라 하였습니다. 모르드개를 매달 50규빗짜리 교수대까지 준비해놓고 있었습니다. 위급한 상황이 되었습니다. 이 때 모르드개는 다음과 같이 말합니다.

에4:1에 모르드개가 이 모든 일을 알고 그 옷을 찢고 굵은 베를 입으며 재를 무릅쓰고 성중에 나가서 대성 통곡하며 하였고, 에4:8에 또 유다인을 진멸하라고 수산 궁에서 내린 조서 초본을 하닥에게 주어 에스더에게 뵈어 알게 하고 또 저에게 부탁하여 왕에게 나아가서 그 앞에서 자기의 민족을 위하여 간절히 구하라 하니 하였으며, 에4:14에 이 때에 네가 만일 잠잠하여 말이 없으면 유다인은 다른 데로 말미암아 놓임과 구원을 얻으려니와 너와 네 아비 집은 멸망하리라 네가 왕후의 위를 얻은 것이 이 때를 위함이 아닌지 누가 아느냐 하였습니다.

에스더의 대답입니다.

에4:16에 당신은 가서 수산에 있는 유다인을 다 모으고 나를 위하여 금식하되 밤낮 삼 일을 먹지도 말고 마시지도 마소서 나도 나의 시녀로 더불어 이렇게 금식한 후에 규례를 어기고 왕에게 나아가리니 죽으면 죽으리이다 하였습니다.

하나님께서 역사하시기 시작하였습니다.

에5:3에 왕이 이르되 왕후 에스더여 그대의 소원이 무엇이며 요구가 무엇이뇨 나라의 절반이라도 그대에게 주겠노라 하였습니다. 에6:1-3에 이 밤에 왕이 잠이 오지 아니하므로 명하여 역대 일기를 가져다가 자기 앞에서 읽히더니 그 속에 기록하기를 문 지킨 왕의 두 내시 빅다나와 데레스가 아하수에로 왕을 모살하려 하는 것을 모르드개가 고발하였다 하였는지라 왕이 가로되 이 일을 인하여 무슨 존귀와 관작을 모르드개에게 베풀었느냐 시신이 대답하되 아무것도 베풀지 아니하였나이다 하였습니다. 에6:6-10에 하만이 들어오거늘 왕이 묻되 왕이 존귀케 하기를 기뻐하는 사람에게 어떻게 하여야 하겠느뇨 하만이 심중에 이르되 왕이 존귀케 하기를 기뻐하시는 자는 나 외에 누구리요 하고 왕께 아뢰되 왕께서 사람을 존귀케 하시려면 왕의 입으시는 왕복과 왕의 타시는 말과 머리에 쓰시는 왕관을 취하고 그 왕복과 말을 왕의 방백 중 가장 존귀한 자의 손에 붙여서 왕이 존귀케 하시기를 기뻐하시는 사람에게 옷을 입히고 말을 태워서 성중 거리로 다니며 그 앞에서 반포하여 이르기를 왕이 존귀케 하기를 기뻐하시는 사람에게는 이같이 할 것이라 하게 하소서 이에 왕이 하만에게 이르되 너는 네 말대로 속히 왕복과 말을 취하여 대궐 문에 앉은 유다 사람 모르드개에게 행하되 무릇 네가 말한 것에서 조금도 빠짐이 없이 하라 하였습니다.

에스더를 통하여 역사가 이루어졌습니다.

그는 잔치를 베풀고 왕과 하만을 초대하였습니다. 두 번째 잔치에도 왕과 하만을 초대하였습니다. 하만은 그러나 이일로 우쭐대고 있었습니다. 왕의 마음이 움직이고 있을 때 에스더는 자기 민족의 억울함을 호소합니다. 기습을 당한 하만은 어쩔 줄 몰라 하고 왕은 자리를 떠납니다. 하만은 허둥대며 에스더의 걸상에서 애원을 하고 있었는데, 이것을 본 왕은 오해하였고 그로 말미암아 오히려 하만이 교수형을 당하게 됩니다. 죽음 앞에 놓였던 유대인들은 오히려 이날이 구원의 날이 되었습니다.

52. 에스라, 부끄러움

에스라는 포로 생활에서 돌아온 유대인들을 영적으로 재건하고 하나님의 율법을 회복시키는 데 중요한 역할을 한 인물입니다. 그의 이야기와 사역은 주로 에스라서와 느헤미야서에 기록되어 있습니다. 에스라는 제사장이며 서기관으로, 하나님의 율법을 가르치고 백성들에게 그것을 지키도록 권면한 지도자였습니다.

에스라는 대제사장 아론의 후손으로, 그의 계보는 에스라서 7장 1-5절에 나옵니다. 에스라서 7장 6절은 그를 "학자요, 모세의 율법에 익숙한 서기관이라"라고 소개합니다. 그는 바벨론 포로 시절에 태어났으며, 바벨론에서 자라나면서 하나님의 율법을 깊이 연구하고 가르치는 서기관이 되었습니다.

스7:1-6에 이 일 후에 바사 왕 아닥사스다가 왕위에 있을 때에 에스라라 하는 자가 있으니라 그는 스라야의 아들이요 아사랴의 손자요 힐기야의 증손이요 살룸의 현손이요 사독의 오대 손이요 아히둡의 육대 손이요 아마랴의 칠대 손이요 아사랴의 팔대 손이요 므라욧의 구대 손이요 스라히야의 십대 손이요 웃시엘의 십일대 손이요 북기의 십이대 손이요 아비수아의 십삼대 손이요 비느하스의 십사대 손이요 엘르아살의 십오대 손이요 대제사장 아론의 십육대 손이라

이 에스라가 바벨론에서 올라왔으니 그는 이스라엘의 하나님 여호와께서 주신 모세의 율법에 익숙한 학자로서 그의 하나님 여호와의 도우심을 입음으로 왕에게 구하는 것은 다 받는 자이더니 하였습니다.

에스라는 바벨론 왕 아닥사스다의 칙령에 의해 예루살렘으로 돌아가게 됩니다. 에스라서 7장 27-28절은 그가 하나님께 감사하며, 자신에게 은혜를 베푸신 하나님을 찬양하는 내용이 나옵니다. 스1:1-3에 바사 왕 고레스 원년에 여호와께서 예레미야의 입을 통하여 하신 말씀을 이루게 하시려고 바사 왕 고레스의 마음을 감동시키시매 그가 온 나라에 공포도 하고 조서도 내려 이르되 바사 왕 고레스는 말하노니 하늘의 하나님 여호와께서 세상 모든 나라를 내게 주셨고 나에게 명령하사 유다 예루살렘에 성전을 건축하라 하셨나니 이스라엘의 하나님은 참 신이시라 너희 중에 그의 백성 된 자는 다 유다 예루살렘으로 올라가서 이스라엘의 하나님 여호와의 성전을 건축하라 그는 예루살렘에 계신 하나님이시라 하였으며, 이로인하여 기원전 538년 스룹바벨의 인도하에 1차 귀환이 이루어졌는데 약 42360명이며 그들은 돌아와서 성전을 재건하였습니다. 2차 귀환은 기원전 458년 에스라의 인도하에 약 1754명이 돌아왔고 신앙재건에 힘썼습니다. 에스더서는 아닥사스다왕의 부친인 아하수에로왕 때의 일이며 에스라 귀환 30년쯤 전의 일입니다. 1차 귀환때 돌아가지 않고 남아있던 유대인들에게 닥친 일이었는데 여러 의미를 담고 있습니다. 3차 귀환은 기원전 445년에 느헤미야의 인도하에 이루어졌으며 인원은 알려져 있지 않습니다. 느헤미야는 돌아와서 성벽을 재건하고 신앙부흥에 힘썼습니다.

바벨론을 떠나기 전 교훈이 되는 일화가 있습니다.

에스라는 아닥사스다왕에게 여호와 하나님께서 자신들을 도와주실 것이라 증거해 왔는데 이제 예루살렘으로 돌아가는 길에 군대로 보호해 달라는 말이 부끄러워 대신에 출발하기 전에 아하와 강에서 금식기도하고 출발하였다 하였습니다.

스8:21-23에 그 때에 내가 아하와 강 가에서 금식을 선포하고 우리 하나님 앞에서 스스로 겸비하여 우리와 우리 어린 아이와 모든 소유를 위하여 평탄한 길을 그에게 간구하였으니 이는 우리가 전에 왕에게 아뢰기를 우리 하나님의 손은 자기를 찾는 모든 자에게 선을 베푸시고 자기를 배반하는 모든 자에게는 권능과 진노를 내리신다 하였으므로 길에서 적군을 막고 우리를 도울 보병과 마병을 왕에게 구하기를 부끄러워 하였음이라 그러므로 우리가 이를 위하여 금식하며 우리 하나님께 간구하였더니 그의 응낙하심을 입었느니라 하였습니다.

그의 기도대로 그들은 약 4개월이 걸리는 먼 길을 군대의 보호없이 아이와 여인들과 함께 보물들을 가지고 무사히 돌아올 수 있었습니다.

스7:8-9에 그가 오던 해 다섯째 달 초하루에 예루살렘에 이르니 첫째 달 초하루에 바벨론에서 길을 떠났고 하나님의 선한 손이 함께 하시므로 다섯째 달 초하루에 예루살렘에 이르니라 하였습니다.

예루살렘에 도착한 에스라는 먼저 제사장들과 레위인들에게 하나님의 율법을 가르치는 일에 전념했습니다. 에스라서 7장 10절은 "에스라가 여호와의 율법을 연구하여 준행하며, 율례와 규례를 이스라엘에게 가르치기로 결심하였음이더라"라고 기록하고 있습니다. 그는 백성들이 하나님의 율법을 지키지 않는 것을 보고 깊이 슬퍼하며 금식하고 기도했습니다.

에스라는 또한 백성들에게 이방인들과의 혼인을 중단하고 하나님의 율법을 지킬 것을 강력히 촉구했습니다. 에스라서 9장과 10장은 에스라가 어떻게 백성들의 죄를 회개시키고, 그들이 하나님의 말씀대로 살도록 권면했는지를 기록하고 있습니다. 에스라서 10장 1절에서는 "에스라가 하나님 집 앞에 엎드려 울며 기도하며 죄를 자복하니"라고 나옵니다. 그의 진심 어린 회개의 기도는 백성들에게 큰 영향을 미쳤습니다.

느헤미야서 8장에서는 에스라가 백성들 앞에서 율법책을 낭독하는 장면이 나옵니다. 느헤미야서 8장 2-3절에 제사장 에스라가 율법책을 가지고 회중 앞 곧 남자나 여자나 알아들을 만한 모든 사람 앞에 이르러 율법책을 낭독하여 듣게 하니 라고 기록하고 있습니다. 이 때 백성들은 하나님의 말씀을 듣고 큰 감동을 받아 울며 회개하였습니다.

에스라는 하나님의 말씀을 연구하고 가르치는 데 헌신한 지도자였습니다. 그는 백성들에게 하나님의 율법을 다시 가르치고, 그들이 하나님의 말씀대로 살아가도록 이끌었습니다. 그의 사역은 유대인들이 다시 하나님의 백성으로서의 정체성을 회복하는 데 큰 역할을 했습니다.

에스라의 지도력과 헌신은 오늘날에도 많은 교훈을 줍니다. 그는 하나님의 말씀을 사랑하고, 그것을 지키기 위해 자신의 삶을 헌신한 인물로, 우리에게 하나님의 말씀에 대한 열정과 헌신의 본을 보여줍니다.

에스라는 포로 생활에서 돌아온 유대인들의 영적 지도자로서, 하나님의 율법을 다시 가르치고 백성들이 그것을 지키도록 이끈 인물입니다. 그의 사역은 유대인들이 다시 하나님의 백성으로서의 정체성을 회복하는 데 큰 역할을 했으며, 그의 리더십과 헌신은 오늘날에도 많은 교훈을 주고 있습니다. 에스라의 이야기는 하나님의 말씀을 사랑하고 지키는 삶의 중요성을 우리에게 일깨워줍니다.

53. 느헤미야, 52일

느헤미야는 페르시아 왕 아닥사스다의 술 맡은 관원으로, 그의 이야기는 느헤미야서에 기록되어 있습니다.

느1:1에 하가랴의 아들 느헤미야의 말이라 아닥사스다 왕 제이십년 기슬르월에 내가 수산 궁에 있는데 하였고 느1:11에 주여 구하오니 귀를 기울이사 종의 기도와 주의 이름을 경외하기를 기뻐하는 종들의 기도를 들으시고 오늘 종이 형통하여 이 사람들 앞에서 은혜를 입게 하옵소서 하였나니 그 때에 내가 왕의 술 관원이 되었느니라 하였습니다. 그는 예루살렘 성벽을 재건하고 유대 공동체를 회복하는 데 중요한 역할을 한 인물입니다. 느헤미야의 리더십과 신앙심은 오늘날에도 많은 교훈을 줍니다.

느헤미야는 바벨론 포로 시기에 태어났으며, 페르시아 왕의 궁정에서 술 맡은 관원으로 봉사했습니다. 느헤미야서 1장 11절에서 그는 자신을 "왕의 술 맡은 관원"이라고 소개합니다. 이 직책은 왕에게 매우 중요한 신뢰를 받는 위치로, 느헤미야의 능력과 신뢰성을 나타냅니다.

느헤미야는 예루살렘에서 온 형제들로부터 예루살렘의 상황을 듣고 깊이 슬퍼합니다. 그는 하나님께 기도하며, 예루살렘 성벽을 재건하고자 하는 열망을 품습니다. 느헤미야서 1장 4절에서 그는 이 말을 듣고 앉아서 울고 수일 동안 슬퍼하며 하늘의 하나님 앞에 금식하며 기도하여 라고 기록되어 있습니다.

느헤미야는 왕에게 자신의 슬픔을 표현하고, 왕은 그를 예루살렘으로 보내어 성벽을 재건할 수 있도록 허락합니다. 느헤미야서2:5에 그는 왕에게 왕이 좋게 여기시고 종이 왕의 목전에서 은혜를 얻어 싸우면 나를 유다 땅 나의 조상들의 묘실이 있는 성읍에 보내어 그 성을 건축하게 하옵소서 라고 요청합니다. 왕은 느헤미야의 요청을 받아들이고, 그에게 필요한 자원을 지원합니다.

예루살렘에 도착한 느헤미야는 먼저 밤에 성벽을 조사합니다.

느2:11-12에 내가 예루살렘에 이르러 머무른 지 사흘 만에 내 하나님께서 예루살렘을 위해 무엇을 할 것인지 내 마음에 주신 것을 내가 아무에게도 말하지 아니하고 밤에 일어나 몇몇 사람과 함께 나갈새 내가 탄 짐승 외에는 다른 짐승이 없더라 하였습니다. 그는 지도자들과 백성들을 모아 성벽 재건을 시작합니다. 느2:17-18에 그는 우리의 당한 곤경은 너희도 보고 있나니 예루살렘이 황폐하고 성문이 소멸되었으니 오라 우리가 예루살렘 성을 건축하여 다시 수치를 당하지 말자 라고 말합니다. 백성들은 그의 말에 동의하고, 성벽 재건에 힘을 모읍니다.

성벽 재건 중에 느헤미야와 유대인들은 주변의 적들로부터 많은 반대를 받습니다. 산발랏, 도비야, 게셈 등의 인물들이 성벽 재건을 방해하려고 합니다. 그러나 느헤미야는 기도와 경계로 이들을 극복합니다. 느헤미야4:9에 그는 "우리가 우리 하나님께 기도하며 그들로 말미암아 파수꾼을 두어 주야로 방비하는데 라고 기록되어 있습니다. 그는 백성들에게 한 손에는 무기를 들고 다른 손으로는 일을 하도록 지시하여, 방어와 재건을 동시에 이루게 합니다.

성벽을 재건함에 있어 가구 구역을 분담하여 일을 시작하였습니다. 성벽에서 가까이 사는 이들이 책임을 맞기도 하였고, 금장색, 향품장사 등 직업이나 제사장 등 직분자들이 한 단위가 되어 성벽의 일부분을 재건하였습니다. 느4:3에 암몬 사람 도비야는 곁에 있다가 이르되 그들이 건축하는 돌 성벽은 여우가 올라가도 곧 무너지리라 하더라 하며 시험을 물리치며 공사를 하였고, 느5:14에 또한 유다 땅 총독으로 세움을 받은 때 곧 아닥사스다 왕 제이십년부터 제삼십이년까지 십이 년 동안은 나와 내 형제들이 총독의 녹을 먹지 아니하였느니라 하였고,

느6:2에 산발랏과 게셈이 내게 사람을 보내어 이르기를 오라 우리가 오노 평지 한 촌에서 서로 만나자 하니 실상은 나를 해하고자 함이었더라 하였으며,

느6:5-6에 산발랏이 다섯 번째는 그 종자의 손에 봉하지 않은 편지를 들려 내게 보냈는데 그 글에 이르기를 이방 중에도 소문이 있고 가스무도 말하기를 너와 유다 사람들이 모반하려 하여 성벽을 건축한다 하나니 네가 그 말과 같이 왕이 되려 하는도다 하는 시험을 하였으며, 느6:10에 이 후에 므헤다벨의 손자 들라야의 아들 스마야가 두문불출 하기로 내가 그 집에 가니 그가 이르기를 그들이 너를 죽이러 올 터이니 우리가 하나님의 전으로 가서 외소 안에 머물고 그 문을 닫자 저들이 반드시 밤에 와서 너를 죽이리라 하는 시험으로 가로막은 일들이 있었지만 그 모든 시험과 방해를 물리치며 성벽을 재건하였습니다.

성벽이 완성된 후, 느헤미야는 예루살렘 공동체를 영적으로 재건하기 위해 여러 개혁을 단행합니다. 그는 백성들이 하나님의 율법을 지키도록 권면하고, 에스라와 함께 율법을 낭독하며 가르칩니다. 느헤미야서8:8에 하나님의 율법 책을 낭독하고 그 뜻을 해석하여 백성에게 그 낭독하는 것을 다 깨닫게 하니라고 기록되어 있습니다.

느헤미야는 또한 사회적 불평등을 해소하고, 가난한 사람들을 돕기 위해 부유한 사람들에게 빚을 탕감하고 재산을 나누도록 촉구합니다. 느헤미야5:11에 너희는 오늘 당장 그들의 밭과 포도원과 감람원과 집을 도로 돌려보내고 또 너희가 그들에게 취한 돈과 곡식과 새 포도주와 기름의 백분의 일을 돌려 보내라라고 말합니다.

느헤미야는 강력한 리더십과 신앙심을 가진 지도자였습니다. 그는 어려운 상황에서도 하나님을 의지하며, 백성들을 이끌어 나갔습니다. 느헤미야6:15에 성벽 역사가 오십이 일 만에 엘룰월 이십오일에 끝나매 라고 기록되어 있으며, 이는 느헤미야의 지도 아래 성벽이 신속하게 재건되었음을 보여줍니다.

느헤미야는 하나님의 부르심에 응답하여 예루살렘 성벽을 재건하고 유대 공동체를 영적으로 회복시킨 지도자였습니다. 그의 리더십과 헌신은 오늘날에도 많은 교훈을 줍니다. 그는 하나님의 율법을 사랑하고, 그것을 지키기 위해 자신의 삶을 헌신한 인물로, 우리에게 신앙과 헌신의 본을 보여줍니다. 느헤미야의 이야기는 하나님을 의지하고 그분의 말씀에 순종하는 삶의 중요성을 일깨워줍니다.

54. 말라기, 주께서 어떻게

말라기는 '나의 천사' 혹은 '나의 사자'라는 뜻을 가지고 있습니다.

기록 연대는 BC 433-432년경으로, 포로에서 돌아온 지 100년 정도가 지난 때입니다. 포로에서 귀환한 유다 백성들은 학개와 스가랴의 지도로 성전을 재건하였으나, 수십 년이 지나도 택한 백성에게 임하리라는 영광이 임하지 않고 고달픈 생활이 계속되자 그들의 신앙은 약화되기 시작했습니다. 하나님의 계시를 신뢰할 수 없다는 생각과 더불어 하나님께 순종하는 것은 의미가 없다고 생각하게 되었습니다. 그리하여 그들은 형식 위주의 의식주의, 십일조와 제물에 대한 속임수, 율법에 대한 무시, 심령의 무감각함 등에 빠져 있었습니다. 그들은 다음과 같이 말하였습니다:

하나님의 사랑을 의심하며, 말1:2에 여호와께서 가라사대 내가 너희를 사랑하였노라 하나 너희는 이르기를 주께서 어떻게 우리를 사랑하셨나이까 하는도다 하였고, 하나님의 공의를 의심하며 말2:17에 너희가 말로 여호와를 괴롭게 하고도 이르기를 우리가 어떻게 여호와를 괴롭게 하였나 하는도다. 이는 너희가 말하기를 모든 행악하는 자는 여호와의 눈에 선히 보이며 그에게 기쁨이 된다 하며 또 말하기를 공의의 하나님이 어디 계시냐 함이니라 하였고, 말씀 순종이 무의미하다고 하며 말3:14에 이는 너희가 말하기를 하나님을 섬기는 것이 헛되니 만군의 여호와 앞에 그 명령을 지키며 슬프게 행하는 것이 무엇이 유익하리요 하였습니다.

이에 대하여 말라기는 다음과 같이 응답하였습니다.

하나님께서 우리를 어떻게 사랑하셨는가에 대하여 말1:2-3에 여호와께서 가라사대 내가 너희를 사랑하였노라 하나 너희는 이르기를 주께서 어떻게 우리를 사랑하셨나이까 하는도다. 나 여호와가 말하노라, 에서는 야곱의 형이 아니냐 그러나 내가 야곱을 사랑하였고 에서는 미워하였으며 그의 산들을 황무케 하였고 그의 산업을 광야의 시랑에게 붙였느니라 하였고,

우리가 어떻게 주를 멸시하였는가에 대하여 말1:6에 내 이름을 멸시하는 제사장들아, 나 만군의 여호와가 너희에게 이르기를 아들은 그 아비를, 종은 그 주인을 공경하나니 내가 아비일진대 나를 공경함이 어디 있느냐? 내가 주인일

진대 나를 두려워함이 어디 있느냐 하나 너희는 이르기를 우리가 어떻게 주의 이름을 멸시하였나이까 하는도다 하였고,

우리가 어떻게 주를 더럽혔는가에 대하여 말1:7에 너희가 더러운 떡을 나의 단에 드리고도 말하기를 우리가 어떻게 주를 더럽게 하였나이까 하는도다. 이는 너희가 주의 상을 경멸히 여길 것이라 말함을 인함이니라 하였으며,

우리가 어떻게 주를 괴롭게 하였는가를 말2:17에 너희가 말로 여호와를 괴롭게 하고도 이르기를 우리가 어떻게 여호와를 괴롭게 하였나 하는도다. 이는 너희가 말하기를 모든 행악하는 자는 여호와의 눈에 선히 보이며 그에게 기쁨이 된다 하며 또 말하기를 공의의 하나님이 어디 계시냐 함이니라 하였으며,

우리가 어떻게 주께 돌아갈 수 있는가에 대해서 말3:7에 만군의 여호와가 이르노라 너희 열조의 날로부터 너희가 나의 규례를 떠나 지키지 아니하였도다. 그런즉 내게로 돌아오라 그리하면 나도 너희에게로 돌아가리라 하였더니 너희가 이르기를 우리가 어떻게 하여야 돌아가리이까 하도다 하였고,

우리가 어떻게 주의 것을 도적질하였는가에 대해서 말3:8-9에 사람이 어찌 하나님의 것을 도적질하겠느냐. 그러나 너희는 나의 것을 도적질하고도 말하기를 우리가 어떻게 주의 것을 도적질하였나이까 하도다. 이는 곧 십일조와 헌물이라. 너희 곧 온 나라가 나의 것을 도적질하였으므로 너희가 저주를 받았느니라 하였으며,

우리가 어떻게 주를 대적하였는가에 대하여 말3:13-14에 여호와가 이르노라 너희가 완악한 말로 나를 대적하고도 이르기를 우리가 무슨 말로 주를 대적하였나이까 하는도다. 이는 너희가 말하기를 하나님을 섬기는 것이 헛되니 만군의 여호와 앞에 그 명령을 지키며 슬프게 행하는 것이 무엇이 유익하리요 하였습니다.

말라기의 예언은 당시 이스라엘의 불신앙, 절망, 낙담이 그들 자신의 죄에서 연유함을 밝히고 있습니다. 그리하여 그들을 회개시키고 다시 하나님과의 올바른 관계를 정립시키고자 함이었습니다. 그러나 그들은 계속 무관심하고 형식적으로 일관하며 하나님과의 언약을 지키지 않았습니다. 말라기 선지자는 이러한 요소들이 하나님의 축복을 가로막고 있으며, 여호와의 크고 두려운 날이 이르기 전에 내 종 모세에게 명한 법을 기억하라고 촉구하고 있습니다. 말3:18에

그 때에 너희가 돌아와서 의인과 악인이며 하나님을 섬기는 자와 섬기지 아

니하는 자를 분별하리라 하였으며, '내가 내 사자를 보내리니 그가 내 앞에서 길을 예비하리라'는 말씀대로 400여 년의 세월이 흐른 뒤 주의 길을 예비하는 세례 요한이 출현했고, 말라기의 예언대로 "회개하라, 천국이 가까웠다"고 선포하였습니다.

제 2 부

신약의 인물 29인

55. 헤롯-적그리스도

헤롯대왕(B.C.37-A.D.4)은 헤롯 안티파터의 둘째 아들로 25세의 젊은 나이에 갈릴리 총독으로 임명이 되어 상당한 역량을 발휘하였습니다. 그러나 줄리어스 시이저가 암살되고 로마의 정황이 어수선할 때 그는 여러 시련을 겪다가 로마에 가서 옥타비아누스(후일 가이사 아구스도가 됨)로부터 환영을 받고 B.C.40년 원로원의 비준을 얻어 유대왕으로 지명되었고, 그가 유대 땅에 와서 정식으로 왕으로 등극한 것은 B.C.37년이었습니다. 그는 정통 유대인 혈통이 아니었기 때문에 유대인의 환심을 얻고자 많은 노력을 기울이기도 하였으나 헤롯이 로마에 대해 보인 과잉 충성은 로마에 대한 유대인의 적개심을 더욱 야기 시켰을 뿐만 아니라 헤롯 왕가가 유대인들의 미움을 사는 결과를 가져왔습니다.

그는 '헤롯대왕'이라고 일컬어질 정도로 많은 업적을 쌓기도 했는데, 특히 여러 건축물들을 남겼습니다. 그중 가장 대표적이며 최고, 최대의 건축물이라 볼 수 있는 것은 B.C.20년 경에 시작된 예루살렘 성전이었습니다. 유대인 랍비 문헌에는 "헤롯의 성전을 보지 않은 사람은 아름다운 건축물을 결코 보지 못한 사람이다."라는 글이 기록되어 있을 정도로 대단한 것이었습니다. 이외에도 헬라문화를 적극적으로 보급하였으며, 영토를 안정되게 통제하여 로마제국의 신임을 받았습니다. 하지만 통치 말년에는 열 명의 왕비 사이에서 난 다섯 아들이 모두 왕위 쟁탈전에 휘말려 심각한 가정불화를 겪게 되는데, 그가 살아있는 동안 그의 아내는 물론 첫째, 둘째, 셋째 아들을 모두 처형했습니다. 결국 자신도 신경과민, 공포심으로 비참하게 최후를 맞이 하였습니다. 헤롯대왕은 죽기 직전 유대인의 왕을 경배하기 위해 찾아온 동방박사들을 만났지만 그 만남의 결과는 베들레헴에 있는 2살 아래의 사내아이는 다 죽이라 하였습니다.

그는 성전을 재건하였지만 그 안에서 하나님을 예배하지 못한 자였으며, 동방박사를 통해 아기 예수님을 만날 수 있었지만 아기 예수를 죽이려한 인물이 되었습니다.

헤롯 아켈라오(B.C.4-A.D.6)는 헤롯대왕의 네 번째 아내 말다케의 소생으로 헤롯대왕 사후 유대와 사마리아, 이두매 지역의 분봉왕이 되었습니다. 아켈라오는 통치 시초부터 무자비하게 백성들을 다루었고 유월절에 민중의 봉기를 막기 위해 군대를 보내어 3천명의 시위 군중을 무차별 살육하기도 했습니다. 마2:22에 보면, 애굽으로 피신했던 요셉이 아켈라오가 그 부친 헤롯을 이어 유대의 임금 됨을 듣고 거기로 가기를 무서워하더니 꿈에 지시하심을 받아 갈릴리 지방으로 떠나가 나사렛이란 동네에 정착하게 되었다고 하였습니다. 아켈라오는 그의 아버지 헤롯과 마찬가지로 잔혹했고 불의를 일삼았으며, 결국 A.D.6년 유대인과 사마리아인 대표들이 아켈라오의 잔인하고 포학한 무단 정치에 대해 황제 아구스도에게 공식적으로 불평함으로써 아켈라오는 직위에서 면직되어 고울지방(지금의 프랑스)으로 추방당하였고 그가 다스리던 지역은 로마총독의 관할 하에 들어가게 되었습니다.

헤롯 안디바(B.C.4-A.D.39)는 헤롯대왕의 네 번째 아내 말다케의 아들로, 헤롯대왕 사후 유대북쪽 갈릴리와 베레아의 분봉왕이 되었습니다. 헤롯 아켈라오의 친동생으로, 아켈라오가 잔혹한 무단정치로 일찍 직위에서 쫓겨난 것에 비해, 안디바는 무려 43년이란 상당히 오랜 기간 동안 갈릴리 지방을 통치하였습니다. 안디바는 세례 요한과 예수님께서 대부분 사역을 했던 갈릴리와 베레아 지방의 영주였기 때문에 신약성경에서 가장 대표적인 헤롯왕으로 등장합니다. 그는 세례요한을 죽인 부도덕한 왕으로 우리에게 잘 알려져 있는데, 자신의 이복동생 빌립의 아내이자 조카였던 헤로디아와 재혼함으로써 세례요한의 질타를 받게 되었고, 세례요한을 죽일 핑계거리를 찾던 중 살로메의 청을 마지못해 들어주는 것처럼 꾸며 세례요한을 목베어 죽였습니다.

예수님께서는 그를 여우라 부르신 일도 있었습니다.

눅13:31-33에 곧 그 때에 어떤 바리새인들이 나아와서 이르되 나가서 여기를 떠나소서 헤롯이 당신을 죽이고자 하나이다 이르시되 너희는 가서 저 여우에게 이르되 오늘과 내일은 내가 귀신을 쫓아내며 병을 고치다가 제삼일에는 완전하여지리라 하라 그러나 오늘과 내일과 모레는 내가 갈 길을 가야 하리니 선지자가 예루살렘 밖에서는 죽는 법이 없느니라 하였습니다.

예수님의 십자가 처형 판결 당시 그는 유월절 절기를 맞아 예루살렘에 잠시 거주하고 있다가 유대 총독 빌라도로부터 갈릴리 사람 예수에 대한 판결을 의뢰받기도 했으나, 책임을 피하고 빌라도에게 넘겨주기도 했습니다. 이 당시 그의 나이 50세 전후였는데, 헤로디아와 재혼하기 위해 내쫓았던 왕비가 다메섹 고향으로 돌아갔고 이 일로 다메섹 왕과 전쟁에서 패배하였으며, 칼리굴라 황제에 의해 59세 때 그 형과 마찬가지로 프랑스 리용으로 유배당하였습니다.

헤롯 빌립(B.C.4-A.D.34)은 헤롯대왕의 다섯 번째 아내 예루살렘의 클레오파트라의 아들로 이두래와 드라고닛의 분봉왕이었습니다. 그가 다스린 백성들은 주로 수리아인과 헬라인 계통의 비 유대인들로 구성되어 있었으며, 그는 자신이 만든 주화에 황제의 초상을 새겨 넣은 최초이며 유일한 헤롯 왕조의 영주였습니다. 그는 두 도시를 건설하였습니다. 파네아를 확장 재건하여 황제를 기리기 위해 가이사랴 빌립보로 개명했는데, 이 도시는 '주는 그리스도시오 살아계신 하나님의 아들이시니이다.'는 베드로의 신앙고백으로 유명한 곳입니다. 어촌 벳세다를 헬라식 도시로 재건하여 아구스도의 딸 줄리아를 기리기 위해 이 도시의 이름을 줄리아스로 개명하기도 했는데, 이곳은 예수님께서 맹인의 눈을 고쳐주신 곳이며, 근처 광야에서 오병이어의 기적이 일어난 곳이기도 합니다.

형제들처럼 야심도 없었고 간교하지도 않았던 빌립은 그의 영토를 온건하고도 평온하게 다스렸으며 그는 백성들로부터 존경을 받았다고 합니다. 그는 세례요한의 머리를 요구했던 헤로디아의 딸 살로메와 결혼하였으며, 슬하에는 자녀가 하나도 없었습니다.

헤롯 아그립바 1세(A.D.39-44)는 헤롯대왕의 손자인데, 일찍이 헤롯대왕에 의해 살해된 헤롯대왕의 둘째 아들 아리스토불루스의 아들이며, 헤로디아의 친오빠입니다. 어릴 때 가족간의 참화를 피해 로마에서 자랐으며 교육을 받고 그곳에서 긴 세월을 보내다가 티베리우스 황제에 의해서는 한 때 투옥당하기도 했으나 칼리굴라의 숙부인 클라우디우스가 황제에 오를 수 있도록 공헌하여 그 대가로 유대 지역의 통치권을 거머쥐게 되었습니다. 그는 유대인들의 환심을 사기 위해 친유대주의 정책을 폄과 동시에 초대교회를 핍박했던 인물입니다. 아그립바는 철저하게 헬라문화를 숭상하였는데, 그러다가도 유대에서는 유대적 행동을 취하는 기회주의자였습니다. 초대교회가 부흥할 당시, 사도 야고보를 죽이고 베드로를 투옥시켰습니다.

A.D.44년 질병으로 급사하였는데 그때 상황을 성경은 행12:21이하에서 기록하고 있습니다.

행12:21-23에 헤롯이 날을 택하여 왕복을 입고 단상에 앉아 백성에게 연설하니 백성들이 크게 부르되 이것은 신의 소리요 사람의 소리가 아니라 하거늘 헤롯이 영광을 하나님께로 돌리지 아니하므로 주의 사자가 곧 치니 벌레에게 먹혀 죽으니라 하였습니다.

헤롯 아그립바 2세(A.D.48-70)는 아그립바 1세의 아들로, 아버지가 죽었을 때 17살의 어린 나이여서 부친이 다스리던 지역은 로마 총독이 다스리게 되었습니다. A.D.50년에 칼키스의 지역을 다스리는 왕이 되었으며 후에 갈릴리 지방의 분봉왕이 되었습니다. 그는 누이 버니게와의 근친 상간으로 유대인들에게 지지를 받지 못했으며 가이사랴의 베스도 총독에게 문안하러 갔을 때 구류되어 있는 사도 바울을 만나 그의 변증을 듣게 되었습니다(행26). 그의 재임 기간 중 유대전쟁 (A.D.66-70)의 발발로 예루살렘이 완전히 훼파되는데, 철저히 로마의 신복이었던 헤롯 아그립바 2세는 A.D.70년 8월5일 예루살렘을 함락한 로마의 디도장군과 함께 자기 백성을 참담하게 정복한 로마의 개선 축하식에 참석했으며 로마의 행정관 노릇을 하다 100년경 죽었습니다. 헤롯 아그립바 2를 마지막으로 헤롯 왕가는 종막을 내리게 되었습니다.

거룩한 역사에 깊이 관여한 이들이었지만 모두 불행한 인생으로 생을 마감한 이들이었습니다.

56. 빌라도, 사도신경

사도신경에는 본디오 빌라도에게 고난을 받으사 십자가에 못 박혀 죽으시고 라고 되어 있습니다. 그러나 예수님은 유대인들에 의해 십자가형을 지셨지 빌라도 때문은 아니었습니다.

그럼에도 빌라도의 이름이 굳이 언급된 것은 빌라도가 역사적 인물이라는 점 이었을 것입니다. 왜냐하면 예수 그리스도의 역사성을 부정하려는 이들도 있었기 때문입니다. 성경의 기술로만 보면 빌라도는 그래도 예수님에게 우호적인 언행을 한 인물로 그려지고 있는데 실상은 그렇지 않았다고 합니다.

헤롯 대왕이 죽은 후, 유대 땅은 그의 유언대로 세 명의 아들들에게 분할 통치되었습니다. 로마제국은 이들에게 일부지역을 관할하는 분봉왕의 지위를 주었습니다. 그 가운데 헤롯 대왕이 직접 통치하였던 유대와 사마리아 지역을 통치하게 된 분봉왕은 아켈라오였습니다. 그는 부친 헤롯 대왕의 성품을 쏙 빼닮아 잔인했습니다. 아켈라오는 자신의 왕권 계승을 반대하는 유대인 3천명을 학살하는 등 무자비한 통치를 감행하습니다, 결국 AD6년 아구스도 황제의 재판을 받고 고울지방으로 추방됨으로써 그의 통치는 짧게 끝나고 말았습니다. 아켈라오가 추방된 뒤, 유대와 사마리아지역은 로마의 직접적인 통치를 받게 되었습니다. 이를 위해 로마는 총독을 파견했는데, 예수님의 공생애 기간에 파견된 총독이 바로 빌라도이며, 그는 유대에 파견된 제5대 총독이었습니다. 로마는 넓은 제국을 다스리기 위해 황제 밑에 13명의 총독을 두고 식민지를 통치하고 있었습니다.

본디오 빌라도라는 그의 이름에서 우리가 발견할 수 있는 것은, 본디오 가문은 로마제국의 지방호족이었고, 빌라도라는 이름은 '창으로 무장한'이란 뜻을 가지고 있습니다. 따라서 그의 이름을 통해 볼 때, 로마제국 초기의 기사 가문 출신으로 어떤 군사적 업적을 인정받아 로마제국에서 이같은 지위를 누리게 된 것으로 볼 수 있습니다. 하여튼 그는 A.D.26년부터 36년까지 10년간 유대와 사마리아 지역을 다스렸으며, 로마 총독으로서는 유일하게 예수를 직접 대면한 인물입니다. 총독들은 평상시에는 팔레스타인 지역 전체를 통치하기 위해 로마의 직영 도시인 가이사랴에 머물러 있다가, 유월절과 같은 명절이나 폭력 사태가 발생될 것이라 우려될 때에는 많은 사람들이 집결하는 예루살렘에 임시 총독 관저를 정하고 일정 기간 동안 머물곤 했습니다. 로마 총독은 대개 법률과 치안, 그리고 세금 징수 문제만 관장했으며 나머지는 산헤드린 공의회를 통한 유대인의 자치에 맡겨졌습니다. 그러나 총독들은 백성들로부터 세금을 징수하기 위해 많은 세리들을 고용하였을 뿐만 아니라 A.D.6-7년에는 납세를 위한 대규모 인구조사를 실시함으로 말미암아 유대인들로부터 큰 반발을 사기도 했습니다. 그 결과 이 시기에 갈릴리지방의 유다와 같은 사람들의 지휘하에 많은 저항운동이 일어나기 시작했습니다.

행5:36-37에 이 전에 드다가 일어나 스스로 선전하매 사람이 약 사백 명이나 따르더니 그가 죽임을 당하매 따르던 모든 사람들이 흩어져 없어졌고 그 후 호적할 때에 갈릴리의 유다가 일어나 백성을 꾀어 따르게 하다가 그도 망한즉 따르던 모든 사람들이 흩어졌느니라 하였습니다. 또한 총독들은 유대 통치를 원활하게 하기 위하여 유대 사회의 최고 지도자인 대제사장 임명권을 갖고 있었으며, 예루살렘 성전에서 발생하는 사건에 대해 최종적인 결정을 내릴 수 있는 권한도 갖고 있었습니다. 기록에 의하면, 총독 빌라도는 그의 소유물 중에 대제사장의 의복도 포함되었는데, 빌라도가 절기에 예루살렘에 방문했을 때, 그는 그 의복을 가지고 가서 유대인들에게 빌려 주었다고 합니다. 예수님을 심문했던 대제사장 가야바도 로마 총독에 의해 임명되어 약 18년 동안 대제사장으로 재직하다 AD36년 공직에서 물러났습니다. 예수님의 공생애 기간과 직접 연관된 본디오 빌라도는, 유대인 역사가 요세푸스에 따르면, 유대인들로부터 극심한 미움을 받은 인물이었습니다. 왜냐하면 그는 유대인들의 종교적 감정을 철저히 무시하고 짓밟았던, 무단통치를 일삼았던 인물이기 때문입니다. 성경에는 빌라도가 예수님의 고난과 관련하여 잠시 등장하고 있는데, 특히 마가복음의 경우, 로마제국의 이방인들을 대상으로 기록되다보니, 빌라도에 대해 다소 우호적인 입장을 취하고는 있기 때문에, 성경을 읽는 사람들이, 빌라도가 어떤 인물이었는지 정확하게 파악하기 어렵습니다.

한마디로 그는 기사 가문 출신답게 무력을 앞세워 횡포를 일삼았던 인물이었습니다. 그는 총독 휘하의 군대 사령부를 가이사랴에서 예루살렘으로 옮기려고 시도했습니다. 그래서 그의 군대는 황제의 상과 함께 그들의 군기들을 거룩한 신의 도성 예루살렘으로 가지고 들어왔습니다. 유대 백성들은 격앙하여 떼를 지어 가이사랴로 몰려가 그에게 유대인의 종교에 대한 이러한 횡포를 중지해 달라고 탄원했습니다. 닷새 동안 고집을 부리다가, 그리고 폭동을 진압하려는 부분적 시도도 해본 후 마침내 빌라도는 굴복한 적도 있었습니다. 전임 총독들은 이러한 문제가 가져오는 심각한 사태에 대해 잘 알고 있었기 때문에 유대인들을 자극하는 일은 되도록 피했습니다. 하지만 빌라도는 자신이 계획하는 일이 쉽지 않다는 것을 알면서도 무시했으며 그 일을 통해 자신의 권력을 과시하려 하였습니다.

그는 예루살렘에 있는 그의 궁전뿐만 아니라 예루살렘 성전에 로마 신들의 이름과 형상이 새겨져 있는 금도금한 방패를 걸어 놓았으며, 유대인들의 극심한 상소에 따라 디베료 황제로부터 철수명령이 하달될 때까지 그것을 치우기를 거부했습니다. 그는 상수도 건설을 위하여 성전의 금고로부터 돈을 빼앗았습니다. 이것은 또 한 차례의 폭동을 낳았고, 이 폭동은 폭도들뿐만 아니라 곁에서 구경하던 사람들도 학살하는 등 잔혹한 방법으로 진압되었습니다.

그리고 눅13:1에 잠시 언급되어 있듯이, 빌라도는 성전에서 제사를 드리고 있던 갈릴리 사람을 죽이도록 명령하였습니다.

눅13:1-5에 그 때 마침 두어 사람이 와서 빌라도가 어떤 갈릴리 사람들의 피를 그들의 제물에 섞은 일로 예수께 아뢰니 대답하여 이르시되 너희는 이 갈릴리 사람들이 이같이 해 받으므로 다른 모든 갈릴리 사람보다 죄가 더 있는 줄 아느냐 너희에게 이르노니 아니라 너희도 만일 회개하지 아니하면 다 이와 같이 망하리라 또 실로암에서 망대가 무너져 치어 죽은 열여덟 사람이 예루살렘에 거한 다른 모든 사람보다 죄가 더 있는 줄 아느냐 너희에게 이르노니 아니라 너희도 만일 회개하지 아니하면 다 이와 같이 망하리라 하였습니다.

왜냐하면 이스라엘 땅의 북쪽 갈릴리 지방 사람들은 남쪽의 전통적인 유대 사람들에 비해 성품이 강렬했습니다. 따라서 그들은 로마의 점령에 가장 끈덕지게 저항했던 사람들이었습니다. 그래서인지 빌라도는 갈릴리인들의 지하운동을 분쇄하기 위해 그들을 무참히 죽였고 뿔뿔이 흩어지게 하였습니다. 기록된 바에 의하면 로마 경비병은 관복을 입고 예배를 드리고 있는 갈릴리 사람을 곤봉으로 쳐 죽였다고 합니다.

이같은 일들로 야기된 긴장은 빌라도의 위치를 약화시켰으며, 유대인의 불만은 로마에 계속 전달되었습니다. 야고보를 죽이고 베드로를 투옥시켰던 유대왕 헤롯 아그립바 1세가 칼리굴라 황제에게 보낸 편지에 보면, 빌라도는 '고 지식하고 무자비하고 완고한 자'로 그려지고 있으며, 또한 '부패, 폭력, 강도, 학대, 억압, 불법적인 처형, 그리고 끊임없는 가장 가혹한 잔인성'을 갖고 있는 것으로 나타나고 있습니다. 결국 빌라도는 A.D.36년 사마리아인들의 대학살 사건으로 인해 로마로 소환 조치되었습니다.

그리고 여기서 우리가 알 수 있는 것은, 먼저 유대인 종교지도자들은, 평소 빌라도의 이같은 무자비한 성품을 잘 알고 있었기 때문에, 갈릴리 나사렛 출신의 예수가 황제에게 세금 바치는 것을 거부하며, 자칭 왕이라 하고, 민중을 선동하여 반란을 일으키려한다는 죄목으로 고발하면, 쉽게 사형언도를 내릴 것으로 판단하고 빌라도에게로 몰려갔을 것입니다.

한편, 빌라도가 예수님을 재판할 때, 분명히 무죄임에도 불구하고, 유대인들의 눈치를 살필 수밖에 없었던 것은, 이미 당시에 빌라도의 입지가 상당히 어려운 상황에 있었고, 이런 상황에서 민란이 일어나려는 조짐이 보이자, 유대인들의 요구대로 무죄한 사람을 유죄 판결하는 정치적 판결을 내리고 만 것으로 볼 수 있습니다.

하지만, 빌라도는 무식한 사람은 아니었습니다. 그는 나름대로 지혜가 있는 사람이었습니다. 정치적인 역량도 뛰어난 사람이었습니다. 로마인에 대한 자긍심도 대단했고, 남의 말에 쉽게 부화뇌동하는 사람도 아니었습니다.

예수님께서 고난당하신 기간이 유대인의 최대 명절인 유월절 기간이었습니다. 따라서 빌라도는 수많은 인파가 몰려드는 예루살렘의 치안 때문에 예루살렘에 와 있다가, 유대 산헤드린 공의회 앞에서 심문을 받으신 뒤 그에게 끌려오게 된 예수님을 대면하게 된 것입니다.

유대인들이 발라도에게 예수님을 고소한 죄목은 모두 세 가지였습니다.

첫째, 예수는 민중을 선동하여 반란을 일으키려 했다. 둘째, 로마 황제에게 세금을 바치지 말라고 했다. 셋째, 자칭 왕이라고 했다.

사실 빌라도는 처음부터 예수의 사건을 다룰 마음이 없어, 때마침 예루살렘에 와있던 갈릴리 지방의 영주 헤롯 안디바에게 예수를 보내 그에게 이 일을 떠맡기려 했습니다.

빌라도는 세 번씩이나 예수님의 무죄를 주장했습니다. 그럼에도 불구하고 유대인들이 처형을 요구하자, 때려서 놓으리라는 타협안을 제시하기까지 합니다. 유월절 특사로 풀어주고자 시도하기도 했습니다. 그 아내의 말대로 예수의 판결에 대해 상관하지 않으려고 무척이나 노력한 것으로 보입니다.

그러나 그는 마침내 예수님을 십자가에 못 박으라는 군중들의 압력을 받아들였습니다. 빌라도는 양심과 의협심에 순종할 것인가 그렇지 않으면 정치적인 유익을 위하여 편의 위주로 처리할 것인가 하는 양자택일의 순간에 직면하게 되었고, 결국 마지막 순간 정치적인 선택을 하였습니다. 빌라도는 자신의 권좌를 유지하기 위해 예수를 포기했습니다.

그의 이전 삶에 비추어 보았을 때 당연한 일이었습니다.

우리는 빌라도를 통해 자신이 져야 할 책임은 절대 다른 사람에게 전가될 수 없다는 것을 배우게 됩니다. 빌라도는 그 책임을 제사장들에게 그리고 헤롯에게 전가시키려고 시도했습니다. 그러나 그가 당면한 문제는 '내가 예수를 어떻게 하랴?' 하는 것이었습니다. 빌라도는 무리 앞에서 물을 가져다가 손을 씻으며 '이 사람의 피에 대하여 나는 무죄하니 너희가 당하라'고 선언합니다. 하지만 그 어떤 물로도 예수님을 십자가에 못 박히게 넘겨준 죄의 책임성을 씻어낼 수는 없었습니다. 오늘 여러분이 처한 여러 어려운 현실 앞에서, 여러분은 어떤 선택을 하고 계십니까? 혹시 하나님 아버지께서 기뻐하시지 않을 선택을 스스로 한 후, 이런저런 핑계거리를 찾지는 않았습니까? 첫 사람 아담 이래로 인간은 자신의 죄를 남에게 전가하는 습성을 지녔습니다. '하나님이 주셔서 나와 함께하게 하신 여자 그가 그 나무 실과를 내게 주므로 내가 먹었나이다.'(창 3:12) 이것은 타락한 인간의 모습입니다. 후일 하나님의 심판대 앞에 섰을 때, 그 어떤 핑계가 우리의 죄를 씻어낼 수 있을 것 같습니까?

빌라도는 영원한 죄인이 되어 역사에서 물러갔으나 예수님은 부활하셔서 온 세상을 지배하고 있습니다. 이 사흘의 고난이 우리에게도 있을 수 있습니다. 어둠의 세력이 승리하는 것처럼 보일 때가 있습니다. 그러나 믿음의 생활은 길이 아닌 곳은 가지 말아야 합니다. 오만한 자의 자리에 앉지 않아야 합니다. 악인의 꾀를 좇지 않아야 합니다. 그럴 때 그 너머에 있는 하나님의 섭리와 축복을 볼 수 있을 것입니다. 믿음을 가졌기에 당하는 작은 고난을 참아야 합니다. 인내해야 합니다. 그것이 주님의 고난에 동참하는 것입니다.

롬8:18에 '생각컨대 현재의 고난은 장차 우리에게 나타날 영광과 족히 비교할 수 없도다.'

하였습니다.

빌라도가 스스로 한 질문들이 있습니다.

요18:37-38에 빌라도가 이르되 그러면 네가 왕이 아니냐 예수께서 대답하시되 네 말과 같이 내가 왕이니라 내가 이를 위하여 태어났으며 이를 위하여 세상에 왔나니 곧 진리에 대하여 증언하려 함이로라 무릇 진리에 속한 자는 내 음성을 듣느니라 하신대

빌라도가 이르되 진리가 무엇이냐 하더라 이 말을 하고 다시 유대인들에게 나가서 이르되 나는 그에게서 아무 죄도 찾지 못하였노라

'그러면 그리스도라 하는 예수를 내가 어떻게 하랴?' 예수 그리스도 앞에서 빌라도는 자신이 어떤 소리를 따라 가는 사람인지 결정해야 했습니다.

요18:33에 네가 유대인의 왕이냐? 물었습니다.

요19:5에 보라 이 사람이로다 하였지만 정작 그는 그를 보지 못하였습니다.

그가 더 좋은 질문을 하였고 주님의 말씀을 들었다면 그의 삶이 달라졌을까요?

우리 주님은 어린양이 도살장으로 가는 것처럼 끌려오신 것이 사실이었습니다. 그리고 양이 털 깎는 자 앞에서 입을 다물고 있듯이 주님도 입을 열지 않으셨습니다. 그러나 그분이야말로 진정한 심판자이시며 중재자이십니다.

오늘 우리들은 자신의 억울함, 고달픔, 배신감, 수고로움을 누구에게 호소하고 있습니까? 누가 심판해 주기를 바라며 목소리를 높이고 있습니까? 진정한 재판관, 최후의 심판자는 오직 우리 구주 예수 그리스도이십니다. 그러므로 주님 앞에 우리의 문제를 내려놓아야 합니다. 주님께 호소하시기 바랍니다. 주님의 공의로우심과 자비로우심 앞에 모든 것을 맡기시기 바랍니다. 그리할 때, 주 안에서 모든 것이 합력하여 선을 이룰 줄을 믿습니다.

내가 무죄일 때는 그러해야 하는데 실재로는 우리 모두도 다 죄와 허물에 관계가 있습니다.

그런데 마치 자신은 죄와 허물이 없는 냥 의의 고난을 당하고 있는 냥 하는 것도 어리석음이요 착각이요 교만입니다. 이 때 해야 할 일은 당연히 하나님과 사람 앞에 회개하는 일입니다.

빌라도는 예수의 시신을 아리마대 요셉에게 내어 주었습니다.

그 때까지도 그에게 기회가 있었던 것으로 보입니다.

빌라도의 말년에 대해서는 지금까지 제대로 알려진 바가 없습니다. 단지 빌

라도와 관련된 몇몇 전설들과 창작된 이야기만이 전해올 따름입니다. 역사가 요세푸스에 의하면 빌라도는 자살로 생을 마쳤다고 합니다.

57. 동방박사, 세 가지 예물

성경 마태오 복음서 2장에 등장하는 인물들. 마기(Magi)는 마술사, 점성술사라는 의미이며, 이들의 출신인 동방은 페르시아나 바빌론, 혹은 아라비아 등지로 추정 가능합니다. 조로아스터교의 사제로 추정하기도 합니다.

정확한 숫자는 성경에 나와 있지 않으나, 가톨릭 및 개신교 등 서방 전승에서는 이들이 아기 예수에게 바친 예물이 3가지였음을 근거로, 이들 또한 3명으로 본다. 반면 그리스 정교회 등 동방 교회에서는 12명으로 보는 등 각지의 전승마다 다르게 해석합니다. 몇몇 영어 번역에는 왕(kings)으로 번역되어 있기도 하며, 이 때문에 옛날 한국 천주교에서는 동방박사를 삼왕으로 표현하기도 했다. 예수공현축일도 삼왕내조첨례라고 불렀습니다. 이들이 아기 예수를 경배한 것을 기념하는 날이, 1월 6일 공현대축일(가톨릭)· 공현대축일(성공회)· 주현절(개신교)입니다. 동방박사는 중세 유럽에서 성인으로서 널리 공경되어, 현재도 가톨릭에서는 3명 모두 1월 6일 주님공현대축일에 기념하고 있으며 특히 이들이 예수 그리스도를 경배한 최초의 이교도라는 점을 매우 중시하고 있습니다. 전 세계 인류의 대표라는 의미에서 각각 백인, 흑인, 황인으로 묘사되는 경우도 있는데, 이때는 멜키오르가 백인, 발타사르가 흑인, 가스파르가 황인으로 묘사됩니다. 성인 공경을 인정하지 않는 개신교 장로회에서도 1월 6일의 경우는 주현절(主顯節)로 기념하고 있습니다.

미국의 개신교 목사 헨리 반 다이크의 소설 『네번째 동방박사』에 관한 이야기도 있습니다. 원래 보통 알려진 세 사람과 아르타반(Artaban)이라는 이름의 네번째 박사가 같이 떠나려고 하였는데, 그는 도중에 늦어져서 3명이 먼저 떠난 후에야 약속 장소에 도착했습니다. 아르타반은 혼자서라도 뒤따라가야겠다고 생각하여 홍옥, 청옥, 진주 3가지의 예물을 준비해 여행을 떠났으나, 도중에 가난한 사람이나 위기에 처한 사람들을 도와주느라 홍옥와 청옥을 써버리고 예수도 만나지 못한 채 33년이 흐르고 맙니다. 그리하여 아르타반은 지치고 피곤한 상태로 예루살렘으로 터덜터덜 돌아왔는데… 예수는 33세에 죽었습니다. 아르타반이 돌아왔을 때 예수가 십자가에 처형되는 날이었습니다. 아르타반은 기겁해서 자기에게 마지막 남은 진주를 주어서라도 메시아를 구해야겠다고 생각하고 골고타 언덕으로 달려가는데 도중에 또 불쌍한 사람을 만납니다. 아르타반은 갈등하지만 결국 진주마저 주어버리고 허탈해 하는데, 갑자기 지진이 일어나 머리에 기왓장을 맞게 됩니다. 그는 숨지기 전 결국 자신은 예수에게 예물을 드리지도 못하고 간다며 용서를 빌자, 하느님이 나타나 "네가 구한 불쌍한 사람들이 모두 나였다."고 하며 그의 선행을 높이 사서 그는 천국으로 갔다는 결말의 이야기입니다.

서력기원(西曆紀元), 약칭 서기(西紀- 서는 서양을, 기는 벼를 뜻하는데 년의 의미입니다)는 예수님 탄생을 기원(紀元- 기준이 되는 원년)으로 한 서양 기독교 문화권에서 사용해 온 기년법의 책력으로, 525년 로마의 수도원장 디오니시우스 엑시구스에 의해 시작되었고, 현재 전 세계적으로 통용되고 있습니다.

BC는 Before Christ 즉 기원전이며, AD는 Anno Domini 즉 기원후로 표기하고 있습니다.

처음에는 AD-주후만 사용되었었고 그 당시의 공용어는 라틴어였기 때문에 라틴어 약자가 사용되었으며, BC-주전은 후대에 필요에 의해 영어가 공용어로 사용되던 때부터 사용되기 시작하였습니다.

대한민국은 1896년부터 그레고리력을 채택하였으나 서력기원을 본격적으로 사용한 시기는 1962년 1월 1일부터입니다.

성탄일 우리에게 주시는 말씀은 동방박사들의 경배이야기에 들어 있는 아기 예수 그리스도이십니다. 예수님께서 성탄 하셨을 때에 유대의 왕은 헤롯이었습니다. 그는 예수님 성탄 37년 전부터 왕이었고 주후 4년에 사망하였습니다. 동방에서 온 박사들이 예루살렘에 이르러 유대인의 왕으로 나신 이가 어디에 계시냐 우리가 동방에서 그의 별을 보고 그에게 경배하러 왔노라 하였습니다. 박사들은 그 당시에 점성가들이었고 동방은 이스라엘에서 보면 바벨론 쪽입니다. 그래서 어떤 이들은 이들이 다니엘의 후손들로 보기도 합니다. 그들이 처음부터 헤롯궁으로 간 것은 아니었고 예루살렘 성에서 사람들에게 유대인의 왕으로 나신이가 어디에 계시냐? 물었던 것입니다. 이 물음은 당시 왕이었던 헤롯에게는 당혹스럽고 용납할 수 없는 일이었습니다. 큰 소동이 있었고 왕이 모든 대제사장과 백성의 서기관들을 모아 그리스도가 어디서 나겠느냐 물었습니다. 대답하기를 유대 베들레헴이오니 이는 선지자로 이렇게 기록된 바 또 유대 땅 베들레헴아 너는 유대 고을 중에서 가장 작지 아니하도다 네게서 한 스리는 자가 나와서 내 백성 이스라엘의 목자가 되리라 하였음이라 하였습니다. 이는 미가서 5:2의 말씀으로 대제사장들과 서기관들이 알고는 있었으나 그들이 아는 바가 예수 그리스도의 성탄을 영접하는데 아무런 도움이 되지 못하고 있는 모습이었습니다.

헤롯이 가만히 박사들을 불렀습니다. 헤롯의 치밀함을 엿볼 수 있는 모습입니다. 그는 폭군이면서도 간교한 자였습니다. 박사들을 불러 별이 나타난 때를 자세히 묻고 베들레헴으로 보내며 가서 아기에 대하여 자세히 알아보고 찾거든 내게 고하여 나도 가서 그에게 경배하게 하라 하였습니다. 그는 아기 예수 그리스도를 경배하려 하는 자가 아니라 대적하고 죽이려 하는 자였습니다. 지금도 이 세상에는 그리스도를 대적하는 이들, 제도, 철학, 이념, 욕망들이 있습니다. 어떤 세력들은 거짓 그리스도는 경배하나 참 그리스도는 파괴하려는 이들이 있습니다.

박사들이 왕의 말을 듣고 갈새 동방에서 보던 그 별이 문득 앞서 인도하여 가다가 아기 있는 곳 위에 머물러 서 있었고 그들이 별을 보고 매우 크게 기뻐하고 기뻐하였습니다. 태양을 제외하고 지구에서 가장 가까운 항성은 4.2광년 거리인 프록시마 센타우리입니다. 광년은 빛이 일 년을 가는 거리이며 약 4조 km입니다. 이에 비해 지구가 태양을 일 년 동안 한 바퀴 도는 거리는 9억 4천만 km 정도입니다. 별은 푸른 별이 가장 뜨거운데 약 3만도 정도됩니다. 붉은 별은 3천도 정도 됩니다. 그러니 별이 박사들을 인도하였다는 것은 예수 그리스도의 탄생이 창조주 하나님에 의한 온 우주적 사건이라는 뜻입니다. 그 하나님께서 오늘 우리들의 삶도 인도해 주실 줄로 믿습니다. 그래서 예수님께서 내가 곧 길이요 진리요 생명이라 하시며 나로 말미암지 않고는 아무도 아버지께로 올 자가 없다 하셨습니다. 무엇을 보고 기뻐하느냐가 그 사람의 됨됨이입니다. 우리의 삶을 인도하시는 주님으로 인하여 기뻐할 수 있는 우리 모두가 되었으면 합니다.

집에 들어가 아기와 그의 어머니 마리아가 함께 있는 것을 보고 엎드려 아기께 경배하고 보배합을 열어 황금과 유향과 몰약을 예물로 드렸습니다. 주님의 집에 들어가는 자가 복 있는 사람입니다. 시편100편에 감사함으로 그 문에 들어가며 찬송함으로 그의 궁정에 들어간다 하셨습니다. 그들은 아기께 엎드려 경배하였습니다. 우리 주님 예수 그리스도께서는 근본 하나님의 본체시나 하나님과 동등됨을 취할 것으로 여기지 아니하시고 자기를 비워 종의 형체를 가지사 사람들과 같이 되셨고 사람의 모양으로 나타나사 자기를 낮추시고 죽기까지 복종하사 십자가에서 죽으셨지만(빌2:6-8) 그는 만왕의 왕이시며 만주의 주이십니다. 그래서 동방박사들은 황금과 유향과 몰약을 예물로 드린 것입니다. 황금은 왕을 상징하고, 유향은 제사장을 나타내며 몰약은 선지자를 가리킵니다. 교부 오리겐은 이에 대해서 굉장히 흥미로운 의견을 제시했습니다. 황금을 왕에게, 유향을 하나님에게, 몰약을 필사(必死)의(mortal) 존재에게 드렸다는 것입니다. 즉 왕이시고 하나님이시고 인간이신 예수님께 예물을 드렸다는 것입니다. 예수님 당시의 유대인들은 자신들을 구원할 메시야(왕)가 오실 것을 알았습니다. 자신들을 떠난 하나님께서 돌아오실 것도 알았습니다. 그러나 그 두 분이 하나가 되시어서 돌아오실 줄은 몰랐습니다. 메시야가 와서 고난당하실 줄도 몰랐고 그 고난당할 메시야가 하나님이실 줄은 더더욱 몰랐습니다. 그러나 동방박사들이 드린 예물에는 이런 내용이 암시되어 있습니다. 황금을 받으신 예수님은 이스라엘뿐만 아니라 온 세계를 구원할 왕이셨습니다. 유향을 받으신 예수님은 인간을 죄악에서 구원하셔서 살게 하시려고 오신 하나님이셨습니다. 몰약을 받으신 예수님은 즐거움(향료로서의 몰약)과 고통(진통제로서의 몰약)으로 대표되는 인간사의 모든 면들을 경험하고 결국은 인간의 죄를 위해서 죽으실(시체에 바르는 몰약) 참인간이셨습니다. 동방박사의 세 예물에 담긴 의미, 즉 예수님께서 왕이시요 하나님이시요 인간이신 의미가 우리의 마음 안에 깊이 새겨져야 하겠고, 우리가 황금과 유향과 몰약을 예물로 드리는 것은 아니지만 우리의 삶이 그와 같은 고백이 될 수 있는 삶이어야 하겠습니다.

마지막 절 그들은 꿈에 헤롯에게로 돌아가지 말라 지시하심을 받아 다른 길로 고국에 돌아가니라 하셨는데, 우리의 삶이 헤롯에게로 돌아가는 삶이 아니라 영원한 고향인 하나님의 나라를 향해 가는 삶이 되어야 하겠습니다.

58. 사가랴와 엘리사벳, 의인

세례 요한의 부모입니다.

눅1:5에 유대 왕 헤롯 때에 아비야 반열에 제사장 한 사람이 있었으니 이름은 사가랴요 그의 아내는 아론의 자손이니 이름은 엘리사벳이라 하였는데, 유대 왕 헤롯 때는 가이사 아구스도(Caesar Augustus, B.C.27-A.D.14년)가 로마 황제로 있던 시기, 그리고 로마에 의해 임명된 헤롯 대왕(the Great Herod, B.C.37-4년)이 팔레스틴 전역을 통치하던 당시입니다. 기원전 142년부터 기원전 63년까지 79년 동안 팔레스타인에 세워진 유대인의 마지막 독립왕조는 하스모니안이었습니다. 이 기간은 그 어느 때보다 심각한 타락의 시대였습니다. <사가랴>: Ζαχαριας '자카리아스' - 여호와께서 기억하신다 이며, 세례 요한의 아버지(눅1:59, 60),, 마리아의 친척인 엘리사벳의 남편(눅1:5, 36)입니다. 아비야 반열의 제사장(눅1:5). <엘리사벳>: Ελισαβετ '엘리사벳'- 하나님은 맹세이시다는 아론의 후손으로 제사장 가문의 출신(눅1:5), 제사장 사가랴의 아내이며 예수님의 모친 마리아의 친족(눅1:36)이고 세례 요한의 어머니입니다.

이 두 사람이 하나님 앞에 의인이니 주의 모든 계명과 규례대로 흠이 없이 행하더라 하였는데 이러한 어둠의 때에 사가랴와 엘리사벳이 의인으로 칭함을 받은 것입니다. 엘리사벳이 잉태를 못하므로 그들에게 자식이 없고 두 사람의 나이가 많았습니다. 의인이라 칭함을 받은 그들에게도 자식이 없는 아픔이 있었습니다. 이는 세례 요한을 위해 예비 된 긴 비움이었습니다. 마침 사가랴가 그 반열의 차례대로 하나님 앞에서 제사장의 직무를 행할새 제사장의 전례를 따라 제비를 뽑아 주의 성전에 들어가 분향하였는데, 전례대로, 제비를 뽑아 된 일이지만 하나님의 예비하심 가운데 이루어진 일입니다. 모든 백성은 그 분향하는 시간에 밖에서 기도하더니 주의 사자가 그에게 나타나 향단 우편에 섰습니다. 구원은 위로부터 임합니다. 주의 사자가 나타나셨습니다. 사가랴가 보고 놀라며 무서워하니 천사가 그에게 이르되 사가랴여 무서워하지 말라 너의 간구함이 들린지라 네 아내 엘리사벳이 네게 아들을 낳아 주리니 그 이름을 요한이라 합니다. 사가랴와 엘리사벳이 얼마나 오랜 기간 동안 많은 기도를 했겠습니까? 그 기도가 들려지고 있었다고 말씀하십니다. 너도 기뻐하고 즐거워할 것이요 많은 사람도 그의 태어남을 기뻐하리니 이는 그가 주 앞에 큰 자가 되며 포도주나 독한 술을 마시지 아니하며 모태로부터 성령의 충만함을 받아 이스라엘 자손을 주 곧 그들의 하나님께로 많이 돌아오게 하겠음이라 그가 또 엘리야의 심령과 능력으로 주 앞에 먼저 와서 아버지의 마음을 자식에게, 거스르는 자를 의인의 슬기에 돌아오게 하고 주를 위하여 세운 백성을 준비하리라 하였습니다. 세례 요한의 사명을 말씀하심인데 이 때를 위하여 예비하신 일이었습니다. 말4:5-6에 보라 여호와의 크고 두려운 날이 이르기 전에 내가 선지자 엘리야를 너희에게 보내리니 그가 아버지의 마음을 자녀에게로 돌이키게 하고 자녀들의 마음을 그들의 아버지에게로 돌이키게 하리라 돌이키지 아니하면 두렵건대 내가 와서 저주로 그 땅을 칠까 하노라 하시니라 하신 말씀이 이루어진 것입니다. 사가랴가 천사에게 이르되 내가 이것을 어떻게 알리요 내가 늙고 아내도 나이가 많으니이다 하였는데 믿음의 조상 아브라함도 같은 말을 하였었습니다.

천사가 대답하여 이르되 나는 하나님 앞에 서 있는 가브리엘이라 이 좋은 소식을 전하여 네게 말하라고 보내심을 받았노라 보라 이 일이 되는 날까지 네가 말 못하는 자가 되어 능히 말을 못하리니 이는 네가 내 말을 믿지 아니함이거니와 때가 이르면 내 말이 이루어지리라 하였습니다. 사가랴 조차 믿을 수 없다 하였는데 하나님께서는 그로 하여금 믿을 수 있도록 해 주셨습니다. 말할 수 없음이 오히려 믿을 수 있게 하심이었습니다. 백성들이 사가랴를 기다리며 그가 성전 안에서 지체함을 이상히 여기더라 그가 나와서 그들에게 말을 못하니 백성들이 그가 성전 안에서 환상을 본 줄 알았더라 그가 몸짓으로 뜻을 표시하며 그냥 말 못하는 대로 있더니 그 직무의 날이 다 되매 집으로 돌아가니라 이 후에 그의 아내 엘리사벳이 잉태하고 다섯 달 동안 숨어 있으며 이르되 주께서 나를 돌보시는 날에 사람들 앞에서 내 부끄러움을 없게 하시려고 이렇게 행하심이라 하더라 하였더니 주님의 말씀대로 주님의 때에 주님의 뜻이 이루어졌습니다.

이 때에 마리아에게도 가브리엘 천사가 나타나 수태고지를 하였고 두려워하는 마리아에게 엘리사벳에게 이루어진 일을 들어 말씀하시며 대저 하나님의 모든 말씀은 능하지 못하심이 없느니라 하시자 마리아가 이르되 주의 여종이오니 말씀대로 내게 이루어지이다 하였습니다.

이 때에 마리아가 일어나 빨리 산골로 가서 유대 한 동네에 이르러 사가랴의 집에 들어가 엘리사벳에게 문안하니 하였는데, 천사를 통한 말씀대로 마리아는 엘리사벳을 찾아 갈릴리에서 유대까지 갔습니다. 나중에 마리아는 만삭의 몸으로 요셉과 함께 이 길을 다시 가게 되었습니다. 엘리사벳이 없었다면 마리아는 자신에게 주어진 사명을 감당하는데 어려웠을 것입니다. 하나님께서는 주님의 일을 이루는데 반드시 동역자를 세워 주십니다. 누가 나의 동역자인가 찾아보시고, 내가 누구의 동역자가 되어 주어야 하는지도 살펴 보시기 바랍니다.

엘리사벳이 마리아가 문안함을 들으매 아이가 복중에서 뛰노는지라 엘리사벳이 성령의 충만함을 받았습니다. 마리아의 문안과 복중의 아이를 통하여 엘리사벳은 성령의 충만함을 받았습니다. 큰 소리로 불러 이르되 여자 중에 네가 복이 있으며 네 태중의 아이도 복이 있도다 내 주의 어머니가 내게 나아오니 이 어찌 된 일인가 합니다. 성령의 충만을 통하여 마리아가 복이 있으며 태중의 아이도 복이 있음을 알게 되었습니다. 그는 마리아를 내 주의 어머니라 하였습니다. 내 주의 어머니 라는 희랍어는 '테오토커스'입니다. '테오'가 신이고 '토커스'가 출산인데 즉 마리아가 하나님의 어머니란 뜻이 됩니다. 이에 대한 논란이 있었는데 431년 에베소 공의회에서 콘스탄티노플의 총대주교 네스토리오스의 그리스도의 어머니 대신에 알렉산드리아의 주교 키릴의 하나님의 어머니를 정통교리로 받아 들였습니다. 이는 낮은 그리스도론 대신에 높은 그리스도론을 받아들인 것입니다. 즉 예수님은 피조물이셨는데 성령이 충만하여 하나님이 되신 것이 아니라 하나님이 인간이 되신 것이라는 뜻입니다. 보라 네 문안하는 소리가 내 귀에 들릴 때에 아이가 내 복중에서 기쁨으로 뛰놀았도다 주께서 하신 말씀이 반드시 이루어지리라고 믿은 그 여자에게 복이 있도다 합니다. 복음은 복중의 아이에게도 기쁨이 되며, 주께서 하신 말씀이 반드시 이루어지리라 믿는 자가 복이 있는 자입니다.

저들의 의로운 삶 가운데 세례 요한이 태어났습니다.

59. 시므온과 안나, 기다림

예수님은 태어나시어 8일 만에 할례를 받으셨습니다(눅2:21), 40일째 되는 날에 모세의 법대로 정결예식을 행하셨습니다(눅2:22), 산비둘기 한 쌍이나 혹은 어린 집 비둘기 둘로 제사 하였습니다. 주의 율법에 쓴 바 첫 태에 처음 난 남자마다 주의 거룩한 자라 하리라 한 대로 아기를 주께 드렸습니다. 예수님께서 정결예식을 위하여 예루살렘 성전에 가셨을 때 두 사람이 예수님을 기다리고 있었습니다. 한 사람은 시므온이었습니다. 그는 의롭고 경건한 사람이었습니다. 이스라엘의 위로를 기다리고 있었습니다. 성령이 그 위에 계셨습니다. 주의 그리스도를 보기 전에는 죽지 아니하리라 하는 성령의 지시를 받고 있었습니다. 성령의 인도하심을 따라 성전에 들어갔는데 마침 예수님의 부모가 율법의 관례대로 행하고자 하여 그 아기 예수를 데리고 왔습니다. 시므온이 아기를 안고 하나님을 찬송하였습니다.

주재여, 이제는 말씀하신 대로 종을 평안히 놓아 주십니다.
내 눈이 주의 구원을 보았습니다.
이 분은 만민을 위하여 예비 되신 분인데,
이방을 비추는 빛이요,
주의 백성 이스라엘의 영광입니다 하였습니다.

그 당시 이스라엘인들은 메시야를 학수고대하고 있었는데 그들이 기대하는 메시야는 로마제국으로부터 자신들을 구원할 자였습니다. 그러나 시므온은 한 아기에게서 메시야를 볼 수 있었던 것입니다. 당시에 대부분이 예수님을 보면서도 그가 그리스도임을 알지도 믿지도 못하였습니다. 제자들의 증언도 바울의 편지도 예수가 그리스도라는 것이었습니다.

예수님의 부모들이 그에 대한 말을 놀랍게 여기자 시므온이 그들에게 축복하고 마리아에게 말하였습니다. 이 분으로 인하여 이스라엘의 많은 이들이 패하거나 흥하게 될 것입니다. 이 분은 많은 사람이 비방하는 표적이 될 것입니다. 이 분으로 인하여 칼이 네 마음을 찌르듯 할 것입니다. 이 분은 여러 사람의 숨은 생각을 드러내려 할 것입니다. 그는 마리아를 위로하고 격려하는 역할을 하였습니다. 마리아는 후에 시므온의 말을 통하여 힘을 얻고 길을 잃지 않게 되었을 것입니다.

그곳에는 아셀 지파 바누엘의 딸 안나라 하는 선지자가 있었습니다.

그는 결혼한 후 일곱 해 동안 남편과 함께 살다가 과부가 되고 84세가 되었습니다. 그는 성전을 떠나지 않고 주야로 금식하며 기도함으로 섬기는 이였습니다. 마침 이 때에 나아와서 하나님께 감사하고 예루살렘의 속량을 바라는 모든 사람에게 예수님에 대해 말하였습니다. 아기 예수님이 예루살렘 성전에 오셨지만 모두가 그를 알아 본 것은 아닙니다. 안나(은총)와 같이 성전을 떠나지 않고 주야로 금식하며 기도하는 이가 예수님을 맞이할 수 있었습니다.

그는 아기 예수님으로 인하여 하나님께 감사하였습니다.

시므온과 안나는 오랜 기다림을 믿음과 소망으로 감당한 분들입니다. 아기 예수님이 그리스도임을 알았고 증거한 분들입니다. 아름다운 노년을 맞이한 분들이었습니다. 그 이후로 생명이 다하기까지 그들의 삶은 행복한 삶이었을 것입니다.

60. 세례 요한, 주의 길을 예비하다

살아가면서 우리는 많은 사람을 만나게 됩니다. 어떤 사람은 악한 사람도 있습니다. 사람들 중에는 본성이 악한 사람도 있는 것 같습니다.

어떤 사람은 능력이 있는 사람도 있습니다. 어떤 일을 능숙하게 처리할 수 있는 힘이 있는 사람입니다. 그런데 그런 사람들은 대부분 교만하기가 쉽습니다.

어떤 사람은 겸손해 보이는 사람도 있습니다. 그러나 그런 사람은 무능한 경우가 많습니다.

바람직한 인간은 능력이 있으면서도 겸손한 사람입니다. 그러나 그런 사람을 만나기는 참 어렵습니다. 성경을 통해서도 이런 사람을 발견하기는 쉽지 않습니다. 하나님의 능력을 받기 전에 사울은 겸손한 자였습니다. 그러나 무능한 자였던 것도 사실입니다. 하나님의 능력을 받고 이스라엘의 왕이 된 사울은 능력 있는 사람이 되었습니다. 그러나 그는 교만한 사람이 되었습니다.

오늘 본문에서 우리는 참으로 아름다운 한 선지자를 만나게 됩니다. 예수 그리스도의 길을 예비하러 온 세례 요한입니다. 그는 제사장 가문에서 태어났습니다. 부드러운 옷을 입고 일생을 살아갈 수도 있었을 것입니다. 그러나 그가 자신의 소명의식을 깨달은 순간부터 그는 평생을 광야에서 살았습니다. 언제 그가 어머니 엘리사벳에게 임했던 소명을 깨달았는지는 모릅니다. 그러나 그는 젊은 날부터 광야에서 살았습니다. 낮에는 따갑고 건조한 그곳, 밤에는 춥고 바람이 부는 광야에서 그의 전 생애를 살았습니다. 고독하고 외로운 그곳에서 그는 오직 한 사람을 만날 준비를 하며 살았던 것입니다.

그가 입었던 약대 털옷과 그가 먹었던 메뚜기와 석청은 인간에게 익숙한 것들이 아니었습니다. 그러나 그는 모든 이에게 임할 의의 흰옷과 생명의 떡을 위하여 묵묵히 그 일을 감당하였습니다.

그는 인기가 있었던 사람이었습니다. 당시의 이스라엘 땅에서 그는 가장 인기가 있던 사람이었습니다. 일설에 의하면 헤롯의 딸 살로메가 당시의 영웅을 사모하던 풍조에 따라 선택한 인물이 요한이었다고 합니다. 그러나 끝내 요한이 거절하자 그를 옥에 가두게 하였고 그래도 거절을 당하자 살로메는 요한의 목을 베어 차지하였다고 할 만큼 당시의 가장 선망의 대상이던 청년이었습니다.

뿐만 아니라 요한을 따르던 많은 제자들이 있었습니다. 그는 당대의 가장 존경받던 선지자였습니다. 그에게는 권능도 있었습니다. "회개하라 천국이 가까왔다"는 그의 외침은 많은 이들을 회개의 자리에 서게 하였습니다. 그중에는 세리들도 군병들도 있었습니다. 그러나 그는 끝까지 겸손하였고 자기의 자리를 지킬 줄 알았습니다. 그는 "나는 빛이 아니요 빛에 대하여 증거하러 온 자일 뿐"이라고 스스로 선포하였습니다. 그는 말씀이 아니라고 하였습니다. 자신은 단지 "주의 길을 곧게 하라고 광야에서 외치는 자의 소리일 뿐"이라고 하였습니다. 가장 높은 위치에서 존경받고 있을 때 그는 자기를 가리켜 말하기를 "나는 내 뒤에 오시는 이의 신들메를 풀기도 감당치 못하겠다"고 하였습니다. 가장 많은 사람들이 그를 따를 때 그는 멀리서 홀로 초라하게 걸어오고 있는 한 청년을 가리키며 "보라, 세상 죄를 지고 가는 하나님의 어린양이로다" 하며 자신의 모든 영광을 그에게 돌렸습니다. 그토록 착하던 사울을 증오의 사람으로 만든 말이 "사울은 천천이요 다윗은 만만"이란 여인들의 창화였습니다. 그러나 요한은 자신의 제자들이 와서 이르기를 "선생님, 당신을 따르던 자들이 모두 저쪽의 예수에게 가나이다" 했을 때에도 그는 말하기를 "그는 흥하여야 하겠고 나는 쇠하여야 하리라" 하였습니다.

그렇다고 그가 보통 인간과는 전혀 다른 특별한 상태의 사람은 아니었습니다. 헤롯에 의해 사해 근처 외로운 동굴에 갇혀 있었을 때 그는 제자들에게 청하기를 "오실 그이가 당신이니이까? 우리가 다른 이를 기다리이리까?"라고 예수님께 가서 묻게 하였습니다. 그도 우리와 성정이 같은 한 인간이었습니다. 그럼에도 불구하고 그는 자신에게 주어진 소명을 끝까지 감당하였습니다.

주님은 그를 가리켜 이르시기를 "여자가 낳은 자 중에 가장 큰 자"라 하셨습니다.

세례 요한처럼 능력 있게 다시 오실 주님의 길을 예비하면서도 끝까지 겸손한 주님의 일꾼들이 되시길 바랍니다.

61. 안드레, 와 보라

안드레는 시몬 베드로의 형제이며 예수님의 12제자 중 한 사람입니다(요 1:40). 그는 갈릴리 바닷가의 벳새다 출신의 어부였습니다(마4:18, 막1:16-18, 요 1:44). 벳세다는 빌립, 나다나엘, 야고보, 요한도 출신지입니다.

형 시몬 베드로와 함께 가버나움의 한 집에서 같이 살았습니다(막 1:29). 아마도 결혼 전이었던 것으로 보입니다. 안드레는 처음에 세례 요한의 제자였으나, 요한이 예수를 보고 '하나님의 어린 양'이라고 말하는 것을 듣고 다른 제자(아마도 요한)와 함께 예수님을 따랐습니다. 그는 좋은 스승을 만나는 행운이 있었고, 요한에게서 메시아에 대한 많은 가르침을 받았던 것 같습니다. 메시아를 보고는 그를 따르는 자가 되었습니다. 많은 사람이 주님의 부름을 받았지만 모두가 주님을 따르는 것은 아닙니다.

누가복음9:57-62에 이런 말씀이 있습니다.

길 가실 때에 어떤 이가 여짜오되, 어디로 가시든지 저는 좇으리이다. 예수께서 가라사대, 여우도 굴이 있고 공중의 새도 집이 있으되 인자는 머리 둘 곳이 없도다. 하시고 또 다른 사람에게 나를 좇으라 하시니 그가 가로되, 나로 먼저 가서 내 부친을 장사하게 허락하옵소서. 예수께서 가라사대, 죽은 자들로 자기의 죽은 자들을 장사하게 하고 너는 가서 하나님의 나라를 전파하라 하시고 또 다른 사람이 가로되, 주여, 내가 주를 좇겠나이다 마는 나로 먼저 내 가족을 작별케 허락하소서. 예수께서 이르시되, 손에 쟁기를 잡고 뒤를 돌아보는 자는 하나님의 나라에 합당치 아니하니라 하시니라.

두 제자, 아마도 안드레와 요한이 주님의 뒤를 멀리서 따라가자 주님께서 그들에게 다가오셨습니다. 주님은 우리를 찾아와 주시는 분이십니다.

요한복음1:40에는, "요한의 말을 듣고 예수를 좇는 두 사람 중에 하나는 시몬 베드로의 형제 안드레라"라고 기록되어 있습니다. 그리고 주님은 그들에게 무엇을 구하느냐고 물으셨습니다. 가장 중요한 질문입니다. 주님께서 여러분에게 이와 같이 말씀하실 때 여러분은 무엇이라 대답하시겠습니까?

안드레가 대답합니다. "랍비여 어디 계시오니이까?" 랍비라는 말은 '나의 크신 자'라는 뜻으로 스승을 존칭할 때 쓰는 말입니다. "어디 계시오니이까?"라는 말은 이 중요한 문제를 그저 길에서 다 얘기할 수 없다는 뜻입니다. 정말로 가르침을 받겠다는 표현인 것입니다.

이에 주님께서 "와 보라" 하심으로 그들을 받아들였습니다. 이는 "그대는 이 문제에 대한 해결책을 알고 싶은가? 와서 보라, 그 문제를 함께 생각해 보자"라는 말씀입니다.

요한은 주님께로 가서 주님과 함께 거하면서 생명의 말씀을 듣게 되었는데, 그 기억이 너무도 생생하고 중요했기에 시간을 기록합니다.

요한복음1:39에, "예수께서 가라사대 와 보라 그러므로 저희가 가서 계신 데를 보고 그날 함께 거하니 때가 제 십시쯤 되었더라"고 합니다.

예수님께로 가서 그가 메시아라는 것을 확신하자, 안드레는 즉시 형제를 예수님께로 인도해 왔습니다(요1:35-42). 이로써 그는 하나님의 나라의 최초의 전도자란 칭호를 받았습니다. 그는 자신이 받은 은혜를 나눌 줄 알고 증거할 줄 아는 자였습니다. 주님을 만났고 그 결과 자신과 그 형을 구원한 자가 되었습니다.

안드레는 큰일을 한 것 같지는 않지만, 형제 베드로를 주님께로 인도한 것은 결과적으로 위대한 일이었습니다. 나를 통해 이루어진 일들은 위대한 일들이 될 수 있는 것입니다. 안드레는 후에 갈릴리로 와서 어업에 종사하다가 베드로와 함께 부르심을 받게 되었습니다. 예수님의 "사람을 낚는 어부가 되게 하리라"는 말씀에 그들은 곧 그물을 버리고 예수님을 따랐습니다(마 4:18-19, 막 1:16-17, 요6:8). 후에 그는 사도로 임명되었습니다(마10:2, 막3:18, 눅6:14, 행 1:13). 감람산에서 베드로, 야고보, 요한과 함께 예루살렘과 성전의 파괴, 그리고 예수님의 재림에 대해 주님께 물었습니다(막13:3-4). 막13:3-4에는, "예수께서 감람산에서 성전을 마주 대하여 앉으셨을 때에 베드로와 야고보와 요한과 안드레가 종용히 묻자오되 우리에게 이르소서 어느 때에 이런 일이 있겠사오며 이 모든 일이 이루려 할 때에 무슨 징조가 있사오리이까"라고 기록되어 있습니다. 그는 주님의 경륜에 참여한 자였습니다.

안드레는 야이로의 딸 사건, 변화산 사건, 겟세마네의 기도에 그 이름이 빠져 있습니다. 그러나 그는 주님의 첫 번째 부름을 받은 제자였음에도 불구하고 그것에 대해 섭섭해 한 것 같지 않습니다. 오병이어의 사건에서 안드레는 보리떡 다섯 개와 물고기 두 마리를 가지고 있던 바로 그 아이를 주님께로 인도하는 역할을 하였습니다. 빌립과 함께 예수를 뵈옵고자 하는 헬라인을 주님께 안내하기도 하였습니다(요12:22). 그는 다른 사람들을 주님께로 인도할 줄 아는 달란트가 있었습니다. 그 후의 생애에 대해서는 확실히 알려진 것이 없습니다. 전설에 의하면, 안드레는 아가야에서 X형 십자가에 달려 순교했다고 합니다.

62. 요한, 보라 네 어머니라

요한은 갈릴리에서 예수님으로부터 부름을 받은 처음 제자들 중 한 명입니다. 그는 가버나움의 부자 어부 세베대의 아들로서 형 야고보와 함께 예수님의 제자가 되었습니다.

마태복음 4:21-22에 거기서 더 가시다가 다른 두 형제 곧 세베대의 아들 야고보와 그 형제 요한이 그 부친 세베대와 함께 배에서 그물 깁는 것을 보시고 부르시니 저희가 곧 배와 부친을 버려 두고 예수를 좇으니라 하였습니다. 요한의 성격을 엿볼 수 있는 구절이 마가복음에 기록되어 있습니다. 마가복음3:17에 또 세베대의 아들 야고보와 야고보의 형제 요한이니 이 둘에게는 보아너게 곧 우뢰의 아들이란 이름을 더하셨으며 하였습니다.

요한에게는 편견이 있었습니다.

마가복음 9:38-40에 요한이 예수께 여짜오되 선생님 우리를 따르지 않는 어떤 자가 주의 이름으로 귀신을 내어쫓는 것을 우리가 보고 우리를 따르지 아니하므로 금하였나이다 예수께서 가라사대 금하지 말라 내 이름을 의탁하여 능한 일을 행하고 즉시로 나를 비방할 자가 없느니라 우리를 반대하지 않는 자는 우리를 위하는 자니라 하였습니다.

요한은 오만한 모습을 보이기도 했습니다.

누가복음 9:51-56에 예수께서 승천하실 기약이 차가매 예루살렘을 향하여 올라가기로 굳게 결심하시고 사자들을 앞서 보내시매 저희가 가서 예수를 위하여 예비하려고 사마리아인의 한 촌에 들어갔더니 예수께서 예루살렘을 향하여 가시는 고로 저희가 받아들이지 아니하는지라 제자 야고보와 요한이 이를 보고 가로되 주여 우리가 불을 명하여 하늘로 좇아내려 저희를 멸하라 하기를 원하시나이까 예수께서 돌아보시며 꾸짖으시고 함께 다른 촌으로 가시니라 하였습니다.

요한은 자신을 제자들 중에서도 특별한 존재라 여겼습니다.

마태복음 20:20-23에 그 때에 세베대의 아들의 어미가 그 아들들을 데리고 예수께 와서 절하며 무엇을 구하니 예수께서 가라사대 무엇을 원하느뇨 가로되 이 나의 두 아들을 주의 나라에서 하나는 주의 우편에, 하나는 주의 좌편에 앉게 명하소서 예수께서 대답하여 가라사대 너희 구하는 것을 너희가 알지 못하는도다 나의 마시려는 잔을 너희가 마실 수 있느냐 저희가 말하되 할 수 있나이다 가라사대 너희가 과연 내 잔을 마시려니와 내 좌우편에 앉는 것은 나의 줄 것이 아니라 내 아버지께서 누구를 위하여 예비하셨든지 그들이 얻을 것이니라 하였습니다.

예수님과 함께 지내는 나날 동안 요한은 변화되었습니다. 이러한 변화는 십자가 사건에서의 충성심과 초대교회에서의 용감성에서 나타납니다.

그는 체포당하신 예수님을 따라 대제사장의 집까지 베드로와 함께 따랐습니다.

요한복음18:15-17에 시몬 베드로와 또 다른 제자 하나가 예수를 따르니 이

제자는 대제사장과 아는 사람이라 예수와 함께 대제사장의 집 뜰에 들어가고 베드로는 문 밖에 섰는지라 대제사장과 아는 그 다른 제자가 나가서 문 지키는 여자에게 말하여 베드로를 데리고 들어왔더니 하였습니다.

요한은 주님의 십자가 밑에까지 좇아온 제자였습니다.

요한복음19:26-27에 예수께서 그 모친과 사랑하시는 제자가 곁에 섰는 것을 보시고 그 모친께 말씀하시되 여자여 보소서 아들이니이다 하시고 또 그 제자에게 이르시되 보라 네 어머니라 하신대 그 때부터 그 제자가 자기 집에 모시니라 하였습니다.

그는 누구보다 먼저 주님의 무덤에 달려간 제자였습니다.

요한복음 20:1-7에 안식 후 첫날 이른 아침 아직 어두울 때에 막달라 마리아가 무덤에 와서 돌이 무덤에서 옮겨간 것을 보고 시몬 베드로와 예수의 사랑하시던 그 다른 제자에게 달려가서 말하되 사람이 주를 무덤에서 가져다가 어디 두었는지 우리가 알지 못하겠다 하니 베드로와 그 다른 제자가 나가서 무덤으로 갈 새 둘이 같이 달음질하더니 그 다른 제자가 베드로보다 더 빨리 달아나서 먼저 무덤에 이르러 구푸려 세마포 놓인 것을 보았으나 들어가지는 아니하였더니 시몬 베드로도 따라 와서 무덤에 들어가 보니 세마포가 놓였고 또 머리를 쌌던 수건은 세마포와 함께 놓이지 않고 딴 곳에 개켜 있더라 하였습니다.

그는 초대교회에서 어떤 핍박과 위협 속에서도 주님을 증거한 증인이었습니다.

사도행전 4:19-20에 베드로와 요한이 대답하여 가로되 하나님 앞에서 너희 말 듣는 것이 하나님 말씀 듣는 것보다 옳은가 판단하라 우리는 보고 들은 것을 말하지 아니할 수 없다 하니 하였습니다.

요한은 사랑의 사도로 알려져 있습니다.

요한일서 4:7-8에 사랑하는 자들아 우리가 서로 사랑하자 사랑은 하나님께 속한 것이니 사랑하는 자마다 하나님께로 나서 하나님을 알고 사랑하지 아니하는 자는 하나님을 알지 못하나니 이는 하나님은 사랑이심이라 하였습니다.

그는 마지막 예언자였습니다.

요한계시록 1:1-3에 예수 그리스도의 계시라 이는 하나님이 그에게 주사 반드시 속히 될 일을 그 종들에게 보이시려고 그 천사를 그 종 요한에게 보내어 지시하신 것이라 요한은 하나님의 말씀과 예수 그리스도의 증거 곧 자기의 본 것을 다 증거하였느니라 이 예언의 말씀을 읽는 자와 듣는 자들과 그 가운데 기록한 것을 지키는 자들이 복이 있나니 때가 가까움이라 하였고, 요한계시록 22:20-21에 이것들을 증거하신 이가 가라사대 내가 진실로 속히 오리라 하시거늘 아멘 주 예수여 오시옵소서 주 예수의 은혜가 모든 자들에게 있을지어다 아멘 하였습니다.

요한은 예수님의 제자들 중 가장 나이가 어린 제자로 여겨집니다. 그러나 그는 십자가 밑에까지 따라간 유일한 제자였고 최후의 사도였습니다. 그를 통하여 요한복음, 요한 서신, 그리고 요한계시록이 기록되었습니다. 요한의 생애와 사역은 우리에게 주님의 사랑과 헌신을 깊이 새기게 합니다.

63-1. 베드로, 시몬, 게바

예수님의 12제자 중 수제자인 베드로의 본명은 '시몬'입니다.

시몬은 헬라식 발음이고 히브리식으로는 시므온입니다. 시므온은 들으심의 의미입니다.

마4:18에 갈릴리 해변에 다니시다가 두 형제 곧 베드로라 하는 시몬과 그의 형제 안드레가 바다에 그물 던지는 것을 보시니 그들은 어부라 하였고, 행15:14에 하나님이 처음으로 이방인 중에서 자기 이름을 위할 백성을 취하시려고 그들을 돌보신 것을 시므온이 말하였으니 하였습니다.

예수님은 그에게 게바(Cephas)'라는 이름을 내려주었는데 아람어로 '반석(盤石)'이란 뜻입니다. 그 이름은 시몬이 장차 교회의 반석이 되리라는 의미였습니다.

요1:35-42에 또 이튿날 요한이 자기 제자 중 두 사람과 함께 섰다가 예수께서 거니심을 보고 말하되 보라 하나님의 어린 양이로다 두 제자가 그의 말을 듣고 예수를 따르거늘 예수께서 돌이켜 그 따르는 것을 보시고 물어 이르시되 무엇을 구하느냐 이르되 랍비여 어디 계시오니이까 하니 (랍비는 번역하면 선생이라) 예수께서 이르시되 와서 보라 그러므로 그들이 가서 계신 데를 보고 그 날 함께 거하니 때가 열 시쯤 되었더라 요한의 말을 듣고 예수를 따르는 두 사람 중의 하나는 시몬 베드로의 형제 안드레라 그가 먼저 자기의 형제 시몬을 찾아 말하되 우리가 메시야를 만났다 하고 (메시야는 번역하면 그리스도라) 데리고 예수께로 오니 예수께서 보시고 이르시되 네가 요한의 아들 시몬이니 장차 게바라 하리라 하시니라 (게바는 번역하면 베드로라) 하였습니다.

고전1:10-12에 형제들아 내가 우리 주 예수 그리스도의 이름으로 너희를 권하노니 모두가 같은 말을 하고 너희 가운데 분쟁이 없이 같은 마음과 같은 뜻으로 온전히 합하라 내 형제들아 글로에의 집 편으로 너희에 대한 말이 내게 들리니 곧 너희 가운데 분쟁이 있다는 것이라 내가 이것을 말하거니와 너희가 각각 이르되 나는 바울에게, 나는 아볼로에게, 나는 게바에게, 나는 그리스도에게 속한 자라 한다는 것이니 하였습니다.

갈1:17-19에 또 나보다 먼저 사도 된 자들을 만나려고 예루살렘으로 가지 아니하고 아라비아로 갔다가 다시 다메섹으로 돌아갔노라 그 후 삼 년 만에 내가 게바를 방문하려고 예루살렘에 올라가서 그와 함께 십오 일을 머무는 동안 주의 형제 야고보 외에 다른 사도들을 보지 못하였노라 하였습니다.

게파는 신약성서가 그리스어로 기록되면서 '소리'보다는 '뜻'을 살려 페트로스(Petros)로 바뀌어 불렸습니다. 페트로스가 그리스어로 바위이기 때문입니다. 이것이 로마 문화권에서 라틴어로 기록되면서 라틴어로 바위를 뜻하는 페트루스(Petrus)로 되었고, 나중에 기독교가 전 세계로 퍼져 나가자 그 이름은 각 지역 언어에 맞게 조금씩 변형되어 사용되었습니다.

이를테면, 이탈리아에서는 피에트로(Pietro), 스페인에서는 뻬드로(Pedro), 독일에서는 페테르(Peter), 러시아에서는 표토르(Pyotor), 영국에서는 피터(Peter), 프랑스에서는 삐에르(Pierre)가 되었습니다. 우리나라에서는 영어가 아닌 그리스어의 소리에 더 가까운 베드로로 불렸습니다. 이 모든 이름들, 즉 나라와 언어에 따라 불리는 이름은 다 달라도 그 뜻은 '반석' 혹은 '바위'라는 뜻입니다. 석유의 petroleum도 베드로에서 나온 단어입니다.

베드로는 동생 안드레에 의해 주님을 만나게 되는데 주님은 베드로를 보시자 그의 현재뿐만 아니라 그의 미래를 보시고 그에게 시몬이란 이름 대신에 게바 혹은 베드로란 이름을 주셨습니다. 그만큼 베드로는 내면적으로 좋은 성품을 가지고 있었던 것은 틀림이 없습니다. 그는 주님의 부름에 따라 배와 그물을 버려두고 주님을 따르는 자가 되었습니다. 베드로는 어느 제자보다 예수님과 관련된 이야기를 가지고 있습니다.

마16:13-18에 예수께서 빌립보 가이사랴 지방에 이르러 제자들에게 물어 이르시되 사람들이 인자를 누구라 하느냐 이르되 더러는 세례 요한, 더러는 엘리야, 어떤 이는 예레미야나 선지자 중의 하나라 하나이다 이르시되 너희는 나를 누구라 하느냐 시몬 베드로가 대답하여 이르되 주는 그리스도시요 살아 계신 하나님의 아들이시니이다 예수께서 대답하여 이르시되 바요나 시몬아 네가 복이 있도다 이를 네게 알게 한 이는 혈육이 아니요 하늘에 계신 내 아버지시니라 또 내가 네게 이르노니 너는 베드로라 내가 이 반석 위에 내 교회를 세우리니 음부의 권세가 이기지 못하리라 하였습니다.

'수 에이 페트로스'(명사, 주격, 남성, 단수)는 베드로를 가리키는 말입니다. '타우테 테 페트라'(명사, 여격, 여성, 단수)는 반석과 같은 믿음을 가리키는 말입니다. 음부의 권세는 음부의 문의 권세로 문은 권위와 힘을 상징하며 이는 죽음과 사단의 조직된 힘을 말합니다.

마16:19에 내가 천국 열쇠를 네게 주리니 네가 땅에서 무엇이든지 매면 하늘에서도 매일 것이요 네가 땅에서 무엇이든지 풀면 하늘에서도 풀리리라 하였는데, '너'는 상황적으로는 베드로이지만 그 의미는 베드로와 같은 신앙 고백을 하는 자들 즉 교회를 가리킵니다. 천국 열쇠란 교회에 주어질 권위를 말씀하고 있으며, 매고 풀림은 교회를 통하여 이루어질 복음 사역의 결과들을 말씀하고 있습니다. 이것은 한 개인이나 직제에 주어진 것이 아니라 교회의 사명이 얼마나 막중한 것인가를 말씀하신 것입니다.

63-2. 베드로, 소명

베드로는 여러 과정을 통하여 제자로 부름을 받았습니다.

요1:40-42에 요한의 말을 듣고 예수를 따르는 두 사람 중의 하나는 시몬 베드로의 형제 안드레라 그가 먼저 자기의 형제 시몬을 찾아 말하되 우리가 메시야를 만났다 하고 (메시야는 번역하면 그리스도라) 데리고 예수께로 오니 예수께서 보시고 이르시되 네가 요한의 아들 시몬이니 장차 게바라 하리라 하시니라 (게바는 번역하면 베드로라) 하였습니다.

먼저 예수님을 만난 이는 안드레였습니다. 그래서 안드레의 별명은 인도자 안드레입니다. 요12:20-22에 명절에 예배하러 올라온 사람 중에 헬라인 몇이 있는데 그들이 갈릴리 벳새다 사람 빌립에게 가서 청하여 이르되 선생이여 우리가 예수를 뵈옵고자 하나이다 하니 빌립이 안드레에게 가서 말하고 안드레와 빌립이 예수께 가서 여쭈니 하였습니다. 베드로와 안드레의 사이가 좋아 보입니다. 베드로와 안드레는 메시야를 기다리고 있었습니다. 안드레가 그를 주님께로 인도하자 주님이 베드로를 보시고 네가 요한의 아들 시몬이니 장차 게바라 하리라 하셨습니다. 게바는 반석이라는 뜻입니다.

마4:18-22에 갈릴리 해변에 다니시다가 두 형제 곧 베드로라 하는 시몬과 그의 형제 드레가 바다에 그물 던지는 것을 보시니 그들은 어부라 말씀하시되 나를 따라오라 내가 너희를 사람을 낚는 어부가 되게 하리라 하시니 그들이 곧 그물을 버려 두고 예수를 따르니라 거기서 더 가시다가 다른 두 형제 곧 세베대의 아들 야고보와 그의 형제 요한이 그의 아버지 세베대와 함께 배에서 그물 깁는 것을 보시고 부르시니 그들이 곧 배와 아버지를 버려두고 예수를 따르니라 하였습니다. 베드로는 갈릴리의 어부였습니다. 주님께서 베드로에게 나를 따라 오라 내가 너희를 사람을 낚는 어부가 되게 하리라 하셨습니다. 주님의 부르심에 그들이 곧 그물을 버려 두고 예수님을 따랐습니다. 당시에 사람을 낚는 어부는 랍비를 가리키는 말이었다 합니다. 그들이 보기에 예수님은 랍비셨고 자신들도 랍비의 제자로 부르신 것으로 알았을까요? 예수님의 부르심과 그들의 응답 사이에 누가복음 5장의 사건이 있었던 것으로 보입니다.

눅5:1-11에 무리가 몰려와서 하나님의 말씀을 들을새 예수는 게네사렛 호숫가에 서서 호숫가에 배 두 척이 있는 것을 보시니 어부들은 배에서 나와서 그물을 씻는지라 예수께서 한 배에 오르시니 그 배는 시몬의 배라 육지에서 조금 떼기를 청하시고 앉으사 배에서 무리를 가르치시더니 말씀을 마치시고 시몬에게 이르시되 깊은 데로 가서 그물을 내려 고기를 잡으라 시몬이 대답하여 이르되 선생님 우리들이 밤이 새도록 수고하였으되 잡은 것이 없지마는 말씀에 의지하여 내가 그물을 내리리이다 하고 그렇게 하니 고기를 잡은 것이 심히 많아 그물이 찢어지는지라 이에 다른 배에 있는 동무들에게 손짓하여 와서 도와 달라 하니 그들이 와서 두 배에 채우매 잠기게 되었더라 시몬 베드로가 이를 보고 예수의 무릎 아래에 엎드려 이르되 주여 나를 떠나소서 나는 죄인이로소이다 하니 이는 자기 및 자기와 함께 있는 모든 사람이 고기 잡힌 것으로 말미암아 놀라고 세베대의 아들로서 시몬의 동업자인 야고보와 요한도 놀랐음이라 예수께서 시몬에게 이르시되 무서워하지 말라 이제 후로는 네가 사람을 취하리라 하시니

그들이 배들을 육지에 대고 모든 것을 버려두고 예수를 따르니라 하였습니다.

게네사렛은 갈릴리 호수의 다른 이름입니다. 밤새도록 그물질을 한 어부들이 아침이 되어 그물을 손질하고 있었습니다. 예수께서 한 배에 오르실 때 부탁을 하였을 것이고 베드로는 그 청을 들어 주었을 것입니다. 곤고한 상황에서 배려를 한 것입니다. 배에서 말씀을 전하시는 예수님, 호수가에서 그물을 씻는 베드로, 언덕에서 말씀을 듣는 무리들의 구조입니다. 당연히 베드로도 예수님께서 말씀을 전하고 계실 때 듣고 있었을 것입니다. 주님은 다른 사람들에게가 아니라 베드로에게 깊은 데로 가서 그물을 내려 고기를 잡으라 하셨습니다. 베드로의 대답이 참으로 아름답습니다. 선생님 어부인 우리들이 밤이 새도록 수고하였지만 잡은 것이 없었습니다. 그러나 그렇게 말씀하시니 그 말씀에 의지하여 그물을 내리겠다 하였습니다. 고기가 많이 잡힌 것도 기적이지만, 밤새도록 그물질을 했음에도 잡은 것이 없던 것도 기적입니다. 베드로는 혼자 욕심내지 않았습니다. 다른 배에 있는 동무들은 예수님의 말씀에 순종하지 않고 있었을 것입니다. 선생님이여 하던 베드로가 주여 라 하였고, 자신을 죄인이라 고백하였습니다. 자신이 죄인임을 깨닫는 것이 은혜 중에 은혜입니다. 시몬의 마음속에 거룩한 두려움이 생겼습니다. 그 베드로에게 이제 후로는 네가 사람을 취하리라 부르셨습니다. 그들은 모든 것을 버려두고 예수님을 따르는 자들이 되었습니다.

베드로에게 믿음의 확신을 주시기 위해서 주님께서는 베드로의 장모의 열병을 치유해 주셨습니다. 마8:14-15에 예수께서 베드로의 집에 들어가사 그의 장모가 열병으로 앓아 누운 것을 보시고 그의 손을 만지시니 열병이 떠나가고 여인이 일어나서 예수께 수종들더라 하였습니다.

이 당시의 정황을 자세히는 모르지만 그는 장모를 모시고 살았고 병든 장모를 위하여 예수님을 모셔오는 열성과 믿음을 가지고 있었습니다.

오병이어의 사건 후 마14:22-33에서 예수께서 즉시 제자들을 재촉하사 자기가 무리를 보내는 동안에 배를 타고 앞서 건너편으로 가게 하시고 무리를 보내신 후에 기도하러 따로 산에 올라가시니라 저물매 거기 혼자 계시더니 배가 이미 육지에서 수 리나 떠나서 바람이 거스르므로 물결로 말미암아 고난을 당하더라 밤 사경에 예수께서 바다 위로 걸어서 제자들에게 오시니

제자들이 그가 바다 위로 걸어오심을 보고 놀라 유령이라 하며 무서워하여 소리 지르거늘 예수께서 즉시 이르시되 안심하라 나니 두려워하지 말라 베드로가 대답하여 이르되 주여 만일 주님이시거든 나를 명하사 물 위로 오라 하소서 하니 오라 하시니 베드로가 배에서 내려 물 위로 걸어서 예수께로 가되 바람을 보고 무서워 빠져 가는지라 소리 질러 이르되 주여 나를 구원하소서 하니 예수께서 즉시 손을 내밀어 그를 붙잡으시며 이르시되 믿음이 작은 자여 왜 의심하였느냐 하시고 배에 함께 오르매 바람이 그치는지라 배에 있는 사람들이 예수께 절하며 이르되 진실로 하나님의 아들이로소이다 하더라 하였습니다.

그는 물위를 걷는 믿음의 사람이었습니다. 주님께서 물위로 걸어오시자 베드로는 대단한 믿음의 용기를 내기도 하였습니다. 만일 주시어든 나로 명하사 물위로 오라 하소서 하고 주께서 그와 같이 하시자 그는 물위를 걷는 믿음의 역사를 체험하기도 하였습니다. 물론 그 후에 큰바람과 파도가 밀려오자 두려움에 싸여 물속으로 빠지게 되기도 하였습니다. 그러나 이 사건을 통하여서도 베드로는 위대한 믿음의 인물로 변해 갔던 것입니다.

성전세를 내는 문제와 관련해서 예수님께서 베드로에게 이와 같이 하신 말씀이 있습니다.

마17:27에 그러나 우리가 저희로 오해(誤解)케 하지 않기 위(爲)하여 네가 바다에 가서 낚시를 던져 먼저 오르는 고기를 가져 입을 열면 돈 한 세겔을 얻을 것이니 가져다가 나와 너를 위(爲)하여 주라 하셨습니다.

평생 물고기를 잡아온 베드로에게 이 말씀을 순종하기는 매우 어려웠을 것입니다. 물고기 입에서 한 세겔을 발견한 베드로가 놀랐을 것이고 그 놀람은 베드로의 믿음이 되었을 것입니다.

벳세다 들녘에서 오병이어의 역사가 있은 후에 오히려 떡을 먹고 배부른 까

닭에 예수님을 따르던 무리들이 다 떠나가고 제자들만 남아 있었을 때 주님께서 너희도 가려느냐 애처로이 물으셨을 때 주여 영생의 말씀이 계시매 우리가 뉘게로 가오리까 하는 정말 주님의 마음을 위로한 귀한 고백을 하기도 하였습니다.

가이사랴 빌립보에서는 주님께 대한 위대한 신앙고백을 하였습니다. 주는 그리스도시오 살아 계신 하나님의 아들이시니이다 하는 것이었습니다. 예수님께서는 베드로와 같은 신앙의 고백위에 교회를 세우시겠다 하셨습니다. 마 16:18-19에 또 내가 네게 이르노니 너는 베드로라 내가 이 반석(磐石) 위에 내 교회(敎會)를 세우리니 음부(陰府)의 권세(權勢)가 이기지 못하리라

내가 천국(天國) 열쇠를 네게 주리니 네가 땅에서 무엇이든지 매면 하늘에서도 매일 것이요 네가 땅에서 무엇이든지 풀면 하늘에서도 풀리리라 하셨습니다

그러나 주님의 십자가를 이해하지 못함으로써 그는 또한 주님께 책망을 받기도 하였습니다.

그는 변화산에서도 주님의 뜻을 이해하지 못하고 거기에 초막 셋을 짓겠다고 하였습니다.

그러나 이 사건을 통하여 누구보다도 분명하게 예수그리스도의 신성을 증거하기도 하였습니다. 벧후1:16-18에 우리 주(主) 예수 그리스도의 능력(能力)과 강림(降臨)하심을 너희에게 알게 한것이 공교(工巧)히 만든 이야기를 좇은 것이 아니요 우리는 그의 크신 위엄(威嚴)을 친(親)히 본 자(者)라 지극(至極)히 큰 영광(榮光) 중(中)에서 이러한 소리가 그에게 나기를 이는 내 사랑하는 아들이요 내 기뻐하는 자(者)라 하실 때에 저가 하나님 아버지께 존귀(尊貴)와 영광(榮光)을 받으셨느니라 이 소리는 우리가 저와 함께 거룩한 산(山)에 있을 때에 하늘로서 나옴을 들은 것이라 하였습니다.

그는 자기의 믿음을 자랑하고픈 마음에 형제가 죄를 범하면 일곱 번까지라도 용서하겠노라는 의미의 말을 하였습니다. 그러나 주님께서 저에게 하신 말씀은 일흔 번씩 일곱 번이라도 용서하라는 말씀이었습니다. 베드로는 주님께 내가 주와 함께 죽을지언정 주를 부인하지는 않겠다고 하였었지만 겟세마네 동산에서 한 시 동안도 주와 함께 깨어있지 못하였으며, 몽치와 검을 가지고 온 군사들과 대치한 상황에서 대제사장 말고의 귀를 베기도 하였지만 계집종의 추궁에 맹세하고 저주하면서까지 주를 부인하였습니다.

그는 예수님의 빈 무덤과 세마포를 보았지만 부활을 믿지 못하는 영적인 둔감함을 보이기도 하였습니다. 그러나 주를 세 번 부인한 베드로의 입술을 부끄럽지 않게 하시려고 모닥불을 피우셨고 세 번 사랑의 고백을 하게 하시었습니다. 주님이 승천하신 후에 베드로는 제자들은 대표하여 사도의 직분을 행하며 위대한 역사를 이루어 갔습니다. 그는 수많은 사람들을 회개시켰고 앉은뱅이를 일으키는가 하면 죽은 자도 살리는 능력이 나타나기도 하였습니다. 사도행전 15:7에서 이방인들을 위한 율법의 제한을 역설한 이후 베드로의 이름은 사라집니다. 후에 그는 베드로 전후서를 통해 소아시아와 로마에서 핍박가운데 있는 자들을 권면하고 위로하며 용기와 소망을 주었고 요한복음의 말씀대로 십자가에 거꾸로 매달려 순교하였다고 합니다.

요21:18-19에 내가 진실(眞實)로 진실(眞實)로 네게 이르노니 젊어서는 네가 스스로 띠 띠고 원(願)하는 곳으로 다녔거니와 늙어서는 내 팔을 벌리리니 남이 네게 띠 띠우고 원(願)치 아니하는 곳으로 데려가리라 이 말씀을 하심은 베드로가 어떠한 죽음으로 하나님께 영광(榮光)을 돌릴 것을 가리키심이러라 하였습니다. 베드로는 많은 허물과 실수도 있었지만 누구보다도 주님을 사랑한 제자였으며 유대인의 사도로서 끝까지 충성을 다한 사도였습니다.

63-3. 베드로, 물 위를 걷다

2011년 6월 26일 영국의 28살 스티브 프레인은 웨스트민스터 사원에서 수많은 사람들이 지켜보는 가운데 물위를 걸어서 테임즈 강을 건넜습니다. 너무도 놀라운 일처럼 보였지만 실상 물위를 걷는 마술은 미리 투명 아크릴로 물속에 다리를 만들어 놓기 때문에 가능한 일입니다. 그리고 진짜처럼 보이기 위해 주변에 보조 연출자들을 여럿 세워 놓기도 합니다. 마술사들이 이 일을 하는 것은 대중을 속이는 것이 아니라 즐거움을 주기 위함입니다. 예수님께서 물위를 걸으셔서 제자들에게 오셨습니다.

예수님과 베드로가 물 위를 걸은 사건을 기록한 본문은 갈릴리 벳세다에서 있었던 오병이어 이적 직후에 일어난 일들입니다. 오병이어 이적으로 인하여 무리들이 예수님을 이스라엘의 왕으로 삼으려는 소동이 일어나자 예수님은 그 흐름에 제자들이 영향 받지 않게 하시려고 제자들을 배에 태워 갈릴리 호수 건너편으로 보내셨습니다. 제자들과 무리들을 보내신 후에 예수님도 기도하러 산으로 올라 가셨습니다. 이 산은 갈릴리 호수를 내려다 볼 수 있는 큰 언덕이었을 것입니다. 산상수훈이 있으셨던 그 산일 가능성도 있습니다. 예수님의 사역에도 늘 기도가 있었습니다. 새벽 오히려 미명에 따로 한적한 곳에 가셔서 기도하셨고, 제자들을 택하실 때에는 밤새도록 산기도를 하시고 12명을 세우셨습니다. 오늘 주님께서는 무엇 때문에 기도하셨을까요? 한편으론 헛된 꿈을 꾸고 있는 무리들과 제자들을 위한 기도가 있으셨을 것입니다.

공생애를 시작하실 때 광야에서 마귀는 돌로 떡을 만들라 하였고 예수님께서는 사람이 떡으로만 살 것이 아니라 하나님의 입에서 나오는 말씀으로 산다 하셨는데 오늘 오병이어에 대하여 저들은 어떻게 이해했을까 하는 근심도 있으셨을 것이고 그에 대한 기도가 필요하셨지 않았을까요? 다른 한편으론 자신을 위한 기도도 필요하셨을 것입니다. 자신을 왕으로 삼으려는 무리들의 외침이 남긴 울림을 몰아내시기 위한 기도가 필요하셨을 것입니다. 이스라엘의 왕을 애타게 찾는 저들의 간절함을 이렇게 외면해야만 하는 것인지, 나에게 한 번만 절하면 온 세상의 권세를 주겠다고 하며 그 권세로 세상을 구원하라는 마귀가 광야에서 한 그 소리가 무리들의 외침 속에서 들렸기 때문이었을 것입니다. 자신이 가야하는 이 길이 십자가의 길 말고 왕의 길을 통해서도 될 수 있는 일이 아닌가 하는 유혹을 떨쳐 내시기 위한 기도로 여겨집니다.

우리에게 전해진 말들 가운데 합당치 않은 말들이 있습니다. 소리는 사라진지 오랜데 말은 남아 괴로움을 주는 것들이 있습니다. 주님께서 이르시기를 기도 외에는 이런 종류가 나갈 수 없다 하신 말씀이 있습니다. 배는 육지에서 수리나 멀어졌는데 더 이상 전진하지는 못하고 제자들은 바람과 물결로 인하여 고난을 당하고 있었습니다. 아마도 예수님께서 제자들에게 먼저 배를 타고 건너편 즉 게네사렛으로 가라 하셨을 때에 제자들의 마음속에는 "걱정하지 마십시오 주님이 안 계셔도 적어도 이 일만은 저희들이 주님이 계신 것 보다 훨씬 잘할 수 있습니다" 고 자만하였을 것입니다. 그들중 상당수는 어부들이었고 갈릴리 호수는 그들의 놀이터였고 삶의 터전이었기 때문입니다. 그런데 오늘은 고기 잡는 것도 아니고 단지 건너기만 하는 일인데도 그리하지를 못하고 있습니다. 기억하시기 바랍니다. 믿음의 길에서 우리의 실패는 어려운 일에 있지 않고 아주 쉬운 일에서 생겨납니다. 아주 쉬운 일 그래서 믿음으로 하지 않는 일에서 큰 실패가 일어납니다. 로마서14:23에 믿음을 따라 하지 아니하는 것은 다 죄니라 하셨습니다.

밤 사경에 예수님께서 바다 위로 걸어서 제자들에게 오셨습니다. 밤 사경은 새벽 3-6시 사이입니다. 제자들을 보내셨을 때가 저물 때 였는데 그 시간을 오후 6시로 본다면 적어도 9시간은 지난 때입니다. 아홉 시간의 의미가 무엇이었을까요? 예수님께서 기도하시다가 주무시지 않았을까요? 너무 피곤하셔서 그리 되셨을 수도 없지 않습니다. 기도에 깊이 들어가셔서 시간이 그리 지났는지도 모르셨을 가능성도 있습니다. 현대 물리학에서도 빛(시간)은 똑같은 속도로 흐르지 않음을 이미 발견하였습니다. 성경은 하루가 천년 같고 천년이 하루 같은 시간의 흐름이 있음을 말씀합니다. 제자들이 최선을 다해보게 하는데 필요한 시간 이었겠다 하는 생각도 있습니다. 제자들은 풍랑을 이겨내지 못하는 자신들이 당혹스럽고 부끄러웠을 것입니다. 어떡하던 할 수 있을 것이라 여겼을 것이고 최선의 노력을 다 해 보았을 것입니다. 최선을 다한다는 말이 너무 무겁고 잔인한 말이긴 하지만 최선을 다해서 안 되는 것은 부끄러운 일이 아닙니다. 그리고 최선을 다한 자리에서 새로운 역사가 시작이 됩니다. 제자들이 그 자리에 이르기까지 예수님은 안타깝게 기다리고 계시지 않았을까요? 기도는 필요한 일이요 은혜이지만 최선을 다하지 않는 삶의 기도가 어떤 의미가 있을까요? 우리가 보기에는 낭비 같아 보이는 시간도 주님 안에서는 다 이유가 있는 시간들입니다.

제자들이 타고 있는 배에 불고 있는 이 바람은 자연적인 바람과 함께 주님과 함께 있지 않음으로 인한 제자들의 심령 속에서 부는 바람으로 보입니다. 제자들은 왜 우리만 보내셨을까? 그곳에서 예수님을 왕으로 삼으려 했던 그들과 예수님은 왕이 되시고 있는 것일까? 우리 없이 또 어떤 일이 일어나고 있는 것은 아닐까? 그 바람이 예수님과 베드로가 배 위에 오르자 그쳤습니다. 우리의 심령 속에서도 요상한 바람들이 수시로 붑니다. 주님이 오셔야 그 바람이 그칩니다. 물 위로 걸어오시는 예수님을 보고 제자들은 유령이라 여겼습니다. 그 상황에서 자신들에게 올 수 있는 이는 유령밖에 없다고 여겼던 것입니다. 주님이 오신다는 생각은 왜 하지 못하고 있었을까요? 안심하라 내니 두려워하지 말라 하신 주님의 말씀은 출애굽 사건에서 여호와 하나님께서 하신 말씀의 요약입니다. 그들은 그 말씀을 들으면서 출애굽의 역사를 이룰 수가 있었습니다. 오늘 우리들의 삶에도 안심하라 내니 두려워 말라 하시는 말씀이 들려지기를 원합니다.

주님의 말씀을 듣고 베드로는 주여 만일 주님이시거든 나를 명하사 물 위로 오라 하소서 하였습니다. 무슨 뜻으로 한 말일까요? 물 위를 걷고 있는 이가 주님이신지 아닌지에 대해서 의심하고 있는 듯이 보입니다. 그러기에 만일 주님이시거든 이라 하였을 것이고 주님의 말씀대로 이루어진다면 유령이 아니라 주님이시라는 것을 믿겠다는 뜻이 아닐까요? 지금 여러분의 삶에서 주님께서 어떻게 해 주시면 믿으시겠습니까? 주님께서 갈릴리 호수 언덕에서 제자들이 있는 자리까지 날라 오시면 안 되었을까요? 아니면 순간이동을 하시던지, 왜 굳이 물 위를 걸어서 오셨을까요? 그것은 적어도 어부들이었던 제자들에게 있어 절대로 불가능한 일에 해당하는 것이 물 위를 걷는 것이었습니다. 생각과 이론이 아니라 경험을 통해서 쌓여진 사실이었습니다. 그런데 물 위로 걸어오심을 통하여 그리고 베드로에게 물 위로 걸어 오라 하심을 통하여 그들의 불가능 그들의 한계를 넘어 서게 하시기 위함으로 보입니다. 우리의 한계는 우리가 안다고 하는 것을 통하여 만들어 집니다. 내가 나를 안다고 하는 것으로 나의 한계를 만들고 내가 남에 대해서 아는 겨우 몇 가지로 사실들로 그의 한계를 규정하는 우를 범하곤 합니다. 모르고 살 수 없고 알고 살아야 하는데 안다고 하는 것이 얼마나 어려운 일인지를 선악과를 통해서 말씀하신 바가 있습니다.

주님께로 물 위를 걸어서 가던 베드로는 바람을 보고는 무서워 빠져 갔습니다. 주님을 바라보지 않고 주님 주변에 이는 물결을 보는 순간 무서움이 생겨 그리되었다 하였습니다. 사단 마귀는 할 수 만 있으면 우리의 시선을 주님으로부터 다른 것으로 옮기게 만들고자 합니다. 때로는 거짓으로 때로는 이간질로 때로는 두려움으로 그리하게 만들고 있습니다. 히브리서12:2에 믿음의 주요 온전케 하시는 이인 예수를 바라보자 하였습니다. 물에 빠져 들어가던 베드로가 모든 사람이 들을 수 있을 정도로 부끄러움을 무릅쓰고 소리를 질러 이르되 주여 나를 구원 하소서 하였습니다. 사실 베드로에게 물에 빠지는 것은 두려운 일이 아니었습니다. 배도 가까이 있었고 헤엄쳐서 가면 되는 일이기 때문입니다. 그러나 시험에 빠지면 이전에 능히 할 수 있던 일들도 온통 두렵게 되고 할 수 없는 일로 여겨집니다. 우리의 삶의 자리가 이러한 상황이라고 여겨지시거든 베드로와 똑같이 하시기 바랍니다. 체면 차릴 것도 없고 다른 구원이 없나 살필 것도 없고 주여 나를 구원하소서 외치시기 바랍니다. 그러자 예수님께서 즉시 손을 내밀어 그를 붙잡아 주셨고, 이르시되 믿음이 작은 자여 왜 의심하였느냐 하셨습니다. 믿음도 있고 없고의 차원이 있고 크고 작고의 상황이 있습니다. 히브리서11:38에 이런 사람은 세상이 감당하지 못하느니라 하셨는데 세상이 감당치 못할 믿음의 사람들이 되시길 바랍니다.

주님은 우리에게 우리의 기억과 지식과 경험과 한계를 넘어서는 새로운 길이 있음을 말씀하시고 있습니다. 주님과 우리가 가는 이 길은 대부분 배를 타고 갑니다. 경험과 상식과 관례와 이성과 전통 등입니다. 그러나 어느 때 어느 길은 배를 타고 갈 수 없고 물위를 걸어서 가야 하는 길이 있습니다. 그 길은 오직 믿음으로만 갈 수 있는 길입니다. 오늘 본문의 말씀은 마가복음 6:45-52에도 기록되어 있고 요한복음6:16-21에도 기록되어 있고 누가복음에는 생략되어 있고 바로 베드로의 하나님의 그리스도시니이다 하는 신앙고백으로 이어지고 있습니다. 그러나 마가복음 요한복음에는 예수님이 물 위를 걸은 기사는 있지만 베드로가 물 위를 걸었다는 기사는 없습니다. 요한복음에서는 가버나움 건너편에서 예수님과 회중들의 생명의 떡 논쟁이 이어지다가 회중들이 다 떠나가고 제자들만 남게 되었는데 요한복음6:66-69에서 그 때부터 그의 제자 중에서 많은 사람이 떠나가고 다시 그와 함께 다니지 아니하더라 예수께서 열두 제자에게 이르시되 너희도 가려느냐 시몬 베드로가 대답하되 주여 영생의 말씀이 주께 있사오니 우리가 누구에게로 가오리이까 우리가 주는 하나님의 거룩하신 자이신 줄 믿고 알았사옵나이다 하였습니다. 저는 이 상황에서 다른 제자들이 아닌 베드로가 이 대답을 한 것이 우연이 아니라 바다에서의 그와 같은 체험의 결과로 보입니다.

이 이후 베드로도 다른 제자들도 바울도 물 위를 걸어간 적은 없습니다. 베드로가 걸은 물 위의 길은 주님에 대한 믿음과 말씀에 대한 순종을 통하여 생겨납니다. 자기에게 말씀하시는 이가 예수님이심을 믿은 베드로가 오라 하시는 주님의 말씀에 순종하였을 때 생겨난 길입니다!

그 길을 가고 나자 배에 있는 사람들이 예수께 절하며 진실로 하나님의 아들이로소이다 고백하게 되었습니다! 우리로 하여금 그 길을 가게 하시는 이유입니다. 예수님이 하나님의 아들이심을 믿는 것이 복음이며 이 복음은 누군가의 삶에 의해 전파되어야 합니다.

63-4. 베드로, 네가 나를 사랑하느냐

요한복음에서 부활하신 주님은 세 번 제자들에게 나타나셨습니다.

첫 번째는 부활하신 날 저녁에 제자들이 유대인들을 두려워하여 모인 곳의 문들을 닫고 있던 상태에서 그들 가운데 나타나셨습니다. 너희에게 평강이 있을지어다 하셨고, 손과 옆구리를 보이셨으며, 아버지께서 나를 보내신 것과 같이 나도 너희를 보내노라 하셨고, 숨을 내쉬며 성령을 받으라 하셨고, 너희가 누구의 죄든지 사하면 사하여질 것이요 누구의 죄든지 그대로 두면 그대로 있으리라 하셨습니다. 이 때 제자들은 누구도 아무 말도 못하고 있었습니다.

두 번째 나타나신 것은 그로부터 8일 뒤입니다. 제자들이 여전히 집 안에 있을 때에 도마도 함께 있었는데 예수께서 오사 너희에게 평강이 있을지어다 하셨고, 도마에게 네 손가락을 이리 내밀어 내 손을 보고 네 손을 내밀어 내 옆구리를 넣어 보라 그리하여 믿음 없는 자가 되지 말고 믿는 자가 되라 하셨습니다. 이때는 제자들 중에 도마가 유일하게, 나의 주님이시오 나의 하나님이시니이다 하자, 주님께서 너는 나를 본 고로 믿느냐 보지 못하고 믿는 자들은 복되도다 하셨습니다.

세 번째 나타나신 것은 얼마 후에 제자들이 디베랴 호수에 있을 때였습니다. 갈릴리 호수에서 처음 주님의 말씀을 듣고 부름을 받았을 때와 같은 상황이 되풀이 되었습니다. 밤새도록 물고기를 잡으려 하였지만 얻지를 못한 상태에서 주님께서 배 오른편에 그물을 던지라 하셨고 그리하자 물고기가 많아 그물을 들 수 없었고 큰 물고기만으로도 153마리 였습니다. 베드로는 배에서 예수님을 알아보고 벗고 있던 겉옷을 두른 후에 바다로 뛰어 내려 오십 칸쯤 되는 거리를 수영하여 육지에 올랐습니다. 수영을 하려면 입고 있던 옷, 겉옷은 더군다나, 벗어야 마땅한데, 베드로는 자신의 벗은 몸을 주님께 도저히 보여드릴 수 없었던 모양입니다. 그래서 벗고 있던 겉옷을 두른 후에 바다로 뛰어 내렸습니다. 주님께 조금이라도 빨리 다가가고 싶은 그의 마음이 느껴집니다. 저는 이 장면이 인간 베드로를 가장 잘 보여주고 있다고 생각합니다.

나머지 제자들이 육지에 올랐을 때에 예수님은 떡과 생선을 숯불에 구워 조반을 준비해 놓고 계셨습니다. 와서 먹으라 하셨지만 아무도 아무 말도 못하고 있었습니다. 그들이 조반을 먹은 후에 드디어 예수님께서 베드로에게 말을 거셨습니다. 주님 부활하시고 이때까지 베드로와 아무 말씀이 없으셨습니다. 이전 같으면 베드로가 분명히 뭐라 먼저 말을 했을 터인데 아무 말도 안 하고 못하고 있었던 것입니다. 성경을 읽는 제가 답답해서 견딜 수 없는 지경이었습니다. 물론 주님께서도 베드로도 할 말은 무척 많았을 것입니다. 경솔히 주님의 마음을 표현해 본다면, "너, 베드로 다른 사람은 몰라도 네가 나를 버리고 그렇게 도망할 수가 있더냐, 더욱이 그렇게 나를 부인할 수가 있더냐, 십자가에서 내가 그토록 외쳤을 때에 그 소리가 들리지 않더냐, 빈무덤을 보고도 그렇게 믿지를 못하겠더냐? 부활 후 너에게 두 번이나 갔었건만 내게 그리 할 말이 없었더냐?" 하셨을까요? 베드로도 드리고 싶은 말들이 참 많았을 것입니다.

"너무 무서웠고 당혹스러웠습니다, 용기를 내려 했지만 되지를 않았습니다. 너무 부끄러웠고 혼란스러웠습니다, 어찌할 바를 몰랐습니다, 무슨 말씀을 드려야 할지 입이 떨어지지 않았습니다" 그 길고도 긴 침묵 그 길고도 긴 소리 없는 대화를 멈추시고 대화를 시작하셨습니다.

요한의 아들 시몬아, 네가 이 사람들보다 나를 더 사랑하느냐? 주님 그러하나이다. 내가 주님을 사랑하는 줄 주님께서 아시나이다. 내 어린 양을 먹이라! 요한의 아들 시몬아, 네가 나를 사랑하느냐? 주님 그러하나이다. 내가 주님을 사랑하는 줄 주님께서 아시나이다. 내 양을 치라! 요한의 아들 시몬아 네가 나를 사랑하느냐? 주님 모든 것을 아시오매 내가 주님을 사랑하는 줄을 주님께서 아시나이다. 내 양을 먹이라! 같은 질문 같은 대답인 것 같지만 다른 강조점들이 있습니다.

첫 번째 질문은 네가 이 사람들보다 나를 더 사랑하느냐 하셨습니다.

아마도 베드로가 마26:33에서 '모두 주를 버릴지라도 나는 결코 버리지 않겠나이다' 하였던 기억의 상처를 치유해 주시기 위한 질문으로 보입니다. 이 때는 성만찬을 마치신 주님과 제자들이 감람산으로 이동하던 중이었습니다 주님께서 오늘 밤에 너희가 다 나를 버리리라 하셨습니다. 그러자 베드로가 아마도 큰 소리로 외친 말일 것입니다.

두 번째 질문은 네가 나를 사랑하느냐 하심입니다.

내가 가진 어떤 것도 아니고, 내가 이룰 어떤 것도 아니고, 나의 존재 그 자체 즉 나를 사랑하느냐 물으신 것입니다.

세 번째 질문도 네가 나를 사랑하느냐 물으셨는데 원문은 뜻은 이전과는 다른 의미를 담고 있습니다.

첫 번째 두 번째는 '아가파스 메' 라고 물으셨습니다. 아는 말씀일 것이지만 헬라어에 사랑은 네 가지 범주를 가지고 있습니다. 에로스는 이성간의 본능적인 사랑입니다, 스토르게는 가족 혹은 동일 소속간의 사랑입니다. 필리아는 친구간의 사랑입니다. 아가페는 존재 그 자체에 대한 사랑, 무조건적인 사랑입니다. 나를 '아가파오' 하느냐는 질문이셨습니다. 거기에 대하여 베드로의 대답은 세 번 다 '필로 세' 였습니다. 사랑하는 것은 맞지만 아가페라고 감히 말씀드릴 수 없습니다 하는 뜻이었습니다. 그러자 주님께서 세 번째 질문에는 '필레이스 메' 라고 물어 주셨습니다. 사랑의 기준을 낮추신 것이 아니라 지금 베드로를 있는 모습 그대로 받으신다는 뜻으로 여겨집니다. 주님의 아가페 사랑이셨습니다. 베드로의 숨통을 터 주셨고, 베드로로 하여금 다시금 시작할 수 있게 해 주신 것입니다. 베드로가 여전히 '필로 세' 라고 대답하였지만, 그는 주님이 아신다라는 말을 '오이다스'에서 '기노스케이스'로 바꾸어 말합니다. 일반적으로 안다는 오이다스이며 기노스케이스는 뼈속까지 안다는 뜻입니다. 내가 이제 무엇을 숨기겠습니까? 내가 지금은 '필로 세' 라고 말할 수밖에 없지만 내가 드리고자 하는 사랑을 주께서 아실 것입니다 하는 고백으로 들립니다. 이 고백을 들으시고 주님께서 "내 어린 양을 먹이라, 내 양을 치라, 내 양을 먹이라" 하셨습니다. 먹을 것을 주고 돌보아 주라는 말씀입니다.

이제까지 주님께서 그의 백성들에게 하셨던 일들을 그에게 부탁하신 것입니다. 그 일은 다른 것으로 하는 것이 아니라 주님을 사랑함으로 할 수 있는 일이라고 오늘 주님은 말씀하시고 있습니다.

63-5. 베드로, 그의 첫 설교

겟세마네, 대제사장의 뜰, 십자가, 빈무덤, 부활 후 두 번의 찾아오심, 갈릴리에서의 재회, 세 번의 사랑 고백 후에 그들은 다시 예루살렘으로 돌아왔을 것이고 예수님은 그들이 보시는데서 감람산에서 승천 하셨습니다. 구름이 그를 가리어 보이지 않게 되었다 하였습니다. 올라가실 때에 제자들이 자세히 하늘을 쳐다보고 있는데 흰 옷 입은 두 사람이 그들 곁에 서서 이르되 갈릴리 사람들아 어찌하여 서서 하늘을 쳐다보느냐 너희 가운데서 하늘로 올려지신 이 예수는 하늘로 가심을 본 그대로 오시리라 하였습니다. 감람산에서 돌아온 제자들과 무리들은 마가의 다락방에서 모여서 기도하기를 힘쓰고 있었고 그 가운데 가룟 유다를 대신할 사도를 두 사람을 천거하여 제비를 뽑아 맛디아를 세웠습니다. 마가의 다락방에서 마음을 같이 하여 전심으로 기도에 힘쓰던 중 열흘쯤 지난 오순절에 성령 하나님께서 저들 가운데 임하셨습니다. 120명의 사람들이 다 성령의 충만함을 받고 성령이 말하게 하심을 따라 다른 언어들로 말하기를 시작하였습니다. 제자들이 자기 고장의 말로 복음 전하는 것을 듣고는 놀라기도 하면서 어떤 이들은 조롱하여 이르되 그들이 새 술에 취하였다 하였습니다.

이 같은 상황에서 베드로가 첫 번째 설교를 시작하였습니다.

베드로가 열한 사도와 함께 서서 소리를 높여 이르되 유대인들과 예루살렘에 사는 모든 사람들아 이 일을 너희로 알게 할 것이니 내 말에 귀를 기울이라 하며 때가 제 삼시니 너희 생각과 같이 이 사람들이 취한 것이 아니라 하며 이는 곧 선지자 요엘을 통하여 말씀하신 것이 이루어진 것이라 하였습니다. 행 2:17-21에 하나님이 말씀하시기를 말세에 내가 내 영을 모든 육체에 부어 주리니 너희의 자녀들은 예언할 것이요 너희의 젊은이들은 환상을 보고 너희의 늙은이들은 꿈을 꾸리라 그 때에 내가 내 영을 내 남종과 여종들에게 부어 주리니 그들이 예언할 것이요 또 내가 위로 하늘에서는 기사를 아래로 땅에서는 징조를 베풀리니 곧 피와 불과 연기로다 주의 크고 영화로운 날이 이르기 전에 해가 변하여 어두워지고 달이 변하여 피가 되리라 누구든지 주의 이름을 부르는 자는 구원을 받으리라 하였느니라 하였습니다.

예수가 그리스도이심에 대하여도 하나님께서 나사렛 예수를 통하여 스스로 증거케 하셨다 하였습니다. 행2:22에 이스라엘 사람들아 이 말을 들으라 너희도 아는 바와 같이 하나님께서 나사렛 예수로 큰 권능과 기사와 표적을 너희 가운데서 베푸사 너희 앞에서 그를 증언하셨느니라 하였고, 너희가 그 그리스도 되시는 예수를 법 없는 자들 즉 이방인 즉 빌라도의 손으로 처형시켰다 하였습니다. 행2:23에 그가 하나님께서 정하신 뜻과 미리 아신 대로 내준 바 되었거늘 너희가 법 없는 자들의 손을 빌려 못 박아 죽였으나 하였습니다.

그러나 그 예수 그리스도께서 죽음에서 부활하셨는데 그 부활에 대해서는 우리 조상 다윗을 통하여 이미 예언하신 바 있다고 선포하였습니다.

행2:24-47에 하나님께서 그를 사망의 고통에서 풀어 살리셨으니 이는 그가 사망에 매여 있을 수 없었음이라 다윗이 그를 가리켜 이르되 내가 항상 내 앞에 계신 주를 뵈었음이여 나로 요동하지 않게 하기 위하여 그가 내 우편에 계시도다 그러므로 내 마음이 기뻐하였고 내 혀도 즐거워하였으며 육체도 희망에 거하리니 이는 내 영혼을 음부에 버리지 아니하시며 주의 거룩한 자로 썩음을 당하지 않게 하실 것임이로다 주께서 생명의 길을 내게 보이셨으니 주 앞에서 내게 기쁨이 충만하게 하시리로다 하였으므로 형제들아 내가 조상 다윗에 대하여 담대히 말할 수 있노니 다윗이 죽어 장사되어 그 묘가 오늘까지 우리 중에 있도다 그는 선지자라 하나님이 이미 맹세하사 그 자손 중에서 한 사람을 그 위에 앉게 하리라 하심을 알고 미리 본 고로 그리스도의 부활을 말하되 그가 음부에 버림이 되지 않고 그의 육신이 썩음을 당하지 아니하시리라 하더니 하였습니다.

다윗이 예언하였던 그 예수를 하나님이 살리셨고 우리는 이 일에 증인이라 선포하였습니다.

행2:32에 이 예수를 하나님이 살리신지라 우리가 다 이 일에 증인이로다 하였습니다.

지금 우리들이 경험하고 있는 일들은 하나님께서 예수 그리스도를 통하여 이루시는 성령 하나님의 역사이며 그의 설교의 마지막은 십자가에 못 박힌 예수가 그리스도라는 것이었습니다.

행2:33-36에 하나님이 오른손으로 예수를 높이시매 그가 약속하신 성령을 아버지께 받아서 너희가 보고 듣는 이것을 부어 주셨느니라 다윗은 하늘에 올라가지 못하였으나 친히 말하여 이르되 주께서 내 주에게 말씀하시기를 내가 네 원수로 네 발등상이 되게 하기까지 너는 내 우편에 앉아 있으라 하셨도다 하였으니 그런즉 이스라엘 온 집은 확실히 알지니 너희가 십자가에 못 박은 이 예수를 하나님이 주와 그리스도가 되게 하셨느니라 하니라 하였습니다.

설교를 들은 이들이 마음이 찔려 회개를 하였고 세례를 받은 이들이 삼천이나 더하였습니다.

행2:37-42에 그들이 이 말을 듣고 마음에 찔려 베드로와 다른 사도들에게 물어 이르되 형제들아 우리가 어찌할꼬 하거늘 베드로가 이르되 너희가 회개하여 각각 예수 그리스도의 이름으로 세례를 받고 죄 사함을 받으라 그리하면 성령의 선물을 받으리니 이 약속은 너희와 너희 자녀와 모든 먼 데 사람 곧 주 우리 하나님이 얼마든지 부르시는 자들에게 하신 것이라 하고

또 여러 말로 확증하며 권하여 이르되 너희가 이 패역한 세대에서 구원을 받으라 하니 그 말을 받은 사람들은 세례를 받으매 이 날에 신도의 수가 삼천이나 더하더라 그들이 사도의 가르침을 받아 서로 교제하고 떡을 떼며 오로지 기도하기를 힘쓰니라 하였습니다.

이들이 모여서 초대교회를 이루었습니다.

행2:43-47에 사람마다 두려워하는데 사도들로 말미암아 기사와 표적이 많이 나타나니 믿는 사람이 다 함께 있어 모든 물건을 서로 통용하고 또 재산과 소유를 팔아 각 사람의 필요를 따라 나눠 주며 날마다 마음을 같이하여 성전에 모이기를 힘쓰고 집에서 떡을 떼며 기쁨과 순전한 마음으로 음식을 먹고 하나님을 찬미하며 또 온 백성에게 칭송을 받으니 주께서 구원 받는 사람을 날마다 더하게 하시니라 하였습니다. 베드로의 설교는 초대교회가 이루어지는데 한 역할을 하였습니다.

63-6. 베드로, 내게 있는 것

베드로의 첫 번째 설교는 오순절 성령 강림 이후에 제자들이 나가서 각 지역의 언어로 복음을 전하자 이를 놀랍게 여기며 저들이 새 술에 취하였다 조롱

하는 이들이 있어 그들에게 오순절 성령 강림의 의미를 알리는 것이었습니다. 이는 선지자 요엘의 예언의 성취이며, 다윗이 예언한 대로 나사렛 예수는 선재하신 분이신데 그리스도로 우리에게 오셨건만 저들이 혹 너희가 그를 법 없는 자들의 손을 빌어 죽였으나 그가 부활하셨고 하나님이 오른 손으로 예수를 높이시매 그가 약속하신 성령을 아버지께 받아서 너희가 보고 듣는 이것을 부어주신 일이다(행2:33) 라고 하였습니다. 이 모든 일이 증거하는 것은 예수가 그리스도라는 것이니 너희가 회개하여 각각 예수 그리스도의 이름으로 세례를 받고 죄 사함을 받으면 성령의 선물을 받게 될 것이라 하였습니다. 이 설교로 인하여 신도의 수가 삼천이나 더하였고, 초대교회의 삶이 이루어졌습니다.

베드로의 두 번째 설교는 성전 미문에서 구걸하던 나면서부터 걷지 못한 이가 치유 받은 사건 후에 선포 되었습니다. 베드로와 요한이 제 구 시 기도 시간에 성전에 올라갔습니다. 예루살렘 성의 여러 문 가운데 아름다운 문이라 이름붙을 만한 이곳에서 아름답지 못한 모습이 매일 되풀이 되고 있었습니다. 나면서부터 못 걸었으니 자신 앞을 걸어 다니는 이들이 얼마나 부러웠겠습니까? 걸어서 교회 오신 것을 감사하시기 바랍니다. 그 앞을 걸어서 가는 이들이 성전에 기도하러 가던 이들이었는데 이에게 관심을 기울인이가 없었던 듯합니다. 그런데 베드로와 요한의 눈에 이가 들어온 것입니다. 베드로와 요한이 그를 주목하여 보았다 하였습니다. 우리의 눈도 열리길 원합니다(에바다), 보아야 할 것을 볼 수 있기를 원합니다. 그가 그들에게 단지 바랫던 것은 하루를 이어갈 적선이었을 것입니다. 그러나 베드로는 은과 금은 내게 없거니와 내게 있는 이것을 네게 주노니 나사렛 예수 그리스도의 이름으로 걸으라 하였고 그리 되었으며 이로 인하여 그도 찬송하고 모든 백성들은 놀라고 놀랐습니다. 베드로의 두 번째 설교는 이 사건의 의미를 전하는 것이었습니다. 이 설교는 솔로몬 행각에서 있었습니다. 이 곳은 성전 뜰 바깥에 있는 긴 건물이었습니다. 요한복음 10장에 보면 예수님께서도 이 행각에서 말씀하신 적이 있습니다.

첫째는 이 일은 우리 개인의 권능과 경건으로 이루어진 일이 아니다 함이었고, 둘째는 하나님이 보내신 종 예수를 너희가 죽였으나 하나님이 그를 다시 살리셨고 우리는 이 일에 증인이며, 그 예수의 이름을 믿는 믿음이 이를 이같이 완전히 낫게 한 것이라 하였습니다. 예수의 이름을 믿음이 예수의 이적을 이루게 하십니다. 내가 질실로 질실로 너희에게 이르노니 나를 믿는 자는 내가 하는 일을 그도 할 것이요 또한 그보다 큰일도 하리니 이는 내가 아버지께로 감이라(요14:12) 셋째는 그러므로 너희도 회개하고 돌이켜 너희 죄 없이 함을 받으라 하였습니다. 넷째는 첫 번째 설교에서 다윗의 말을 통해 예수가 그리스도이심을 선포한 것 같이 모세를 들어 그리하였습니다. 이는 모세가 신명기18:15에서 이른 주 하나님이 너희를 위하여 너희 형제 가운데서 나 같은 선지자 하나를 세울 것이니 너희가 무엇이든지 그의 모든 말을 들을 것이라 누구든지 그 선지자의 말을 듣지 아니하는 자는 백성 중에서 멸망 받으리라 함이 이루어진 일이라 하였습니다.

베드로의 설교에 대하여 제사장들과 성전 맡은 자와 사두개인들은 이 설교를 싫어하여 사도들을 옥에 가두었으나, 말씀을 들은 사람 중에 믿는 자가 많으니 남자의 수가 약 오천이나 되었다 하였습니다. 이튿날 예루살렘의 고관들이 다 모여 사도들을 심문하였습니다. 너희가 무슨 권세와 누구의 이름으로 이 일을 행하였느냐? 하였습니다. 이 질문은 예수님께서도 유대인들로부터 받은 질문이었습니다. 이 일은 나면서부터 못 걸은 이를 치유한 일이었습니다. 베드로가 성령이 충만하여 너희와 모든 이스라엘 백성들은 알라 너희가 십자가에 못 박고 하나님이 죽은 자 가운데서 살리신 나사렛 예수 그리스도의 이름으로 이 사람이 건강하게 되어 너희 앞에 선 것이라 하였습니다. 다른 이로써는 구원을 받을 수 없나니 천하 사람 중에 구원을 받을 만한 다른 이름을 우리에게 주신 일이 없다 하였습니다. 고관들은 병 나은 사람이 제자들과 함께 있음을 보고 비난할 말이 없는지라 공회에서 나가라 하며 경고하기를 도무지 예수의 이름으로 말하지도 말고 가르치지도 말라 하였지만 베드로와 요한이 하나님 앞에서 너희의 말을 듣는 것이 하나님의 말씀을 듣는 것보다 옳은가 판단하라 우리는 보고 들은 것을 말하지 아니할 수 없다 하였습니다. 이를 본 모든 이들이 하나님께 영광을 돌리었고, 이 표적으로 병 나은 사람은 사십여 세나 되었다 하였습니다. 40여 년 만에 그에게 구원이 임한 것입니다.

63-7. 베드로, 아나니아야!

오순절 성령 강림 기도, 베드로의 설교, 성전 미문 사건, 베드로의 솔로몬 행각 설교 등으로 초대교회가 세워져 가고 있었습니다. 행4:32-37에 믿는 무리가 한마음과 한 뜻이 되어 모든 물건을 서로 통용하고 자기 재물을 조금이라도 자기 것이라 하는 이가 하나도 없더라 사도들이 큰 권능으로 주 예수의 부활을 증언하니 무리가 큰 은혜를 받아 그 중에 가난한 사람이 없으니 이는 밭과 집 있는 자는 팔아 그 판 것의 값을 가져다가 사도들의 발 앞에 두매 그들이 각 사람의 필요를 따라 나누어 줌이라 구브로에서 난 레위족 사람이 있으니 이름은 요셉이라 사도들이 일컬어 바나바라(번역하면 위로의 아들이라) 하니 그가 밭이 있으매 팔아 그 값을 가지고 사도들의 발 앞에 두니라 하였습니다. 아나니아와 삽비라 사건은 이러한 상황 속에서 일어난 일로 마치 가나안 정복 전쟁이 시작되어 여리고 성을 점령한 후에 일어난 아간의 사건과 같은 의미였습니다. 수7:1에 이스라엘 자손들이 온전히 바친 물건으로 말미암아 범죄하였으니 이는 유다 지파 세라의 증손 삽디의 손자 갈미의 아들 아간이 온전히 바친 물건을 가졌음이라 여호와께서 이스라엘 자손들에게 진노하시니라 하였고, 수7:11에 이스라엘이 범죄하여 내가 그들에게 명령한 나의 언약을 어겼으며 또한 그들이 온전히 바친 물건을 가져가고 도둑질하며 속이고 그것을 그들의 물건들 가운데에 두었느니라 하였습니다.

신약성경에 나오는 다른 두 명의 아나니아가 있습니다. 아나니아는 여호와는 의로우시다의 뜻을 가지고 있습니다. 행9:10에 그 때에 다메섹에 아나니아라 하는 제자가 있더니 주께서 환상 중에 불러 이르시되 아나니아야 하시거늘 대답하되 주여 내가 여기 있나이다 하니 하였고, 행22:12에 율법에 따라 경건한 사람으로 거기 사는 모든 유대인들에게 칭찬을 듣는 아나니아라 하는 이가 하였으며, 행23:1-2에 바울이 공회를 주목하여 이르되 여러분 형제들아 오늘까지 나는 범사에 양심을 따라 하나님을 섬겼노라 하거늘 대제사장 아나니아가 바울 곁에 서 있는 사람들에게 그 입을 치라 명하니 하였습니다.

이 사건에서 베드로는 아나니아와 삽비라의 죄를 드러내는 역할을 하였습니다. 그것은 제비가 아간에게로 다가가는 의미와 같다 할 것입니다. 행5:3-4에 베드로가 이르되 아나니아야 어찌하여 사탄이 네 마음에 가득하여 네가 성령을 속이고 땅 값 얼마를 감추었느냐 땅이 그대로 있을 때에는 네 땅이 아니며 판 후에도 네 마음대로 할 수가 없더냐 어찌하여 이 일을 네 마음에 두었느냐 사람에게 거짓말한 것이 아니요 하나님께로다 하였고, 행5:8-9에 베드로가 이르되 그 땅 판 값이 이것뿐이냐 내게 말하라 하니 이르되 예 이것뿐이라 하더라 베드로가 이르되 너희가 어찌 함께 꾀하여 주의 영을 시험하려 하느냐 보라 네 남편을 장사하고 오는 사람들의 발이 문 앞에 이르렀으니 또 너를 메어 내가리라 하니 하였습니다.

아나니아와 삽비라가 왜 그리 하였는지? 베드로는 그 사실을 어떻게 알 수 있었는지? 아나니아와 삽비라에게 임한 죽음은 어떤 의미인지? 삽비라가 남편의 죽음을 어떻게 모를 수 있었는지? 등은 계시적 사건으로 보아야 할 것입니다.

이 사건으로 사도행전에서 첫 번째로 교회라는 용어가 사용되게 되었고 교회가 부흥하는 계기가 되었습니다. 행5:11에 온 교회와 이 일을 듣는 사람들이 다 크게 두려워하니라 하였으며, 행5:14에 믿고 주께로 나아오는 자가 더 많으니 남녀의 큰 무리더라 하였습니다.

반면에 교회의 대적자들에게는 사도들을 핍박하는 이유가 되었으나 주님의 권능이 계속해서 역사하셨습니다. 행5:17-20에 대제사장과 그와 함께 있는 사람 즉 사두개인의 당파가 다 마음에 시기가 가득하여 일어나서 사도들을 잡아다가 옥에 가두었더니 주의 사자가 밤에 옥문을 열고 끌어내어 이르되 가서 성전에 서서 이 생명의 말씀을 다 백성에게 말하라 하매 하였고,

이 사건에 대한 베드로의 설교입니다.

행5:29-32에 베드로와 사도들이 대답하여 이르되 사람보다 하나님께 순종하는 것이 마땅하니라 너희가 나무에 달아 죽인 예수를 우리 조상의 하나님이 살리시고 이스라엘에게 회개함과 죄 사함을 주시려고 그를 오른손으로 높이사 임금과 구주로 삼으셨느니라 우리는 이 일에 증인이요 하나님이 자기에게 순종하는 사람들에게 주신 성령도 그러하니라 하더라 하였습니다.

환란은 오히려 교회를 든든하게 하는 계기가 되었습니다.

행5:38-42에 이제 내가 너희에게 말하노니 이 사람들을 상관하지 말고 버려

두라 이 사상과 이 소행이 사람으로부터 났으면 무너질 것이요 만일 하나님께로부터 났으면 너희가 그들을 무너뜨릴 수 없겠고 도리어 하나님을 대적하는 자가 될까 하노라 하니 그들이 옳게 여겨 사도들을 불러들여 채찍질하며 예수의 이름으로 말하는 것을 금하고 놓으니 사도들은 그 이름을 위하여 능욕 받는 일에 합당한 자로 여기심을 기뻐하면서 공회 앞을 떠나니라 그들이 날마다 성전에 있든지 집에 있든지 예수는 그리스도라고 가르치기와 전도하기를 그치지 아니하니라 하였습니다.

63-8. 베드로, 고넬료의 집에서

아나니아와 삽비라 사건 후에 교회는 거룩한 두려움으로 힘을 얻어 나아가서 사회적 구제까지 이르게 되었는데 그 구제를 위하여 일곱 안수집사를 세우게 되었습니다. 그 중에 스데반이 유대인들과 논쟁을 하다가 공회에서 투석형을 언도받고 사형에 처해지게 되었고 그 처형에 사울이 증인 역할을 하였습니다. 사울을 살기가 등등하여 다메섹까지 가서 예수 믿는 자들을 예루살렘으로 잡아 오려고 하다가 그곳에서 부활하신 주님을 만나고 회심하게 되는 일이 있었습니다. 이 때가 주님 부활하신 후 4년 정도 되었을 때입니다. 그 후 바울은 아라비아에 가서 3년을 있다가 다메섹을 거쳐 예루살렘을 방문하였습니다. 행9:26-27에 사울이 예루살렘에 가서 제자들을 사귀고자 하나 다 두려워하여 그가 제자 됨을 믿지 아니하니 바나바가 데리고 사도들에게 가서 그가 길에서 어떻게 주를 보았는지와 주께서 그에게 말씀하신 일과 다메섹에서 그가 어떻게 예수의 이름으로 담대히 말하였는지를 전하니라 하였습니다. 이 상황에서 사울과 베드로의 만남이 있었을 터인데 베드로와 사울의 대화 내용이 전혀 기록되어 있지 않은 것이 아쉽습니다. 사도행전 전체에서 베드로와 바울의 직접적인 대화가 기록되어 있지 않습니다.

이후에 바울은 고향인 길리기아 다소로 갔고, 베드로는 룻다에 가서 애니아를 고쳐 주었는데 그는 중풍병으로 침상에 누운 지 여덟 해가 되었던 이였습니다. 행9:34에 베드로가 이르되 애니아야 예수 그리스도께서 너를 낫게 하시니 일어나 네 자리를 정돈하라 한대 곧 일어나니 한 것은 중풍병자를 네 명의 친구들이 데려왔을 때 예수님께서 막2:11에 일어나 네 상을 가지고 가라 시며 그를 치유하신 일과 같습니다. 욥바에서는 다비다 번역하면 도르가라는 선행과 구제하는 일이 심히 많은 여인이 죽어 장사 지낸바 되었는데 행9:40-42에 베드로가 사람을 다 내보내고 무릎을 꿇고 기도하고 돌이켜 시체를 향하여 이르되 다비다야 일어나라 하니 그가 눈을 떠 베드로를 보고 일어나 앉는지라 베드로가 손을 내밀어 일으키고 성도들과 과부들을 불러 들여 그가 살아난 것을 보이니 온 욥바 사람이 알고 많은 사람이 주를 믿더라 한 사건도 예수님께서 야이로의 딸을 다시 살리시며 달리다굼(막5:41) 하신 사건과 같습니다.

이 두 사건 후에 욥바에서 베드로에게 하늘이 열리며 한 그릇이 내려오는데 큰 보자기 같았습니다. 그 보자기에는 각종 짐승들이 있었는데 베드로에게 일어나 잡아 먹으라 하는 소리가 있었습니다. 그 때 베드로가 주여 그럴 수 없나이다 속되고 깨끗하지 아니한 것을 내가 결코 먹지 아니하였나이다 하자 두 번째 소리가 있어 하나님께서 깨끗하게 하신 것을 네가 속되다 하지 말라 하였고 이런 일이 세 번 있었습니다. 그 후에 고넬료가 보낸 사람이 도착하였고 그들을 따라 고넬료의 집에 가게 됩니다. 당시 고넬료는 가이샤라에 있는 로마 군대의 백부장이었는데 이방인이었습니다. 베드로가 갈 수 없는 그 곳에 가서 하시려고 애니아 이적, 다비다 이적, 큰 보자기 이적을 베푸신 것으로 보입니다. 행10:23-43에 베드로가 불러 들여 유숙하게 하니라 이튿날 일어나 그들과 함께 갈새 욥바에서 온 어떤 형제들도 함께 가니라 - 이 두려운 길에 함께 가준 형제들이 있었습니다. 이튿날 가이사랴에 들어가니 고넬료가 그의 친척과 가까운 친구들을 모아 기다리더니 - 고넬료가 베드로를 맞아들이는데 혼자 하지 않고 친척과 친구들을 모아 베드로를 기다리고 있었습니다. 마침 베드로가 들어올 때에 고넬료가 맞아 발 앞에 엎드리어 절하니 - 베드로가 들어올 때에 고넬료가 발 앞에 엎드리어 절을 하였습니다. 그는 로마군대의 백부장이었습니다. 베드로가 일으켜 이르되 일어서라 나도 사람이라 하고

- 베드로가 권위 있게 그러나 겸손하게 일어서라 나도 사람이라 하였습니다. 이는 저 야곱이 바로 앞에서 있었던 일과 비슷합니다. 믿는 자는 겸손하되 권위가 있어야 합니다. 비굴하지 말아야 합니다. 겸손이 비굴한 것은 아닙니다. 더불어 말하며 들어가 여러 사람이 모인 것을 보고 이르되 유대인으로서 이방인

과 교제하며 가까이 하는 것이 위법인 줄은 너희도 알거니와 하나님께서 내게 지시하사 아무도 속되다 하거나 깨끗하지 않다 하지 말라 하시기로 부름을 사양하지 아니하고 왔노라 묻노니 무슨 일로 나를 불렀느냐 - 주님께서 원하시는 일은 복음이 유대인에게서 이방인에게로 전해지는 일이었습니다. 고넬료가 이르되 내가 나흘 전 이맘때까지 내 집에서 제 구 시 기도를 하는데 갑자기 한 사람이 빛난 옷을 입고 내 앞에 서서 말하되 고넬료야 하나님이 네 기도를 들으시고 네 구제를 기억하셨으니 사람을 욥바에 보내어 베드로라 하는 시몬을 청하라 그가 바닷가 무두장이 시몬의 집에 유숙하느니라 하시기로 내가 곧 당신에게 사람을 보내었는데 오셨으니 잘하였나이다 이제 우리는 주께서 당신에게 명하신 모든 것을 듣고자 하여 다 하나님 앞에 있나이다 - 고넬료는 참으로 믿는 자의 아름다운 모습을 아주 많이 보여주고 있습니다. 베드로가 입을 열어 말하되 내가 참으로 하나님은 사람의 외모를 보지 아니하시고 각 나라 중 하나님을 경외하며 의를 행하는 사람은 다 받으시는 줄 깨달았도다 - 주님의 뜻을 깨달은 베드로가 고넬료의 집에서 행한 설교입니다. 핵심은 예수 그리스도의 죽으심과 부활 그리고 심판주 되심과 죄사함이었습니다. 만유의 주 되신 예수 그리스도로 말미암아 화평의 복음을 전하사 이스라엘 자손들에게 보내신 말씀 곧 요한이 그 세례를 반포한 후에 갈릴리에서 시작하여 온 유대에 두루 전파된 그것을 너희도 알거니와 하나님이 나사렛 예수에게 성령과 능력을 기름 붓듯 하셨으매 그가 두루 다니시며 선한 일을 행하시고 마귀에게 눌린 모든 사람을 고치셨으니 이는 하나님이 함께 하셨음이라 우리는 유대인의 땅과 예루살렘에서 그가 행하신 모든 일에 증인이라 그를 그들이 나무에 달아 죽였으나 하나님이 사흘 만에 다시 살리사 나타내시되 모든 백성에게 하신 것이 아니요 오직 미리 택하신 증인 곧 죽은 자 가운데서 부활하신 후 그를 모시고 음식을 먹은 우리에게 하신 것이라 우리에게 명하사 백성에게 전도하되 하나님이 살아 있는 자와 죽은 자의 재판장으로 정하신 자가 곧 이 사람인 것을 증언하게 하셨고 그에 대하여 모든 선지자도 증언하되 그를 믿는 사람들이 다 그의 이름을 힘입어 죄 사함을 받는다 하였느니라 하였습니다.

베드로가 설교할 때에 성령이 말씀 듣는 모든 사람에게 내려오셨고, 이에 베드로가 그들에게 세례를 베풀었습니다. 이 일들에 대해서 예루살렘에 있는 할례자들이 베드로를 비난하였는데, 베드로가 그 간에 있었던 일들을 설명하자 행11:18에 그들이 그러면 하나님께서 이방인에게도 생명 얻는 회개를 주셨도다 하였습니다. 복음이 전파되던 중에 행11:19-20에 그 때에 스데반의 일로 일어난 환난으로 말미암아 흩어진 자들이 베니게와 구브로와 안디옥까지 이르러 유대인에게만 말씀을 전하는데 그 중에 구브로와 구레네 몇 사람이 안디옥에 이르러 헬라인에게도 말하여 주 예수를 전파하니 한 것으로 보아 이 때부터 복음이 유대인에게서 이방인에게로 전파되기 시작한 것으로 보입니다. 수리아 안디옥 교회가 흉년이 든 예루살렘 교회를 위하여 부조를 했습니다. 행11:30에 이를 실행하여 바나바와 사울의 손으로 장로들에게 보내니라 하신 말씀은 수리아 안디옥에 있었던 바울이 예루살렘을 2차 방문한 사건인데 주후 45년 경입니다.

사도행전에서 베드로의 마지막 말은 사도행전15:6-11에 나옵니다. 이는 이방인들에게 율법을 지키게 하는 문제에 대하여 율법주의자들과 바울과 바나바 사이에 다툼이 있어 이 문제로 첫 공의회가 모였을 때에 베드로의 증언이었고 행15:6에 사도와 장로들이 이 일을 의논하러 모여

- 이때가 주후 49년경으로 바울의 예루살렘 3차 방문이었습니다. 주님 부활승천 하신후 19년 정도 되었을 때입니다. 많은 변론이 있은 후에 베드로가 일어나 말하되 형제들아 너희도 알거니와 하나님이 이방인들로 내 입에서 복음의 말씀을 들어 믿게 하시려고 오래 전부터 너희 가운데서 나를 택하시고 또 마음을 아시는 하나님이 우리에게와 같이 그들에게도 성령을 주어 증언하시고 믿음으로 그들의 마음을 깨끗이 하사 그들이나 우리나 차별하지 아니하셨느니라 그런데 지금 너희가 어찌하여 하나님을 시험하여 우리 조상과 우리도 능히 메지 못하던 멍에를 제자들의 목에 두려느냐 그러나 우리는 그들이 우리와 동일하게 주 예수의 은혜로 구원 받는 줄을 믿노라 하니라 하였습니다.

이를 근거로, 행15:28-29에 성령과 우리는 이 요긴한 것들 외에는 아무 짐도 너희에게 지우지 아니하는 것이 옳은 줄 알았노니 우상의 제물과 피와 목매어 죽인 것과 음행을 멀리할지니라 이에 스스로 삼가면 잘되리라 평안함을 원하노라 하였더라 하였습니다.

바울이 이방인의 사도 역할을 감당하였지만 그 역할을 감당할 수 있도록 중요한 결정이 이루어지게 되는 일에 있어 베드로의 역할이 지대하였습니다.

63-9. 베드로, 잠자는 베드로

주후 43년경 헤롯이 요한의 형제 야고보를 칼로 죽이고 유대인들이 이 일을 기뻐하는 것을 보고는 베드로도 죽이려 하여 잡아 옥에 가두었습니다. 헤롯은 헤롯대왕의 손자 헤롯 아그립바 1세입니다(37-44). 그는 세례 요한을 희생의 제물로 삼았던 갈릴리 분봉왕 헤롯 안티파스의 조카이기도 합니다. 초대교회는 유대교와 선이 분명하지 않았습니다. 거기에다 이방인들에 대해서도 유대교와 맥을 같이 하고 있었습니다. 그래서 초기에 유대교는 기독교를 배척하지 않았습니다. 그러다가 베드로의 고넬료집 사건과 그를 승인한 예루살렘 교회의 일은 유대교가 기독교를 박해하는 계기가 되었습니다. 그러자 스스로 유대인이라 하였던 헤롯은 유대인들의 환심을 사기 위하여 기독교를 핍박하기 시작하였습니다. 그들의 목적은 오로지 왕좌를 유지하기 위한 일이었습니다. 기독교인들을 박해하는 것이 유대인들의 호의를 사는 일이었기에 야고보를 처형하였고 베드로도 처형하려 하였습니다. 이 때가 무교절 기간이었고 유월절 후에 백성 앞에 끌어내고자 함이었습니다. 저는 이 상황에서 잠을 자고 있는 베드로가 참으로 기이하게 여겨졌습니다. 행12:6-7에 헤롯이 잡아내려고 하는 그 전날 밤에 베드로가 두 군인 틈에서 두 쇠사슬에 매여 누워 자는데 파수꾼들이 문 밖에서 옥을 지키더니 홀연히 주의 사자가 나타나매 옥중에 광채가 빛나며 또 베드로의 옆구리를 쳐 깨워 이르되 급히 일어나라 하니 쇠사슬이 그 손에서 벗어지더라 하였습니다.

이 문제에 대한 교회의 대처는 기도하는 것이었습니다. 그곳은 아마도 마가의 다락방이었을 것입니다. 기도가 인간의 능력이 아니라는 것을 나타내는 이야기가 들어 있습니다. 그들이 기도한대로 정작 베드로는 석방되었지만 오히려 베드로가 천사의 인도를 나와 문을 두드리며 있음을 전해 듣고도 그들은 믿으려 하지 않았었다는 사실입니다. 행12:12-15에 깨닫고 마가라 하는 요한의 어머니 마리아의 집에 가니 여러 사람이 거기에 모여 기도하고 있더라 베드로가 대문을 두드린대 로데라 하는 여자 아이가 영접하러 나왔다가 베드로의 음성인 줄 알고 기뻐하여 문을 미처 열지 못하고 달려 들어가 말하되 베드로가 대문 밖에 섰더라 하니 그들이 말하되 네가 미쳤다 하나 여자 아이는 힘써 말하되 참말이라 하니 그들이 말하되 그러면 그의 천사라 하더라 하였습니다.

그들에 비해 로데라는 소녀는 베드로가 왔음을 믿고 전했습니다. 열왕기하 5장에서도 나아만의 집에 사로잡혀 갔던 여자 아이는 엘리사의 능력을 믿었음에 반해 이스라엘의 왕은 자기 옷을 찢으며 내가 사람을 죽이고 살리는 하나님이냐 하며 불신하고 있었습니다. 교회를 박해하던 자의 최후에 대한 성경의 증언입니다. 헤롯 뿐 아니라 교회를 핍박하였던 로마의 황제들도 이와 같은 최후를 맞이한 이들이 많았습니다. 행12:20-23에 헤롯이 두로와 시돈 사람들을 대단히 노여워하니 그들의 지방이 왕국에서 나는 양식을 먹는 까닭에 한마음으로 그에게 나아와 왕의 침소 맡은 신하 블라스도를 설득하여 화목하기를 청한지라 헤롯이 날을 택하여 왕복을 입고 단상에 앉아 백성에게 연설하니 백성들이 크게 부르되 이것은 신의 소리요 사람의 소리가 아니라 하거늘 헤롯이 영광을 하나님께로 돌리지 아니하므로 주의 사자가 곧 치니 벌레에게 먹혀 죽으니라 하였습니다.

행12:17에 베드로가 그들에게 손짓하여 조용하게 하고 주께서 자기를 이끌어 옥에서 나오게 하던 일을 말하고 또 야고보와 형제들에게 이 말을 전하라 하고 떠나 다른 곳으로 가니라 하였는데, 여기까지가 사도행전에서 베드로의 사역이고 이후부터는 사울의 사역이 시작됩니다.

베드로는 이 사건 후에 잠적하다 초대 예루살렘공의회(행15장)에 나타납니다. 베드로가 어디로 갔을까에 대해 천주교는 로마로 가서 거기에서 로마교회를 세웠다는 말을 하는데 근거가 있는 주장은 아닙니다.

63-10. 베드로, 네 팔을 벌리리니

베드로의 마지막에 대한 주님의 말씀입니다. 요21:18-19에 내가 진실로 진실로 네게 이르노니 네가 젊어서는 스스로 띠 띠고 원하는 곳으로 다녔거니와 늙어서는 네 팔을 벌리리니 남이 네게 띠 띠우고 원하지 아니하는 곳으로 데려가리라 이 말씀을 하심은 베드로가 어떠한 죽음으로 하나님께 영광을 돌릴 것을 가리키심이러라 이 말씀을 하시고 베드로에게 이르시되 나를 따르라 하시니 하였습니다.

베드로는 주님의 말씀을 받아들이면서도 요한에 대해서 묻습니다.

요21:20-22에 베드로가 돌이켜 예수께서 사랑하시는 그 제자가 따르는 것을 보니 그는 만찬석에서 예수의 품에 의지하여 주님 주님을 파는 자가 누구오니이까 묻던 자더라 이에 베드로가 그를 보고 예수께 여짜오되 주님 이 사람은 어떻게 되겠사옵나이까 예수께서 이르시되 내가 올 때까지 그를 머물게 하고자 할지라도 네게 무슨 상관이냐 너는 나를 따르라 하시더라 하였는데, 천하의 베드로도 요한에 대한 시샘이 있었던 모양입니다.

베드로전서는 외적 박해에 대비해 신자들로 하여금 구원의 소망을 갖고 인내할 수 있도록 격려하기 위해 기록되었으며 소망의 서신이라 불립니다. 본서에서 베드로는 구약의 내용과 예언들을 예수 그리스도의 빛 아래서 새로운 의미로 부각시켜 기독교의 기본교리를 설명하는 한편 고난 가운데 살아가는 성도들에게 참된 소망과 위로를 주고 있습니다.

기록연대는 주후 64년 경으로 네로 황제의 기독교 박해가 본격적으로 시작되는 시기에 바벨론으로 비유된 로마에서 기록된 것으로 보입니다.

벧전1:1-2에 예수 그리스도의 사도 베드로는 본도, 갈라디아, 갑바도기아, 아시아와 비두니아에 흩어진 나그네 곧 하나님 아버지의 미리 아심을 따라 성령이 거룩하게 하심으로 순종함과 예수 그리스도의 피 뿌림을 얻기 위하여 택하심을 받은 자들에게 편지하노니 은혜와 평강이 너희에게 더욱 많을 지어다 하였고,

창조주 신앙에 대해서 벧전4:19에 그러므로 하나님의 뜻대로 고난을 받는 자들은 또한 선을 행하는 가운데에 그 영혼을 미쁘신 창조주께 의탁할지어다 하였고, 그리스도에 대해서는 벧전1:18-20에 너희가 알거니와 너희 조상이 물려 준 헛된 행실에서 대속함을 받은 것은 은이나 금 같이 없어질 것으로 된 것이 아니요 오직 흠 없고 점 없는 어린 양 같은 그리스도의 보배로운 피로 된 것이니라 그는 창세 전부터 미리 알린 바 되신 이나 이 말세에 너희를 위하여 나타내신 바 되었으니 하였으며, 종말론에 대해서는 벧전5:8-10에 근신하라 깨어라 너희 대적 마귀가 우는 사자 같이 두루 다니며 삼킬 자를 찾나니 너희는 믿음을 굳건하게 하여 그를 대적하라 이는 세상에 있는 너희 형제들도 동일한 고

난을 당하는 줄을 앎이라 모든 은혜의 하나님 곧 그리스도 안에서 너희를 부르사 자기의 영원한 영광에 들어가게 하신 이가 잠깐 고난을 당한 너희를 친히 온전하게 하시며 굳건하게 하시며 강하게 하시며 터를 견고하게 하시리라 하였습니다.

베드로서의 대필자는 실라입니다. 벧전5:12에 내가 진실한 형제로 아는 실루아노로 말미암아 너희에게 간단히 써서 하였고, 로마 교회에서 마가가 함께 있었습니다. 아마도 마가복음은 베드로의 복음서 의미가 있을 것입니다. 벧전5:13에 택하심을 함께 받은 바벨론에 있는 교회가 너희에게 문안하고 내 아들 마가도 그러하니라 하였습니다.

베드로후서는 교회 내부에서 발생한 문제, 즉 거짓 교사들에 대한 경고를 중심 주제로 다루고 있다. 베드로는 거짓 교사들의 방종한 사생활과 거짓된 교리를 구체적으로 지적함으로 그들이 본질상 진노와 심판의 자녀임을 보여주며, 성도들로 하여금 주의 재림과 심판의 날을 소망하는 가운데 경건하고 흠없는 삶을 살아야 함을 교훈하고 있습니다. 주후 66년경 네로 황제 말기에 로마에서 기록한 것으로 보여집니다.

믿음 생활의 단계에 관하여 벧후1:5-7에 그러므로 너희가 더욱 힘써 너희 믿음에 덕을, 덕에 지식을, 지식에 절제를, 절제에 인내를, 인내에 경건을, 경건에 형제 우애를, 형제 우애에 사랑을 더하라 하였고,

자신의 사도됨에 대하여 벧후1:14-18에 이는 우리 주 예수 그리스도께서 내게 지시하신 것 같이 나도 나의 장막을 벗어날 것이 임박한 줄을 앎이라 내가 힘써 너희로 하여금 내가 떠난 후에라도 어느 때나 이런 것을 생각나게 하려 하노라 우리 주 예수 그리스도의 능력과 강림하심을 너희에게 알게 한 것이 교묘히 만든 이야기를 따른 것이 아니요 우리는 그의 크신 위엄을 친히 본 자라 지극히 큰 영광 중에서 이러한 소리가 그에게 나기를 이는 내 사랑하는 아들이요 내 기뻐하는 자라 하실 때에 그가 하나님 아버지께 존귀와 영광을 받으셨느니라 이 소리는 우리가 그와 함께 거룩한 산에 있을 때에 하늘로부터 난 것을 들은 것이라 하였습니다.

거짓 교사들에 대하여 벧후2:1-3에 그러나 백성 가운데 또한 거짓 선지자들이 일어났었나니 이와 같이 너희 중에도 거짓 선생들이 있으리라 그들은 멸망하게 할 이단을 가만히 끌어들여 자기들을 사신 주를 부인하고 임박한 멸망을

스스로 취하는 자들이라 그들이 탐심으로써 지어낸 말을 가지고 너희로 이득을 삼으니 그들의 심판은 옛적부터 지체하지 아니하며 그들의 멸망은 잠들지 아니하느니라 하였습니다.

예언의 해석에 대하여 벧전1:19-21에 또 우리에게는 더 확실한 예언이 있어 어두운 데를 비추는 등불과 같으니 날이 새어 샛별이 너희 마음에 떠오르기까지 너희가 이것을 주의하는 것이 옳으니라 먼저 알 것은 성경의 모든 예언은 사사로이 풀 것이 아니니 예언은 언제든지 사람의 뜻으로 낸 것이 아니요 오직 성령의 감동하심을 받은 사람들이 하나님께 받아 말한 것임이라 하였습니다.

종말에 대한 권면은 벧후3:6-10에 이로 말미암아 그 때에 세상은 물이 넘침으로 멸망하였으되 이제 하늘과 땅은 그 동일한 말씀으로 불사르기 위하여 보호하신 바 되어 경건하지 아니한 사람들의 심판과 멸망의 날까지 보존하여 두신 것이니라 사랑하는 자들아 주께는 하루가 천 년 같고 천 년이 하루 같다는 이 한 가지를 잊지 말라 주의 약속은 어떤 이들이 더디다고 생각하는 것 같이 더딘 것이 아니라 오직 주께서는 너희를 대하여 오래 참으사 아무도 멸망하지 아니하고 다 회개하기에 이르기를 원하시느니라 그러나 주의 날이 도둑 같이 오리니 그 날에는 하늘이 큰 소리로 떠나가고 물질이 뜨거운 불에 풀어지고 땅과 그 중에 있는 모든 일이 드러나리로다 하였습니다.

마지막 당부와 기원을 벧후3:18에 오직 우리 주 곧 구주 예수 그리스도의 은혜와 그를 아는 지식에서 자라 가라 영광이 이제와 영원한 날까지 그에게 있을지어다 하였습니다.

그의 부르심을 기억합니다. 마4:18-20에 갈릴리 해변에 다니시다가 두 형제 곧 베드로라 하는 시몬과 그의 형제 안드레가 바다에 그물 던지는 것을 보시니 그들은 어부라 말씀하시되 나를 따라오라 내가 너희를 사람을 낚는 어부가 되게 하리라 하시니 그들이 곧 그물을 버려 두고 예수를 따르니라 하였습니다. 딤후4:7에서 바울이 한 고백과 같이 나는 선한 싸움을 싸우고 나의 달려갈 길을 마치고 믿음을 지켰으니 한 것과 같이 베드로도 그 길을 가신 분입니다.

64. 마가, 그의 다락방

마가복음 14:50-52에 제자들이 다 예수를 버리고 도망하니라. 한 청년이 벗은 몸에 베 홑이불을 두르고 예수를 따라오다가 무리에게 잡히매 베 홑이불을 버리고 벗은 몸으로 도망하니라 하였습니다.

가룟 유다가 제사장들의 종들을 데리고 온 곳이 마가의 집이었을 가능성이 있습니다. 유월절 만찬이 끝나고 겟세마네로 갔다는 소식을 듣고 잠자고 있던 마가는 옷도 입지 못하고 홑이불을 걸치고 따라갔다가 이런 지경에 이른 것으로 보입니다.

마가의 집은 예루살렘 초대교회의 집회소였습니다.

사도행전12:12에 깨닫고 마가라 하는 요한의 어머니 마리아의 집에 가니 여러 사람이 모여 기도하더라 하였습니다. 우리의 집이 주님의 이름으로 모이는 복된 장소가 되기를 바랍니다.

사도행전12:25에 바나바와 사울이 부조의 일을 마치고 마가라 하는 요한을 데리고 예루살렘에서 돌아오니라 하였습니다. 마가는 주님의 일을 위하여 집과 가족을 떠난 헌신의 사람이었습니다.

바나바의 생질로서 첫 번째 전도여행에 동행했었습니다.

사도행전13:13에 바울과 및 동행하는 사람들이 바보에서 배 타고 밤빌리아에 있는 버가에 이르니 요한은 저희에게서 떠나 예루살렘으로 돌아가고 하였습니다. 마가는 무엇 때문에 밤빌리아에서 전도 여행을 멈추고 버가로 가지 않았는지 알 길이 없습니다. 마가는 바울이 마음에 들지 않았던 것 같습니다. 바울이 주관하게 되자 더 이상 참지 못하고 그만두었을 것입니다.

사도행전15:37-40에 바나바는 마가라 하는 요한도 데리고 가고자 하나 바울은 밤빌리아에서 자기들을 떠나 함께 일하러 가지 아니한 자를 데리고 가는 것이 옳지 않다 하여 서로 심히 다투어 피차 갈라 서니 바나바는 마가를 데리고 배 타고 구브로로 가고 바울은 실라를 택한 후에 형제들에게 주의 은혜에 부탁함을 받고 떠나 하였습니다.

마가는 다시 전도 여행을 떠나는 전도자의 사역을 감당하고 있습니다.
로마 옥중에서 바울과 함께 있습니다. 골로새서4:10에 나와 함께 갇힌 아리스다고와 바나바의 생질 마가와 (이 마가에 대하여 너희가 명을 받았으매 그가 이르거든 영접하라) 하였습니다. 마가는 이제 바울과 함께 있는 자가 되었습니다. 빌레몬서1:24에 또한 나의 동역자 마가, 아리스다고, 데마, 누가가 문안하느니라 하였습니다. 바울의 마지막 편지 디모데후서4:11에 누가만 나와 함께 있느니라 네가 올 때에 마가를 데리고 오라 저가 나의 일에 유익하니라 하였습니다. 마가는 최후의 바울에게 필요한 자가 되었습니다.

마가는 베드로와 긴밀한 관계를 갖고 있었습니다.
베드로전서5:13에 함께 택하심을 받은 바벨론에 있는 교회가 너희에게 문안하고 내 아들 마가도 그리하느니라 하였습니다. 마가는 베드로의 통역 역할을 하였으며, 마가복음은 베드로의 설교가 주 자료가 된 가장 생생한 예수 그리스도에 대한 기록입니다. 마가복음의 기록 연대는 베드로의 사후, 예루살렘 함락 전으로 67-70년 사이로 보입니다. 이 당시 마가는 로마에 있었고, 로마는 네로의 박해로 인해 교회가 심각한 위험에 처해 있었습니다. 마가는 두 번의 실패를 교훈 삼아 끝까지 주님을 따르는 자가 되었고, 마가복음의 저자가 되었습니다.

65. 마태, 유대인의 복음서

마태는 '여호와의 선물'이라는 뜻을 가진 이름으로, 알패오의 아들이며 세리였습니다. 당시 세리는 포주, 창녀와 함께 부정한 자로 분류되던 직업이었습니다.
마태복음 9:9-11에는 마태가 예수님께 소명을 받은 장면이 나옵니다. 예수께서 거기서 떠나 지나가시다가 마태라 하는 사람이 세관에 앉은 것을 보시고 이르시되 나를 좇으라 하시니 일어나 좇으니라. 예수께서 마태의 집에서 앉아 음식을 잡수실 때에 많은 세리와 죄인들이 와서 예수와 그 제자들과 함께 앉았더니 바리새인들이 보고 그 제자들에게 이르되 어찌하여 너희 선생은 세리와 죄인들과 함께 잡수시느냐 하였습니다. 로마는 식민지에서 인두세, 토지세, 통행세를 받았으며, 유대의 고관들에게 조세권을 넘기고 고관들은 조세 징수원들을 채용했습니다. 마태는 앉아서 통행세를 받는 세리였습니다. 세리들은 세금을 더 거두어 일부는 자신이 갖고 나머지는 고관들에게 넘겼기 때문에 백성들에게 원성이 높았습니다. 마태는 예수님께서 "나를 좇으라" 하시자 모든 것을 버리고 일어나 좇았습니다. 이는 놀라운 믿음의 결단이었습니다. 누가복음 9:57-62에서 예수님께서 다른 사람들에게도 "나를 좇으라" 하셨지만, 그들은 여러 가지 이유로 즉시 따르지 않았습니다.

마태는 예수님의 부름을 받자 즉시 모든 것을 버리고 예수님을 따랐습니다. 그는 주님의 부름에 응답한 사실을 모두에게 알리기 위해 큰 잔치를 베풀었습니다.

누가복음5:29에 레위가 예수를 위하여 자기 집에서 큰 잔치를 하니 세리와 다른 사람이 많이 함께 앉았는지라 하였습니다. 마태의 이 행동은 후에 삭개오의 결단에도 큰 영향을 주었을 것입니다. 예수님께서는 마태의 집에서 식사하시며 세리와 죄인들과 함께 하셨습니다.

누가복음5:30-32에 바리새인과 저희 서기관들이 그 제자들을 비방하여 가로되 너희가 어찌하여 세리와 죄인과 함께 먹고 마시느냐. 예수께서 대답하여 가라사대 건강한 자에게는 의원이 쓸데 없고 병든 자에게라야 쓸데 있나니 내가 의인을 부르러 온 것이 아니요 죄인을 불러 회개시키러 왔노라 하였습니다. 예수님의 말씀은 의인이 아닌 죄인을 부르러 오셨다는 것입니다. 이는 로마서 3:10에 기록된 바와 같이 "기록된바 의인은 없나니 하나도 없으며"라는 말씀을 통해 알 수 있습니다.

마태는 세리였던 과거로 인해 주님의 제자가 되는 데 걸림돌이 있었지만, 예수님의 부름을 받고 많은 깨달음을 얻고 삶이 변화되었습니다. 그는 마태복음을 기록하게 되었고, 자신의 과거를 통해 주님의 일을 할 수 있었습니다. 고린도후서11:24-27에서 바울은 전도 여행 중에 받은 핍박을 감당할 수 있었던 이유를 설명합니다. 베드로 역시 예수 부인이 끝내는 순교할 수 있는 힘이 되었던 것을 알 수 있습니다.

마태복음은 유대인들을 위한 복음서로, 마태의 펜과 마음을 사용하여 기록되었습니다. 마태는 자신의 겸손과 자리를 잊지 않았습니다.

마태복음10:2-4에 열두 사도의 이름은 이러하니 베드로라 하는 시몬을 비롯하여 그의 형제 안드레와 세베대의 아들 야고보와 그의 형제 요한, 빌립과 바돌로매, 도마와 세리 마태, 알패오의 아들 야고보와 다대오, 가나안인 시몬과 및 가룟 유다 곧 예수를 판 자라 하였습니다.

다른 이들에게는 이름 앞에 아무런 수식어를 사용하지 않은 마태는 자신을 가리킬 때 '세리 마태'로 기록하고 있습니다.

마태는 신랑 되신 주님과 함께 참으로 기뻐한 자였으며, 새 포도주를 새 가죽부대에 넣고 살아간 자였습니다.

66. 유다, 가룟

유다가 어떻게 제자로 부름을 받았는지에 대한 특별한 기록은 없습니다. 그는 다른 제자들이 갈릴리 출신이었던 것과는 달리 유대 예루살렘 남쪽의 작은 마을 출신이었습니다. 굳이 표현한다면 그는 도시 사람이요 그러므로 어느 정도 배운 사람이었을 것입니다. 그래서인지 그는 예수 전도단의 회계 역할을 하였습니다. 어찌 보면 예수님께서 나름대로 인정한 제자였습니다. 그런데 그가 예수님을 배신한 제자가 된 것입니다. 유다의 배신을 어떤 분은 위로로 삼기도 합니다. 예수님도 배신을 당하셨다는 혹은 예수님이 가르치신 제자들 가운데도 그와 같은 사람이 있었다는 것입니다. 그러니 내가 당한 배신 혹은 나의 실패에 대하여 좀 면죄부를 주자는 그런 의미인 모양입니다. 또 어떤 분은 배신자 유다가 있었기 때문에 예수님의 십자가가 있었다고 하면서 유다의 배신에 필연성을 두려고 합니다. 예정이 아니냐 하는 것인데요 그것은 예정을 잘못 이해한 결과입니다. 주님의 십자가가 예정되어 있었던 것은 사실이나 그 십자가의 길이 가룟 유다를 통하여서 라는 것은 아닙니다. 유다가 그런 운명을 타고난 것은 아니라는 것이지요. 예정론과 운명론은 같지 않습니다. 예수님도 유다를 가리켜 저가 차라리 태어나지 않았으면 좋았을 것이라 하셨지 않습니까?

십자가를 앞두신 예수님께서는 마지막 유월절 만찬을 잡수시기를 그렇게 원하셨는데 이는 성찬의 은혜와 은사를 주시기 위함인 것으로 보여 집니다. 우리는 주님께서 마지막 유월절 만찬을 통하여 제정해 주신 성찬을 통하여 주님의 살과 피에 참여하는 은혜를 받게 되었기 때문입니다. 그 만찬을 시작하시기에 앞서 주님께서는 제자들의 발을 씻겨 주신 일이 있습니다. 발을 씻기는 것은 물론 종들이 하던 일이었습니다. 그리고 이 일은 결례를 행하는 일로 율법적으로 반드시 해야 하는 일이었습니다. 그런데 제자들 중에 아무도 그 일을 자원하는 자들이 없었던 모양입니다. 그러자 예수님께서 직접 겉옷을 벗으시고 수건을 허리에 두르시고 대야에 물을 떠다가 제자들의 발을 씻기신 것입니다. 제자들이 머쓱했을 것입니다. 자기들이 해야 되는 일인데 주님께서 하시고 있으니 이러지도 저러지도 못하고 있었는데 그래도 베드로는 자기 발은 안 된다고 주님께 말씀드렸습니다. 그러자 주님께서 만일 그렇게 된다면 너와 나는 상관이 없게 될 것이다 하시자 자기의 발을 내어 놓았습니다. 제가 말씀드리고자 하는 것은 예수님께서 가룟 유다의 발도 씻겨 주셨을 것이라는 말씀입니다. 발을 씻기시는 주님의 마음 그리고 발을 씻김을 받는 가룟 유다의 마음은 도대체 어땠을까 가끔 생각해 봅니다. 이와 같은 비슷한 설정이 시저의 암살사건에도 있었습니다. 어떤 연구에 의할 것 같으면 시저는 자기가 암살될 것을 미리 알고 있었다고 합니다. 그래서 원로원으로 가면서 경호원도 데리고 가지 않았다는 것입니다. 그런데 그 자기를 배신할 배신자들 중에 브루투스가 있을 것은 생각지 못했던 모양입니다. 그래서 그가 남긴 마지막 말은 브루투스 너 까지도... 였다고 합니다. 시저는 자신이 가장 사랑하고 믿었던 자가 자신을 배반할 줄 모르고 그 일을 당하였지만 주님께서는 그 일을 이미 아시고 있는 것입니다. 그래서 18절 말씀에 내가 너희를 다 가리켜 말하는 것이 아니라 내가 나의 택한 자들이 누구인지 앎이라 그러나 내 떡을 먹는 자가 내게 발꿈치를 들었다 한 성경을 응하게 하려는 것이니라 하셨습니다. 삼하15장에 나오는 다윗과 압살롬과 아히도벨의 관계 속에서 이어지는 배신의 일에 관한 시편41편 9절의 발뒤꿈치를 들었다는 말은 짐승이 뒷발질을 하는 것을 표현하는 말로 주인을 배신했다는 뜻입니다. 주님은 계속해서 가룟 유다에게 신호를 보내고 계시는 것입니다. 내가 알고 있다! 돌이켜라! 지금이라도 돌이켜라! 그런 주님의 묵언의 말씀입니다.

그래도 유다가 침묵을 하고 있자 주님께서는 보다 직접적으로 말씀하셨습니다. 내가 진실로 진실로 너희에게 이르노니 너희 중 하나가 나를 팔리라 하셨습니다. 이 때 유다의 마음이 얼마나 뜨끔하였을 까요? 그러나 그럼에도 불구하고 유다는 침묵하고 있습니다. 제자들은 당혹스러웠고 궁금하였습니다. 참다못한 베드로가 직접은 물어보지 못하고 예수님의 품에 있던 요한에게 말씀하신 자가 누구를 가리키는 것인지 물어보라고 머릿짓을 하였습니다. 요한이 주여 누구오니이까? 물었습니다. 주님께서 말씀하시기를 내가 한 조각을 찍어다가 주는 자가 그니라 하셨습니다. 아마도 이 말씀은 요한만 들을 수 있게 하신 말씀이었던 모양입니다. 그러시고는 곧 한 조각을 찍으셔서 가룟 곧 시몬의 아들 유다를 주셨습니다. 이 때도 유다는 침묵을 지키고 있습니다. 주님께서 다시 유다에게 말씀하셨습니다. 네 하는 일을 속히 하라! 그래도 유다는 침묵을 하고 있습니다. 유다가 조각을 받고 곧 아무 말도 없이 나갔습니다. 나가니 밤이었다고 기록한 요한은 알았습니다. 빛 되신 주님을 떠나는 자는 결국 어두움에 속하게 된다는 것을 말입니다. 그러나 다른 제자들은 어찌된 영문인지 몰랐습니다. 그 상황을 요한은 이렇게 기록하였습니다. 유다가 돈 궤를 맡았으므로 명절에 우리의 쓸 물건을 사라 하시는지 혹 가난한 자들에게 무엇을 주라 하시는 줄로 생각하고들 있었다는 것입니다. 그만큼 유다는 의심받을 사람이 아니었었다는 표현이기도 합니다.

그런데 무엇이 유다를 주님을 배신하는 자로 만들었을 까요?

요12장의 말씀을 보면 돈이 원인인 것처럼 보여 지기도 합니다. 요12:3-6에 마리아는 지극히 비싼 향유 곧 순전한 나드 한 근을 가져다가 예수의 발에 붓고 자기 머리털로 그의 발을 씻으니 향유 냄새가 집에 가득 하더라 제자 중 하나로서 예수를 잡아 줄 가룟 유다가 말하되 이 향유를 어찌하여 삼백 데나리온(노동자의 하루 품삯)에 팔아 가난한 자들에게 주지 아니하였느냐 하니 이렇게 말함은 가난한 자들을 생각함이 아니요 저는 도적이라 돈 궤를 맡고 거기 넣는 것을 훔쳐 감이러라 하였습니다. 돈이었습니다. 돈과 돈에서 파생되는 일들이 그의 믿음을 병들게 하였던 것입니다. 유다가 배신의 댓가로 받은 것은 은 30세겔 이었는데 은 한 세겔은 노동자의 4일치 품값입니다. 30*4*100,000 = 12,000,000원 정도 되는 돈입니다. 때문에 교회 일을 하면서 자칫 잘못하면 가룟 유다와 같이 교회 돈에 손을 댈 수가 있습니다. 교회는 서로 믿고 하기 때문에 마음만 먹으면 어렵지 않게 교회 공금을 손을 댈 수가 있습니다. 그리고 잘 발각이 되지도 않습니다. 물론 많은 액수는 아니지요. 그러나 그것이 사단에게 빌미가 되어 망하게 됩니다. 조심해야 할 일입니다. 그러나 유다가 돈 때문에 예수님을 배신한 것 같지는 않습니다.

그보다 더 큰 이유가 있었습니다.

요13:2에 마귀가 벌써 시몬의 아들 가룟 유다의 마음에 예수를 팔려는 생각을 넣었더니 하였고 요13:27에 조각을 받은 후 곧 사단이 그 속에 들어간지라 이에 예수께서 유다에게 이르시되 네 하는 일을 속히 하라 하시니 하셨는데 여기서 마귀가 유다에게 넣어준 생각 사단이 그 속에 들어가서 이룬 일은 도대체 무엇일까요? 이 일에 대한 성경의 가장 이른 언급은 오병이어의 사건 직후에 나옵니다. 유다가 예수님을 배신할 것이라는 것은 이미 오병이어의 사건 속에서 나타나고 있습니다.

요6:70-71에 예수께서 대답하시되 내가 너희 열둘을 택하지 아니하였느냐 그러나 너희 중에 한 사람은 마귀니라 하시니 이 말씀은 가룟 시몬의 아들 유다를 가리키심이라 저는 열둘 중의 하나로 예수를 팔 자러라 하였습니다. 그렇다면 적어도 오병이어의 사건으로부터 비롯된 그 무엇이 유다로 하여금 예수를 파는 자가 되게 하였던 것입니다. 그렇다면 오병이어의 사건에서 두드러지게 나타난 현상은 무엇입니까? 그것은 군중들이 예수님을 왕 삼으려 하였다는 것이요 예수님은 그것을 극히 경계하셔서 피하셨다는 점입니다. 그런데 다름 아닌 유다의 마음속에 누구보다도 그 생각이 강렬하게 자리 잡은 것입니다. 그는 예수님을 군중들처럼 이 땅의 메시야로 바랬던 것입니다. 바랬다기보다는 그렇게 믿었을 것입니다. 그래서 그 나라에서 자신이 누리게 될 영화를 꿈꾸고 있었을 것입니다. 조금 더 가룟 유다를 긍정적으로 다룬다면 그는 유대인 모두가 그와 같은 영광을 누리는 꿈을 꾸고 있었을 것입니다.

그런데 지금 예수님은 자신의 의도와는 상반되게 십자가를 말씀하시고 무력하게 죽음의 길을 가고 있는 것입니다. 유다는 이래서는 안되겠다 싶었겠지요 그래서 특별한 상황을 연출하고자 한 것입니다. 예수님을 아주 위험한 상황에 처하게 만들면 오병이어의 역사를 일으키셨던 그 주님의 능력이 적들을 향해서 발휘되리라 생각하였던 것입니다. 그래서 일단의 무리들을 이끌고 온 것입니다. 그래야 이제까지의 고생을 만회할 수 있는 자리가 자기에게 주어질 것이라 생각하였을 것입니다. 그런데 예수님은 무력하게 잡혀가셨고 또 재판을 받으시고 사형판결을 받으셨고 그렇게 처형될 상황에 놓이게 되었고 그럼에도 불구하고 예수님은 계속 무력한 모습만을 보이고 계신 것입니다. 유다에게는 모든 희망이 사라졌습니다. 그에게 얼마의 돈은 사실은 별 의미가 없었습니다. 그래서 그는 마27:3-5에 때에 예수를 판 유다가 그의 정죄됨을 보고 스스로 뉘우쳐 그 은 삼십을 대제사장들과 장로들에게 도로 갖다 주며 가로되 내가 무죄한 피를 팔고 죄를 범하였도다 하니 저희가 가로되 그것이 우리에게 무슨 상관이 있느냐 네가 당하라 하거늘 유다가 은을 성소에 던져 넣고 물러가서 스스로 목매어 죽은지라 하였습니다.

주님을 따르던 제자 중에 가장 엘리트였을 그였지만 주님의 말씀을 가장 이해하지 못한 제자가 또한 그였습니다. 사랑과 증오는 함께 옵니다, 믿음과 불신도 함께 옵니다. 그는 후회는 하였지만 회개하지는 않았습니다. 그가 한 일이 베드로의 배신보다 크다 할 수 없을 것입니다.

결국 그로 인해서 그는 배신자 유다라는 이름으로 기억되게 되었고 구원받지 못한 사람의 대명사가 되었습니다. 지금도 예수 그리스도의 길, 십자가의 길을 잘못알고 따라왔다가 이러지도 저러지도 못하고 결국은 하늘의 신령한 것을 팔아 이 세상의 것들을 사서 먹고 사는 이들이 많이 있습니다. 결국 그들은 주님을 팔아먹고 배신하는 자들이 됩니다. 참으로 두렵고 떨리는 일입니다!

67. 도마, 나의 하나님

도마라는 이름은 '쌍둥이'라는 뜻입니다. 그의 부모나 어린 시절에 관한 기록은 성경에 나타나 있지 않습니다. 도마에 관한 첫 번째 기록은 나사로의 사건과 함께 나옵니다.

요한복음 11장에 보면, 나사로가 병들어 죽게 되었다는 소식이 예수님과 제자들에게 전달됩니다. 나사로는 베다니에서 두 동생 마리아와 마르다와 함께 살던 자로, 예수님께서 몹시 사랑하시던 자였습니다. 이때 예수님은 제자들과 함께 요단강 동편으로 피신해 계셨습니다. 유대인들의 핍박이 도를 지나쳤기 때문이었습니다. 나사로가 병들어 죽게 되었다는 소식을 들으셨음에도 불구하고 예수님은 그곳에서 이틀을 더 유하셨습니다. 그러시면서 하시는 말씀이 이 병은 죽을 병이 아니며, 이 일을 통하여 하나님의 영광을 나타내려 하신다고 하셨습니다. 또한, 이 일을 통하여 제자들이 믿음을 갖게 되리라고 하셨습니다.

고난은 여러 가지 의미를 가집니다. 하나님이 하시는 일을 인간이 결코 알 수 없습니다. 마치 슈퍼컴퓨터의 계산 과정을 산수를 겨우 알기 시작한 초등학생이 알려고 하는 것과 같다고 할 수 있습니다. 우리는 잃은 곳에서 다시 찾으려 하고 심은 곳에서 거두려 하지만, 하나님께서 하시는 일은 그렇게 단순하지 않습니다. 하나님의 방정식은 아주 복잡하고 그 차원이 이루 말할 수 없어서 우리가 알 수 없습니다. 다만 믿을 수 있는 것입니다. 어느 유명한 교부 철학자는 '우리는 믿기 위해서 아는 것이 아니라, 알기 위해서 믿는다'고 하였습니다. 주님께서 이제 나사로에게 가시려고 하자 제자들이 적극 만류했습니다. 얼마 전에 돌로 치려 하던 자들이 있었던 그곳으로 간다는 것은 너무 무모한 일이라 여겼던 것입니다. 이때 도마가 나타나 제자들에게 하는 말이 "우리도 주와 함께 죽으러 가자" 하였는데, 이 말은 여러 의미로 들리기는 하나, 그래도 도마의 결단과 용기를 보여주고 있습니다.

요한복음 14장에서 예수님께서 처소를 예비하러 간다고 하셨을 때, 도마는 "주여, 어디로 가시는지 우리가 알지 못하거늘 그 길을 어찌 알겠사옵나이까?" 라고 물었습니다. 도마는 알지 못하는 것을 안다고 하는 자가 아니라, 모르는 것을 모른다고 말할 수 있는 자였습니다.

요한복음 18장으로 가면 예수님께서 체포당하시는 장면이 나옵니다. 이때 베드로는 칼을 빼어 항거했지만, 베드로와 요한을 제외한 도마를 포함한 다른 제자들은 도망가기에 바빴습니다. 요한복음 20장 24절에 보면 안식 후 첫날 저녁에 제자들이 함께 모여 있었는데, 부활하신 예수님이 그들에게 찾아오셨습니다. 그런데 도마는 그 자리 조차에도 없었습니다. 그는 홀로 불신의 늪에 빠져 있었습니다. 우리는 할 수만 있으면 믿는 자들과 함께 있어야 합니다. 우리는 항상 믿음의 사람으로 있지를 못합니다. 우리는 서로에게 도움을 받아야 합니다. 때로는 격려하고, 때로는 격려를 받으며 그렇게 믿음을 지켜나가는 것입니다. 그러기 위해서는 주변에 믿는 자들이 있어야 합니다.

8일이 지난 후에 도마도 함께 있었을 때, 주님께서 나타나셔서 도마에게 "네 손가락을 이리 내밀어 내 손을 보고 네 손을 내밀어 내 옆구리에 넣어보라. 그리하고 믿음 없는 자가 되지 말고 믿는 자가 되라"고 하셨습니다. 그러자 도마가 대답하기를 "나의 주시며 나의 하나님"이라 고백하였습니다. "나의 하나님"이라는 고백은 도마에 의해 처음으로 나온 믿음의 고백입니다. 예수께서 가라사대 "너는 나를 본고로 믿느냐? 보지 못하고 믿는 자들은 복되도다" 하셨습니다. 도마를 통해 우리의 믿음이 얼마나 복된 믿음인지도 알게 해주셨습니다.

후에 요한은 디베랴 바다에 서 있는 제자들을 소개하면서 시몬 베드로 다음에 도마를 기록하는데, 이는 남다른 의미가 있는 줄 압니다.

그 후 도마는 정경에는 포함되지 않았지만, 소중한 기록으로 인정받고 있는 도마복음을 남겼으며 인도에서 복음을 전하다가 순교한 것으로 전해지고 있습니다. 도마는 의심을 통해 온전한 믿음에 이른 자입니다. 도마를 통해 우리는 다시 한번 믿음의 중요성을 깨닫게 됩니다.

68. 마르다 마리아, 두 방식

마르다와 마리아는 예루살렘에서 불과 3km 남짓 동쪽으로 떨어진 베다니라는 마을에 살았는데, 이곳은 감람산 동쪽 기슭에 있습니다. 예수님께서 부활 후 승천하신 장소도 바로 감람산으로 베다니 인근이었을 것이며, 저들의 오라비의 이름은, 죽었으나 예수님께서 다시 살려주신 나사로였고, 마르다가 언니, 마리아가 동생입니다.

마리아라는 이름은 이미 앞서 여러 차례 언급했듯이, 구약에서는 '미리암'으로 불려졌던 이름인데, 신약에서 와서 '마리아'로 불려지는 유대 여성들에게 가장 흔한 이름으로, 그 뜻은 '높은, 숭고한'이라는 뜻이며, 마르다는 '숙녀, 여주인'이라는 뜻입니다. 베다니라는 동네의 이름은 '가난한 자의 집'인데, 이들 남매는 그래도 여유가 있었던 것으로 보이는데, 나사로가 죽었을 때, 예루살렘으로부터 많은 유대인들이 문상하러 왔다 하였고, 마리아가 예수님을 위하여 값비싼 향유를 부어드린 일도 그러하고, 예수님과 제자들이 고난주간에 이 집에서 유하셨다는 것도 그러합니다.

두 자매는 누가복음 10장에 처음 등장합니다. 예수님의 일행이 베다니를 지나가시다가 눅10:38에 보면, '마르다라 이름하는 한 여자가 자기 집으로 영접하더라'라고 기록되어 있습니다. 그런데 이 표현은 그 당시의 풍습으로는 매우 기이한 일이 아닐 수 없다. 분명히 그 가정에 나사로라는 남성이 있었음에도 불구하고 나사로에 대해서는 아무런 관계도 언급되지 않고 있는 것으로 보아, 마르다가 그 가정의 주인이었다는 것을 말하고 있습니다. 이러한 표현 때문에 많은 학자들은 마르다가 가장 나이가 많았을 것으로 보며, 또 마르다가 과부였을 것으로 보기도 합니다. 하여튼 마르다는 그 가정의 대표로, 예수님의 일행을 따뜻하게 맞아들였습니다. 나그네를 환대하는 것은 성경의 가장 큰 덕목 중에 하나입니다. 마르다의 선한 덕목이라 하겠습니다. 마르다가 예수님 일행을 대접하기 위해 분주하였는데, 마리아는 예수님 발치에 앉아 주님의 말씀을 듣고 있었습니다. 마리아의 이 모습이 마르다에게는 합당치 않았습니다. 마르다는 마리아에게 눈짓으로 거기 있지 말고 여기 와서 일을 거들라 하였지만 마리아가 못 본척 하였던 모양입니다. 그러자 마르다가 예수님께 주여 내 동생이 나 혼자 일하게 두는 것을 생각지 아니 하시나이까 그를 명하사 나를 도와주라 하소서 하였습니다. 마르다는 지금 마리아를 판단하였고 예수님까지도 판단하고 있는 것입니다. 마르다의 자기 의가 그런 상황을 만든 것입니다. 악을 행해서는 안 되고 선을 행해야 하는데 선을 행함에도 이와 같은 시험이 있습니다. 주님께서 말씀하심을 통하여 보면 마르다는 불필요한 염려와 근심을 통하여 봉사하고 있음을 알 수 있습니다. 주님은 우리가 주님을 섬기기를 바라고 계시지만 더 먼저는 우리가 주님의 섬김을 받기를 원하고 계십니다. 주님의 섬김은 말씀을 가르치시고 십자가를 지심입니다. 주님의 말씀을 배우는 것이 주님의 섬김을 받는 것이며, 주님의 십자가를 믿는 것이 주님의 섬김을 받는 것입니다. 지금 마리아는 주님의 섬김을 받고 있고, 마르다는 주님을 섬기고 있는 모습입니다. 주님의 섬김을 받지 않고 주님을 섬기는 일은 선한 열매를 맺지 못합니다. 마르다는 봉사를 마리아는 말씀을 먼저 택했는데, 말씀과 봉사가 나누어질 수는 없고 상황과 우선순위의 문제인데, 말씀을 들어야 할 때는 말씀을 들어야 하고 봉사를 할 때는 봉사를 해야 합니다. 문제는 그 순서가 어긋나는 데서 발생합니다.

요한복음11장에 나사로와 마르다와 마리아가 나옵니다.

20절에 나사로는 병이 들어 죽었고, 마르다는 예수께서 오신다는 말을 듣고 곧 나가 맞이하되 마리아는 집에 앉았더라 하였습니다. 예수님이 늦게 오심에 대한 두 자매의 반응으로 보입니다. 27절에서 마르다는 주는 그리스도시오 세상에 오시는 하나님의 아들이신 줄 내가 믿나이다 하였습니다. 32절에서 마리아는 주께서 여기 계셨더라면 내 오라버니가 죽지 아니하였겠나이다 하였습니다. 예수님께서는 그곳에서 눈물을 흘리셨고, 큰 소리로 나사로야 나오라 하심으로 그를 살리셨습니다. 그렇게 그 가정을 섬겨 주셨습니다.

요한복음12장에 나사로와 마르다와 마리아가 나옵니다.

때는 유월절 엿새 전입니다. 즉 예수님께서 십자가를 지시기 엿새 전입니다. 예수님을 위한 잔치가 베풀어졌는데 아마도 나사로를 살려 주신 일에 대한 잔치로 보입니다. 나사로는 예수와 함께 앉은 자 중에 있고, 마르다는 일을 하고 있고, 마리아는 지극히 비싼 향유를 가져다가 예수님의 발에 붓고 자기 머리털로 그의 발을 닦았습니다. 이 모습들은 예수님께서 나사로의 집을 섬겨주신 결과의 모습으로 보입니다. 가룟 유다와 제자들은 그 일을 낭비라 하였지만 예수님은 그를 가만두어 나의 장례할 날을 위하여 그것을 간직하게 하라 하시며 가난한 자들은 항상 너희와 함께 있거니와 나는 항상 있지 아니하리라 하셨습니다. 마르다는 여전히 일을 하고 있었습니다. 앞에서 주님께서 자신의 봉사를 인정해 주지 않았다고 그 일을 그만둔 것이 아닙니다. 그리고 이번에는 다른 말이 없었습니다. 이번 마르다의 봉사는 주님이 원하시는 모습의 봉사로 보입니다. 마리아는 말씀을 듣기만 하는 자가 아니라 자기가 가지고 있는 것으로 주님을 위한 일을 하였습니다. 마리아가 주님의 죽음을 알고 그리한 것으로 보이지는 않습니다. 다만 예수님이 오셨을 때가 나가서 맞이하지 않고 방에 앉아 있던 자신의 모습에 대한 회개, 그럼에도 자신을 나무라지 않으시고 눈물을 흘리시며 나사로를 살려주신데 대한 감사로 그리하였을 것입니다. 그럼에도 300데나리온(오병이어에서는 200데나리온)의 옥합을 깨어 예수님의 발에 부은 것은 낭비이지만 그것은 옥합이 깨어짐으로 향유가 나온 것처럼 주님의 몸이 상하심으로 온 세상에 그리스도의 향기 즉 구원의 역사가 이루어지게 됨을 예비한 사건이 되었습니다.

69. 수로보니게 여인, 사랑

예수님께서 두로 지방으로 가서 한 집에 들어가셨습니다. 왜 갈릴리에서 60km 떨어진 이방의 두로 지방으로 가셨을까요?

첫째는 예루살렘에서 온 바리새인과 서기관들과의 정결 논쟁 후에 일어난 일로 보아 자기를 의롭다, 옳다 하는 이들과 자격 없다, 부정하다 하는 이들의 차이를 보여 주시기 위함으로 보입니다. 둘째는 이방 지역에까지 복음을 전하시기 위함으로 보입니다. 셋째는 쉼이 필요하셨던 듯 보입니다.

더러운 귀신 들린 어린 딸을 둔 한 여인이 예수의 소문을 듣고 곧 와서 그 발아래에 엎드렸습니다. 여인의 믿음 외형이 보입니다. 첫째는 예수의 소문을 들은 믿음입니다. 믿음은 들음에서 나게 되어 있습니다. 둘째는 곧 와서의 믿음입니다. 뒤로 미루지 않는 믿음입니다. 셋째는 그 발아래 엎드리는 믿음입니다. 심히 겸손한 믿음입니다. 믿음은 겸손입니다. 다시 여인의 믿음의 내용이 나옵니다. 첫째 그는 이방인이었지만 이러한 믿음이 있었습니다. 그는 헬라인이었고 수로보니게 족속이었습니다. 아마도 헬라말을 쓰는 자였고 수로보니게는 시리아의 뵈니게 지방이라는 뜻입니다. 당시의 바리새인에게도 서기관에게도 없던 믿음이었습니다. 둘째 주님의 말씀에서 악의가 없는 것을 읽을 수 있었던 지혜로운 믿음이었습니다.

아마도 주님께서 이 말씀을 하셨을 때에 험악하게 매정하게 말씀하지 않으셨을 것입니다. 아마도 미소를 지으시면서 말씀하셨을 것입니다. 셋째 말씀에 귀를 기울인 믿음이었습니다.

주님의 말씀 속에 "먼저" 라 하신 것을 이 여인은 놓치지 않았습니다. 말씀을 귀 귀울여 세심히 들어야 합니다. 예수께서 이르시되 자녀로 먼저 배불리 먹게 할지니 자녀의 떡을 취하여 개들에게 던짐이 마땅치 아니하니라 하셨습니다. 여자가 대답하여 이르되 주여 옳소이다마는 상 아래 개들도 아이들이 먹던 부스러기를 먹나이다 하였습니다.

넷째 포기하지 않는 믿음이었습니다.

마태복음 15장에서 두로와 시돈지방으로 들어가실 때 이 여인은 그 지경에서 나와서 소리 질러 이르되 주 다윗의 자손이여 나를 불쌍히 여기소서 내 딸이 흉악하게 귀신들렸나이다 하였습니다. 제자들이 말렸을 것이고 그래도 안 되자 예수님께 그를 돌려보내소서 요청할 지경이었습니다. 그래도 그는 바디매오처럼 포기하지 않고 소리를 치며 따라왔습니다. 예수님이 한 집으로 들어가시자 거기까지 따라온 것으로 보입니다. 돌아가라 귀신이 네 딸에게서 나갔느니라는 말씀을 들을 때까지 그는 예수님의 발 아래 엎드려 있었습니다. 사랑에 있어 꼭 있어야 하는 속성은 끝까지입니다.

요13:1에 예수님께서 세상에 있는 자기 사람들을 사랑하시되 끝까지 사랑하시니라 란 말씀이 있습니다. 사랑은 끝까지 하는 것이지 중간에 적당히 포기하거나 변경할 수 있는 일이 아닙니다. 자기 딸에게서 귀신 쫓아내 주시기를 간구하였습니다. 예수께서 이르시되 자녀로 먼저 배불리 먹게 할지니 자녀의 떡을 취하여 개들에게 던짐이 마땅치 아니하니라 하셨습니다.

여자가 대답하여 이르되 주여 옳소이다마는 상 아래 개들도 아이들이 먹던 부스러기를 먹나이다 하였습니다. 그가 포기하지 않을 수 있었던 것은 그의 겸손함과 딸에 대한 사랑이었습니다. 굴욕을 참는 믿음이 그를 포기하지 않는 믿음의 사람이 되게 하였습니다.

다섯째 주님의 말씀을 믿는 믿음이었습니다.

그는 주님이 말씀만 하셔도 이 자리에 있지 않은 자신의 딸이 나을 것이라는 믿음이 있었습니다. 그는 부적이나 다른 어떤 것을 요구하지 않았습니다. 이 믿음은 마태복음 8장에서 가버나움의 백부장에게 있었던 믿음이었습니다. 이 역시 이방인이었습니다. 예수님께서 내가 진실로 너희에게 이르노니 이스라엘 중 아무에게서도 이만한 믿음을 보지 못하였노라 하셨습니다. 예수님께서 이르시되 이 말을 하였으니 돌아가라 귀신이 네 딸에게서 나갔느니라 하시자 더 이상 다른 것을 요구하지 않고 자기 집으로 돌아갔습니다. 여자가 집에 돌아가 본즉 아이가 침상에 누웠고 귀신이 나갔음을 볼 수 있었습니다. 내가 만일 수로보니게 여인이었다면 어떠했을까 생각해 보시고, 내 딸이 아니라 내 조카였다면, 내 이웃의 딸이었다면, 나와 불편한 이의 딸이었다면 나는 어떤 모습이었을까 생각해 보시기 바랍니다. 수로보니게 여인과 같은 믿음으로 살아가시기 바랍니다. 그리고 수로보니게 여인을 두로 지역의 믿음의 증인으로 만들어 가시는 주님의 인도하심을 살펴보시기 바랍니다.

70. 바나바, 권위자

하나님의 은혜로 성숙한 사람은 어떤 대인관계를 보여주는가에 대해 바나바의 삶을 통해 배울 수 있습니다. 그는 구브로에 살던 레위인으로서, 땅을 소유하고 있었고 영향력이 있는 사람이었습니다.

바나바는 예루살렘 교회에서 '권위자'라고 불렸습니다. 이는 위로와 격려의 아들이라는 뜻입니다. 그는 다른 사람들에게 용기를 북돋아 주는 사람이었고, 이를 통해 사람들을 하나님께 인도하는 역할을 했습니다.

다소의 청년 사울이 회심하여 바울이 되었을 때, 사람들은 그의 회심을 믿지 않았습니다. 이때 바나바는 바울을 찾아가 그를 믿어주고 사도들에게 데려갔습니다. 그는 다른 사람을 믿어주고 그들을 교회 공동체로 받아들이는 사람이었습니다.

예루살렘 교회가 안디옥 교회의 소문을 듣고 바나바를 보냈습니다. 바나바는 안디옥에 가서 하나님의 은혜를 보고 기뻐하며 모든 사람에게 굳은 마음으로 주께 붙어 있으라 권했습니다. 이는 바나바가 이방 지역에서 살았던 믿음의 체험에서 나온 권면이었습니다.

바나바는 착한 사람이요, 성령과 믿음이 충만한 자로서 안디옥에서 큰 사역을 감당했습니다. 자신의 한계를 느꼈을 때, 그는 주저 없이 다소로 가서 사울을 찾아 함께 사역했습니다. 그 결과 안디옥에서 많은 사람들이 그리스도인이 되었습니다.

바나바는 많은 사람들이 신뢰하는 사람이었습니다. 예루살렘 교회가 어려움에 처했을 때, 각 지역에서 모금을 하여 바나바와 사울의 손에 맡겨 예루살렘에 전달했습니다. 이는 바나바가 신뢰받는 사람이었음을 보여줍니다.

안디옥 교회는 바나바와 사울을 선교사로 파송했습니다. 바나바와 바울은 1차 전도여행을 통해 많은 이방인들에게 복음을 전했습니다. 이후 예루살렘 공의회에서 이방인의 구원을 인정하고 율법의 멍에를 벗겨주는 결정을 전달하는 역할을 하였습니다.

2차 전도여행에서 바나바와 바울은 마가로 인한 의견 차이로 갈라섰습니다. 그러나 바나바는 마가를 재기할 수 있도록 도와주었으며, 바울을 비난하거나 그의 길을 가로막지 않았습니다. 바나바는 바울이 앞서 갈 수 있도록 길을 열어주었습니다.

안디옥 교회에서 파송될 때는 바나바와 바울이었지만, 사역이 시작되자 바울이 주도하였습니다. 바나바는 한 번도 바울의 사역에 이의를 제기하지 않고, 합력하여 선을 이루었습니다. 2차 전도여행에서 구브로로 출발한 이후, 바나바의 이름은 더 이상 언급되지 않지만, 그는 착한 사람, 성령의 사람, 관용의 사람, 권위자로서 우리에게 남아 있습니다.

바나바의 삶은 우리가 다른 사람에게 어떻게 용기를 북돋아 주고, 믿어주며, 신뢰받는 사람이 될 수 있는지를 보여줍니다. 또한, 그는 주님께서 주신 사명을 충실히 감당하는 사람이었습니다. 바나바처럼 하나님의 은혜로 성숙한 사람이 되어, 주님의 일을 합력하여 선을 이루는 성도가 되기를 바랍니다.

71. 아나니아와 삽비라, 미련

오순절 성령님이 강림하심으로 말미암아 제자들이 성령충만하게 되었고 그들을 통해 복음이 전파되며 이적이 나타나고 믿는 자들의 숫자가 날로 더하여지고 그러는 중에 교회가 세워지게 되었습니다.

행4:32-37에 믿는 무리가 한마음과 한 뜻이 되어 모든 물건을 서로 통용하고 자기 재물을 조금이라도 자기 것이라 하는 이가 하나도 없더라 사도들이 큰 권능으로 주 예수의 부활을 증언하니 무리가 큰 은혜를 받아 그 중에 가난한 사람이 없으니 이는 밭과 집 있는 자는 팔아 그 판 것의 값을 가져다가 사도들의 발 앞에 두매 그들이 각 사람의 필요를 따라 나누어 줌이라

구브로에서 난 레위족 사람이 있으니 이름은 요셉이라 사도들이 일컬어 바나바라(번역하면 위로의 아들이라) 하니 그가 밭이 있으매 팔아 그 값을 가지고 사도들의 발 앞에 두니라 하였습니다.

이어서 사도행전 5장의 말씀이 시작됩니다.

1. 아나니아라 하는 사람이 그의 아내 삽비라와 더불어 소유를 팔아

아나니아와 삽비라는 4장에 언급된 초대교회의 교인이었을 것입니다. 아

나니아라는 이름은 '여호와는 은혜로우시다'는 뜻으로 유대인들이 많이 사용하는 이름이었고, 그 아내 삽비라라는 이름은 '청옥'이라는 뜻으로 '아름답다'라는 단어에서 유래되었으며, 이름으로 보건데, 저들은 헬라파 유대인이 아니라 본토 출신의 히브리파 유대인으로 보입니다. 아나니아라는 이름은 본문에서, 9장에서는 다메섹에서 사울을 인도한 이의 이름으로, 23장에서는 바울을 심문했던 공의회의 의장이었던 대제사장의 이름으로 나옵니다. 아나니아와 삽비라가 왜 이리 하였는지가 우선은 의문입니다. 초대교회가 모두 모든 소유물을 팔아 공동생활을 한 것 같지는 않습니다. 우선 바나바가 밭을 팔았을 뿐이지 모든 재산을 판 것으로 나와 있지는 않습니다. 소유를 판 것은 아나니아나 삽비라가 배우자 몰래 한 것이 아니라 더불어 한 일이었습니다.

2. 그 값에서 얼마를 감추매 그 아내도 알더라 얼마만 가져다가 사도들의 발 앞에 두니 소유를 팔아서는 그 값에서 얼마를 감추었습니다. 그 소유를 얼마에 팔았는지를 그들만이 알았을 터인데 굳이 얼마를 감춘이유는 무엇일까요? 얼마를 감추었을까요? 이 일도 아나니아나 삽비라가 배우자 몰래 한 것이 아니라 둘이 의논해서 한 일이었습니다. 그 얼마를 바나나와 같이 사도들의 발 앞에 두었습니다. 사도들은 속일 수 있는 일로 여겼을 터인데 하나님도 속일 수 있을 것이라 여긴 것일까요? 아나니아와 삽비라는 이 일이 죄가 아니라 여긴 것은 아닐까요? 무엇이 잘못인가요? 사실 우리들도 이와 같이 하지 않나요? 아나니아와 삽비라는 땅을 판 값의 얼마를 감추었다고 했는데, 여기서 '감추다'(노스피조)라는 동사는 문자적으로 물건을 슬쩍 훔치는 것을 의미하며, 이 단어는 특히 70인 역(LXX)에서 아간이 하나님께 바쳐진 전리품 얼마를 감추었을 때(수 7:1) 사용되었습니다(신약성경에서는 오직 딛 2:10(훔치지 말고)에서만 사용되었고, 중간기 문헌에서는 마카비하 4:32에서 사용되었음). 누가는 의도적으로 구약성경의 언어를 사용함으로써 아나니아의 죄악을 아간의 죄악과 연관시키고 있습니다.

3. 베드로가 이르되 아나니아야 어찌하여 사탄이 네 마음에 가득하여 네가 성령을 속이고 땅 값 얼마를 감추었느냐 베드로에게 성령님으로 인한 영분별의 은사가 있었습니다. 베드로는 아나니아의 마음에 사탄이 가득한 것을 보았습니다. 베드로는 아나니아가 자기를 속이는 것뿐 아니라 성령을 속이고 있다고 하였습니다.

4. 땅이 그대로 있을 때에는 네 땅이 아니며 판 후에도 네 마음대로 할 수가 없더냐 어찌하여 이 일을 네 마음에 두었느냐 사람에게 거짓말한 것이 아니요 하나님께로다 땅을 팔기 전에도 판 후에도 아나니아의 마음대로 할 수 있었다는 것입니다. 그것이 죄가 되는 것은 아니라는 말씀입니다. 추정해서 선한 일은 아니지만 땅을 팔기를 번복하는 것도, 팔고 나서 일부만 헌금 하겠습니다 라고 번복하는 것도 가하다는 말씀입니다. 문제는 하나님께 거짓말을 한 것이다 라고 선포하였습니다.
5. 아나니아가 이 말을 듣고 엎드러져 혼이 떠나니 이 일을 듣는 사람이 다 크게 두려워하더라 이 과정에서 아나니아가 죽었습니다. 하나님이 죽이셨다고 할 수 있을까요? 이 일은 본자들 그리고 들은 자들에게 두려움이 되었습니다. 믿음이 잘못되는 과정에서 나타나는 것이 거룩한 두려움이 사라지는 것입니다. 두려움이 회복되는 것이 믿음 안에 살 수 있는 길이기도 합니다.
6. 젊은 사람들이 일어나 시신을 싸서 메고 나가 장사하니라
   시신을 싸서 메고 나가는 젊은 사람들은 무슨 생각을 하였을까요? 젊은 사람들의 삶에서 앞으로도 있을 일이었을 것입니다.
7. 세 시간쯤 지나 그의 아내가 그 일어난 일을 알지 못하고 들어오니
   아나니아의 장례가 즉시로 그리고 그의 부인에게도 알리지 않고 가능한 일인가 하는 문제가 있습니다. 유대인의 장례 관습은 사람이 죽은 지 24시간 내에 매장하는 것이 원칙이었고, 자살한 사람, 국가 반역자, 출교된 자, 배도자, 범법자와 같은 사람들의 죽음은 하나님의 심판으로 간주되기 때문에 이러한 사실이 분명할 경우에는 유대인들은 지체없이 적절한 장례 절차를 거치지 아니하고 시신을 매장했다고 합니다. 따라서 아나니아의 즉각적인 매장은 예루살렘 교회가 그의 죽음을 하나님의 즉각적인 심판으로 이해했음을 보여준다고 볼 수 있고 이러한 죽음의 경우에 해당 가족에게 통보하는 것은 필요하지 않는다고 합니다.
8. 베드로가 이르되 그 땅 판 값이 이것뿐이냐 내게 말하라 하니 이르되 예 이것뿐이라 하더라
   베드가가 왜 이런 말로 질문을 하였을까요? 삽비라를 전혀 배려하지 않은 말로 보입니다.
   이것이 그에게 회개할 수 있는 기회를 준 것일까요? 삽비라는 이 말을 들

었을 때에 그래도 아나니아 보다는 회개할 수 있는 계기가 주어진 것인데 초지일관 같은 대답이었습니다. 이성 전투에서 패한 원인을 찾기 위해 제비뽑기가 시작이 되었는데 12지파에서 유다지파가 세라족속이 삽디족속이 갈미족속이 그리고 아간이 뽑혔습니다. 그가 제비뽑기 과정에서 회개하였으면 살 수 있었을까요?

9. 베드로가 이르되 너희가 어찌 함께 꾀하여 주의 영을 시험하려 하느냐 보라 네 남편을 장사하고 오는 사람들의 발이 문 앞에 이르렀으니 또 너를 메어 내가리라 하니 어떤 사람들은 '그래도 아나니아와 삽비라 부부를 확 죽이신 것은 하나님이 너무 하신 게 아닌가?' 하고 생각합니다. 물론 그렇게 생각할 수도 있습니다. 하지만 이런 질문도 있습니다. '나도 똑같은데 나는 왜 안 죽나?'입니다. 이 시대 말씀대로, 말씀대로 하지만 말씀대로 되었다가는 살아남을 사람 없고 존속될 교회도 없어 보입니다. 초대교회는 아나니아와 삽비라가 소수의 사람이었지만 오늘날은 아나니아와 삽비라가 다수의 사람들입니다. 어떻게 해야 할까요?

10. 곧 그가 베드로의 발 앞에 엎드러져 혼이 떠나는지라 젊은 사람들이 들어와 죽은 것을 보고 메어다가 그의 남편 곁에 장사하니

    아나니아와 삽비라는 부부였습니다. 같이 유대교에서 기독교인이 되었습니다. 초대교회를 위해서 재산을 팔기로 의논도 하였고 실행도 하였습니다. 그런데 시험이 들어 그 중 일부만 헌금을 하면서 다하는 것처럼 하기로 꾀하는 일에도 함께 하였습니다. 그들은 죽어도 같은 자리에 묻히기도 하였습니다. 그 둘 중에 한 사람이라도 자신들이 하는 일이 합당치 않다고 여기고 배우자를 설득하여 마지막 순간에 거짓말을 아니 하였으면 함께 살 수도 있었을 것입니다.

    삽비라는 끝내 아비가일(나발의 부인)의 길을 가지 못하고 하와의 길을 가고야 말았습니다.

11. 온 교회와 이 일을 듣는 사람들이 다 크게 두려워하니라

    도행전에서 교회라는 말이 11절 온 교회와에 처음 나옵니다. 행5:12-14에 사도들의 손을 통하여 민간에 표적과 기사가 많이 일어나매 믿는 사람이 다 마음을 같이하여 솔로몬 행각에 모이고 그 나머지는 감히 그들과 상종하는 사람이 없으나 백성이 칭송하더라 믿고 주께로 나아오는 자가 더 많으니 남녀의 큰 무리더라 하였습니다. 교회가 세워지는 일에 아나니아와

삽비라 사건은 사탄 마귀의 교묘한 모습으로 작용을 한 것이지만 성령님께서 오히려 이 걸림돌의 사건을 디딤돌이 되게 하신 일이었습니다. 무슨 말로 마쳐야 할까요? 거짓말을 하지 맙시다, 허영에 쫓지 맙시다, 둘 중에 하나라도 잘합시다, 사단의 시험을 이겨냅시다, 성령님은 모든 것을 아십니다, 죄가 되고 안 되고는 하나님이 결정하시는 것입니다, 교회의 길을 가로 막아서는 안 됩니다.

72. 바울, 다메섹에서

사도 바울은 주님의 택한 그릇이었습니다.

바울은 자신이 모태로부터 택정함을 입었다 하였습니다.

많은 사람들은 바울이 다메섹 도상에서 예수님을 만나 개종하여 복음 사역을 시작했다고 합니다. 그러나 바울 자신은 갈라디아서 1:15-16에서 내 어머니의 태로부터 나를 택정하시고 은혜로 부르신 이가 그 아들을 이방에 전하기 위하여 그를 내 속에 나타내시기를 기뻐하실 때에 라고 고백하며, 창세 전에 그리스도 안에서 예정된 하나님의 섭리를 증거하고 있습니다.

그는 길리기아 다소에서 태어났고 예루살렘에 유학하였으며 다메섹에서 회심하였습니다.

바울은 길리기아의 다소에서 출생한 로마 시민권을 가진 베냐민 지파 유대인이었습니다. 그는 팔 일 만에 할례를 받고, 율법으로는 바리새인으로서 교회를 핍박하며 율법의 의로는 흠이 없는 자였습니다(빌3:5). 스데반 집사의 순교 때에도 증인들의 옷을 지키며 그의 죽음을 찬성했습니다(행7:18). 사울이 다메섹으로 가는 도중 하늘로부터 빛이 비추어 주님의 음성을 듣고 회심하게 되었습니다. “사울아, 사울아, 어찌하여 나를 핍박하느냐”라는 주님의 음성을 듣고 눈은 떴으나 아무것도 보지 못하게 되었습니다. 예수님은 아나니아를 통해 사울의 눈을 다시 뜨게 하시며 그를 이방인과 임금들과 이스라엘 자손들 앞에 전하기 위한 택한 그릇으로 삼으셨습니다(행 9:15-16). 바울은 자신의 회심을 통해 이렇게 고백합니다. “그러나 무엇이든지 내게 유익하던 것을 내가 그리스도를 위하여 다 해로 여길 뿐더러, 또한 모든 것을 해로 여김은 내 주 예수 그리스도를 아는 지식이 가장 고상함을 인함이라. 내가 그를 위하여 모든 것을 잃어버리고 배설물로 여김은 그리스도를 얻고 그 안에서 발견되려 함이니, 내가 가진 의는 율법에서 난 것이 아니요 오직 그리스도를 믿음으로 말미암은 것이니 곧 믿음으로 하나님께로서 난 의라" (빌3:7-9).

안디옥 교회의 선교사로 파송되어 1차로 주후47-49년 경에 구브로와 갈라디아 사역을 하였습니다.

사도 바울과 바나바는 안디옥 교회에서 1년간 복음을 전파하였고, 예수의 제자들이 처음으로 '그리스도인'이라 불리게 되었습니다. 성령의 보내심을 받아 바울과 바나바는 구브로와 갈라디아에서 복음을 전파했습니다 (행13:3). 바울은 비시디아 안디옥 회당에서 복음을 전하며 많은 이방인들을 회심시켰고, 이고니온에서는 주의 손으로 표적과 기사를 행하며 은혜의 말씀을 증거했습니다(행14:3).

2차 전도 여정은 주후 50-52년으로 갈라디아 재방문과 마게도니아 아가야 사역을 하였습니다.

2차 전도여정에서 바울과 바나바는 마가의 동행 여부로 갈라지게 되었습니다. 바울은 실라를 데리고 갈라디아와 유럽에서 복음을 전파했습니다(행15:37-41). 성령의 인도하심으로 마게도냐로 건너가 빌립보에서 루디아를 회심시키고 데살로니가와 베뢰아에서 복음을 전했습니다 (행16:9-15).

3차 전도 여정은 주후 53-58년으로 갈라디아 아시아 마게도니아 아가야 사역을 하였습니다.

사도 바울은 에베소에서 3년간 두란노 서원에서 말씀을 강론하며 에베소와 그 주변 지역에서 복음을 전했습니다. 마게도냐와 아가야를 다녀 예루살렘으로 돌아가기 전, 에베소 교회 장로들에게 자신이 결박과 환난을 기다리고 있음을 알리며, 주 예수께 받은 사명을 마치려 함에 자신의 생명을 조금도 귀한 것으로 여기지 않음을 고백했습니다(행20:22-24).

로마 전도는 죄수의 몸으로 가게 되었습니다.

예루살렘에서 유대인들에게 복음을 전하던 바울은 체포되어 가이사랴에서 2년간 감옥에 갇혔습니다. 이후 로마로 보내져 가이사 앞에서 복음을 증거했습니다 (행 23:11). 바울은 로마에서 가택 연금 상태로 2년간 복음을 전하며, 빌립보서, 빌레몬서, 골로새서, 에베소서의 옥중 서신을 기록했습니다.

바울은 자신의 마지막을 앞두고 디모데후서4:6-8에서 “관제와 같이 벌써 내가 부음이 되고 나의 떠날 기약이 가까웠도다. 내가 선한 싸움을 싸우고 나의 달려갈 길을 마치고 믿음을 지켰으니, 이제 후로는 나를 위하여 의의 면류관이 예비되었으므로 주 곧 의로우신 재판장이 그날에 내게 주실 것이니, 내게만 아니라 주의 나타나심을 사모하는 모든 자에게니라”라고 고백하였습니다. 바울은 로마에서 순교하였으며, 그의 사역은 교회와 복음 전파에 큰 기여를 하였습니다. 베드로 대성당은 크고 웅장하지만, 바울 성당은 작고 아담합니다. 그 성당 터에서 바울이 순교 당했다고 합니다.

바울은 탈것이 있는 나무였습니다. 바울은 가말리엘의 문화와 율법적 열심을 가지고 있었습니다. 생전에 주님을 뵙지 못했고, 육체의 가시를 가졌으며, 예수 믿는 자들을 핍박했던 경험이 그의 겸손을 유지하게 했습니다. 바나바와 안디옥 교회를 섬기며 ‘그리스도인’이라는 칭호를 받게 하였고, 예루살렘 공의회에서 합당한 결론을 이끌어냈습니다. 또한 마가와 화해하고 그를 데려왔으며, 누가와 끝까지 합력했습니다. 자신을 본받는 자가 되라고 권면하며, 자신의 겉사람은 후패하나 속사람은 날로 새롭다고 고백했습니다. 바울은 많은 어려움을 겪으면서도 항상 기뻐하고, 가난한 자 같으나 많은 사람을 부요하게 했으며, 아무것도 없는 자 같으나 모든 것을 가진 자로 살았습니다. 바울의 생애와 사역은 하나님의 섭리와 계획 속에서 이루어졌으며, 그의 헌신과 충성은 후대 교회와 성도들에게 큰 본이 되었습니다.

73. 실라, 동역자

바울의 신실한 동역자였던 실라는 실루아노라고도 불리워지는 인물입니다. 바울의 특징 가운데 하나는 서신서를 쓸 때 공식적인 이름을 쓴다는 점입니다. 반면 누가는 가까운 사람들 사이에서 쓰이는 좀 더 친근감 있는 이름을 좋아하였습니다. 따라서 실루아노는 ‘생각’이라는 뜻의 로마식 라틴어 이름으로, 바울서신에 사용된 이름이고, 실라는 누가가 기록한 사도행전에 사용된 이름으로, 아마도 친한 사람 사이에 불렀던 애칭이었던 것 같습니다.

어떤 사람은 '실라'가 '쉴라'라는 유대식 이름이었을 것이라고 주장하기도 하나, 확실하지는 않습니다. 실라는 초대 예루살렘 교회의 지도자 중 한 사람이었습니다. 전승에 의하면 예수님께서 70인의 제자를 파송하실 때, 그 일원이었다고 하나, 불확실하고, 실라가 성경에 처음 등장하는 것은 사도행전 15장입니다.

바울의 제1차 전도여행이 끝난 후 예루살렘에서는 처음으로 공의회가 열렸습니다. 회의가 열린 까닭은, 안디옥교회를 중심으로 이방인 기독교인들이 많이 모이는 교회에서 교리 문제로 예루살렘 사도들에게 질문을 했기 때문이었습니다. 당시 일부 유대인 신자들 가운데는, 복음을 받아들인 이방인들은 유대인처럼 할례를 받고 율법을 지켜야 구원을 얻는다고 주장했습니다. 그러자 이들 유대인 신자들과 바울과 바나바를 중심으로 하는 안디옥교회 형제들 사이에 적지 않은 다툼과 변론이 일어났고, 수리아의 안디옥교회에서는 바울과 바나바를 예루살렘에 파송하여 이 문제에 대해 교회의 입장을 정식으로 요청하게 된 것입니다.

많은 변론이 있은 후, 당시 예루살렘 공의회의 중심인물이었던 야고보와 베드로는, 이방인 형제들이 기독교 공동체의 지체가 될 때, 할례나 모세 율법의 준행은 필요하지 않으며, 다만 유대인 신자와 이방인 신자들 사이의 교제를 좀 더 원활하게 하기 위해서 몇 가지 유대인의 생활양식에 잘 따라 줄 것을 부탁하는 것으로 결론지었습니다.

그리하여, 예루살렘 교회의 지도자들은 유다라는 사람과 더불어 실라를 택하여, 사도행전 15:23-29에 나오는 사도들의 편지를 안디옥에 전달하도록 위임했습니다. 이때 실라는 처음으로 성경에 등장하게 된다. 행15:22-29에 에 사도와 장로와 온 교회가 그 중에서 사람들을 택하여 바울과 바나바와 함께 안디옥으로 보내기를 결정하니 곧 형제 중에 인도자인 바사바라 하는 유다와 실라더라 그 편에 편지를 부쳐 이르되 사도와 장로 된 형제들은 안디옥과 수리아와 길리기아에 있는 이방인 형제들에게 문안하노라 들은즉 우리 가운데서 어떤 사람들이 우리의 지시도 없이 나가서 말로 너희를 괴롭게 하고 마음을 혼란하게 한다 하기로 사람을 택하여 우리 주 예수 그리스도의 이름을 위하여 생명을 아끼지 아니하는 자인 우리가 사랑하는 바나바와 바울과 함께 너희에게 보내기를 만장일치로 결정하였노라 그리하여 유다와 실라를 보내니 그들도 이 일을 말로 전하리라 성령과 우리는 이 요긴한 것들 외에는 아무 짐도 너희에게 지우지 아니하는 것이 옳은 줄 알았노니 우상의 제물과 피와 목매어 죽인 것과

음행을 멀리할지니라 이에 스스로 삼가면 잘되리라 평안함을 원하노라 하였습니다

예루살렘 교회의 파송을 받은 유다와 실라는 안디옥 교회의 형제들에게 편지를 전해 주었고, 안디옥교회의 형제들은 편지로 인해 크게 기뻐하며 위로를 얻게 됩니다. 그런데, 성경을 자세히 보면, 유다와 실라는 단순히 편지만 전한 것이 아니었습니다. 저들은 '선지자'라고 지칭되고 있으며, 얼마 동안 그들과 함께 머물면서 여러 말로 형제들을 권면하고 격려해 주었다고 밝히고 있다. 이로 볼 때, 실라는 예루살렘 교회가 이방인의 구원 문제와 같은 중요한 사안을 전달하기 위해 교회를 대표하여 파송할 만큼, 예루살렘 초대교회의 신임을 받고 있었던 교회의 지도급 인물이었습니다. 그리고 당시 유대인들은 이방인들과 상종도 하지 않던 때였으나, 이들은 아무 거리낌 없이 이방인 형제들을 만나고 교제한 것으로 보아, 복음의 진리를 제대로 깨닫고 있었던 헬라파 유대인이었음을 짐작할 수 있다. 사도 바울은 아마 이 기간 동안 실라라는 인물에 대해 깊은 신뢰감을 형성하게 된 것으로 보입니다.

얼마 후 유다는 안디옥 교회 형제들의 환송을 받으며 예루살렘으로 돌아갔는데, 어떤 사본에는 34절에 '실라는 그들과 함께 유하기를 작정하고' 가 있습니다. 이 일 후, 곧 바울과 바나바는 제2차 전도여행을 떠나게 되는데, 바울과 바나바는 마가 요한의 문제로 서로 심히 다투어 피차 갈라서게 됩니다. 결국 바나바는 마가를 데리고 배 타고 구브로로 갔고, 행15:40에 보면 바울은 자신의 동역자로 실라를 택했다고 기록하고 있습니다. 바나바와 헤어진 후, 바울은 전도여행을 계획하면서, 자신의 복음사역에 합당한 인물로 예루살렘 교회의 중간지도자 중의 한사람이었던 실라를 택한 것입니다. 다소 강직하고 까다로운 성품의 바울이 실라를 마음에 맞는 친구요, 동역자로 선택했을 때는, 분명 실라에게서 이방인 선교에 대한 자질을 발견했기 때문일 것입니다.

이로 볼 때, 실라는 율법으로부터 자유하는 복음에 대해 바울과 이해를 같이 하고 있었을 것입니다. 이미 예루살렘 사도회의의 결과를 안디옥 교회에 전하러 왔을 때, 바울은 실라의 신앙과 능력과 복음에 대한 열정 등을 눈여겨보았을 것입니다. 그리고, 이제 전도여행을 떠나야 하는 결정적인 순간에, 하나님께서는 사도 바울에게 '실라'가 참으로 그에게 소중한 동역자가 될 수 있음을 깨우쳐 주셨을 것이고, 결국 바울은 실라를 설득하여 형제들의 격려 가운데 2차 전도여정을 떠나게 됩니다. 예루살렘 초대교회의 지도자였던 실라가 바울

의 전도여행에 동참했다는 것은, 바울의 이방인 선교에 대한 예루살렘 초대교회의 태도에 영향을 주었을 것입니다. 바나바를 대신한 실라의 동역은 바울에게 다소의 힘과 위로가 되었을 것입니다.

바울의 동역자로 협력하게 된 실라는 2년 전 바울과 바나바가 교회를 세웠던 도시들을 바울과 함께 순회했습니다. 그 가운데 하나인 루스드라에서 디모데가 합류하게 되었습니다. 그리고 드로아 항에 이르러서는 누가도 합류하게 되었을 것입니다. 그리고 드로아에서 바울이 밤중에 '건너 와서 우리를 도우라'는 '마게도냐인의 환상을 통해, 일행은 드디어 아시아에서 벗어나 유럽 땅으로 넘어가게 됩니다. 이리하여 실라는 빌립보, 데살로니가, 베뢰아, 고린도에서 복음 전파와 교회 개척 사역에 바울과 동역하게 됩니다. 빌립보 감옥에서 한밤중에 바울과 실라가 기도하고 하나님을 찬송하매 죄수들이 듣더라(행16:25) 는 말씀은 실라의 위치를 보여주고 있습니다. 빌립보 관리들이 볼 때에 바울과 실라가 주동이며, 유대인처럼 보였고, 디모데와 누가는 돕는 자이며 헬라인처럼 보였기 때문이었을 것입니다. 그런데, 행16:37에 로마 사람인 우리를 죄도 정하지 아니하고 한 것은 실라도 로마 시민권이 있었을 가능성도 있습니다. 바울에게 있어 실라는 외형적으로도 좋은 동역자로 준비되어 있는 인물이었습니다. 데살로니가 전후서에는 발신자로 바울과 실루아노와 디모데는 하나님 아버지와 주 예수 그리스도 안에 있는 데살로니가인의 교회에 편지하노니 하였는데, 데살로니가 전도에 있어서도 실라의 역할이 분명했음을 알 수 있습니다.

실라는 신약의 다른 서신에도 등장합니다. 벧전5:12에 보면, "내가 신실한 형제로 아는 실루아노로 말미암아 너희에게 간단히 써서 권하고"라는 말씀이 나옵니다. 여기서 실루아노, 즉 실라는 베드로가 베드로전서를 쓸 때 대필을 맡은 사람으로 추측할 수 있습니다. 신약성경 중 주전 64년 경에 기록되었을 베드로전서가 가장 뛰어난 헬라어 문장으로 여김을 받고 있습니다. 이 서신에 드러난 아주 탁월한 헬라어 실력은, 실라가 대필했을 가능성을 더욱 높이고 있습니다. 게다가 이 서신을 수신자들이 살고 있던 소아시아의 여러 지역들에 가져다주는 일을 맡은 것도 실라였을 것으로 학자들은 추정하고 있습니다. 따라서 실라는 사도바울의 동역자로도 수고하였고, 베드로와도 합력한 것으로 보입니다. 이후 실라의 행적에 대해서는 알 수 없지만 이런 추측은 가능합니다. 벧전1:1에 예수 그리스도의 사도 베드로는 본도, 갈라디아, 갑바도기아, 아시아와 비두니아에 흩어진 나그네 하였는데 이 지역은 바로 사도행전 16장에서 사도 바울과 실라가 함께 복음을 전하고 싶어했던 지역이었습니다. 행16:6-7에 성령이 아시아에서 말씀을 전하지 못하게 하시거늘 그들이 브루기아와 갈라디아 땅으로 다녀가 무시아 앞에 이르러 비두니아로 가고 애쓰되 예수의 영이 허락하지 아니하시는지라 하였습니다. 왜 그 지역을 가고 싶어했을까요? 실라의 열정과 전도 비전이 있었을 것이라고 추측합니다. 그러나 당시 여러 조건 때문에 바울과는 함께 가지 못했습니다. 그래서 바울을 도운 후 실라는 다시 단독으로 아마 그의 고향 지역으로 추측되는 비두니아 지방으로 가서 전도했고 이제 그 성도들에게 베드로와 함께 안부 편지를 썼다는 것입니다.

실라가 바울을 떠난 시점은 대략 56년경, 바울이 로마서를 쓰기 전인 것으로 보이며, 행18:5에 실라와 디모데가 마게도냐로부터 내려오매 바울이 하나님의 말씀에 붙잡혀 유대인들에게 예수는 그리스도라 밝히 증언하니 하였습니다. 이때부터 실라는 본도와 비두니아 등에 열심히 복음을 전했던 것으로 추측합니다.

성경을 중심으로 살펴본 선교동역자 실라의 삶을 통해 우리는 귀한 교훈을 얻게 됩니다.

그는 예루살렘에서 수리아 안디옥으로 왔다가 수리아 안디옥의 상황을 보고 예루살렘으로 돌아가지 않고 그곳에 남아 필요한 일을 힘써 감당하였을 것입니다. 실라는 바울과 비교할 때 두드러지는 행적은 없었지만, 그의 헌신과 열심은 바울의 선교사역에 없어서는 안 될 소중한 동역이었습니다. 이처럼 앞장서서 일하는 것도 중요하지만, 복음사역의 뒤편에서 동료 사역자를 묵묵히 돕는 일 또한 중요한 일입니다. 더군다나 실라는 예루살렘 교회의 위치 등을 고려할 때 바울에 뒤지지 않는 여건의 사람이었습니다. 그럼에도 불구하고 그는 철저히 자기 목소리를 죽이고 바울과 동역한 것으로 보입니다. 특히 빌립보 감옥에서 그 곤고한 중에 일어나 바울과 함께 찬송하고 기도함으로 구원의 역사를 이루어 간 것은 그의 믿음을 보여주고 있습니다.

74. 로데, 믿음

야고보를 처형한 헤롯은 베드로까지 그리하려 하였고 교회는 베드로를 위하여 기도하고 있었습니다.

행12:1-5에 그 때에 헤롯 왕이 손을 들어 교회 중에서 몇 사람을 해하려 하여 요한의 형제 야고보를 칼로 죽이니 유대인들이 이 일을 기뻐하는 것을 보고 베드로도 잡으려 할새 때는 무교절 기간이라 잡으매 옥에 가두어 군인 넷씩인 네 패에게 맡겨 지키고 유월절 후에 백성 앞에 끌어 내고자 하더라 이에 베드로는 옥에 갇혔고 교회는 그를 위하여 간절히 하나님께 기도하더라 하였습니다. 이 시기는 주후 44년 경으로 헤롯은 헤롯아그립바1세이며 그는 헤롯대왕의 손자였습니다. 헤롯가문은 반 에돔인 반 유대인이었습니다. 유대인들이 기독교인들을 배척하는 것을 보고는 기독교인들을 박해하여 유대인들의 지지를 받으려 하였습니다. 그래서 먼저는 야고보를 죽였고 그를 유대인들이 기뻐하는 것을 보고 이어서 베드로도 죽이려 하였습니다. 베드로는 무교절 기간에 체포되었고 옥에 갇혔다가 유월절 후에 처형할 예정이었습니다. 야고보에 이어 베드로까지 이리 되자 믿는 자들은 마가라 하는 요한의 어머니 마리아의 집에 모여 기도하고 있었습니다. 그 기도는 하나님께 드린 기도였고 간절함으로 드린 기도였습니다. 베드로는 날이 밝으면 처형될 상황이었는데, 감옥에서 잠을 자고 있었습니다. 옥중에 주의 천사가 나타나며 광채가 빛나도 모르자 천사가 베드로의 옆구리를 쳐 깨웠습니다. 시편127:2에 여호와께서 그의 사랑하시는 자에게는 잠을 주시는도다 하셨고, 잠3:24에 네가 누울 때에 두려워하지 아니하겠고 네가 누운즉 네 잠이 달리로다 하시며 그 조건으로 21절에 내 아들아 완전한 지혜와 근신을 지키고 이것들이 네 눈앞에서 떠나지 말게 하라 하셨습니다. 렘31:26에 내가 깨어 보니 내 잠이 달았더라 하신 말씀이 있습니다. 피곤한 심령을 상쾌하게 하며 모든 연약한 심령을 만족하게 하셨기 때문입니다(25절) 베드로는 천사의 도움으로 매였던 사슬이 풀어지고 옥문이 열렸으며 옥에서 벗어나게 되었습니다.

베드로는 마가의 다락방으로 달려갔습니다. 당연히 거기에 모여 있을 것이라 여겼기 때문입니다. 우리가 있어야 할 자리에 있어야 합니다. 베드로가 대문을 두드리자 로데라는 여자 아이가 영접하러 나왔습니다. 로데는 장미라는 뜻의 이름입니다. 이 아이가 단순한 종이나 사환같은 역할은 아닌 것으로 보입니다. 그는 함께 기도하고 있었던 아이였습니다. 로데는 누군가 문을 두드릴 때 제일먼저 달려 나온 인물입니다. 우리도 누군가가 도움의 소리를 낼 때 제일 먼저 응답할 수 있는 심령과 자세이었으면 좋겠습니다. 로데는 베드로의 음성인줄 알고 기뻐하였습니다. 로데는 베드로의 음성을 알았습니다. 사람의 음성은 지문만큼이나 서로 다릅니다. 그 다른 음성을 우리의 귀가 구분할 수 있다는 사실이 참으로 놀랍습니다.

요10:1-6에 내가 진실로 진실로 너희에게 이르노니 문을 통하여 양의 우리에 들어가지 아니하고 다른 데로 넘어가는 자는 절도며 강도요 문으로 들어가는 이는 양의 목자라 문지기는 그를 위하여 문을 열고 양은 그의 음성을 듣나니 그가 자기 양의 이름을 각각 불러 인도하여 내느니라 자기 양을 다 내놓은 후에 앞서 가면 양들이 그의 음성을 아는 고로 따라오되 타인의 음성은 알지 못하는 고로 타인을 따르지 아니하고 도리어 도망하느니라 예수께서 이 비유로 그들에게 말씀하셨으나 그들은 그가 하신 말씀이 무엇인지 알지 못하니라 하였습니다.

로데는 베드로와의 사귐이 있었기 때문에 그의 음성을 구분할 수 있었습니다. 우리들도 목자 되시는 주님과 사귐이 있다면 그 분의 목소리를 구분할 수 있을 것입니다. 로데는 베드로의 음성을 알았을 뿐 아니라 그를 기뻐하였습니다. 주님의 음성이 기쁨이 되어야 할 것입니다.

로데는 너무 기쁜 나머지 미처 문을 열어주기도 전에 달려가 기도하던 이들에게 베드로가 대문 밖에 섰더라 하였습니다. 로데는 기쁜 소식을 달려가 전하는 사람이었습니다. 사52:7에 좋은 소식을 전하며 평화를 공포하며 복된 좋은 소식을 가져오며 구원을 공포하며 시온을 향하여 이르기를 네 하나님이 통치하신다 하는 자의 산을 넘는 발이 어찌 그리 아름다운가 하신 말씀이 있습니다. 안 좋은 소식을 전하는 자가 아니라, 좋은 소식을 전할 수 있는 삶이길 원합니다.

로데의 말을 들은 이들은 네가 미쳤다 하였습니다. 그들의 기도는 베드로의 귀환이었을 터인데 정작 베드로가 왔다는 말을 듣고는 네가 미쳤다 한 것입니다. 기도와 관련하여, 기도하지 않는 문제가 있고, 기도하고 나서 기도를 잊는 문제가 있고, 기도하고 나서 아무것도 하지 않는 문제가 있습니다. 당연히 기도한 자는 그리 될 줄로 믿고 최선을 다해야 합니다. 그러나 로데는 힘써 말하되 참말이라 하였습니다. 그에게는 그리 말할 수 있는 확신이 있었기 때문이었습니다. 우리도 믿음에 기도에 확신이 있기를 원합니다.

헤롯 아그립바1세는 54년 경에 벌레에게 먹혀 죽었습니다.

행12:20-23에 헤롯이 두로와 시돈 사람들을 대단히 노여워하니 그들의 지방이 왕국에서 나는 양식을 먹는 까닭에 한마음으로 그에게 나아와 왕의 침소 맡은 신하 블라스도를 설득하여 화목하기를 청한지라 헤롯이 날을 택하여 왕복을 입고 단상에 앉아 백성에게 연설하니 백성들이 크게 부르되 이것은 신의 소리요 사람의 소리가 아니라 하거늘 헤롯이 영광을 하나님께로 돌리지 아니하므로 주의 사자가 곧 치니 벌레에게 먹혀 죽으니라 하였습니다.

75. 디모데, 동역자

디모데는 헬라인 아버지와 유대인 어머니 사이에서 태어났으며, 루스드라에서 자랐습니다(행 16:1, 20:4). 그의 어머니는 유대인으로서 믿음이 깊은 여인이었고, 디모데 역시 어려서부터 유대인의 신앙 안에서 성서를 배웠습니다.

행16:1에 바울이 더베와 루스드라에도 이르매 거기 디모데라 하는 제자가 있으니 그 모친은 믿는 유대 여자요 부친은 헬라인이라 하였고, 딤후1:5에 이는 네 속에 거짓이 없는 믿음을 생각함이라 이 믿음은 먼저 네 외조모 로이스와 네 어머니 유니게 속에 있더니 네 속에도 있는 줄을 확신하노라 하였으며, 딤후3:15에 또 네가 어려서부터 성경을 알았나니 성경은 능히 너로 하여금 그리스도 예수 안에 있는 믿음으로 말미암아 구원에 이르는 지혜가 있게 하느니라 하였습니다.

디모데는 바울의 1차 전도여행 때 바울 일행을 보았을 것입니다. 바울의 제자로서 2차 전도여행 때부터 바울을 따르기 시작하였습니다(행16:1-3). 바울은 디모데를 매우 사랑하고 신뢰하였으며, 그를 아들과 같이 여겼습니다. 행16:1-3에 바울이 디모데를 제자로 삼고 그의 신앙을 인정하며 데려가게 됩니다. 고후1:19에 우리 곧 나와 실루아노와 디모데로 말미암아 너희 가운데 전파된 하나님의 아들 예수 그리스도는 예 하고 아니라 함이 되지 아니하였으니 저에게는 예만 되었느니라 하였고, 빌2:22에 디모데의 연단을 너희가 아나니 자식이 아비에게 함같이 나와 함께 복음을 위하여 수고 하였느니라 하였습니다.

디모데는 긍정적인 믿음의 소유자였으며, 연단을 받은 일꾼이었습니다. 그는 루스드라와 이고니온에 있는 형제들에게 칭찬을 받는 자였고, 바울의 여러 중요한 사역에 동참했습니다. 고전 4:17에 이를 인하여 내가 주 안에서 내 사랑하고 신실한 아들 디모데를 너희에게 보내었노니 저가 너희로 하여금 그리스도 예수 안에서 나의 행사 곧 내가 각처 각 교회에서 가르치는 것을 생각나게 하리라 하였고, 딤후2:15에 네가 진리의 말씀을 옳게 분변하여 부끄러울 것이 없는 일꾼으로 인정된 자로 자신을 하나님 앞에 드리기를 힘쓰라 하였습니다.

디모데는 그의 연소함과 건강 문제로 인해 걱정을 받았습니다. 바울은 디모데에게 그의 연소함을 업신여기지 못하게 하고, 건강을 위해 포도주를 조금씩 쓰라고 권면했습니다. 딤전4:12에 누구든지 네 연소함을 업신여기지 못하게 하고 오직 말과 행실과 사랑과 믿음과 정절에 대하여 믿는 자에게 본이 되어 하였고, 딤전5:23에 이제부터는 물만 마시지 말고 네 비위와 자주 나는 병을 인하여 포도주를 조금씩 쓰라 하였습니다.

디모데는 바울이 첫 번째 죄수로 로마에 있을 때 함께 있었습니다. 그는 바울의 믿음의 아들이자 동역자로서 다양한 사역을 감당하였습니다.

몬1:1에 그리스도 예수를 위하여 갇힌 자 된 바울과 및 형제 디모데는 우리의 사랑을 받는 자요 동역자인 빌레몬과 하였고, 딤전1:2에 믿음 안에서 참 아들 된 디모데에게 편지하노니 하나님 아버지와 그리스도 예수 우리 주께로부터 은혜와 긍휼과 평강이 네게 있을지어다 하였고, 롬16:21에 나의 동역자 디모데와 나의 친척 누기오와 야손과 소시바더가 너희에게 문안하느니라 하였고, 행18:5에 실라와 디모데가 마게도냐로서 내려오매 바울이 하나님의 말씀에 붙잡혀 유대인들에게 예수는 그리스도라 밝히 증거하니 하였습니다.

디모데는 바울의 사랑받는 제자이자 신실한 동역자로서 주님의 복음을 전파하는 일에 헌신하였습니다. 그의 긍정적인 믿음과 연단된 일꾼으로서의 모습은 우리 모두가 본받아야 할 귀한 본입니다. 바울과 디모데처럼 우리도 주님의 나라를 이루기 위해 함께 합력하는 성도들이 되어야 하겠습니다.

76. 누가, 누가만 나와 함께 있느니라

누가는 누가복음과 사도행전의 저자입니다. 그러나 누가복음이나 사도행전에 누가가 저자라는 직접적인 기록은 없습니다. 누가가 저자임을 증명하는 증거로는 사도행전의 기록자가 바울과 자신을 가리켜 '우리'라고 표현하고 있다는 점입니다(행16, 17, 20, 21, 27, 28). 이는 골로새서4:14, 빌레몬서1:24, 디모데후서4:11에서 누가를 지칭하는 것과 일치합니다. 골로새서4:14에사랑을 받는 의원 누가와 또 데마가 너희에게 문안하느니라 하였고, 빌레몬서1:24에 또한 나의 동역자 마가, 아리스다고, 데마, 누가가 문안하느니라 하였습니다.

우리 모두 사도행전 29장을 씁시다.

누가는 의사였습니다.

골로새서4:14에서 '사랑받는 의원'으로 언급됩니다. 바울이 주께 세 번 기도하였을 때 주님께서 보내준 동역자였습니다. 고린도후서12:7-9에 여러 계시를 받은 것이 지극히 크므로 너무 자고하지 않게 하시려고 내 육체에 가시 곧 사단의 사자를 주셨으니 이는 나를 쳐서 너무 자고하지 않게 하려 하심이라. 이것이 내게서 떠나기 위하여 내가 세 번 주께 간구하였더니 내게 이르시기를 '내 은혜가 네게 족하도다 이는 내 능력이 약한데서 온전하여짐이라' 하신지라 이러므로 도리어 크게 기뻐함으로 나의 여러 약한 것들에 대하여 자랑하리니 이는 그리스도의 능력으로 내게 머물게 하려 함이라 하였습니다.

바울의 2차 전도 여행에서 동행을 시작하여 마지막 로마의 옥에까지 동행하였습니다.

우리 모두도 주님께서 주신 대로 전문가가 되어 주님의 일에 쓰임을 받아야 하겠습니다.

누가는 이방인이었습니다. 그래서 이방인의 구원을 바라시는 예수님을 이해하고 전했던 사도입니다. 누가복음10장의 선한 사마리아인의 비유, 누가복음

17장의 감사할 줄 아는 문둥이 이야기는 누가를 통해 전해진 말씀입니다.

주님의 뜻을 깨닫는 자였습니다.

죄인들과 버림받은 친구로서의 예수님을 이해한 제자였습니다. 마태(사자-메시야-유대인), 마가(사람-예수의 전기-로마인), 요한(독수리-고매한 사상-전 세계), 누가(송아지-희생양-헬라 그리스도인) 으로 볼 수 있습니다. 바리새인 시몬의 집에서 눈물과 자신의 머리털로 예수님의 발을 씻은 여인 이야기를 기록했습니다(눅7). 매국노란 오명을 쓴 세리장 삭개오에 대한 기록(눅19장), 바리새인과 세리의 기도(눅18장), 회개하는 강도(눅23장), 돌아온 탕자(눅15장)의 말씀도 누가를 통해 전해진 말씀들입니다.

끝까지 충성한 일꾼입니다.

디모데후서4:11에 누가만 나와 함께 있느니라 네가 올 때에 마가를 데리고 오라 저가 나의 일에 유익하니라 하였습니다. 하나님께 그리고 사람에게 충성한 누가였습니다.

77. 디도, 그레데

디도는 사도행전에 그 이름이 나오지 않고 있습니다. 그에 대한 처음 언급은 갈라디아서입니다. 내용으로 보아 수리아 안디옥에서 바울에게 복음을 듣고 훈련받은 인물로 보입니다. 그는 헬라인이었고 무할례자였습니다. 바울이 예루살렘 공의회에 그를 데리고 간 것은 헬라인이며 무할례자라도 이렇게 훌륭한 그리스도인이 될 수 있음을 증거하기 위함으로 보입니다.

갈2:1-4에 십사 년 후에 내가 바나바와 함께 디도를 데리고 다시 예루살렘에 올라갔나니 계시를 따라 올라가 내가 이방 가운데서 전파하는 복음을 그들에게 제시하되 유력한 자들에게 사사로이 한 것은 내가 달음질하는 것이나 달음질한 것이 헛되지 않게 하려 함이라 그러나 나와 함께 있는 헬라인 디도까지도 억지로 할례를 받게 하지 아니하였으니 이는 가만히 들어온 거짓 형제들 때문이라 그들이 가만히 들어온 것은 그리스도 예수 안에서 우리가 가진 자유를 엿보고 우리를 종으로 삼고자 함이로되 하였습니다.

고린도후서를 가지고 가서 전달하고 그 내용을 가르친 이는 디도였습니다. 고린도교회는 주후 50-53년의 바울의 2차 전도여정 중에 세워졌는데, 그 후로 많은 문제들이 있었습니다. 주후 55년경 에베소에서 그 소식을 듣고 바울은 디모데 편으로 고린도전서를 작성하여 보냈습니다.

고전16:10-12에 디모데가 이르거든 너희는 조심하여 그로 두려움이 없이 너희 가운데 있게 하라 이는 그도 나와 같이 주의 일을 힘쓰는 자임이라 그러므로 누구든지 그를 멸시하지 말고 평안히 보내어 내게로 오게 하라 나는 그가 형제들과 함께 오기를 기다리노라 형제 아볼로에 대하여는 그에게 형제들과 함께 너희에게 가라고 내가 많이 권하였으되 지금은 갈 뜻이 전혀 없으나 기회가 있으면 가리라 하였습니다.

그래도 문제가 해결되지 않자 직접 방문까지 했었는데 가슴아픈 기억만 가지고 돌아왔습니다.

고후2:1. 내가 다시는 너희에게 근심 중에 나아가지 아니하기로 스스로 결심하였노니 하였습니다. 돌아와서 바울은 소위 가슴 아픈 편지 혹은 준엄한 편지를 디도 편에 보냈습니다. 고후2:4에 내가 마음에 큰 눌림과 걱정이 있어 많은 눈물로 너희에게 썼노니 이는 너희로 근심하게 하려 한 것이 아니요 오직 내가 너희를 향하여 넘치는 사랑이 있음을 너희로 알게 하려 함이라 하였습니다.

디도를 보내고 나서 바울은 많은 근심 가운데 그 소식을 기다리고 있었습니다. 드로아까지 가서 디도를 기다렸다가 만나지 못하자 마게도냐로 갔습니다. 고후2:12-13에 내가 그리스도의 복음을 위하여 드로아에 이르매 주 안에서 문이 내게 열렸으되 내가 내 형제 디도를 만나지 못하므로 내 심령이 편하지 못하여 그들을 작별하고 마게도냐로 갔노라 하였습니다.

주후 56년경에 마게도냐에서 디도가 좋은 소식을 가지고 온 디도를 만나게 되었고 그것이 큰 위로와 기쁨이 되었습니다. 디도는 그 만한 역량을 가지고 있었습니다. 고후7:5-16에 우리가 마게도냐에 이르렀을 때에도 우리 육체가 편하지 못하였고 사방으로 환난을 당하여 밖으로는 다툼이요 안으로는 두려움이었노라 그러나 낙심한 자들을 위로하시는 하나님이 디도가 옴으로 우리를 위로하셨으니 그가 온 것뿐 아니요 오직 그가 너희에게서 받은 그 위로로 위로하고 너희의 사모함과 애통함과 나를 위하여 열심 있는 것을 우리에게 보고함으로 나를 더욱 기쁘게 하였느니라 그러므로 내가 편지로 너희를 근심하게 한 것을 후회하였으나 지금은 후회하지 아니함은 그 편지가 너희로 잠시만 근심하게 한 줄을 앎이라 내가 지금 기뻐함은 너희로 근심하게 한 까닭이 아니요 도리어 너희가 근심함으로 회개함에 이른 까닭이라 너희가 하나님의 뜻대로 근심하게 된 것은 우리에게서 아무 해도 받지 않게 하려 함이라 하나님의 뜻대로 하는 근심은 후회할 것이 없는 구원에 이르게 하는 회개를 이루는 것이요 세상 근심은 사망을 이루는 것이니라 이로 말미암아 우리가 위로를 받았고 우리가 받은 위로 위에 디도의 기쁨으로 우리가 더욱 많이 기뻐함은 그의 마음이 너희 무리로 말미암아 안심함을 얻었음이라 내가 그에게 너희를 위하여 자랑한 것이 있더라도 부끄럽지 아니하니 우리가 너희에게 이른 말이 다 참된 것 같이 디도 앞에서 우리가 자랑한 것도 참되게 되었도다 그가 너희 모든 사람들이 두려움과 떪으로 자기를 영접하여 순종한 것을 생각하고 너희를 향하여 그의 심정이 더욱 깊었으니 내가 범사에 너희를 신뢰하게 된 것을 기뻐하노라 하였습니다.

디도는 자원하여 이 일을 감당하였습니다. 고후8:16-17에 너희를 위하여 같은 간절함을 디도의 마음에도 주시는 하나님께 감사하노니 그가 권함을 받고 더욱 간절함으로 자원하여 너희에게 나아갔고 하였습니다. 고후8:23-24에 디도로 말하면 나의 동료요 너희를 위한 나의 동역자요 우리 형제들로 말하면 여러 교회의 사자들이요 그리스도의 영광이니라 그러므로 너희는 여러 교회 앞에서 너희의 사랑과 너희에 대한 우리 자랑의 증거를 그들에게 보이라 하였습니다.

고후12:18에 내가 디도를 권하고 함께 한 형제를 보내었으니 디도가 너희의 이득을 취하더냐 우리가 동일한 성령으로 행하지 아니하더냐 동일한 보조로 하지 아니하더냐 하였습니다.

디도가 그레데 섬에서 목회를 하게 된 것은 아마도 로마의 감옥에서 풀려나 일행들과 다니던 중 그레데에도 들린 것 같은데 그 험한 곳의 목회자로 디도를 택한 것으로 보입니다. 그만큼 디도는 그 일을 감당할 만한 인물로 여겨졌던 것입니다. 딛1:4에 같은 믿음을 따라 나의 참 아들 된 디도에게 편지하노니 하나님 아버지와 그리스도 예수 우리 구주로부터 은혜와 평강이 네게 있을지어다 하였고, 딛1:12-14에 그레데인 중의 어떤 선지자가 말하되 그레데인들은 항상 거짓말쟁이며 악한 짐승이며 배만 위하는 게으름뱅이라 하니 이 증언이 참되도다 그러므로 네가 그들을 엄히 꾸짖으라 이는 그들로 하여금 믿음을 온전하게 하고 유대인의 허탄한 이야기와 진리를 배반하는 사람들의 명령을 따르지 않게 하려 함이라 하였습니다.

바울은 디도를 다시 부르고 있습니다. 아마도 다시금 시작될 전도 여정에 그가 필요했던 것으로 보입니다. 딛3:12-15에 내가 아데마나 두기고를 네게 보내리니 그 때에 네가 급히 니고볼리로 내게 오라 내가 거기서 겨울을 지내기로 작정하였노라 율법교사 세나와 및 아볼로를 급히 먼저 보내어 그들로 부족함이 없게 하고 또 우리 사람들도 열매 없는 자가 되지 않게 하기 위하여 필요한 것을 준비하는 좋은 일에 힘 쓰기를 배우게 하라 나와 함께 있는 자가 다 네게 문안하니 믿음 안에서 우리를 사랑하는 자들에게 너도 문안하라 은혜가 너희 무리에게 있을지어다 하였습니다.

디도는 주후 68년 경 바울의 순교 시점 가까이 까지 바울과 함께 있었고 달마디아로 파송을 받은 것이 그의 마지막 기록입니다. 딤후4:9-12에 너는 어서 속히 내게로 오라 데마는 이 세상을 사랑하여 나를 버리고 데살로니가로 갔고 그레스게는 갈라디아로, 디도는 달마디아로 갔고 누가만 나와 함께 있느니라 네가 올 때에 마가를 데리고 오라 그가 나의 일에 유익하니라
두기고는 에베소로 보내었노라 하였습니다.

디도는 수리아 안디옥에 거하던 헬라인이었을 것입니다.
행11:19-21에 그 때에 스데반의 일로 일어난 환난으로 말미암아 흩어진 자들이 베니게와 구브로와 안디옥까지 이르러 유대인에게만 말씀을 전하는데 그 중에 구브로와 구레네 몇 사람이 안디옥에 이르러 헬라인에게도 말하여 주 예수를 전파하니 주의 손이 그들과 함께 하시매 수많은 사람들이 믿고 주께 돌아오더라 그가 바울의 동료요 동역자요 사자요 그리스도의 영광이 되었습니다. 그는 그 어려운 고린도교회와 그레데교회를 목회하였고, 바울과 같이 선한 싸움을 싸우고 달려갈 길을 다 달려가고 믿음을 지킨 인물이었습니다.

78. 브리스가와 아굴라, 부부

브리스가와 아굴라가 성경에 처음 등장하는 것은 바울의 2차 선교여정 때로 당시에 로마의 황제인 글라우디오는 주후 49년 경에 로마에 있는 모든 유대인들은 로마를 떠나라는 추방령을 내렸습니다. 그래서 아굴라 부부는 로마를 떠나서 고린도로 가게 되었는데 거기서 사는 중에 고린도에 온 바울사도를 만나게 되면서 이들 부부의 인생이 새로운 삶을 살게 됩니다.

행18:2-3에 아굴라라 하는 본도에서 난 유대인 한 사람을 만나니 글라우디오가 모든 유대인을 명하여 로마에서 떠나라 한 고로 그가 그 아내 브리스길라와 함께 이달리야로부터 새로 온지라 바울이 그들에게 가매 생업이 같으므로 함께 살며 일을하니 그 생업은 천막을 만드는 것이더라 하였습니다. 이들의 만남은 우연이 아니라 주님의 예비하심이었음을 여호와이레 였음을 알 수 있습니다.

본래 아굴라는 본도 출신의 유대인 태생이고 브리스길라는 로마 출신의 명문가 출신이었을 것으로 추측하고 있습니다. 어떻게 이들이 부부가 되었는지에 대해서는 알려진 바가 없습니다.

우리가 추측할 수 있는 것은, 아마도 로마 귀족가문 출신의 브리스가는 우연한 기회에 복음을 접하게 되었고, 로마의 교회에 출석하면서 아굴라를 알게 되어, 그의 독실한 신앙과 인품에 마음이 이끌려, 귀족의 집에서 우상을 섬기며 사는 삶을 포기하고 믿음이 두터운 아굴라와 고락을 함께 하면서 하나님을 섬기기 위해 그와 결혼한 것으로 보입니다. 이것은 그녀로서는 분명히 십자가의 길이었을 것입니다. 부모와 주변의 반대와 핍박을 넘어서 이와 같은 결단을 한다는 것은 매우 어려운 일이었을 것입니다.

결국 그녀는 로마에서 시민권을 상실하고 유대인의 가족으로서, 황제 글라우디오의 유대인 추방령이 내려졌을 때, 남편을 따라 로마에서 추방당할 수밖에 없었습니다.

브리스가는 집안의 일은 물론, 남편을 도와 가죽을 수선하며 천막도 만들어야 했을 것입니다.

지금도 세상의 많은 사람들은 상대의 용모나 지위, 재산, 능력을 결혼의 주요 조건으로 보고 있습니다. 하나님의 자녀들조차도 하나님의 뜻을 받들어 믿음으로 결합하기가 여간 어려운 일이 아닙니다. 그러나 브리스가는 2천년전 이미 믿음으로 그 길을 택했던 것 같습니다. 초대교회 당시 성도들은 그녀의 이름을 브리스길라라는 애칭으로 불렀고, 사람들은 자연히 그녀의 이름을 남편 아굴라보다 먼저 부르게 된 것으로 보입니다.

성경에서는 이들 부부에 대해서 6섯 번 언급하고 있는데 한 번도 이들 부부의 이름이 따로 기록된 적이 없습니다. 이들 부부는 항상 함께 했던 아름답고 모범적인 부부임을 알 수 있습니다. 부부의 이름이 모두 기록된 것은 아나니아와 삽비라와 이들 브리스가와 아굴라 뿐입니다.

고린도에 정착한 브리스가와 아굴라 부부는 바울을 만나 함께 거하게 되었는데, 그것은 장막을 만드는 업이 같았기 때문이며, 그들이 이전부터 예수를 믿었는지 아니면 바울의 전도에 의해 예수를 믿게 되었는지는 분명치 않지만, 사도행전과 바울서신에 기록된 내용만으로 살펴볼 때, 이들이 바울에 의해 개종되었다는 말이 없는 것으로 보아, 아마 고린도에 오기 전에 이미 예수를 믿은 것으로 보입니다. 바울이 고린도에서 1년 6개월을 보내며 사역을 감당할 수 있었던 것은 첫째는 주님의 위로와 권면이 있음이었습니다. 행18:9-10에 밤에 주께서 환상 가운데 바울에게 말씀하시되 두려워하지 말며 침묵하지 말고 말하라 내가 너와 함께 있으매 어떤 사람도 너를 대적하여 해롭게 할 자가 없을 것이니 이는 이 성중에 내 백성이 많음이라 하시더라 하였습니다. 둘째는 실라와 디모데가 합류했기 때문이었습니다. 행18:5에 실라와 디모데가 마게도냐로부터 내려오매 바울이 하나님의 말씀에 붙잡혀 유대인들에게 예수는 그리스도라 밝히 증언하니 하였고, 셋째는 브리스가와 아굴라의 협력이 있었기 때문이었을 것입니다. 그들이 먼저 고린도에서 터를 잡고 있었고 바울이 왔을 때 그가 고린도에서 머물면서 복음을 전할 수 있도록 배려하였을 것입니다. 바울 일행은 이들 부부의 집에서 머물렀을 것입니다.

바울이 고린도 사역을 마치고 수리아 안디옥으로 돌아갈 때 이들 부부도 함께 하였습니다. 익숙한 곳을 떠나는 것은 언제나 어려운 일입니다. 그러나 그들은 복음전파를 최우선의 의미로 삼고 그리하였을 것입니다. 행18:18 바울은 더 여러 날 머물다가 형제들과 작별하고 배 타고 수리아로 떠나갈새 브리스길라와 아굴라도 함께 하더라 바울이 일찍이 서원이 있었으므로 겐그레아에서 머리를 깎았더라 하였습니다. 바울과 아굴라 일행이 에베소에 도착하자 바울은 아굴라와 브리스길라 부부를 에베소에 머물게 합니다. 아마도 바울은 아굴라 부부에게 에베소를 맞기고 자신이 선교보고를 하고 나서 곧 에베소로 올 것을 약속한 것 같습니다. 그동안 아굴라 부부가 에베소에서 터를 잡고 있으면 그 때 와서 본격적으로 복음을 전하기고 작정한 것 같습니다. 이미 브리스가와 아굴라는 바울을 대신하여 선교의 사명을 감당할 수 있는 이들로 여김을 받고 있었음을 알 수 있습니다.

행18:19-21에 에베소에 와서 그들을 거기 머물게 하고 자기는 회당에 들어가서 유대인들과 변론하니 여러 사람이 더 오래 있기를 청하되 허락하지 아니하고 작별하여 이르되 만일 하나님의 뜻이면 너희에게 돌아오리라 하고 배를 타고 에베소를 떠나 하였습니다.

바울이 떠난 뒤, 브리스가와 아굴라 부부는 애굽 알렉산드리아 출신의 아볼로라는 유대인을 만나게 됩니다. 아볼로는 학문이 많고 성경에 능한 사람이었습니다. 그래서 아볼로는 회당들을 다니며 능한 웅변으로 구약을 강해했고, 구약에 나오는 메시야에 관한 예언들이 모두 예수님 안에서 이루어졌다고 설파했습니다. 그런데 아볼로는 요한의 세례까지만 알고 있었고, 성령의 세례나 복음의 진리에 대해 모르는 부분들이 있어 브리스가와 아굴라 부부는 아볼로를 데려다가 부족한 부분들을 잘 가르쳐 세워 주었습니다. 브리스가와 아굴라는 이같은 복음의 진리를 바울을 통해서 배웠을 것입니다. 이들이 회당에서 아볼로의 부족한 점을 공개적으로 말하지 아니하고 개인적으로 데려다가 말한 것은 아볼로를 배려하는 이들 부부의 신중함이었습니다. 이처럼 자기보다 부족한 사람을 상대가 마음 상하지 않게 잘 이끌어 깨우치고 세워주는 일은 어려운 일입니다. 그러나 이들 부부는 아볼로를 이같이 세움으로써 교회는 위대한 사역자를 얻게 되었습니다.

오늘 읽은 본문을 볼 때, 바울이 로마서를 쓸 무렵, 브리스가와 아굴라는 다시 로마로 돌아가 있었습니다. 그때는 새 황제가 등극하여 글라우디오 황제의 추방령이 효력을 상실한 것으로 보입니다. 에베소에서와 마찬가지로 로마에서도 브리스가와 아굴라 부부는 자신들의 집을 교회로 제공하고 있었습니다. 그래서 롬16:5에 보면, 바울은 그 교회에도 문안을 보내고 있습니다. 롬16:3-5에 너희는 그리스도 예수 안에서 나의 동역자들인 브리스가와 아굴라에게 문안하라 그들은 내 목숨을 위하여 자기들의 목까지도 내놓았나니 나뿐 아니라 이방인의 모든 교회도 그들에게 감사하느니라 또 저의 집에 있는 교회에도 문안하라 내가 사랑하는 에배네도에게 문안하라 그는 아시아에서 그리스도께 처음 맺은 열매니라 하였습니다.

바울이 로마서를 쓰기 전까지 로마에 가 본적이 없었는데도, 로마서 16장의 내용을 보면 바울은 로마교회의 사정을 잘 알고 있는 것으로 보이는데 아마도 브리스가와 아굴라 그리고 바울이 나의 어머니라고 고백했던 구레네 시몬의 부인 즉 루포의 어머니를 통해 소식을 들었기 때문으로 보입니다. 바울은 머지않아 로마로 갈 계획이 있었으므로 아무래도 로마 상황을 알기 원했을 것이고, 이들 부부는 그런 상황들을 바울에게 잘 알려 주었던 것입니다. 합력하여 선을 이룬 일입니다.

나중에 바울이 생각보다 훨씬 늦게 로마에 가게 되었을 때, 브리스가와 아굴라 부부가 로마에 살고 있었는지에 대해서는 전혀 기록이 없습니다. 하지만 사도행전 마지막 28장에 보면, 바울이 죄수의 신분이 되어 로마로 들어갈 때, 로마교회의 교인들이 위험을 무릅쓰고 먼 곳까지 바울을 맞으러 나왔고, 바울은 마중 나온 로마교회의 성도들을 보고 하나님께 감사를 올려드리고 담대한 마음을 얻었다고 기록하고 있는데 그 중에 그들 부부가 있었을지도 모르겠습니다.

롬16:4에 바울은 브리스가와 아굴라 부부가 바울 자신을 위해 자기의 목이라도 내어놓았다고 저들의 헌신을 칭찬하고 있습니다. 사도 바울은 고린도에서 브리스가와 아굴라의 집에 머물러 살면서 같이 일했을 것입니다. 어디에서나 유대인들은 사도 바울을 핍박하고 있었는데, 행18장에도 보면, 유대인들이 바울의 1년 6개월 고린도 사역에 대하여 갈리오가 아가야 총독 되었을 때에 바울을 대적하여 법정으로 데리고 가서 고소하였습니다. 이 고소는 받아들여지지 않았고 오히려 회당장 소스데네가 구타를 당하였는데 이 일에 유대인들은 더욱 바울을 증오하게 되었을 것입니다. 이 상황에서도 이들 부부는 바울을 돕는 일을 계속하였을 것입니다. 복음을 전하는 이들을 돕는 것이 때로는 위험을 자초하는 상황이 될 때도 있습니다.

가장 어려웠던 장면은 행19장에 나오는데, 사도 바울이 3차전도 여정에 에베소로 돌아와 복음을 전할 때, 아데미 신전의 일로 에베소 극장에서 엄청난 폭동사건이 발생했습니다. 그때 당시 에베소에서 사역하고 있던 브리스가와 아굴라 부부는 바울의 목숨이 위태로운 상황에서 생명의 위험을 무릅썼을 것이며, 바울은 그들의 헌신을 두고두고 잊을 수가 없었을 것입니다. 그래서 바울은 "저희가 내 목숨을 위하여 자기의 목이라도 내어놓았을 것이라"고 사의를 표하게 된 것으로 보입니다.

브리스가와 아굴라에 대한 마지막 기록은 디모데후서에 나옵니다. 디모데후서는 바울이 로마의 감옥에서 순교당하기 얼마전의 기록입니다. 딤후4:19에 브리스가와 아굴라와 및 오네시보로의 집에 문안하라 하신 말씀이 있는데 이로보아 이들 부부는 바울의 순교의 때에 에베소에서 사역하고 있었음을 알 수 있습니다.

그들은 복음전파를 위해 예비된 분들로서 헌신적이었고, 복음을 전파하고 가르칠 능력이 준비되어 있었으며, 끝까지 열매 맺는 삶이었습니다.

79. 빌레몬, 주인

빌레몬은 빌레몬서에 그 이름이 나옵니다.

빌레몬서는 바울이 로마의 감옥에 있었을 때 쓴 네 서신중에 하나입니다. 에베소서 빌립보서 골로새서 빌레몬서입니다. 빌레몬서는 빌레몬이라는 개인에게 쓴 서신입니다. 바울이 개인에게 쓴 서신이 디모데전,후서 디도서가 있지만 목회적 관점에서 쓴 목회서신이고 빌레몬서는 개인적 문제를 다루고 있습니다. 빌레몬서는 25절로 되어있는 짧은 서신입니다. 골로새서와 함께 작성되었고 두기고와 오네시모에 의해 전달된 서신입니다. 골4:7에 두기고가 내 사정을 다 너희에게 알려 주리니 골4:9에 신실하고 사랑을 받는 형제 오네시모를 함께 보내노니 그는 너희에게서 온 사람이라 그들이 여기 일을 다 너희에게 알려 주리라 골4:17에 아킵보에게 이르기를 주 안에서 받은 직분을 삼가 이루라고 하라 하였습니다.

빌레몬은 1:1에 우리의 사랑은 받는 자요 동역자라 하였습니다. 그는 많은 이들로부터 사랑을 받는 자였으며, 바울에게 있어서는 동역자로 여김을 받는 자였습니다. 롬16:3에 나의 동역자들인 브리스가와 아굴라에게 문안하라 롬16:9에 우리의 동역자인 우르바노와 롬16:21 나의 동역자 디모데 고후8:23 디도로 말하면 나의 동역자요 몬1:24에 나의 동역자 마가, 아리스다고, 데마, 누가 몬1:2에 자매 압비아와 우리와 함께 병사된 아킵보와 네 집에 있는 교회에 하심으로 보아 압비아는 그의 부인이고 아킵보는 그의 아들일 가능성도 많이 있습니다. 초대 교회에 그 이름이 알려진 가장 신실한 가정이라 하겠습니다. 그리고 네 집에 있는 교회라 하였는데 이 교회가 골로새교회를 가리키는 말로 보입니다. 골로새교회는 바울이 에베소에서 복음을 전하고 있었을 때에 은혜를 받은 에바브라와 빌레몬에 의해 세워진 교회로 보여집니다.

에바브라는 주로 말씀을 가르치는 역할을 한 것으로 보이고 빌레몬은 집과 필요한 것들을 제공한 것으로 추정됩니다.

빌레몬은 바울의 기도 줄에 있는 이름이었고 주 예수에 대한 믿음과 모든 성도들에 대한 사랑이 있던 인물이었습니다. 몬1:4-5에 내가 항상 내 하나님께 감사하고 기도할 때에 너를 말함은 주 예수와 및 모든 성도에 대한 네 사랑과 믿음이 있음을 들음이니 하였습니다.

빌레몬과의 믿음의 교제는 그 교제 가운데 있는 자들에게 선을 드러내 주었으며, 그리스도께 나아가는 힘이 되었습니다. 몬1:6에 이로써 네 믿음의 교제가 우리 가운데 있는 선을 알게 하고 그리스도께 이르도록 역사하느니라 빌레몬은 성도들의 마음을 평안하게 해 주었으며, 바울도 빌레몬으로 인해 기쁨과 위로를 얻었습니다. 몬1:7에 형제여 성도들의 마음이 너로 말미암아 평안함을 얻었으니 내가 너의 사랑으로 많은 기쁨과 위로를 받았노라 하였습니다.

바울은 로마 감옥에서 오네시모를 만나게 되었는데 그는 빌레몬 집에서 도망한 노예였습니다.

아마도 순간적으로 재물에 욕심이 생겨 훔쳐서 달아난 것으로 보이고 로마에까지 와 있는 중에 에바브로를 만나 바울에게 연결된 것으로 보입니다. 당시에 노예들은 사람이 아니었고 도구였습니다. 주인에게 처분할 권한이 있었고, 도망 노예는 사형이거나 사지 절단형이거나 이마에 도망자라는 의미의 F자를 화인했습니다. 로마법에 주인과 노예 사이를 중보해 줄 수 있는 자가 있으면 그를 통해 용서를 받을 수 있었습니다. 그래서 오네시모는 바울을 찾아온 것이고 바울은 중보자의 역할을 하였습니다. 오네시모를 만나는 중에 그에게 복음을 전하였고 그로 인하여 오네시모는 변화를 받게 되었으며 더 나아가 바울의 일에 적극 돕는 자가 되었습니다. 그 뜻을 편지로 전한 것인데 빌레몬이 이 중보를 받아들였는지에 대한 언급은 없지만,

만일 받아들여지지 않았다면 빌레몬서가 전해지지도 않았을 것이고, 더군다나 성경에 편입되지도 않았을 것입니다.

이 편지에서 빌레몬은 바울의 선한 뜻을 받아들였습니다.

몬1:8-22에 이러므로 내가 그리스도 안에서 아주 담대하게 네게 마땅한 일로 명할 수도 있으나 도리어 사랑으로써 간구하노라 나이가 많은 나 바울은 지금 또 예수 그리스도를 위하여 갇힌 자 되어 갇힌 중에서 낳은 아들 오네시모를 위하여 네게 간구하노라 그가 전에는 네게 무익하였으나 이제는 나와 네게 유익하므로 네게 그를 돌려 보내노니 그는 내 심복이라 그를 내게 머물러 있게 하여 내 복음을 위하여 갇힌 중에서 네 대신 나를 섬기게 하고자 하나 다만 네 승낙이 없이는 내가 아무 것도 하기를 원하지 아니하노니 이는 너의 선한 일이 억지 같이 되지 아니하고 자의로 되게 하려 함이라 이 일들에 깃들어 있는 하나님의 섭리를 믿었습니다.

아마 그가 잠시 떠나게 된 것은 너로 하여금 그를 영원히 두게 함이리니 복음적 세계관을 현실의 삶으로 받아들였습니다. 이 후로는 종과 같이 대하지 아니하고 종 이상으로 곧 사랑 받는 형제로 둘 자라 내게 특별히 그러하거든 하물며 육신과 주 안에서 상관된 네게랴 그러므로 네가 나를 동역자로 알진대 그를 영접하기를 내게 하듯 하고 그가 만일 네게 불의를 하였거나 네게 빚진 것

이 있으면 그것을 내 앞으로 계산하라 나 바울이 친필로 쓰노니 내가 갚으려니와 네가 이 외에 네 자신이 내게 빚진 것은 내가 말하지 아니하노라 그는 신뢰의 사람이었습니다. 오 형제여 나로 주 안에서 너로 말미암아 기쁨을 얻게 하고 내 마음이 그리스도 안에서 평안하게 하라 나는 네가 순종할 것을 확신하므로 네게 썼노니 네가 내가 말한 것보다 더 행할 줄을 아노라 오직 너는 나를 위하여 숙소를 마련하라 너희 기도로 내가 너희에게 나아갈 수 있기를 바라노라 하였습니다.

사랑받는 자의 뜻을 가진 빌레몬으로 인해 골로새교회가 세워졌고, 오네시모는 구원을 받게 되었으며, 역사적으로 노예제도가 폐지되는데 큰 역할을 하였습니다. 그는 용서해야 할 때 용서할 수 있는 인물이었습니다. 그가 오네시모를 다시 받아들임으로 인해 골로새교회는 큰 부흥을 맞이하게 되었을 것입니다. 우리나라에서도 금산교회의 이자익목사는 조덕삼장로집의 종이었는데, 1907년에 있었던 장로선출에서 27살의 종이었던 이자익이 장로가 되었고 41살의 주인이었으며 자기 집을 교회로 내어 놓았던 조덕삼은 떨어졌습니다. 그런 투표를 했던 당시 교인들이 놀랍습니다. 그 어려운 상황에서 조덕삼은 교회에서는 이자익을 장로로 모셨고, 나중에 평양신학교에 유학을 시켜 목사가 되게 하였으며 금산교회 담임목사로 모셨습니다. 이 시대에 때로 우리는 누군가를 진정으로 용서하고 받아 들여야 하는 빌레몬이며, 하나님의 것을 훔쳐 도망하였다가 나의 주인이 하나님이심을 깨닫고 회개하여야 하는 오네시모이며, 예수 그리스도와 같이 모든 것을 걸고 중보자의 역할을 해야 하는 바울입니다. 빌레몬은 골로새 교회 감독으로 봉사하다가 로마 황제 네로의 박해 때(64년경) 온 가족과 함께 돌에 맞아 순교한 것으로 전해지고 있습니다.

80. 두기고, 전달자

두기고는 에베소 출신입니다.

영어권에서는 티키커스라 발음하며 행복한 아이라는 의미라고 합니다. 그가 처음 성경에 등장하는 것은 사도행전18장으로 바울이 3차전도 여정을 마치고 각 지역에서 모금한 예루살렘 교회를 위한 연보금을 가지고 각 지역의 대표자 7명과 함께 예루살렘으로 갔는데 그 때 아시아를 대표하는 이가 드로비모와 두기고 였습니다. 돈을 맡길 수 있는 사람은 대단히 신뢰를 받는 사람입니다. 행20:4에 아시아까지 함께 가는 자는 베뢰아 사람 부로의 아들 소바더와 데살로니가 사람 아리스다고와 세군도와 더베 사람 가이오와 및 디모데와 아시아 사람 두기고와 드로비모라 하였습니다.

두기고는 예루살렘까지 갔다가 에베소로 돌아가지 않고 로마까지 함께 간 듯합니다. 바울이 로마 감옥에서 각 교회에 편지를 썼는데 그 편지를 전달한 이가 두기고였습니다. 두 번째 세 번째 그의 이름이 나오는 것은 에베소서와 골로새서입니다. 엡6:21-22. 나의 사정 곧 내가 무엇을 하는지 너희에게도 알리려 하노니 사랑을 받은 형제요 주 안에서 진실한 일꾼인 두기고가 모든 일을 너희에게 알리리라 우리 사정을 알리고 또 너희 마음을 위로하기 위하여 내가 특별히 그를 너희에게 보내었노라 하였고, 골4:7-8에 두기고가 내 사정을 다 너희에게 알려 주리니 그는 사랑 받는 형제요 신실한 일꾼이요 주 안에서 함께 종이 된 자니라 내가 그를 특별히 너희에게 보내는 것은 너희로 우리 사정을 알게 하고 너희 마음을 위로하게 하려 함이라 하였습니다.

그는 사랑을 받은 형제였습니다. 주 안에서 진실한 일군이었습니다. 그는 우리 사정을 너희에게 알릴 것이라 하였습니다. 너희 마음을 위로할 것이라 하였습니다. 바울은 그를 특별히 택하여 보냈다 하였습니다. 네 번째 그의 이름은 디도서에서 나옵니다. 딛3:12. 내가 아데마나 두기고를 네게 보내리니 그 때에 네가 급히 니고볼리로 내게 오라 내가 거기서 겨울을 지내기로 작정하였노라 하였습니다. 마게도냐에서 그레데까지의 거리와 상황을 고려하면 아주 어려운 일입니다. 그렇지만 그들은 갈 것이라는 뜻입니다. 누구에게 사명이 부여되었는지는 알 수 없지만 바울은 두 사람 중에 한 사람이 갈 것이라 하고 있습니다. 주님 앞에 쓰임 받는 삶이되길 원하고 주가 쓰시겠다 하라 하실 때 믿음으로 응답할 수 있기를 바랍니다. 이사야 6:8에 내가 누구를 보내며 누가 우리를 위하여 갈꼬 하시는 하나님의 탄식이 있으셨으며, 예레미야 1:6에는 슬프도소이다 주 여호와여 보소서 나는 아이라 말할 줄을 알지 못하나이다 한 바가 있습니다. 그러나 모세가 갔으며 엘리야가 갔고 빌립이 갔으며 리빙스턴이 갔고 본문의 두기고나 아데마도 기꺼이 그 길을 갔을 것입니다.

우리 주님 예수 그리스도께서도 하나님 아버지의 뜻을 따라 하늘 보좌에서 베들레헴 말구유까지 오셨으며, 온 갈릴리와 유대를 두루 행하시면서 복음을 증거 하셨습니다. 내가 거기서 겨울을 지내기로 작정하였노라. 두기고와 함께 오라는 내용일수도 있고 목회는 두기고에게 맡기고 오라는 말일수도 있습니다. 두기고는 그렇게 인정받는 인물이었습니다. 디도서는 바울 사도께서 디도에게 보낸 목회 서신입니다. 바울이 이 서신을 쓴 때는 디모데전서와 후서 사이로 보입니다. 즉 바울이 로마의 감옥에서 1차로 석방되어서 마게도냐 지방을 돌아보았을 주후 63-66년 어간에 마게도냐 지방에서 썼을 것으로 보고 있습니다. 그 때도 두기고는 바울과 함께 있었던 것입니다. 그레데는 바울이 로마로 가는 죄수 호송선을 타고 가다가 잠시 들린 지중해의 섬으로 그 가까운 바다에서 유라굴로라는 광풍을 만난 섬입니다. 그레데 섬은 아름다운 경치와는 달리 항상 거짓말쟁이며 악한 짐승이며 배만 위하는 게으름뱅이라 하였습니다. 거기에다 영지주의에 율법주의까지 영향을 받아서 참 어려운 곳이었습니다. 바울은 그레데에서 목회하고 있는 디도에게 그레데 교회에 직분자들을 잘 택하여 세우고, 교훈에 합당한 말 즉 가르칠 것을 명하고, 선한 일을 가르치라 하였습니다. 어리석은 변론과 족보 이야기와 분쟁과 율법에 대한 다툼을 피하고, 이단에 속한 사람은 한두 번 훈계한 후에 멀리하라 하였습니다. 겨울은 움직일 수 있는 때가 아닙니다. 겨울이 오기 전에 움직여야 합니다. 아마도 바울은 니고볼리에서 디도와 긴 시간동안 함께 나눌 이야기와 계획들이 있었던 것으로 보입니다.

그 겨울에 바울과 디도가 나누었을 이야기들이 궁금하기도 하고 듣고 싶기도 합니다. 성도의 교제란 그런 것들입니다. 율법교사 세나와 및 아볼로를 급히 먼저 보내어 그들로 부족함이 없게 하고 하였는데 그레데에 있는 세나와 아볼로를 급히 먼저 내게 보내라는 것으로 되어 있습니다. 그리고 그들이 여행을 함에 있어 부족함이 없도록 도우라 하였습니다. 우리 사람들 즉 믿는 이들이 선행에 전념해서 남에게 절실히 필요한 것들을 채워줄 줄 아는 사람이 되어야 합니다. 그래야 그들의 생활이 보람 있게 될 것입니다. 하였습니다. 자기 배만 위하는 게으름뱅이가 믿지 않는 그레데인이라면 남에게 절실히 필요한 것들을 채워줄 줄 아는 자가 믿는 자이어야 한다는 것입니다.

다섯 번째 두기고의 이름은 디모데후서입니다. 딤후4:9-12에 너는 어서 속히 내게로 오라 데마는 이 세상을 사랑하여 나를 버리고 데살로니가로 갔고 그레스게는 갈라디아로, 디도는 달마디아로 갔고 누가만 나와 함께 있느니라 네가 올 때에 마가를 데리고 오라 그가 나의 일에 유익하니라 두기고는 에베소로 보내었노라 하였습니다.

바울이 로마 감옥에 2차로 투옥되어 순교의 자리에 이르게 되었을 때까지 두기고는 함께 있었고 디모데가 바울에게 올 수 있도록 하기 위해 에베소로 가는 사명까지 감당하였습니다. 그는 한 마디 말도 성경에 기록되어 있지는 않지만 디모데와 누가와 더불어 바울과 함께 주님의 길을 끝까지 달려간 인물이었습니다.

81. 디오드레베, 훼방자

요한3서는 사도 요한이 주후 95년 경에 에베소에서 쓴 서신입니다. 그렇다면 사도 요한의 나이도 100살 쯤 되었을 것입니다. 이 편지에는 가이오 디오드레베 데메드리오 세 사람의 이름이 나옵니다. 그들은 한 교회에 속해 있던 이들이었습니다.

가이오는 이 편지의 수신인이며 이 편지의 대상이 되는 교회에 신실한 일군이었습니다.

가이오는 사도 요한의 진정한 사랑을 받는 일꾼이었습니다(1). 요한은 그를 '사랑하는 자여' 라고 불렀습니다. 사도 요한이 축복 기도를 해준 일꾼이었습니다. 네 영혼이 잘 됨 같이 네가 범사에 잘되고 강건하기를 내가 간구하노라(2). 순회 전도자들이 돌아와서는 가이오를 칭찬하였습니다. 그가 진리 안에서 행하는 자라 하였습니다.(3,6). 요한은 내가 내 자녀들이 진리 안에서 행한다 함을 듣는 것보다 더 기쁜 일이 없도다 합니다(4) 요한은 그를 사랑하는 자라 부르며 네가 하나님께서 보시기에 합당하게 그들 순회전도자들을 전송하면 좋으리로다 당부합니다(5). 순회전도자들은 이방인들에게는 아무것도 받지 않고 있다 하였는데 그들이 이방인이어서가 아니라 아직은 대접할 만한 믿음이 없기 때문이었습니다. 고린도 교회도 마찬가지 였습니다.

이 교회 안에 디오드레베가 있었습니다.

디오드레베라는 이름은 디오스(dios, 그리이스의 신전에 있는 신들 중의 우두머리인 제우스의 이름에서 옴)와 트레포(trepho, 양육하다라는 뜻)로 구성되었는데, 따라서 그 의미는 '제우스가 양육하는'입니다. 이것은 자칭 그리스도인인 디오드레베가 그의 이교도 이름을 버리지 않았음을 나타냅니다. 그러므로 이것은 그 당시 세례 받을 때 그리스도인의 이름을 택했던 초기의 신자들의 실행과는 반대되는 행위였습니다. 역사에 의하면 디오드레베는 그리스도의 인격을 훼방하는 그노시스이단을 옹호했다 합니다. 그는 으뜸이 되기 좋아하는 사람이었습니다(9).

그는 사도 요한이 보낸 편지를 거부하였습니다. 사도 요한은 그 교회에 가면 그 일들을 잊지 않을 것이라 합니다.(10). 그는 사도 요한과 신자들을 악한 말로 헐뜯는 사람이었습니다(10).

그것으로 그치지 않고 복음 전도자들을 받아들이지 않았습니다(10). 그는 그 교회에서 상당한 권세를 가지고 있는 자였기에 가능한 일이었습니다. 그는 받아들이려는 사람들까지 방해하고, 그런 좋은 신자들을 교회에서 내어 쫓은 사람이었습니다(10). 예수님께서 화 있을진저 라 하시며 하신 말씀입니다. 마 23:13에 화 있을진저 외식하는 서기관들과 바리새인들이여 너희는 천국 문을 사람들 앞에서 닫고 너희도 들어가지 않고 들어가려 하는 자도 들어가지 못하게 하는도다 하였습니다.

데메드리오가 있었습니다.

데메드리오는 헬라의 곡물의 신 '데메터(Demeter)에 속한 자'라는 뜻입니다. 에베소의 신 아데미(라틴어로는 '디아나'; dianah)의 작은 신전 모형을 만들어 팔았던 은장색입니다(행 19:24). 은으로 만든 작은 신전 안에는 아데미 신상이 놓여 있었다고 합니다. 사도행전19장에 바울이 3차전도 여정중 에베소에 있을 때에 아데미 신전에서 신전의 모형을 만들어 팔던 이들의 대표로 나옵니다. 그가 폭동을 일으킴으로 바울은 에베소를 떠날 수밖에 없었습니다. 요한3서에 나오는 데메드리오와 그가 같은 사람일까요? 아데미 신전의 그가 복음을 받아들여 이리된 것일까요? 그 폭동으로 인하여 연극장으로 잡혀 간 이가 마게도냐 사람 가이오와 아리스다고 였습니다.(행19:29) 이 가이오와 본문의 가이오도 같은 인물이 아닐까요? 저는 가능성이 있다고 생각합니다. 그 추정의 근거는 그가 이름을 바꾸지 않았다는 점입니다. 그가 이 교회의 신실한 일군이면서도 데메터라는 이방신에 속한 자란 이름을 바꾸지 않은 것은 내가 바로 그 데메드리오입니다 라고 말하는 듯합니다. 그는 뭇 사람에게 좋은 평을 받는 일꾼이었습니다, 뭇 사람이란 믿는자 뿐 아니라 믿지 않는 자들에게도의 뜻으로 보입니다(12). 진리에게서도 증거를 받았다 함은 신앙적으로 그러한 삶을 살았다는 뜻이며(12). 사도 요한과 순회 전도자들도 그의 삶을 증언한다 하였습니다(12). 이러한 사실을 가이오도 알고 있다는 말씀입니다.

사도 요한은 이상의 세 지도자들에 대하여 말씀하시면서 다음과 같은 권면을 우리에게 해 주셨습니다. 악한 것을 본받지 말라고 하셨습니다(11). 선한 것을 본받으라고 하셨습니다(11).

선한 일을 하는 사람은 하나님에게서 난 사람이고, 악한 일을 하는 사람은 하나님을 뵙지 못할 것이라고 하셨습니다(11). 교회의 목사, 장로, 권사, 또는 안수집사와 같이 지도자가 되면 필연적으로 한 가지 유혹이 따릅니다. 공명심(功名心)입니다. 명예를 향한 탐욕이 생겨서 어떡하든 공을 세워 자기 이름을 널리 드러내 영향력을 키우고자 하는 욕심에 따른 행동들이 나타날 수 있습니다. 이러한 욕심이 욕심으로 있는 것이 아니라 욕심이 잉태한즉 죄를 낳고(약1:15) 하신 말씀처럼 죄로 이어지게 됩니다. 이러한 시험을 이겨내기 위한 소극적인 방법은 어떤 기대도 하지 않는 것입니다. 할 수 만 있으면 좋은 방법입니다. 문제는 지속하기가 어렵습니다. 인간은 그렇게 강하지를 못합니다. 그래서 누군가는 그래도 적당한 칭찬을 해 주어야 합니다. 눅17:10에서 주님께서 하신 말씀 "이와 같이 너희도 명령 받은 것을 다 행한 후에 이르기를 우리는 무익한 종이라 우리가 하여야 할 일을 한 것뿐이라 할지니라" 하심을 기억하는 것입니다. 적극적으로는 우리 주님이 어떠한 삶을 사셨는지 깊이 생각하고 또한 사도들이 어떻게 교회를 섬겼는지 깊이 묵상해야 합니다. 우리 주님은 하나님의 아들이심에도 불구하고 자기를 낮추시며 사람들의 섬김을 받으려 하지 않으시고 오히려 섬기려 오셨고 사람들을 위해 자기 목숨까지 내놓으셨습니다.(막10:45) 주님을 본받아 사도 바울은 자신의 사역에 대해, 우리가 너희 믿음을 주관하려는 것이 아니요 오직 너희 기쁨을 돕는 자가 되려 함이니 이는 너희가 믿음에 섰음이라(고후 1:24). 아무 일에든지 다툼이나 허영으로 하지 말고 오직 겸손한 마음으로 각각 자기보다 남을 낫게 여기고(빌 2:3). 사도 베드로는 그러므로 하나님의 능하신 손 아래에서 겸손하라 때가 되면 너희를 높이시리라 (벧전 5:6) 하였습니다.

가이오, 디오드레베, 메데드리오가 한 교회에 있었습니다. 그들을 통해서 교훈하신 말씀들을 기억하고 주님의 선하신 뜻을 이루는 우리의 삶이 되기를 원합니다.

82. 야고보, 믿음과 행함

신약에서 야고보라는 이름을 가진 사람은 여럿 있는데, 그 중에 세배대의 아들이며 요한의 형제인 야고보와, 알패오의 아들이며 사도 중의 하나인 야고보, 그리고 주님의 동생인 야고보 등 입니다. 이 편지를 쓴 사람은 아마도 주님의 형제 야고보로 보입니다(막 6:3/마 13:55).

세배대의 아들 야고보는 예수님에 의해 처음 부름을 받은 네 제자들 가운데 있으며 우레의 아들이라 불리기도 하였습니다. 그는 사도 중에 첫 순교자입니다. 세베대의 아들 야고보는 44년에 헤롯 아그립바1세의 명령으로 사형 당했습니다. 그가 야고보서를 썼다고 가정하면 야고보서는 44년에 이전에 쓰여졌어야 하는데 시기가 맞지를 않고 자신을 사도라 칭했을 것입니다.

알패오의 아들 야고보는 사도 중의 한 분으로 다대오와 형제지간입니다. 오순절 성령강림 사건에 그의 이름이 언급되고 있습니다. 마찬가지로 그가 야보고서의 저자라면 자신을 사도라 칭했을 것입니다. 마10:2-4에 열두 사도의 이름은 이러하니 베드로라 하는 시몬을 비롯하여 그의 형제 안드레와 세베대의 아들 야고보와 그의 형제 요한, 빌립과 바돌로매, 도마와 세리 마태, 알패오의 아들 야고보와 다대오, 가나나인 시몬 및 가룟 유다 곧 예수를 판 자라 하였습니다.

주님의 형제 야고보가 야고보서의 저자로 보입니다.

(마태복음13:55, 마가복음6:3). 하지만, 야고보는 예수님과 한 집안에서 같이 자랐음에도 불구하고, 예수님을 그리스도로 믿지 않았습니다. “이는 그 형제들이라도 예수를 믿지 아니함이러라(요7:5).” 그러나, 예수님께서 승천하신 이후,

야고보와 그 형제들이 다락방에 올라가 기도하고 있었던 점을 볼 때(사도행전 1:14), 야고보와 그 형제들은 예수님께서 부활하셨던 때부터 승천하셨던 때의 기간 중에 예수님을 믿게 되었음을 알 수 있습니다. "그 후에 야고보에게 보이셨으며(고전15:7)". 부활하신 예수를 만나고 그는 그리스도로 확신했습니다.

사도 바울은 제 1차 선교여행을 마치고 예루살렘에서 열린 총회에 참석하였습니다. 이 예루살렘 총회에서 최고 권위자는 야고보였습니다(사도행전15:13, 19-20, 21:25). 이로보아 회심후 야고보는 예루살렘 교회의 대표가 된 것으로 보입니다. 야고보서에는 예루살렘 초대 공의회 때 야고보의 발언과 같은 맥락이 들어 있습니다.

행15:12-21에 온 무리가 가만히 있어 바나바와 바울이 하나님께서 자기들로 말미암아 이방인 중에서 행하신 표적과 기사에 관하여 말하는 것을 듣더니 말을 마치매 야고보가 대답하여 이르되 형제들아 내 말을 들으라 하나님이 처음으로 이방인 중에서 자기 이름을 위할 백성을 취하시려고 그들을 돌보신 것을 시므온이 말하였으니 선지자들의 말씀이 이와 일치하도다 기록된 바 이 후에 내가 돌아와서 다윗의 무너진 장막을 다시 지으며 또 그 허물어진 것을 다시 지어 일으키리니 이는 그 남은 사람들과 내 이름으로 일컬음을 받는 모든 이방인들로 주를 찾게 하려 함이라 하셨으니 즉 예로부터 이것을 알게 하시는 주의 말씀이라 함과 같으니라 그러므로 내 의견에는 이방인 중에서 하나님께로 돌아오는 자들을 괴롭게 하지 말고 다만 우상의 더러운 것과 음행과 목매어 죽인 것과 피를 멀리하라고 편지하는 것이 옳으니 이는 예로부터 각 성에서 모세를 전하는 자가 있어 안식일마다 회당에서 그 글을 읽음이라 하더라 하였습니다.

서기 53년경 사도 바울이 제 2차 선교여행 중에 갈라디아서를 썼을 때, 바울은 예루살렘에 있는 이 야고보가 정말로 예수 그리스도의 형제라는 사실을 확인해 주었습니다(갈라디아서 1:19, 2:9). 서기 58년경 제 3차 전도여행을 마친 사도바울의 예루살렘 여행을 기록한 사도행전에서, 기록자 누가는 야고보를 가장 먼저 언급하고, 그 다음에 다른 장로들을 언급합니다(사도행전21:17, 18). 누가가 야고보의 이름을 먼저 언급한 이유는 지도자의 이름을 먼저 언급하는 것이 의례적이였기 때문이었습니다. 바울이 믿음을 강조하고 야고보가 행함을 강조하지만 두 분의 관계에서 그러한 면이 갈등으로 나타나지는 않습니다.

저작 시기에 대해 바클레이는 야고보서가 후대의 것이라는 이유를 제시합니다.

첫째로 예수에 관한 언급이 전혀 없고, 이 서신의 주제는 교회원들의 잘못과 결점, 불충분함과 불완전함, 죄와 과오들인데, 초기의 설교는 부활한 그리스도의 은혜와 영광으로 열중하고 있었으나 이에 비하여 후대의 설교는 때때로 오늘의 설교가 그렇듯이 교회원의 불완전함에 대한 장광설이 되었다는 점입니다.

둘째로 보편적인 사실은 부자에 대한 비난입니다(2:1-3, 5:1-6).

부자에 대한 아첨과 부자의 오만은 이 편지가 씌어진 당시의 현실적인 문제였다고 생각됩니다 그런데 초기의 교회 안에는 부자가 거의 없었거나(고전1:26-27) 했던 점을 들고 있습니다.

셋째는 행함의 강조입니다.

물론 이 행함은 믿음과 결부되어 있는 행함이기는 하나 초대 교회에서 강조되었으나 잘못 받아들여졌던 믿음과 행함에 대한 가르침을 염두에 둔 것으로 보입니다.

이상의 사실들로 보아 야고보의 순교(62년) 전후로 보아야 할 것입니다. 요세푸스(Josephus)에 의하면 62년 안나스의 아들 대제사장 아나누스(Ananus)는 베스도(Festus)가 죽고 그의 후계자인 새 총독 알바누스(Albinus)가 도착하기 전에 야고보를 율법 파괴자란 죄목으로 돌로 쳐 죽였다고 합니다. 이 서신이 쓰여진 장소에 관해서는 일반적으로 예루살렘으로 보고 있습니다. 수신자들은 예루살렘의 박해로 인하여 피난하여 인내 중에 있는 믿는 자들이 대상으로 여겨지고 있습니다.

야고보서의 특징은 짧은 권면들과 격언 금언 형식이 많으며, 야고보서 전체 108구절 중엔 명령형의 표현이 54번 나옵니다. 이 구절들에는 어떻게 살아가야 할지에 대한 내용이 담겨 있습니다. 그래서 야고보서를 신약의 잠언이라고도 합니다. 주 예수 그리스도라는 말이 두 번 밖에 나오지 않으며 십자가 부활 성령에 대해서는 전혀 언급이 없는 대신 주로 욕심 욕망 시험 지혜 인내 등을 다루고 있습니다. 믿음의 교리를 강조하기 보다는 그리스도인의 행함을 격려하기 위해 씌여진 책입니다. 문체는 생동적이며 대체로 짧고 간결하며 직선적입니다. 특별히 자연으로부터 유추한 상징들을 많이 사용하고 있습니다. 성경의 여러 구절을 인용하였는데 아브라함 라합 욥 엘리야 등의 구약인물은 물론 율법과 십계명 21권에 달하는 구약의 구절들을 인용하였습니다. 세례 요한의 가르침, 산상수훈과 비슷한 대응구절들이 다수 발견 됩니다.

약1:2 내 형제들아 너희가 여러 가지 시험을 당하거든 온전히 기쁘게 여기라, 약1:10 부한 자는 자기의 낮아짐을 자랑할지니 이는 그가 풀의 꽃과 같이 지나감이라, 약1:15 욕심이 잉태한즉 죄를 낳고 죄가 장성한즉 사망을 낳느니라, 약1:22 너희는 말씀을 행하는 자가 되고 듣기만 하여 자신을 속이는 자가 되지 말라, 약2:1 내 형제들아 영광의 주 곧 우리 주 예수 그리스도에 대한 믿음을 너희가 가졌으니 사람을 차별하여 대하지 말라, 약2:26. 영혼 없는 몸이 죽은 것 같이 행함이 없는 믿음은 죽은 것이니라, 약3:2 우리가 다 실수가 많으니 만일 말에 실수가 없는 자라면 곧 온전한 사람이라 능히 온 몸도 굴레 씌우리라, 약3:17 오직 위로부터 난 지혜는 첫째 성결하고 다음에 화평하고 관용하고 양순하며 긍휼과 선한 열매가 가득하고 편견과 거짓이 없나니, 약4:4 간음한 여인들아 세상과 벗된 것이 하나님과 원수 됨을 알지 못하느냐 그런즉 누구든지 세상과 벗이 되고자 하는 자는 스스로 하나님과 원수 되는 것이니라

약4:14 내일 일을 너희가 알지 못하는도다 너희 생명이 무엇이냐 너희는 잠깐 보이다가 없어지는 안개니라, 약5:3 너희 금과 은은 녹이 슬었으니 이 녹이 너희에게 증거가 되며 불 같이 너희 살을 먹으리라 너희가 말세에 재물을 쌓았도다, 약5:13 너희 중에 고난 당하는 자가 있느냐 그는 기도할 것이요 즐거워하는 자가 있느냐 그는 찬송할지니라, 약5:20 너희가 알 것은 죄인을 미혹된 길에서 돌아서게 하는 자가 그의 영혼을 사망에서 구원할 것이며 허다한 죄를 덮을 것임이라 하였습니다.

83. 유다, 주의 형제

유다서를 기록한 유다입니다.

유1:1에 예수 그리스도의 종이요 야고보의 형제인 유다는 부르심을 받은 자 곧 하나님 아버지 안에서 사랑을 얻고 예수 그리스도를 위하여 지키심을 받은 자들에게 편지하노라 하였습니다.

유다서의 저자가 누구인지에 대한 의견들이 있습니다. 우선 가룟 유다는 아닙니다. 카톨릭에서는 마10:3의 다대오로 보고 있습니다.(빌립과 바돌로매, 도마와 세리 마태, 알패오의 아들 야고보와 다대오, 눅6:15-16에 마태와 도마와 알패오의 아들 야고보와 셀롯이라는 시몬과 야고보의 아들 유다와 예수를 파는 자 될 가룟 유다라, 즉 다대오와 야고보의 아들 유다를 동일인으로 보고 있습니다.

그러나 17절에 사랑하는 자들아 너희는 우리 주 예수 그리스도의 사도들이 미리 한 말을 기억하라 함으로써 사도들과 자신이 다른 존재임을 나타내는 듯한 표현을 하였습니다. 야고보를 아무 수식어 없이 표현한 점은 그가 다름 아닌 예수의 형제 야고보임을 의미하며 그의 형제라 하였으니 주의 형제 유다로 봄이 타당성이 있습니다.

막6:3에 이 사람이 마리아의 아들 목수가 아니냐 야고보와 요셉과 유다와 시몬의 형제가 아니냐 그 누이들이 우리와 함께 여기 있지 아니하냐 하고 예수를 배척한지라 하였습니다.

그는 예수님의 형제이었지만 자신을 예수 그리스도의 종이라 부르고 있습니다. 예수가 그리스도인 것도 중요하지만 예수가 우리의 주인이심도 잊지 말아야 합니다. 전자보다 후자가 더 어렵습니다. 기록연대는 베드로후서와 유다서가 관련성과 유사성이 많은 것을 고려할 때 베드로후서가 먼저 쓰여 졌다면 유다서는 베드로의 순교 이후에 기록되었을 가능성이 많을 때 주후 70년 이후로 보입니다. 유다서의 주제는 베드로전서가 교회의 핍박에 대한 것이고 후서가 교회내의 거짓 교사들에 대한 것이었는데 유다서도 교회내의 거짓 교사 혹은 이단들에 대한 가르침을 주로 담고 있습니다. 수신자는 특정되어 있지 않은 공동서신 성격입니다. 그들은 부름심을 받은 자들입니다.

롬8:30에 또 미리 정하신 그들을 또한 부르시고 부르신 그들을 또한 의롭다 하시고 의롭다 하신 그들을 또한 영화롭게 하셨느니라, 사43:1에 야곱아 너를 창조하신 여호와께서 지금 말씀하시느니라 이스라엘아 너를 지으신 이가 말씀하시느니라 너는 두려워하지 말라 내가 너를 구속하였고 내가 너를 지명하여 불렀나니 너는 내 것이라 하였습니다. 그들은 하나님 안에서 사랑하심을 입은 자들입니다. 롬1:7에 로마에서 하나님의 사랑하심을 받고 성도로 부르심을 받은 모든 자에게 하나님 우리 아버지와 주 예수 그리스도로부터 은혜와 평강이 있기를 원하노라, 렘31:3에 옛적에 여호와께서 나에게 나타나사 내가 영원한 사랑으로 너를 사랑하기에 인자함으로 너를 이끌었다 하였노라 하였습니다. 그들은 그리스도를 위하여 지키심을 입은 자들입니다. 요17:11에 나는 세상에 더 있지 아니하오나 그들은 세상에 있사옵고 나는 아버지께로 가옵나니 거룩하신 아버지여 내게 주신 아버지의 이름으로 그들을 보전하사 우리와 같이 그들도 하나가 되게 하옵소서, 요17:15에 내가 비옵는 것은 그들을 세상에서 데려가시기를 위함이 아니요 다만 악에 빠지지 않게 보전하시기를 위함이니이다, 살전5:23에 평강의 하나님이 친히 너희를 온전히 거룩하게 하시고 또 너희의 온 영과 혼과 몸이 우리 주 예수 그리스도께서 강림하실 때에 흠 없게 보전되기를 원하노라, 계19:8에 그에게 빛나고 깨끗한 세마포 옷을 입도록 허락하셨으니 이 세마포 옷은 성도들의 옳은 행실이로다 하더라 하였습니다.
거짓 교사들에게 내릴 심판과 훈계와 권면 축복으로 마쳐지고 있습니다.

유1:24-25에 능히 너희를 보호하사 거침이 없게 하시고 너희로 그 영광 앞에 흠이 없이 기쁨으로 서게 하실 이 곧 우리 구주 홀로 하나이신 하나님께 우리 주 예수 그리스도로 말미암아 영광과 위엄과 권력과 권세가 영원 전부터 이제와 영원토록 있을지어다 아멘